JULIANE
filiae meae

C. SUETON TRANQUILLUS

# DAS LEBEN
# DER RÖMISCHEN KAISER

Herausgegeben und übersetzt
von Hans Martinet

ALBATROS

Titel der Originalausgabe: Die Kaiserviten = De vita Caesarum:
lateinisch/deutsch/C. Sueton Tranquillus.
Hrsg. und übersetzt von Hans Martinet.
© 1997 Patmos Verlag GmbH & Co. KG
Artemis & Winkler Verlag, Düsseldorf und Zürich
© 1991 Philipp Reclam jun., Stuttgart
(für die Viten von Vespasian, Titus und Domitian)


Die Deutsche Bibliothek – CIP Einheitsaufnahme
Ein Titeldatensatz für diese Publikation ist bei
Der Deutschen Bibliothek erhältlich.

© 2001 Patmos Verlag GmbH & Co. KG
Albatros Verlag, Düsseldorf
ISBN 3-491-96032-0

# INHALT

# C. SUETON TRANQUILLUS
## DAS LEBEN DER RÖMISCHEN KAISER

*Iulius Caesar*

# Buch 1

## IULIUS CAESAR

Im Alter von sechzehn Jahren verlor Caesar seinen Vater; im darauffolgenden Jahr wurde er zum Flamen Dialis ernannt, noch im selben Jahr trennte er sich von Cossutia, einer Frau aus dem Ritterstand, welche aber angemessen reich war; sie war mit ihm verlobt worden, als er noch die Toga praetexta trug. Er heiratete Cornelia, die Tochter des Cinna, der viermal Konsul gewesen war; diese gebar ihm schon bald Iulia. Vom Diktator Sulla ließ er sich durch nichts bewegen, sich von ihr zu trennen. Deshalb bestrafte man ihn damit, daß er sein Priesteramt und die Mitgift seiner Frau sowie Erbansprüche gegenüber seinem Geschlecht verlor; darauf zählte man ihn unter die Anhänger der Gegenpartei, so daß er sich sogar gezwungen sah, sich aus der Öffentlichkeit zurückzuziehen und fast jede Nacht seinen Schlupfwinkel zu wechseln – und das obwohl er an viertägigem Wechselfieber litt und diese Krankheit sich noch verschlimmerte – und sich von seinen Verfolgern mit Geld loszukaufen, bis die Vestalischen Jungfrauen, Mamercus Aemilius und Aurelius Cotta, seine Verwandten und Schwäger, seine Begnadigung erwirkten. Es ist hinlänglich bekannt, daß Sulla, als sich sehr vertraute und hochangesehene Männer bei ihm für Caesar einsetzten und er eine Zeitlang ihre Bitten abgelehnt hatte, sie aber weiterhin hartnäckig für ihn eintraten, schließlich – sei es aus einer göttlichen Ahnung oder einer dunklen Vermutung heraus – losgepoltert habe, er gebe sich geschlagen: Sollten sie doch siegen und ihn und ihren Willen haben, solange sie nur wüßten, daß der, von dem sie so sehr wünschten, daß ihm nichts geschehe, über kurz oder lang der Partei der Optimaten, deren Interessen er und sie doch gleichermaßen verfochten hätten, den Garaus machen werde; denn in Caesar steckten mehr als ein Marius.

Seine militärische Laufbahn begann er im Stab des Praetors Marcus Thermus; dieser hatte ihn nach Bithynien geschickt, um von dort die Flotte zu holen; Caesar aber saß untätig bei Nikomedes, so daß das Gerede nicht ausblieb, er habe dem König seine Unschuld hingegeben. Dieses Gerücht erhielt dadurch neue Nahrung, daß er innerhalb weniger Tage noch einmal nach Bithynien zurückkehrte, angeblich um dort Geld einzufordern, das einem seiner Klienten aus der Schar der Freigelassenen geschuldet wurde. Das Urteil über seinen restlichen Kriegsdienst ist weitaus günstiger; bei der Erstürmung von Mytilene ist er von Thermus sogar mit der Bürgerkrone ausgezeichnet worden. Er diente auch unter Servilius Isauricus in Kilikien, aber nur kurz. Denn als er vom Tod Sullas erfahren hatte, kehrte er eiligst nach Rom zurück, auch weil er auf neue Zwistigkeiten hoffte, die durch die Händel eines Marcus Lepidus zum Ausbruch kamen. Ein Bündnis mit Lepidus ging er aber nicht ein, obwohl man ihn wahrscheinlich durch weitreichende Zusagen dazu zu bewegen suchte. Denn er mißtraute sowohl dessen Talent als auch der eingetretenen Situation, die weit hinter seinen Erwartungen zurückblieb. Übrigens hat er, als der Aufruhr im Innern beigelegt war, Cornelius Dolabella, den ehemaligen Konsuln und Triumphator, vor Gericht auf Rückerstattung der in der Provinz erpreßten Gelder verklagt; nach dessen Freispruch faßte er den Entschluß, sich nach Rhodos zurückzuziehen, um sich Gehässigkeiten zu entziehen und auch um ohne jede Ablenkung bei Apollonios Molon, dem berühmtesten Redelehrer jener Zeit, zu studieren. Es war bereits das Winterhalbjahr angebrochen, als er von dort nach Italien übersetzte; dabei ist er in der Nähe der Insel Pharmakussa von Seeräubern gekidnappt worden. Er blieb ungefähr vierzig Tage bei ihnen, allerdings nicht ohne schärfstens gegen die Behandlung zu protestieren, in Begleitung von nur einem Arzt und zwei Kammerdienern. Denn seine Begleiter und die übrigen Diener hatte er gleich zu Anfang fortgeschickt, damit sie Gelder auftrieben, mit denen er sich loskaufen konnte. Er zahlte fünfzig Talente Lösegeld, dann wurde er an der Küste abgesetzt. Er ließ keine Zeit verstreichen, auf der Stelle mit einer Flotte in See zu stechen und den Piraten, die ungestraft davongekommen waren, nachzusetzen. Er wurde ihrer habhaft und ließ sie hinrichten, so wie er es ihnen oft angedroht hatte, als man seinen Spaß mit ihm trieb. Als Mithridates die Gebiete, die in seiner Nachbarschaft lagen, verwüstete, setzte er, damit es nicht den Anschein habe, er lege seine Hände in den Schoß, während Bundesgenossen in Gefahr seien, von Rhodos, wohin er gerade gesegelt war, nach Asien über, zog Hilfstruppen zusammen und vertrieb den Praefekten des Königs aus der Provinz; er brachte es auch fertig, daß Städte, die in ihrer Treue schwankten, und solche, die noch unentschlossen waren, Rom die Treue hielten.

In seiner Funktion als Militärtribun – dieses Amt war ihm durch Volksbeschluß als erstes zugefallen, als er nach Rom zurückgekehrt war – unterstützte er mit aller Kraft die Leute, die sich dafür einsetzten, daß die Amtsbefugnisse des Tribunen wiederhergestellt würden; sein Einfluß war von Sulla herabgesetzt worden. Er setzte sogar durch, daß Lucius Cinna, der Bruder seiner Frau, und die Leute, die sich mit ihm während des Bürgerkrieges Lepidus angeschlossen hatten und nach dem Tode des Konsuls zu Sertorius geflüchtet waren, auf Grund des Gesetzesantrags des Plautius nach Rom zurückkehren durften. Er selbst hielt sogar wegen dieser Angelegenheit eine Rede vor der Volksversammlung.

Als Quaestor hielt er die Leichenreden auf seine Tante Iulia und seine Gattin Cornelia – so wie es Sitte war – von der Rednertribüne herab. Und gerade in der Leichenrede auf seine Tante berichtet er über ihre und die Herkunft seines Vaters folgendes:

»Mütterlicherseits stammt das Geschlecht meiner Tante von den Königen ab, von seiten des Vaters ist es mit den unsterblichen Göttern verwandt. Denn von Ancus Marcius stammen die Marcischen Könige ab, das war der Name ihrer Mutter; von Venus stammen die Iulier ab, unsere Familie gehört zu diesem Geschlecht. In der hohen Abkunft steckt also sowohl die Unverletzlichkeit der Könige, die bei den Menschen das größte Ansehen haben, wie auch die Heiligkeit der Götter; unter ihrer Macht stehen selbst Könige.«

Anstelle der Cornelia wurde Pompeia, die Tochter des Quintus Pompeius, eine Enkelin des L. Sulla, seine Frau; später ließ er sich aber von ihr scheiden, weil er vermutete, sie habe sich von Publius Clodius zum Ehebruch verführen lassen. Er soll während einer öffentlichen Opferhandlung zu ihr in Frauenkleidern gegangen sein; dieses Gerücht hielt sich so unerschütterlich, daß der Senat eine Untersuchung über die Entweihung einer Opferhandlung anberaumte.

Als Quaestor fiel ihm das südliche Spanien zu. Als er dort im Auftrag des Praetors von Kreistag zu Kreistag reiste, um Recht zu sprechen, und nach Gades kam, zog beim Tempel des Hercules eine Büste Alexander des Großen seine Aufmerksamkeit auf sich; er seufzte und war sozusagen seiner Trägheit ganz überdrüssig, weil er doch noch nichts Bemerkenswertes zuwege gebracht habe in einem Alter, in dem Alexander sich bereits den ganzen Erdkreis unterworfen habe. Er verlangte sofort seine Entlassung, um möglichst bald in Rom Gelegenheiten, Größeres zu leisten, abzupassen. Als er noch ganz durcheinander wegen eines Traumes der

vergangenen Nacht war – war es ihm doch so geschienen, als
habe er, während er schlief, seiner Mutter Gewalt angetan –,
stachelten ihn Traumdeuter zu den weitgespanntesten Hoffnungen auf, indem sie das Traumgesicht dahingehend auslegten, daß darin seine Herrschaft über die ganze Welt prophezeit werde, da die Mutter, die er sich – wie er ja gesehen
habe – unterworfen hatte, niemand anders als die Erde sei,
welche man für die Mutter von allen halte. Also verließ er
die Provinz vor der gesetzlich festgelegten Zeit und suchte
die Kolonien latinischen Rechts auf, die Möglichkeiten
durchspielten, wie das römische Bürgerrecht zu erlangen
sei; er hätte sie auch ermuntert, etwas zu wagen, wenn nicht
die Konsuln die für Kilikien ausgehobenen Legionen gerade
wegen dieser unsicheren Lage noch eine Weile zurückgehalten hätten.

Dennoch hat er bald darauf in Rom auf Bedeutenderes
hingearbeitet: Wenige Tage nämlich, bevor er das Amt des
Aedilen antrat, kam er in den Verdacht, sich mit dem ehemaligen Konsul Marcus Crassus, ferner mit Publius Sulla und
L. Autronius – beide waren nach der Ernennung zum Konsuln wegen Amtserschleichung verurteilt worden – verschworen zu haben, um unmittelbar zu Jahresanfang den
Senat anzugreifen; wären erst einmal diejenigen niederge-
metzelt, die man sich vorher ausgeguckt hatte, sollte Crassus die Diktatur an sich reißen, er selbst sollte von ihm zum
Reiteroberste ernannt und Sulla und Autronius sollten,
wenn der Staat nach ihrem Dafürhalten konsolidiert worden
sei, wieder Konsuln werden. Diese Verschwörung erwähnen Tanusius Geminus in seinem Geschichtswerk, Marcus
Bibulus in seinen Edikten und C. Curio der Ältere in seinen
Reden. Auch Cicero scheint in einem Brief an Axius darauf
anzuspielen, in welchem er schreibt, Caesar habe sich in seinem Konsulat die Alleinherrschaft gesichert, auf die er

schon als Aedil bedacht gewesen sei. Tanusius fügt hinzu, Crassus habe aus Reue oder aus Furcht den für das Morden festgesetzten Tag nicht abgewartet und deshalb habe nicht einmal Caesar das verabredete Zeichen gegeben. Und Curio sagt, man sei übereingekommen gewesen, er werde die Toga von den Schultern herabfallen lassen. Derselbe Curio, aber auch M. Actorius Naso sind die Gewährsleute dafür, daß er sich auch mit dem jungen Gnaeus Piso verschworen hatte, dem wegen des Verdachts, in Rom ein Komplott gegen den Staat zu planen, die spanische Provinz sogar unter Umgehung der üblichen Regularien gegeben worden sei; man habe ein Abkommen getroffen, daß sie beide zur gleichen Zeit gegen den Staat losschlagen sollten, jener draußen, er selbst in Rom; dabei sollten die Ambraner und Transpadaner helfen. Ihr Plan ist durch den Tod Pisos vereitelt worden.

Als Aedil ließ er neben dem Comitium, dem Forum und den Basiliken auch noch den Tempel auf dem Kapitol mit Säulengängen, die als Provisorium errichtet wurden, ausschmücken; dort sollte ein Teil der Prachtgeräte ausgestellt werden, von denen die Lagerhallen überquollen. Er veranstaltete auch Tierhetzen und Gladiatorenspiele teils zusammen mit seinen Amtskollegen, teils nur unter seiner Regie. Dadurch kam es, daß er auch allein den Dank für die Aufwendungen, die sie zusammen aufgebracht hatten, einstrich und sein Amtskollege Marcus Bibulus aus seiner Entrüstung keinen Hehl machte, nämlich daß es ihm wie Pollux ergangen sei: denn obwohl man auf dem Forum einen Tempel für beide Zwillingsbrüder erbaut habe, werde nur vom Tempel des Castor gesprochen, ebenso spreche man von seiner und Caesars Mildtätigkeit so, als sei es allein die Caesars. Zu alledem veranstaltete Caesar auch noch einen Gladiatorenkampf, aber mit beträchtlich weniger Kampfpartnern, als es seine feste Absicht gewesen war. Denn als er überall ei-

ne starke Truppe aufkaufte und dadurch seinen Gegnern
großen Schrecken einjagte, legte man sicherheitshalber in einer Verfügung die Höchstzahl der Gladiatoren fest, die jemand in Rom halten durfte.

Als er sich beim Volk beliebt gemacht hatte, versuchte er
unter Beteiligung einiger Tribunen durchzusetzen, daß ihm
die Verwaltung der Provinz Ägypten durch Volksbeschluß
übertragen werde; der Zufall hatte ihm die Gelegenheit, ein
außerordentliches Kommando zu erhalten, zugespielt;
denn die Einwohner von Alexandria hatten ihren König,
den der Senat Bundesgenosse und Freund genannt hatte,
vertrieben; dies war aber nicht auf breite Zustimmung gestoßen. Sein Vorhaben mußte er aufgeben, da die Partei der
Optimaten Front gegen ihn machte: um ihr Ansehen auf jede erdenkliche Weise nun seinerseits zu schmälern, ließ er
die Siegeszeichen, die Gaius Marius anläßlich des Sieges
über Jugurtha und über die Kimbern und Teutonen hatte errichten und die vor einiger Zeit Sulla hatte niederreißen lassen, wieder aufbauen; bei einer Untersuchung wegen Meu-
chelmordes rechnete er auch die unter die Meuchelmörder,
welche, als die Proskriptionen im Gange waren, Gelder aus
der Staatskasse dafür erhalten hatten, daß sie die Köpfe römischer Bürger abgeliefert hatten; dies tat er, obwohl die
Cornelischen Gesetze diese Leute ausdrücklich von Strafe
ausnahmen. Auch stiftete er jemanden dazu an, den Termin
für die Eröffnung des Hochverratsprozesses gegen Gaius
Rabirius festzusetzen; denn gerade der hatte entschieden
dabei mitgeholfen, daß der Senat vor einigen Jahren Lucius
Saturninus, der sein Tribunenamt zur Anstiftung von Unruhen genutzt hatte, hatte Zügel anlegen können. Als er durch
Los zum Richter über diesen Angeklagten bestellt wurde,
betrieb er dessen Verurteilung so parteiisch, daß diesem, als
er vor das Volk in Berufung ging, nichts mehr genutzt hat,

als die gehässige Strenge des Richters. Als er seine Hoffnung, Statthalter der Provinz Ägypten zu werden, aufgegeben hatte, bewarb er sich um das Amt des Oberpriesters, nicht ohne riesige Summen an Bestechungsgeldern zu zahlen. Er dachte wohl bei seiner spendablen Haltung an den Schuldenberg, als er, wie man sagt, seiner Mutter, die ihm, als er frühmorgens zur Wahl ging, einen Kuß gab, vorhergesagt hat, er werde nur als Oberpriester nach Hause kommen. Und er hat zwei sehr mächtige Mitbewerber, die ihn auch noch an Alter und Würde weit überragten, so aus dem Rennen geworfen, daß er selbst in deren Wahlbezirken mehr Stimmen erhalten hat als beide in allen Bezirken.

Er wurde zum Praetor gewählt; die Verschwörung des Catilina war gerade aufgedeckt worden, und der Senat beschloß einmütig die höchste Strafe für alle, die an der ruchlosen Tat beteiligt waren; da stand er als Praetor allein mit seiner Meinung, daß man die Verschwörer zuerst enteignen und dann auf die Munizipien verteilen und bewachen müsse. Ja sogar denjenigen, die zu einem härteren Vorgehen rieten, jagte er große Furcht ein, indem er ihnen wiederholt vor Augen führte, wieviel Haß sie von seiten des Volkes in Zukunft zu erwarten hätten, so daß sich der designierte Konsul Decimus Silanus nicht schämte, seinen Antrag durch erläuternde Erklärungen etwas zu mildern (denn es galt als Verstoß gegen die guten Sitten, einen Antrag abzuändern), so als sei sein Antrag härter ausgelegt worden, als er selbst sich bewußt gewesen sei. Im Grunde genommen hätte er sich durchgesetzt, denn er hatte bereits mehrere Senatoren auf seine Seite gebracht, unter ihnen auch Cicero, den Bruder des amtierenden Konsuls, wenn nicht die Rede des M. Cato den schwankenden Senat beruhigt hätte. Und nicht einmal dadurch ließ er sich davon abbringen, eine Beschlußfassung zu verhindern, bis eine Trupp römischer Ritter, der am Ran-

de des Versammlungsplatzes in Waffen stand, um für Schutz
zu sorgen, gedroht hat, ihn zu töten, weil er mehr als man
ertragen konnte auf seiner Meinung beharrte. Sie zückten
ihre Schwerter und richteten diese mit einer solchen Droh-
gebärde gegen ihn, daß die, die direkt neben ihm saßen, weiter wegrutschten und kaum einer ihn mit seinem Körper
und mit vorgehaltener Toga zu schützen suchte. Völlig ver-
schreckt gab er da nicht nur nach, nein, er betrat sogar für
den Rest des Jahres die Kurie nicht mehr.

Am ersten Tag seiner Praetur lud er Quintus Catulus zu
einer Untersuchung über den Wiederaufbau des Kapitols
vor das Volk; er hatte nämlich einen Gesetzesantrag veröffentlicht, in welchem er die Leitung jemand anderem übertrug. Dem einmütigen Zusammenschluß der Optimaten
war er nicht gewachsen; diese hatten ihren Antrittsbesuch
bei den neugewählten Konsuln sofort abgebrochen und sich
in beschlußfähiger Stärke und fest entschlossen, nicht nach-
zugeben, versammelt; als er das sah, zog er den Antrag zurück. Aber für den Volkstribunen Caecilius Metellus, der
entgegen dem Einspruch seiner Kollegen Gesetze einbrachte, die wie geschaffen waren, Unruhen zu erregen, hat er sich
als ein energischer Verfechter von größter Zähigkeit eingesetzt, bis beide aus ihren Staatsämtern durch Senatsbeschluß
entfernt wurden. Und doch hat er es gewagt, ohne Unterbrechung im Amt zu bleiben und weiter Recht zu sprechen;
als er in Erfahrung brachte, daß Leute bereit standen, die ihn
davon abbringen sollten, indem sie ihn unter Druck setzten
und sogar zu den Waffen griffen, hat er seine Amtsdiener
fortgeschickt, seine Toga praetexta abgelegt und ist heimlich nach Hause geflohen, um sich seiner augenblicklichen
Lage entsprechend ruhig zu verhalten. Er beschwichtigte
auch die Menschenmenge, die zwei Tage später freiwillig
und aus eigenem Antrieb zusammenlief und ihm unter

großem Lärm ihre Unterstützung versprach, wenn er seine Würde wiederherstellen wolle. Weil das wider jede Erwartung geschehen war, ließ der Senat, der eben wegen dieses Auflaufs eilig einberufen worden war, ihm durch Männer ersten Ranges Dank sagen, zitierte ihn in die Kurie, überhäufte ihn unter den ehrenvollsten Bekundungen mit Lob und setzte ihn wieder in Amt und Würden ein, nachdem man vorher den Senatsbeschluß für ungültig erklärt hatte.

Andererseits geriet er in ganz anderer Hinsicht in eine schwierige Lage, als sein Name zusammen mit den Namen der Gefolgsleute des Catilina vor dem Quaestor Novius Niger von dem Denunzianten Lucius Vettius und im Senat von Quintus Curius genannt wurde; für letzteren hatte man, da er als erster die Pläne der Verschwörer aufgedeckt hatte, im Namen des Staates Belohnungen beschlossen. Curius sagte, er selbst habe davon von Catilina erfahren, Vettius versprach sogar ein Schriftstück beizubringen, das jener selbst geschrieben habe und das an Catilina gerichtet sei. Er war der Meinung, daß er das aber auf keinen Fall einfach hinnehmen dürfe; nachdem er unter Berufung auf Cicero als Zeugen klargestellt hatte, daß er Cicero von sich aus einiges über die Verschwörung hinterbracht hatte, setzte er durch, daß Curius die Belohnungen nicht erhielt. Vettius, der, als man sich Sicherheiten verschafft hatte und sein Hausrat verschleudert worden war, arg mitgenommen und vor der Rednerbühne in einer Versammlung fast zerfleischt worden war, ließ er ins Gefängnis werfen; ebenso erging es dem Quaestor Novius, weil er es doch zugelassen hatte, daß vor ihm ein Beamter mit höherer Machtbefugnis angeklagt wurde.

Unmittelbar nach der Praetur fiel ihm durch Los das südliche Spanien zu; er schaffte sich seine Gläubiger, die ihn an der Abreise hindern wollten, dadurch vom Halse, daß Bürgen für ihn eintraten, und brach, was weder Recht noch

Herkommen vorsahen, in die Provinz auf, noch bevor er in das Amt eingesetzt war: dabei ist unklar, ob er das aus Furcht vor einem Prozeß tat, der gegen ihn als Privatmann angestrengt wurde, oder um noch rechtzeitig Bundesgenossen zu Hilfe zu kommen, die ihn flehentlich um Beistand baten. Als er in der Provinz wieder Ruhe und Ordnung hergestellt hatte, reiste er genau so schnell, wie er gekommen war, und ohne auf die Ankunft seines Nachfolgers zu warten, ab, um in Rom seinen Triumph zu feiern und sich um das Konsulat zu bewerben. Da aber der Tag bereits festgesetzt war, an dem die Wahlversammlung zusammentreten sollte, und seine Kandidatur nur dann berücksichtigt werden konnte, wenn er als Privatmann die Stadt betrat, und sich viele, die er angegangen war, ihn von den gesetzlichen Vorschriften zu entbinden, dagegen ausgesprochen hatten, war er gezwungen, den Triumph fahren zu lassen, um nicht von der Kandidatur für das Konsulat ausgeschlossen zu werden. Von den beiden Mitbewerbern um das Konsulat, Lucius Lucceius und Marcus Bibulus, zog er Lucceius auf seine Seite; er war sich mit diesem einig geworden, daß dieser, da er ja in der Gunst niederer rangierte, aber mehr Geld zur Verfügung hatte, in ihrer beider Namen vor den Centurien Geldgeschenke versprechen solle. Als die Optimaten, welche die Befürchtung hegten, daß er im höchsten Amt alles wagen werde, wenn der Kollege und er ein Herz und eine Seele seien, davon erfahren hatten, drängten sie den Bibulus, dasselbe zu versprechen, und die meisten trugen die erforderlichen Summen bei, ja nicht einmal Cato konnte in Abrede stellen, daß diese Spende zum Nutzen des Gemeinwesens geschehe.

Also wurde er mit Bibulus zusammen zum Konsul gewählt. Gerade deswegen haben sich die Optimaten dafür eingesetzt, daß den Konsuln nach ihrem Amtsantritt Amts-

vollmachten für weniger bedeutende Aufgaben gegeben
wurden, also die Verwaltung der Waldgebiete und Gebirgs-
triften. Durch dieses offensichtliche Unrecht in höchstem
Maße gereizt, schloß er sich auf das Verbindlichste Gnaeus
Pompeius an, dem die Senatoren ein Dorn im Auge waren,
weil sie nach seinem Sieg über Mithridates seine getroffenen
Regelungen nur zögerlich bestätigten; mit Pompeius söhnte
er Marcus Crassus aus, mit dem er seit ihrem Konsulat be-
feindet war; sie hatten dieses Amt zur selben Zeit bekleidet,
waren aber in höchstem Maße zerstritten gewesen. Er ging
mit beiden ein Bündnis ein, damit nichts im Staate geschehen
könne, was einem von den Dreien gegen den Strich gehe. Am
Tag der Amtsübernahme regelte er als erster von allen Konsuln, daß die Beschlüsse sowohl des Senats als auch der
Volksversammlung täglich zusammengestellt und veröffentlicht werden sollten. Er erweckte auch den alten Brauch wieder zum Leben, daß in dem Monat, in welchem er nicht die
Rutenbündel habe, ein Amtsdiener ihm voran gehen solle,
die Büttel mit den Ruten ihm folgen sollten. Er ließ auch ein
Ackergesetz bekanntmachen; als daraufhin sein Kollege ein
ungünstiges Zeichen meldete, ließ er ihn mit Waffengewalt
vom Forum verjagen und trieb ihn, als der auch noch am folgenden Tag im Senat sich beklagte und sich keiner fand, der
gewagt hätte, etwas während solch einer wilden Aufregung
darüber zu berichten oder eine Meinung zu äußern, obwohl
viele Beschlüsse der Art schon oft in wankelmütigeren Scharen gefaßt worden waren, in eine solche Verzweiflung, daß
er, bis er von seinem Posten abtrat, nur aus seinem stillen
Winkel zu Hause durch Edikte Gegenrede erhob.

Er traf seitdem alle Entscheidungen im Staat allein und
nach seinem Gutdünken, so daß einige Witzbolde, als sie
etwas unterzeichneten, um die Richtigkeit des Geschriebe-
nen zu bestätigen, sich einen Scherz erlaubten und nicht

schrieben, es sei unter den Konsuln Caesar und Bibulus geschehen, sondern datierten mit »Unter Iulius und Caesar«,
wobei sie zweimal denselben Konsul voranstellten und
zwar einmal mit seinem Geschlechts-, das andere Mal mit
seinem Beinamen; und so waren bald folgende Verse in aller
Munde:

> »Nicht unter Bibulus, sondern unter Caesar ist vor
>          kurzem etwas geregelt worden:
>   soweit ich mich erinnere, ist unter dem Konsul Bibulus
>            überhaupt nichts passiert.«

Das Gebiet um Stella, das den Vorfahren heilig war, und das
campanische Gebiet, auf das der Staat als Steuerquelle für
den Notfall zurückgreifen konnte, das er aber bisher ungenutzt hatte liegen lassen, verteilte er ohne Losverfahren an
zwanzigtausend Bürger, die drei oder mehr Kinder hatten.
Als die Steuerpächter ihn um Nachlaß bei ihrer Pacht ersuchten, senkte er das Pachtgeld um ein Drittel und mahnte
sie zugleich in aller Öffentlichkeit, bei der Verpachtung neuer Steuern mit mehr Augenmaß zu bieten. Ebenso freigebig
verschenkte er an einen jeden, was dem gefallen hatte, ohne
daß einer Einspruch erhob; und wenn einer dagegen zu reden versuchte, hat man ihn davon abgeschreckt. Marcus Cato, der Einspruch erhob, ließ er von einem Liktor aus der
Kurie zerren und in den Kerker sperren. Lucius Lucullus,
der sich ihm allzu offen widersetzte, flößte er eine so gewaltige Furcht vor einer Anklage wegen schikanösen Verhaltens
ein, daß der sich sogar vor seine Knie warf. Als Cicero sogar
in einem Prozeß über den Zustand der Zeiten klagte, ließ er
Publius Clodius, dessen Feind, der schon seit langem alle
Mittel aufgeboten hatte, aus dem Stand der Patrizier zu den
Plebejern überzutreten, noch am selben Tag in der neunten

Stunde hinüberwechseln. Zu guter Letzt stiftete er den Denunzianten Vettius gegen alle Anhänger der Gegenpartei an
– durch Bestechungsgelder hatte er ihn dazu gebracht – zu
gestehen, den Mord an Pompeius im Auftrag von gewissen
Leuten durchgeführt zu haben, und, vor die Rednerbühne
geführt, die Anstifter zu benennen, so wie es abgesprochen
war. Als er einen und noch einen grundlos benannt hatte
und dabei nicht den Verdacht des Betrugs vermeiden konnte, sollen Caesar Zweifel gekommen sein, daß ein so übereil-
ter Plan gut ausgehen könne, und er soll den Denunzianten
durch Gift ausgeschaltet haben.

Genau um diese Zeit heiratete er Calpurnia, die Tochter
des L. Piso, der sein Nachfolger im Konsulat werden sollte,
und gab seine Tochter Iulia dem Gnaeus Pompeius zur Frau,
nachdem zuvor die Verlobung mit Servilius Caepio gelöst
worden war; und gerade mit seiner ausgezeichneten Hilfe
hatte er noch kurze Zeit vorher Bibulus bekämpft. Nachdem er gerade diese enge Beziehung zu Pompeius geknüpft
hatte, begann er, diesen als ersten nach seiner Meinung zu
fragen, obwohl er sonst immer Crassus zuerst gefragt hatte
und es üblich war, daß der Konsul das ganze Jahr über die
Reihenfolge beim Einholen der Meinungen beibehielt, wie
er sie am ersten Januar festgelegt hatte.

Da ihm also Schwiegervater und Schwiegersohn Unterstützung zukommen ließen, wählte er sich aus der ganzen
Bandbreite der Provinzen gerade die beiden Gallien aus,
weil sie ihm Möglichkeiten zu finanziellem Gewinn boten
und ihre natürliche Beschaffenheit günstig war, eine brauch-
bare Voraussetzung für Triumphe. Am Anfang erhielt er
nach der Lex Vatinia zwar nur Gallia Cisalpina, dem man
noch Illyrien hinzugefügt hatte; bald übertrug der Senat
ihm auch noch Gallia Comata, denn die Senatoren befürch-
teten, daß, sollten sie ihm diese Provinz verweigern, das

Volk ihm auch diese geben werde. Vor Freude war er ganz außer sich, und so ließ er sich hinreißen, wenige Tage danach in der vollbesetzten Kurie zu prahlen, auch gegen den Willen seiner Gegner, und obwohl es sie schmerze, habe er doch das, was er gewollt habe, erreicht; ab sofort werde er allen auf den Köpfen herumtanzen; als jemand abfällig sagte, das werde für eine Frau nicht leicht sein, soll er, um darauf anzuspielen, erwidert haben: in Syrien wäre auch eine Semiramis Königin gewesen, und einen großen Teil Asiens hätten einst die Amazonen beherrscht.

Nach Ablauf seines Konsulats trugen die Praetoren Gaius Memmius und Lucius Domitius das, was im vergangenen Jahr geschehen war, dem Senat zur Überprüfung vor; er beauftragte daraufhin den Senat mit einer gerichtlichen Untersuchung. Als der aber die Untersuchung nicht aufnahm und drei Tage mit fruchtlosen Wortgefechten verbrachte, reiste er in seine Provinz ab. Und sofort hat man seinen Quaestor so mir nichts dir nichts wegen einiger Vergehen in eine Vorentscheidung vor Gericht gezogen. Bald ist auch er persönlich vom Volkstribunen Lucius Antistius vor Gericht gefordert worden; erst als er an das ganze Kollegium der Volkstribunen appelliert hatte, setzte er durch, daß er nicht angeklagt werden könne, solange er wegen Staatsangelegenheiten nicht anwesend sei. Mit Blick auf die Zukunft sah er es als eine große Aufgabe an, sich stets die jährlichen Beamten zu verpflichten und von den Bewerbern um ein Amt nur die zu unterstützen oder gar bis zu einem Amt kommen zu lassen, die ihm garantiert hatten, seine Interessen während seiner Abwesenheit zu verfechten. Von einigen verlangte er ohne Bedenken, daß sie diese Übereinkunft beschworen und sogar schriftlich bestätigten. Aber als Lucius Domitius bei der Bewerbung um das Konsulat öffentlich androhte, er werde als Konsul das durchsetzen, was ihm als Praetor nicht möglich gewesen sei, und er werde ihm sein Heer wegnehmen, da nötigte er Crassus und Pompeius, nach Luca, die Hauptstadt seiner Provinz, zu kommen, und drang in sie, sich nochmals um das Konsulat zu bewerben, um dem Domitius keine Chance zu geben, gewählt zu werden. Mit Hilfe dieser beiden brachte er es fertig, daß sein Oberbefehl auf weitere fünf Jahre verlängert wurde. Das machte ihn dreist, und er verstärkte die Legionen, welche er vom Staat erhalten hatte, um weitere, die er aus eigenen Mitteln bezahlte; eine hatte er sogar im Gebiet jenseits der Alpen ausgehoben; sie erhielt einen gallischen Namen, nämlich Alauda; sie wurde vollkommen in römischer Disziplin und Lebensweise unterwiesen. Alle, die in dieser Legion dienten, beschenkte er später mit dem römischen Bürgerrecht. Seitdem hat er sich keine Gelegenheit, Krieg zu führen, entgehen lassen, nicht einmal wenn der ungerecht und gefährlich war. Er reizte sowohl verbündete als auch feindliche und wilde Volksstämme so sehr, daß der Senat einst beschloß, Gesandte zu entsenden, die die Lage in den beiden Gallien erkunden sollten. Einige waren darüber hinaus der Meinung, man solle ihn den Feinden übergeben. Da sich die Dinge aber günstig entwickelten, erreichte er auf seine Bitten hin, daß der Senat ihm häufigere und längere Dankfeste bewilligte, als jemals einem römischen Feldherrn zuvor zugestanden worden waren. Er hat in den neun Jahren, während derer er den Oberbefehl hatte, ungefähr folgendes geleistet.

Ganz Gallien, das sich in einem Umfang von 3 200 000 Schritten zwischen Pyrenäen, Alpen und dem Berg Cebenna sowie Rhein und Rhone erstreckt, machte er mit Ausnahme der verbündeten Stämme und solcher, die sich wohl verdient gemacht hatten, zur Provinz, und er legte ihr eine Kontribution in Höhe von 40 Millionen Sesterzen pro Jahr auf. Die Germanen, die auf der anderen Rheinseite wohn-

ten, hat er als erster Römer angegriffen, nachdem er eine
Brücke hatte bauen lassen; er brachte ihnen sehr schwere
Niederlagen bei. Er griff auch die Britanner an, die vorher
außerhalb des Blickfeldes der Römer gelegen hatten, besiegte sie und befahl ihnen, Gelder zu zahlen und Geiseln zu
stellen. Während er so viele Erfolge hatte, mußte er nicht
mehr als dreimal einen Mißerfolg wegstecken: in Britannien
vernichtete ein gewaltiger Sturm fast die gesamte Flotte, in
Gallien wurde bei Gergovia eine Legion aus dem Felde geschlagen und auf germanischem Gebiet wurden die Legaten
Titurius und Aurunculeius in einen Hinterhalt gelockt und
getötet.

Genau in diesem Zeitraum verlor er zuerst seine Mutter,
dann seine Tochter und wenig später seine Enkelin. Inzwischen hatte die Ermordung des Publius Clodius den Staat
ganz aus den Fugen geraten lassen; der Senat hatte sich dafür
ausgesprochen, daß nur ein Mann zum Konsul bestellt werden solle und zwar Pompeius; da trat er in Verhandlungen
mit den Volkstribunen ein, die ihn als Kollegen des Pompeius ausersehen hatten, daß sie vielmehr folgendes vor das
Volk brächten: da ja die Zeit seines Oberkommandos allmählich zu Ende gehe, solle ihm die Möglichkeit eingeräumt werden, sich in Abwesenheit ein zweites Mal um das
Konsulat zu bewerben, damit er nicht deswegen die Provinz
verlassen müsse, und das, obwohl die Zeit dazu noch gar
nicht reif und der Krieg noch nicht beendet sei. Gerade hatte
er dieses Ziel erreicht, da dachte er im stillen schon an Höhe-
res, ja er war voller Zuversicht, und so packte er als Amts-
und auch als Privatperson jede Gelegenheit beim Schopfe,
sich gegenüber jedermann großzügig und gefällig zu erweisen. Aus dem Erlös der Kriegsbeute begann er mit der Anla-
ge eines Forums; allein das Grundstück dafür kostete mehr
als 100 Millionen Sesterzen. Im Gedenken an seine Tochter

stellte er dem Volk ein Gladiatorenspiel und ein Festessen in Aussicht; dergleichen hatte vor ihm noch niemand getan. Die Belieferung des Festessens hatte er an die Fleischwarenhändler vergeben, doch ließ er alles, was zu diesem Mahl gehörte, auch noch einmal in Privathäusern herrichten, um die Erwartungen in beide Veranstaltungen ins Unermeßliche zu steigern. Bekannte Gladiatoren ließ er, wenn sie Gefahr liefen, die feindlich gesonnenen Zuschauer zu verlieren, mit Gewalt aus der Arena holen und für einen gefährlicheren Kampf aufsparen. Neulinge ließ er weder in einer Fechtschule noch durch Lehrmeister, sondern in Privathäusern durch römische Ritter und sogar durch Senatoren, die sich auf den Umgang mit Waffen verstanden, ausbilden; durch Bitten erreichte er, das geht aus seinen Briefen hervor, daß sie die Ausbildung jedes einzelnen übernahmen und ihnen die Kommandos persönlich gaben, wenn sie trainierten. Den Legionen verdoppelte er für alle Zeiten den Sold. Jedesmal, wenn genügend Getreide vorrätig war, ließ er es, ohne genau abzumessen, verteilen, und manchmal verteilte er auch einzelne Beutestücke an Einzelpersonen. Um sich die verwandtschaftliche Beziehung zu Pompeius und dessen Zuneigung aufrecht zu erhalten, trug er ihm die Enkeltochter seiner Schwester, Octavia, die mit Gaius Marcellus verheiratet gewesen war, als Partie an; er selbst hielt um die Hand seiner Tochter an, die dem Faustus Sulla versprochen war. Er hatte sich aber alle in der näheren Umgebung des Pompeius und auch einen Großteil des Senats durch Gelder, die er zinslos oder gegen geringe Zinsen auslieh, verpflichtet; auch bedachte er Leute aller Stände, die entweder auf seine Einladung hin oder aus eigenem Antrieb den Weg zu ihm gefunden hatten, mit den üppigsten Zuwendungen, ebenso die Freigelassenen und jungen Sklaven von allen, je nachdem wie sehr er sich deren Herrn oder Patron zu Dank

verpflichtet glaubte. Damals half er Angeklagten, Schuld-
nern oder verschwenderischen jungen Leuten auf einzigartige Weise und äußerst bereitwillig, wenn diese Verbrechen,
Geldmangel oder Verschwendungssucht nur so arg drück-
ten, daß er ihnen aus eigener Kraft unter die Arme greifen
konnte; zu diesen sagte er unverblümt und unverhohlen, ihnen könne nur noch ein Bürgerkrieg helfen. Ebenso war er
darum bemüht, Könige und Provinzen überall auf der Welt
für sich zu gewinnen; so bot er den einen tausend Gefangene
als Geschenk an, den anderen schickte er, ohne dazu vom
Volk oder Senat ermächtigt zu sein, Hilfstruppen, egal wohin und wie oft sie es wünschten; darüber hinaus ließ er die
mächtigsten Städte Italiens, der beiden Gallien und Spanien,
auch die Asiens und Griechenlands mit prächtigen Bauwerken ausstaffieren. Darüber waren bereits alle verblüfft; man
fragte sich, worauf das alles abziele, bis endlich der Konsul
Marcus Claudius Marcellus durch einen Erlaß ankündigte,
er werde im Senat einen Antrag über Sein oder Nichtsein des
Staates stellen; also beantragte er beim Senat, Caesar solle
von seinem Kommando vor der Zeit abgelöst werden, da ja
nach Beendigung des Krieges Friede eingekehrt sei und das
siegreiche Heer entlassen werden müsse. Er solle auch nicht,
da er ja abwesend sei, bei den Wahlversammlungen mitbe-
rücksichtigt werden, da Pompeius diesen Grundsatz auch
später nicht durch einen Volksbeschluß abgeändert habe. Es
war nämlich passiert, daß er, als er ein Gesetz über das Recht
der Beamten einbrachte, in dem Paragraphen, in dem er Ab-
wesende von der Bewerbung um Ämter ausschloß, aus Vergeßlichkeit nicht einmal Caesar von dieser Regelung aus-
nahm; erst später – das Gesetz war bereits in Bronzetafeln
eingehauen und im Staatsarchiv deponiert worden – besei-
tigte er den Irrtum. Marcellus gab sich nicht damit zufrieden, Caesar die Provinzen und sein Sonderrecht zu nehmen;

er setzte als weiteren Punkt auf die Tagesordnung, daß den
Kolonisten, die Caesar nach dem Vatinischen Gesetz in No-
vum Comum angesiedelt hatte, das Bürgerrecht aberkannt
werde, weil er es ihnen nur gegeben habe, um sich ihre
Gunst zu erschleichen, auch gehe es weit über das hinaus,
was die Gesetze vorsähen.

Diese Vorgänge hatten Caesar sehr getroffen; und aus der
Einschätzung der Lage heraus, daß es schwieriger sei, ihn,
den Mann an der Spitze des Staates, vom ersten Rang auf den
zweiten zu stoßen als vom zweiten auf den untersten (das
soll man von ihm oft gehört haben), leistete er mit allen ihm
zur Verfügung stehenden Mitteln Widerstand, teils durch
die Tribunen, die die Beschlüsse stoppten, teils durch den
zweiten Konsul Servius Sulpicius. Als auch im folgenden
Jahr Gaius Marcellus, der seinem Vetter Marcus im Amt des
Konsuls gefolgt war, dasselbe versuchte, kaufte er sich für
eine ungeheure Summe dessen Kollegen Aemilius Paullus
und Gaius Curio, der von den Tribunen am ungestümsten
war, als Verteidiger. Aber als er sah, daß alles nur noch mit
größerer Hartnäckigkeit betrieben und auch die Konsuln
für das nächste Jahr aus den Reihen der Gegenpartei genommen wurden, bat er in einem Brief den Senat, ihm nicht sein
Vorrecht, das ihm das Volk gewährt hatte, zu nehmen, andernfalls sollten auch die übrigen Feldherren sich von ihren
Heeren trennen; er vertraute darauf, wie man glaubt, daß es
für ihn, sobald es ihm beliebe, leichter sei, die altgedienten
Soldaten zusammenzurufen als für Pompeius neue Soldaten. Mit seinen Gegnern schloß er einen Vergleich, so daß
man ihm zugestand, er dürfe, wenn er acht Legionen entlassen und Gallia Transalpina abgetreten habe, zwei Legionen
und das diesseitige Gallien oder auch eine Legion und Illyri-
en behalten, bis er Konsul werde. Als aber der Senat sich
nicht dafür stark machte und seine Gegner es ablehnten, mit

ihm irgendeine Vereinbarung über den Staat zu treffen, reiste er ins diesseitige Gallien ab, hielt Gerichtstage und
machte daraufhin Station in Ravenna; dort stand er in
Alarmbereitschaft, sich mit Krieg zu revanchieren, falls der
Senat beschließen sollte, den Volkstribunen, die für ihn eintraten, Steine in den Weg zu legen.

Gewiß war das sein Vorwand für eine bewaffnete Erhebung im Innern; man vermutet, daß es auch noch andere
Gründe gab. Pompeius hat wiederholt ungefähr folgendes
gesagt: da er nicht in der Lage sei, die Bauwerke, mit deren
Bau er begonnen hatte, fertigzustellen noch die Erwartungen des Volkes, die es mit seiner Ankunft verknüpft hatte,
aus eigenen Mitteln zu befriedigen, habe er alle sicheren Verhältnisse vollkommen durcheinanderbringen wollen. Andere sagen, er habe befürchtet, man würde ihn für alles, was er
während seines ersten Konsulats entgegen den Wahrsagungen, den Gesetzen und den Einsprüchen durchgeführt habe,
zur Rechenschaft heranziehen; hatte doch zum wiederholten Male M. Cato unter Eid drohend angekündigt, er werde
gegen ihn beim Praetor eine Klage anstellen, sobald er sein
Heer entlassen hätte. Senatoren sollen in aller Öffentlichkeit
prophezeit haben, es werde ihm wie Milo ergehen, wenn er
erst als Privatmann zurückgekehrt sei; ein Trupp Bewaffneter werde ihn in seine Mitte nehmen, und dann werde er sich
vor Gericht zu verantworten haben. Dies gewinnt durch das
Zitat des Asinius Pollio große Wahrscheinlichkeit: Caesar
habe, als er in Pharsalos die Gegner, die in der Schlacht getötet und niedergemacht worden waren, vor sich liegen sah,
wörtlich gesagt: »Sie haben es so gewollt; für solche Taten
wäre ich als Gaius Caesar verurteilt worden, hätte ich nicht
Hilfe vom Heer erbeten.« Einige glauben, er habe sich von
seiner Rolle als Befehlshaber nicht trennen können, und so
habe er die Stärke seiner Truppen und die seiner Feinde ge

geneinander abgewogen und die Gelegenheit genutzt, die Alleinherrschaft an sich zu reißen, worauf er seit frühester Jugend versessen gewesen sei. Derselben Meinung scheint auch Cicero gewesen zu sein, wenn er im dritten Buch seines Werkes »De officiis« schreibt, Caesar habe immer die Verse des Euripides zitiert [es sind die Verse 524/525 aus den Phönikerinnen: εἴπερ γὰρ ἀδικεῖν χρή, τυραννίδος πέρι κάλλιστον ἀδίκημα· τὰ δ ἄλλα εὐσεβεῖν χρεώ ⟨ν⟩], die er so übersetzt hat:

»Denn wenn das Recht verletzt werden muß, dann nur der Herrschaft wegen: wo es um anderes geht, halte die Gesetzestreue hoch.«

Als die Nachricht kam, daß man doch den Einspruch der Tribunen vom Tisch gefegt habe und diese die Stadt verlassen hätten, schickte er sofort Kohorten heimlich voraus; um keinen Verdacht zu erregen, nahm er sowohl an einem öffentlichen Schauspiel teil, um so seine wahren Absichten zu verschleiern, warf auch einen kritischen Blick auf den Plan für den geplanten Bau einer Gladiatorenkaserne und nahm sich wie üblich Zeit, an einem stark besuchten Gastmahl teilzunehmen. Dann ließ er nach Sonnenuntergang Maultiere einer Bäckerei aus der Nachbarschaft vor den Wagen spannen und reiste auf ganz geheimen Wegen und mit ganz kleinem Gefolge ab. Da man die Lampen hatte löschen müssen und er infolgedessen vom Weg abgekommen war, irrte er lange umher, bis er schließlich bei Tageslicht auf einen Führer stieß und so auf sehr schmalen Pfaden zu Fuß die Stadt glücklich hinter sich lassen konnte. Als er seine Kohorten am Rubicon, dem Grenzfluß zu seiner Provinz, eingeholt hatte, machte er kurz Rast und rekapitulierte im Geiste noch einmal, was er ins Werk setzte; dann wandte er sich an die Leute seiner näheren Umgebung mit den Worten: »Noch gibt es für uns ein Zurück; haben wir aber diesen Steg erst

einmal überschritten, dann gibt es für alles nur noch eine
Lösung: Krieg.« Als er noch zögerte, ereignete sich etwas
Wundersames. Plötzlich setzte sich jemand neben ihn, der
durch seine Größe und sein Aussehen besonders hervor-
stach, und trat als Schalmeispieler auf. Als außer den Hirten
auch noch Soldaten und mit ihnen auch Tubabläser von ihren Posten zahlreich zusammengelaufen waren, um ihm zuzuhören, riß er einem von ihnen die Tuba aus der Hand,
sprang vor zum Fluß, blies kräftig ins Horn und ließ das Si-
gnal ertönen; dann watete er ans andere Ufer. Da sagte Caesar: »Man soll dorthin gehen, wohin der Götter Zeichen
und die Ungerechtigkeit der Feinde einen rufen. Der Würfel
ist gefallen.« Und so kam es, daß das Heer übersetzte und
die Volkstribunen, die nach ihrer Vertreibung zu ihnen gestoßen waren, mitgenommen wurden; vor versammelter
Mannschaft appellierte er unter Tränen und mit entblößter
Brust an die Treue seiner Soldaten. Man glaubt, daß er einigen von ihnen auch das Vermögen eines Ritters in Aussicht
gestellt hat; zu dieser Annahme war man aber aufgrund einer falschen Vermutung gekommen. Denn als er bei der an-
feuernden Ansprache an die Soldaten öfter den Ringfinger
der linken Hand zeigte und dabei bekräftigte, er werde, um
alle zufriedenzustellen, die ihn bei der Verteidigung seiner
Würde unterstützten, sogar den Ring vom Finger ziehen, da
er sich keine Sorgen um den Ausgang machen müsse, nahmen die, die in den hintersten Reihen standen – denn sie
konnten ihn ja leichter sehen als hören, als er vor der Versammlung sprach –, das, was sie mutmaßten, gesehen zu haben, als Zusage. Das Gerücht verbreitete sich, neben das
Recht auf den Ring sei auch noch das Versprechen einer
Zahlung von 400 000 Sesterzen gemacht worden.

   Hier nun die wichtigsten Aktionen, die er dann unternahm, in chronologischer Reihenfolge: Er besetze Picenum,

Umbrien und Etrurien; er machte sich Lucius Domitius, den man während des Aufruhrs zu seinem Nachfolger ernannt hatte und der mit einer Besatzung Corfinium hielt, wieder botmäßig, dann enthob er ihn seines Postens; nach diesen Maßnahmen eilte er an der Adria entlang nach Brundisium, wohin die Konsuln mit Pompeius geflohen waren, um bei nächster Gelegenheit in See zu stechen. Nach dem vergeblichen Versuch, ihre Überfahrt durch alle möglichen Mittel hinauszuzögern und zu verhindern, machte er kehrt und marschierte nach Rom und wandte sich mit mahnenden Worten betreffs des Staates an die Senatoren; dann rückte er gegen die zum Widerstand entschlossenen und äußerst starken Truppen des Pompeius vor, die in Spanien unter den drei Legaten M. Petreius, L. Afranius und M. Varro standen. Vorher hatte er in kleinem Kreise frei heraus bekannt, er gehe zum Heer ohne Führer und von dort werde er zum Führer ohne Heer zurückkehren. Obwohl die Belagerung von Massilia, das bei seinem Anmarsch seine Tore vor ihm verschlossen hatte, und äußerste Knappheit an Lebensmitteln sein Vorankommen verzögerten, unterjochte er dennoch in kurzer Zeit alles. Von hier kehrte er nach Rom zurück, setzte nach Makedonien über und rieb Pompeius, den er fast vier Monate lang unter Aufbieten der größten Belagerungsmaschinen eingeschlossen hatte, zuletzt in der Schlacht bei Pharsalos auf und verfolgte ihn auf seiner Flucht nach Alexandria. Als er ihn dort getötet vorfand, fing er mit dem König Ptolemaios einen in der Tat überaus schwierigen Krieg an, hatte er doch bemerkt, daß der auch ihm nach dem Leben trachtete. Weder die Örtlichkeit noch die Jahreszeit waren günstig, es war Winter, und Caesar befand sich innerhalb der Stadtmauern eines Feindes, dem es an nichts mangelte und der äußerst raffiniert war, während er selbst an allem Mangel litt und unvorbereitet war. Als Sieger überließ er

die Herrschaft über Ägypten Kleopatra und ihrem jüngeren
Bruder; er scheute sich, es zur Provinz zu machen, damit es
nicht, wenn es einmal einen energischeren Statthalter erhal-
te, zum Brandherd neuer Unruhen werden sollte. Von Alexandria stach er nach Syrien in See, von dort zog er nach Pontus; Nachrichten über Pharnakes trieben ihn voran. Der war
ein Sohn Mithridates' des Großen, hatte die augenblicklich
günstigen Umstände genutzt und losgeschlagen und bereits
beträchtliche Erfolge erzielt und war infolgedessen übermütig geworden. Ihn schlug er am fünften Tag nach seiner
Ankunft innerhalb von vier Stunden, während er ihm immer
näher rückte, in einer einzigen Schlacht. Häufig erwähnte er
das Glück des Pompeius, der seinen außergewöhnlichen
Kriegsruhm Feinden von solch unkriegerischem Schlage
verdanke. Hierauf besiegte er Scipio und Iuba völlig, die die
Reste ihrer Anhänger in Afrika für neue Schläge zu erwär-
men suchten. Dann die Söhne des Pompeius in Spanien. In
allen Bürgerkriegen hat er keine einzige Niederlage hinnehmen müssen, es sei denn, daß seine Legaten sie verschulde-
ten. Von diesen kam C. Curio in Afrika um, C. Antonius geriet in Illyrien in die Gewalt seiner Gegner, P. Dolabella verlor ebenfalls in Illyrien eine Flotte, Cn. Domitius Calvinus
in Pontus ein Heer. Er selbst kämpfte immer ganz wie er es
gehofft hatte und nicht einmal mit wechselndem Erfolg,
wenn man von zwei Schlachten einmal absieht: das eine Mal
bei Dyrrhachium, wo er von Pompeius geschlagen wurde,
Pompeius ihm aber nicht nachsetzte; er sprach ihm damals
ab, daß er zu siegen verstehe; das zweite Mal in Spanien im
letzten Gefecht; da die Lage so verzweifelt stand, dachte er
da sogar an Selbstmord.

Als er die Kriege erfolgreich zu Ende geführt hatte, feierte
er fünfmal einen Triumph: nach dem Sieg über Scipio hielt er
vier Triumphe in einem Monat ab, aber nicht an aufeinan-

derfolgenden Tagen, und noch einmal triumphierte er nach seinem Sieg über die Söhne des Pompeius. Seinen ersten und herrlichsten Triumph feierte er über Gallien, es folgte der Alexandrinische, darauf der über Pontus, auf diesen folgte der Afrikanische, der letzte war der über Spanien; alle unterschieden sich durch den aufgebotenen Pomp und die Requisiten. Als er am Tag, an dem er den Gallischen Triumph abhielt, am Velabrum vorbeifuhr, wäre er beinahe vom Wagen geschleudert worden, war doch die Achse gebrochen; er stieg beim Schein der Fackeln, deren Kandelaber vierzig Elefanten zu seiner Rechten und Linken trugen, zum Kapitol hinauf. Beim Pontischen Triumph ließ er neben den Gegenständen, die im Festzug mitgeführt wurden, auch eine Inschrift, die aus den (drei) Worten bestand »Ich kam, sah, siegte« vorbeitragen; anders als alles andere sollte sie nicht auf das, was im Krieg geschehen war, hinweisen, vielmehr war sie als Hinweis darauf gedacht, daß der Krieg schnell beendet worden war. In den Legionen, die aus altgedienten Soldaten bestanden, gewährte er als Beuteanteil jedem Fußsoldaten neben den zweitausend Sesterzen, die er bereits zu Beginn des Bürgerkrieges ausgezahlt hatte, noch einmal vierundzwanzigtausend Sesterzen. Er teilte ihnen auch Akkerland zu, dessen Parzellen nicht unmittelbar aneinander grenzten, damit keiner der Besitzer vertrieben werden mußte. Unter das Volk verteilte er pro Person neben je zehn Scheffeln Getreide und ebensoviel Pfunden Öl auch noch dreihundert Sesterzen, die er ihm früher einmal versprochen hatte, und er legte noch hundert darauf, weil es sich so lange hingezogen hatte. Auch erließ er den Mietzins für ein Jahr, in Rom bis zu einer Höhe von zweitausend, in Italien bis zu einer Summe von fünfhundert Sesterzen. Er veranstaltete auch noch ein Festessen und eine Fleischverteilung, nach dem spanischen Sieg zweimal ein zweites Frühstück; denn

weil nach seinem Geschmack das erste zu knauserig und
nicht seiner Freigebigkeit entsprechend ausgefallen sei, richtete er fünf Tage später ein neues aus, bei dem es an überhaupt nichts fehlte. Er veranstaltete ein buntes Programm
an Schauspielen: Gladiatorenkämpfe, Bühnenstücke, sogar
in jedem Viertel der Stadt und zwar durch Schauspieler aller
Sprachen, ebenso Zirkusvorstellungen, Wettkämpfe von
Athleten und ein Seegefecht. Während der Veranstaltung auf
dem Forum kämpften Furius Leptinus, seine Familie hatte
immerhin einen Praetor gestellt, und Q. Calpenus, ein ehemaliger Senator und Rechtsanwalt, auf Leben und Tod. Einen Waffentanz tanzten Kinder aus Fürstenhäusern Bithy-
niens und Asiens. Bei den Theaterspielen übernahm der römische Ritter Decimus Laberius in seiner Komödie selbst
eine Rolle; nachdem er fünfhundert Sesterzen geschenkt
und den goldenen Ring erhalten hatte, ging er von der Bühne her durch die Orchestra, um auf den vierzehn ausgewie-
senen Rängen wieder Platz zu nehmen. Für die Circusspiele
hatte man die Rennbahn des Circus auf beiden Seiten verlängert und ringsherum einen Wassergraben angelegt, Jünglin-
ge aus sehr vornehmen Häusern zeigten ihre Geschicklichkeit als Lenker von Vier- und Zweigespannen und als
Kunstreiter. Das Trojaspiel führte eine doppelte Schwadron
aus jüngeren und älteren Jungen auf. Tierhetzen wurden
fünf Tage lang gegeben. Zum Abschluß gab es ein Gefecht,
das man auf zwei Treffen angelegt hatte: auf beiden Seiten
wurden fünfhundert Fußsoldaten, zwanzig Elefanten und
dreihundert Reiter gegeneinander gehetzt. Damit man mehr
Platz zum Kämpfen hatte, waren die Zielsäulen entfernt und
an deren Stelle je zwei gegenüberliegende Lager errichtet
worden. Die Athleten kämpften in einem eigens für diesen
Zweck provisorisch errichteten Stadium in der Gegend des
Marsfeldes drei Tage lang. Auf dem künstlich angelegten See

auf der kleineren Codeta inszenierten Zwei-, Drei- und Vierruderer der tyrischen und ägyptischen Flotte mit starker Besatzung ein Seegefecht. Zu all diesen Veranstaltungen war der Zustrom der Zuschauer von überall her so groß, daß die meisten auswärtigen Gäste auf Gassen und Straßen in Zelten kampieren mußten; auch ist es oft passiert, daß sehr vielen Leuten bei diesem Gedränge die Luft zum Atmen genommen wurde und sie erstickten, unter ihnen befanden sich auch zwei Senatoren.

Hierauf nahm er die Neuordnung des Staates in Angriff. Er verbesserte den Kalender, der seit langem durch Schnitzer der Priester, die willkürlich Schalttage einschoben, so durcheinander geraten war, daß weder die Erntezeit in den Sommer noch die Weinlese in den Herbst fiel. Und das Jahr paßte er dem Lauf der Sonne an, so daß es dreihundertfünfundsechzig Tage hatte, der Schaltmonat wegfallen konnte und nur ein Tag alle vier Jahre eingeschoben werden mußte. Damit aber in Zukunft vom neuen ersten Januar an die Zeitrechnung präziser stimme, schob er zwischen November und Dezember noch zwei Monate ein; so hatte das Jahr, in dem er diese Reform durchführte, fünfzehn Monate einschließlich des Schaltmonats, der auch in dem bisherigen System in dieses Jahr gefallen wäre. Er ergänzte den Senat, nahm neue Leute unter die Patrizier auf, er erhöhte die Zahl der Praetoren, Aedile und Quaestoren, auch die der unteren Beamten. Diejenigen, die durch den Spruch des Zensors die Vorrechte ihres Standes verloren hatten oder durch Richterspruch wegen Amtserschleichung verurteilt worden waren, setzte er wieder in Amt und Würden ein. Die Kür von Beamten teilten er und das Volk so unter sich auf, daß es – ausgenommen von dieser Regelung waren die Bewerber um das Konsulat – aus dem verbleibenden Teil der Bewerber die Hälfte, die es haben wollte, verkündete, er die andere Hälfte

selbst bestimmte. Und in der Form von Wahlankündigun-
gen von wenigen Worten, die er an die einzelnen Wahlbezirke absandte, gab er Empfehlungen: »Der Diktator Caesar
an die und die Tribus. Ich empfehle euch den und den, daß er
durch eure Wahl sein Amt erhält.« Er ließ zu den Ämtern sogar Söhne von Proskribierten zu. Zum Richteramt ließ er
nur noch zwei Klassen von Richtern zu: Leute aus dem Rit-
ter- und solche aus dem Senatorenstand; die Aerartribunen,
das war die dritte Klasse, strich er.

Er führte eine Volkszählung durch, aber nicht wie es bisher üblich gewesen war und auch nicht am herkömmlichen
Ort; vielmehr ließ er die Besitzer der Miethäuser vor Ort die
Angaben zusammentragen. Dabei reduzierte er die Zahl
derjenigen, die aus dem Staatssäckel Getreide erhielten, von
320000 auf 150000. Damit es aber nicht über kurz oder lang
wegen der Ausmusterung zu neuen Zusammenrottungen
kommen könne, ordnete er an, daß der Praetor jährlich an
die Stelle der Verstorbenen aus der Zahl derer, die durch den
Zensus nicht auf die Liste der Getreideempfänger gekommen wären, im Losverfahren Leute nachrücken ließ. Und er
verteilte achtzigtausend Bürger auf die Kolonien in Übersee; damit aber auch die Hauptstadt danach nicht entvölkert
sei und ihr noch genügend Bürger verblieben, setzte er fest,
daß kein Bürger zwischen Zwanzig und Vierzig länger als
drei Jahre ohne Unterbrechung sich außerhalb Italiens aufhalten dürfe, es sei denn, er stehe als Soldat im Felde; auch
der Sohn eines Senators dürfe nur während der militärischen Ausbildung im engeren Gefolge eines Beamten ins Ausland
reisen; und diejenigen, die Viehzucht betrieben, sollten
mindestens ein Drittel freigeborene Männer unter ihren
Hirten haben. Alle, die in Rom als Ärzte tätig waren, und
ebenso die Lehrer der freien Künste beschenkte er mit dem
Bürgerrecht, damit sie um so lieber auch ihren Wohnsitz in

der Stadt hatten und die übrigen ihres Berufsstandes nach
drängten. Mehr als einmal wurden Hoffnungen laut, daß
neue Schuldbücher betreffs der geborgten Gelder angelegt
würden; dies erwies sich aber schnell als Illusion; zuletzt
verfügte er, daß die Schuldner ihre Verbindlichkeiten bei
ihren Gläubigern dadurch abtragen sollten, daß sie mit ihren Grundstücken zu dem Wert bezahlten, wie er für jedes
Besitztum vor dem Bürgerkrieg veranschlagt worden war;
die Schuldsumme verringerte sich um den Betrag, der bereits an Zinsen bar oder durch Anweisungen bezahlt war.
Durch diesen Vergleich verloren die Schuldverschreibun-
gen fast ein Viertel ihres Wertes. Alle Vereine, außer denen,
die man in alter Zeit begründet hatte, löste er auf. Die Strafen für Verbrechen verschärfte er. Und weil die, die vermö-
gend waren, deswegen eher geneigt waren, eine ruchlose
Tat zu begehen, weil sie unter Wahrung ihres Besitzes ins
Ausland in die Verbannung gehen konnten, bestrafte er
Mörder, wie Cicero schreibt, mit dem Verlust ihres gesamten Vermögens, die übrigen Verbrecher mit dem des halben
Vermögens. Bei der Rechtsprechung legte er sich voll ins
Zeug und war äußerst streng. Persönlichkeiten, die wegen
Erpressung rechtskräftig verurteilt waren, entfernte er aus
den Reihen des Senats. Die Ehe eines Mannes von Praeto-
renrang, der eine Frau nur zwei Tage nach der Scheidung
von ihrem Gatten geheiratet hatte, löste er auf, obwohl
kein Verdacht bestand, daß beide Ehebruch begangen hätten. Waren aus dem Ausland belegte er mit Zöllen. Sich in
der Sänfte tragen zu lassen, purpurfarbene Gewänder zu
tragen und sich mit Perlengeschmeiden zu behängen,
räumte er niemandem mehr ein, einmal abgesehen von bestimmten Personen und solchen eines bestimmten Alters,
allerdings auch denen nur an festgelegten Tagen. Ganz besonders rigoros handhabe er ein Gesetz, das den Aufwand

betraf, indem er rings um den Markt Wächter aufstellte, die ihre Hand auf Produkte, die gegen das Verbot als Zukost angeboten wurden, legen und dann zu ihm bringen sollten; es kam auch vor, daß er auch noch Liktoren und Soldaten schickte, damit sie, sollte etwas der Aufmerksamkeit der Wächter entgangen sein und sollte es auch bereits aufgetragen sein, es aus den Speisezimmern holten.

Denn von Tag zu Tag faßte er immer mehr und weitreichendere Pläne, wie er die Stadt aufs prächtigste ausschmükken und auch wie er das Reich sichern und vergrößern könne. Als erstes plante er einen Marstempel zu bauen, größer, als man irgendwo einen finden könne. Hierzu sollte der See, auf dem er die Seeschlacht veranstaltet hatte, wieder zugeschüttet und eingeebnet werden. Auch sollte ein Theater riesigen Ausmaßes gebaut werden, das sich an den Tarpejischen Felsen anschmiegte. Das bürgerliche Recht plante er auf einen bestimmten Umfang hin zu überarbeiten; aus der übergroßen und sich verästelnden Fülle von Gesetzen sollte nur das Beste und Notwendigste in wenigen Büchern zusammengestellt werden; Büchersammlungen mit einem möglichst großen Bestand an griechischer und lateinischer Literatur könnten angeschafft und aufgestellt werden unter Marcus Varro als Bibliothekar, der für Anschaffungen und die Ordnung des Bestandes zuständig sein sollte. Die Pontinischen Sümpfe sollten trocken gelegt, der Fuciner See abgelassen, eine Straße vom Adriatischen Meer über den Kamm des Apennins bis zum Tiber gebaut werden; den Isthmus von Korinth wollte er durchstechen lassen; die Dacer, die mit ihren Scharen Pontus und Thrakien überschwemmt hatten, plante er im Zaune zu halten. Danach wollte er von Kleinarmenien aus mit den Parthern einen Krieg anfangen; in einer offenen Schlacht angreifen wollte er sie erst dann, wenn er vorher in ihrer Kampftechnik Erfahrung gesammelt hätte.

Noch während er sich mit solchen Überlegungen intensiv beschäftigte, ereilte ihn vorzeitig der Tod. Doch bevor ich über diesen etwas sage, wird es nicht unpassend sein, kurz und knapp seine Gestalt, sein Äußeres, seine Bildung und seinen Charakter, sowie seine Fähigkeiten als Staatsmann und Soldat darzustellen.

Schriftlichen Zeugnissen zufolge war er von stattlicher Statur, hatte eine weiße Haut, schlanke Gliedmaßen, ein etwas zu volles Gesicht und schwarze, lebhafte Augen; er soll von einer guten körperlichen Verfassung gewesen sein, mit der Einschränkung, daß er in seinen letzten Lebensjahren öfter plötzlich in Ohnmacht fiel und auch im Schlaf öfter hochfuhr. Auch erlitt er zweimal einen epileptischen Anfall, während er öffentlich tätig war. In der Körperpflege war er mehr als eigen; so ließ er sich nicht nur sorgfältig seine Haare schneiden und rasieren, sondern er ließ sich auch noch die Haare auszupfen, wie einige mit dem Unterton eines Vorwurfs erwähnen. Die Entstellung durch seine Glatze aber verdroß ihn sehr, war sie doch dankbares Objekt für die Witze seiner Widersacher, wie er oft erfahren mußte. Daher hatte er es sich angewöhnt, seine spärlichen Haare vom Scheitel nach vorne zu kämmen. Und von allen Ehrungen, die Senat und Volk ihm zuerkannt hatten, nahm er keine lieber an und machte von keiner häufiger Gebrauch als von dem Recht, immer einen Lorbeerkranz tragen zu dürfen.

Auch durch seine Kleidung soll er aufgefallen sein; denn er trug eine mit dem breiten Purpurstreifen besetzte Tunika mit Fransen, die bis zu den Händen reichten, und gürtete sich stets so, daß über diesem der Gürtel lag und zwar so, daß sein Gewand schlaff herabhing. Darauf geht wohl ein Ausspruch Sullas zurück, der die Adelspartei mehr als einmal ermahnte, sich vor dem schlecht gegürteten Knaben in acht zu nehmen. Anfangs wohnte Caesar in der Subura in einem bescheidenen Haus, aber nach seiner Wahl zum Pontifex Maximus bezog er eine Amtswohnung an der Via Sacra. Viele berichten, daß er sehr auf schmuckes Aussehen und ein Leben in Luxus versessen gewesen sei. Eine Villa in der Gegend des Nemisees, die er von Grund auf neu zu bauen begonnen und unter hohen Kosten zu Ende gebaut hatte, ließ er, da sie seinem Geschmack nicht ganz entsprochen hatte, wieder einreißen, obwohl er damals noch ein Niemand in der Politik und auch noch hoch verschuldet war. Auf seinen Feldzügen soll er Mosaikfußböden und Marmorfliesen mit sich geführt haben. Nach Britannien soll Caesar gegangen sein, weil er hoffte, dort Perlen zu finden. Um deren Größe im Vergleich zueinander zu bestimmen, habe er manchmal mit eigener Hand ihr Gewicht festgestellt. Edelsteine, getriebene Kunstwerke, Statuen und alte Gemälde anzukaufen, darauf war er immer sehr erpicht, wie man berichtet. Für geradgliedrige, fein gebildete Sklaven soll er ungeheure Preise gezahlt haben; er soll sich auch selbst dafür so geschämt haben, daß er verboten habe, diese Beträge in die Rechnungsbücher einzutragen. In den Provinzen soll er sich ständig Gäste eingeladen haben, die an zwei Tafeln speisten; an der einen saßen Militärs und Leute in griechischer Tracht, an der anderen römische Bürger mit führenden Persönlichkeiten aus den Provinzen. Die Disziplin in seinem Hause handhabe er im großen wie im kleinen peinlichst genau und streng: so ließ er einem Bäcker, der seinen Gästen anderes Brot als ihm vorsetzte, Fußfesseln anlegen, und einen Freigelassenen, der sein Liebling war, bestrafte er, obwohl niemand gegen ihn Klage führte, mit dem Tode, weil er die Frau eines römischen Ritters zum Ehebruch verführt hatte.

Seinem Ruf, ein sittenstrenger Mann zu sein, schadete nichts als der Umstand, mit Nikomedes Haus und Bett ge-

teilt zu haben. Aus diesem Aufenthalt entwickelte sich für
ihn ein schwerer Vorwurf, der sich hielt, und Sticheleien von
allen Seiten war er ausgesetzt. Ich lasse die allgemein bekannten Verse des Calvus Licinius einmal beiseite:

> »Alles hat Bithynien
> und der Verführer unseres Caesar irgendeinmal besessen.«

Ich übergehe die Reden Dolabellas und des älteren Curio, in
denen ihn Dolabella »Buhlknabe der Königin«, »Bett in der
königlichen Sänfte«, und Curio »Stall des Nikomedes« und
»Bithynisches Bordell« nennt. Auch die Edikte des Bibulus
lasse ich beiseite, in denen dieser seinen Kollegen öffentlich
als bithynische Königin bezeichnete und sagte, früher habe
ihm ein König am Herzen gelegen, jetzt die Königsherr-
schaft. Zu dieser Zeit begrüßte auch, wie Marcus Brutus berichtet, ein gewisser Octavius, der geistesgestört war und
deshalb allzu zwanglos stichelte, ihn vor vielen Leuten,
nachdem er Pompeius mit »König« angeredet hatte, mit
»Königin«. Gaius Memmius hält ihm aber auch vor, daß er
dem Nikomedes zusammen mit verschiedenen anderen
Lustknaben bei einem Gelage mit zahlreichen Gästen, unter
denen sich auch einige Kaufleute aus Rom befanden, die er
mit Namen auflistet, den Mundschenken gemacht habe. Cicero aber gab sich nicht damit zufrieden, in einigen Briefen
geschrieben zu haben, daß Caesar von den Begleitern des
Königs in das königliche Schlafgemach geleitet wurde und
sich im Purpurgewand auf ein goldenes Bett gelegt habe und
die Jugendblüte eines Stammhalters der Venus in Bithynien
befleckt worden sei; er sagte sogar einmal im Senat, als Caesar Nysa, die Tochter des Nikomedes, vor Gericht vertrat
und die Wohltaten, die ihm der König erwiesen habe,
erwähnte: »Höre endlich auf damit, ich bitte dich, es ist doch
bekannt, was jener dir und was du von dir jenem gegeben

hast!« Beim gallischen Triumphzug endlich sangen seine
Soldaten neben anderen Liedern, wie sie die singen, die hin-
ter dem Triumphwagen marschieren, um sich die Zeit mit
Schwänken zu vertreiben, auch die allgemein bekannten
Verse:

> »Gallien hat Caesar unterworfen, Nikomedes den
>                                 Caesar.
> Sieh, nun trägt Caesar den Sieg davon, der ganz Gallien
>                                 unterwarf,
> nicht triumphiert Nikomedes, der den Caesar
>                                 unterwarf.«

Alle sind einstimmig der Meinung, daß Caesar Ausschweifungen ganz und gar nicht abgeneigt war und dafür keine
Kosten scheute. Fest steht auch, daß er ein Verhältnis mit
zahlreichen vornehmen Frauen gehabt hat, unter anderem
mit Postumia, der Gattin des Servius Sulpicius, mit Lollia,
der Frau des Aulus Gabinius, und Tertulla, der Gemahlin
des Marcus Crassus, sogar mit Mucia, der Frau des Gnaeus
Pompeius. Sicher wurde Pompeius aus dem Grunde von
dem älteren Curio und auch von dessen Sohn sowie von vielen anderen vorgehalten, daß er ihn nur zum Vorwand genommen habe, seine Frau zu verstoßen, und das nach der
Geburt von drei Kindern, und daß er, obwohl er sich über
ihn immer beklagt und ihn seinen Aigisth genannt habe,
später dessen Tochter aus Machtbesessenheit geheiratet habe. Aber vor allen anderen liebte er die Mutter des Marcus
Brutus, Servilia, für die er während seines ersten Konsulats
eine Perle im Werte von sechs Millionen Sesterzen kaufte
und der er im Bürgerkrieg neben anderen Schenkungen aus
den öffentlichen Versteigerungen sehr umfangreiche Güter
für einen Spottpreis zuschanzte. Als viele über die Dum-
pingpreise ihre Verwunderung äußerten, bemerkte Cicero

mit einer gehörigen Portion Witz dazu: »Wißt, er hat ein
weitaus günstigeres Geschäft gemacht, denn der Preis für
Tertia war schon abgezogen!« Man glaubte nämlich, Servilia
habe auch ihre Tochter Tertia an Caesar verkuppeln wollen.
Nicht einmal in den Provinzen ließ er seine Finger von verheirateten Frauen. Daß daran etwas war, macht z. B. der folgende Zweizeiler klar, der von den Soldaten mit Recht und
Billigkeit im Verlaufe des gallischen Triumphes immer wieder gegröhlt wurde:

»Städter, paßt auf eure Frauen auf! Den kahlen
                              Ehebrecher bringen wir mit.
Gold hast du in Gallien durch Huren durchgebracht, das
                              du hier dir geborgt hast.«

Liebesbeziehungen unterhielt er auch zu Königinnen; eine
dieser Frauen war Eunoe, die Gattin des Maurenkönigs Bo-
gud. Ihr und ihrem Gatten machte er, wie Naso schreibt,
sehr viele äußerst kostspielige Geschenke. Am meisten aber
war er in Kleopatra verliebt. An ihrer Seite dehnte er Gelage
bis zum ersten Hahnenschrei aus; auf ihrer ägyptischen
Jacht segelte er ins Innere Ägyptens und wäre fast bis nach
Äthiopien vorgedrungen, wenn sein Heer ihm nicht die Gefolgschaft verweigert hätte. Schließlich lud er sie nach Rom
ein und ließ sie erst wieder fort, nachdem er sie mit den
größten Ehrungen und Gastgeschenken überhäuft hatte. Er
ließ auch zu, daß der Sohn, den sie geboren hatte, nach ihm
benannt wurde. Ja, es haben einige griechische Schriftsteller
überliefert, daß er mit Caesar auch Ähnlichkeit besessen habe in seinem Äußeren und darin, wie er sich bewegte. Marcus Antonius bekräftigte vor dem Senat, daß der Junge von
ihm auch als Sohn anerkannt worden sei; das wüßten auch
Gaius Matius, Gaius Oppius und die übrigen Freunde Caesars. Von denen hat Gaius Oppius, weil angeblich die Ange-

legenheit ganz entschieden eine Rechtfertigung und Verteidigung nötig habe, eine Schrift veröffentlicht, in der er die
These verficht, es sei nicht Caesars Sohn, den Kleopatra dafür ausgebe. Der Volkstribun Helvius Cinna hat nicht wenigen gegenüber eingeräumt, in seiner Hand sei ein schriftlich
abgefaßter Gesetzesentwurf gewesen, den er auf Geheiß
Caesars zu einem Zeitpunkt hätte einbringen sollen, zu dem
dieser persönlich nicht anwesend wäre: Um Kinder zu zeugen, solle es Caesar gestattet sein, beliebig viele Frauen, die
er haben wolle, zu verführen. Damit überhaupt kein Zweifel
bei einem darüber bestehe, daß er in dem schlechten Rufe
stand, sowohl Unzucht als auch Ehebruch getrieben zu haben, nennt ihn der ältere Curio in einer seiner Reden den
Mann aller Frauen und die Frau aller Männer.

Wein trank er sehr mäßig. Dies haben nicht einmal seine
Feinde bestritten. In diesen Zusammenhang gehört das
Wort des Marcus Cato: nur Caesar sei von allen in nüchter-
nem Zustand daran gegangen, die Republik zu zerstören.
Was das Essen anbelangt, war er so anspruchslos, daß er
einst, als ihm von einem Gastgeber eingelagertes Öl statt fri-
schem vorgesetzt wurde, dies nicht zurückgehen ließ wie
die übrigen Gäste, sondern reichlicher nachverlangte, damit
es nicht so aussah, als wolle er dem Gastgeber Nachlässig-
keit oder gar typisch bäuerliches Verhalten vorwerfen. Daß
dem so war, bezeugt Gaius Oppius in einem Schriftstück.
Uneigennützigkeit legte er weder in seinen Posten in den
Provinzen noch bei der Bekleidung der Positionen in der
Stadt an den Tag. Denn wie einige Leute in ihren Memoiren
bezeugt haben, nahm er in Spanien als Prokonsul von den
Bundesgenossen Geld an, das man als Zuschuß erbettelt
hatte, damit er seine Schulden begleichen könne; auch einige
Städte in Lusitanien plünderte er, wie Feinde es zu tun pfle-
gen; dabei hatten sie sich nicht geweigert, Befehle zu befol-

gen, und bei seiner Ankunft hatten sie ihm die Tore geöffnet. In Gallien plünderte er die mit Weihgeschenken prall gefüllten Heiligtümer und Tempel der Götter. Städte zerstörte er öfter wegen der Beute als wegen eines Vergehens. So kam es, daß er Geld in Hülle und Fülle hatte und das Pfund in Italien und in den Provinzen für dreitausend Sesterzen verkaufte. In seinem ersten Konsulat entwendete er dreitausend Pfund Gold aus dem Kapitol; an dessen Stelle hinterlegte er vergoldetes Kupfer von demselben Gewicht. Für Geld konnte man bei ihm Bündnisse und Königreiche kaufen; z. B. soll er allein Ptolemaios knapp sechstausend Talente in seinem und des Pompeius Namen abgeknöpft haben. Später brachte er die großen finanziellen Belastungen, die die Bürgerkriege, die Triumphe und öffentlichen Feste mit sich brachten, durch offensichtliche Raubzüge und durch Tempelraub auf.

Was Beredsamkeit und Tüchtigkeit als Feldherr anbelangt, ist er den herausragendsten Talenten entweder gleichgekommen oder ist aus ihrem Schatten herausgetreten. Seit seiner Anklage Dolabellas zählte er zu den Staranwälten, daran gibt es nichts zu rütteln. Jedenfalls äußert Cicero im »Brutus«, wo er die Redner auflistet, er sehe keinen, vor dem Caesar zur Seite treten müsse; er sagt auch, daß er eine feine, und auch glänzende, ja sogar erhabene und in gewisser Hinsicht adlige Art sich auszudrücken gepflegt habe; und an Cornelius Nepos schrieb er über ihn folgendes: »Wie? Welchen Redner willst du ihm vorziehen von denen, die hauptberuflich Redner waren? Wer zeigt größeren Scharfblick und größere Gedankenfülle? Wer ist in seinen Formulierungen schmuckvoller und eleganter?« In seiner Manier zu reden scheint er, wenigstens in seinen frühen Jahren, sich am Redestil Caesar Strabos orientiert zu haben. Aus dessen Rede, die den Titel »Für die Sardinier« trägt, hat er wörtlich einiges in der Rede, die er während der Voruntersuchung ge-

halten hat, übernommen. Vorgetragen habe er mit heller
Stimme, so heißt es, seine Körperbewegungen und sein Ge-
bärdenspiel verrieten seinen Enthusiasmus, dabei ging er nie
so weit, daß es unfein wirkte. Er hat einige Reden hinterlassen, unter denen einige so ohne weiteres einfach als seine ausgegeben werden. Augustus vertritt nicht ganz zu Unrecht die
Auffassung, »Für Quintus Metellus« sei eher eine von Ge-
schwindschreibern hingeworfene Fassung einer Rede, der sie
nicht wortgetreu hatten folgen können, als eine Publikation
vom Autor selbst. Denn auf einigen Exemplaren finde ich
nicht einmal den Titel »Für Metellus«, sondern nur »Was er
für Metellus verfaßt hat«. Doch es ist der Redestil Caesars,
der Metellus und ihn gegen Vorwürfe ihrer gemeinsamen Widersacher rechtfertigt. Augustus glaubt ebenfalls, daß auch
seine Rede »Vor den Soldaten in Spanien« kaum von ihm
selbst stammen könne; doch von dieser sind zwei in Umlauf:
es sieht so aus, als ob die erste vor der ersten Schlacht, die andere vor der zweiten gehalten wurde. Vor der letzten Schlacht,
so Asinius Pollio, sei Caesar nicht einmal mehr dazu gekommen, eine Rede an die versammelte Mannschaft zu halten, so
plötzlich seien die Feinde angestürmt. Er hinterließ auch tagebuchartige Aufzeichnungen über seine Leistungen während des Gallischen Krieges und des Krieges im Innern mit
Pompeius. Doch wer den Alexandrinischen, Afrikanischen
und den Spanischen Krieg geschrieben hat, ist ungeklärt. Einige halten Oppius für den Verfasser, andere Hirtius, der auch
das letzte unvollendete Buch des »Gallischen Krieges« ergänzt haben soll. Über Caesars tagebuchartige Aufzeichnungen bemerkt Cicero in dem bereits zitierten »Brutus« folgendes: »Er hat unstreitig Tagebücher verfaßt, die unseren Beifall
verdienen; sie sind ohne Schwulst, an der Sache orientiert und
anmutig; alles ausschmückende Beiwerk einer Rede lassen
sie vermissen, als ob man sie entkleidet hätte. Während

er das Ziel verfolgte, ein Handbuch zu schreiben, woraus diejenigen, die eine historische Darstellung schreiben wollten, schöpfen konnten, hat er sich vielleicht doch nur bei Leuten mit verdorbenem Geschmack beliebt gemacht, die seine Realien mit Kräuselscheren herausputzen wollen; Menschen mit einem gesunden Geschmack aber hat er nur vom Schreiben abgeschreckt.« Genau an diesen Tagebüchern hebt Hirtius rühmend hervor: »Das Urteil aller fällt so anerkennend aus, daß den Schriftstellern ihre Möglichkeiten weggeschnappt und nicht gelassen werden. Und doch ist unsere Bewunderung dafür noch größer als die der übrigen. Denn diese wissen nur, wie gut und mit wie großer Genauigkeit, wir aber auch, wie leicht und wie schnell er sie niedergeschrieben hat.« Pollio Asinius ist der Meinung, sie seien mit zu wenig Sorgfalt zusammengestellt worden und Caesar nehme es darin mit der Wahrheit zu wenig genau; denn Caesar habe einerseits recht viel von dem, was durch andere ausgeführt worden war, blindlings geglaubt, andererseits habe er die Aktionen, die er persönlich leitete, entweder in voller Absicht oder – diese Möglichkeit gebe es auch – weil sie seinem Gedächtnis entfallen waren, unrichtig dargestellt. Er glaubt auch, daß Caesar die Darstellung habe neu schreiben und zurechtrücken wollen. Wir haben von ihm auch noch die »Analogie« in zwei Büchern, den »Anticato«, ebenfalls zwei Bücher, und außerdem ein Gedicht mit dem Titel »Die Reise«. Das erste Werk verfaßte er beim Übergang über die Alpen, als er aus dem Diesseitigen Gallien – die Gerichtstage hatte er gerade abgehalten – zu seinem Heer zurückkehrte, das zweite hat er um die Zeit der Schlacht bei Munda niedergeschrieben, das letzte schrieb er in den vierundzwanzig Tagen, während derer er von Rom ins südliche Spanien zog. Auch seine Briefe an den Senat gibt es noch. Hierbei scheint er zum ersten Mal eine

neue Form gewählt zu haben: die Darstellung auf Einzelsei-
ten und die Buchform, wie sie für die Notiz von Denkwür-
digem möglich war, während früher Konsuln und Feldherren Schriftliches auf großem Querbogen absandten. Ferner
existieren noch Briefe an Cicero, ebenso an seine Vertrauten
über häusliche Angelegenheiten. Darin hat er das, was wirklich geheim an sein Ziel kommen sollte, in Chiffren geschrieben, d. h. die Reihenfolge der Buchstaben war stets so,
daß sie kein Wort ergaben: sollte jemand hinter die Nachricht kommen und sie fließend lesen wollen, so muß er immer den vierten Buchstaben des Alphabets, also D für A
austauschen, entsprechendes gilt für den Rest des Alphabets. Man kennt aber auch noch einige Briefe, vielleicht aus
seiner Jugendzeit, z. B. »Das Lob des Hercules«, eine Tragödie »Oedipus«, ferner »Gesammelte Aussprüche«. Die
Veröffentlichung aller dieser Schriften verbot Augustus
schlechthin in einem ganz kurzen Schreiben an Pompeius
Macer, dem er die Verwaltung der Bibliotheken übertragen
hatte.

In der Handhabung der Waffen war er äußerst bewandert; er war überdies ein ausgezeichneter Reiter; unglaublich ist auch, in welchem Maße er Anstrengungen ertragen
konnte. Auf dem Marsch befand er sich immer an der Spitze, entweder zu Pferd oder – was häufiger vorkam – zu Fuß.
Er trug nichts auf dem Kopf, egal ob die Sonne schien oder
ob es regnete. Die längsten Strecken legte er in unglaublicher Schnelligkeit zurück, ohne Gepäck, in einem gemiete-
ten Reisewagen, hunderttausend Schritt pro Tag. Wenn ihn
Flüsse einmal hinderten, weiter zu marschieren, duchquerte
er sie schwimmend oder auf aufgeblasenen Schläuchen, so
daß er sehr oft vor seinen eigenen Boten am Ziel war. Man
weiß nicht so recht, ob er, wenn er Feldzüge unternahm,
eher auf Nummer sicher oder waghalsiger daran ging. Sein

Heer führte er auf Märschen, wo zahlreiche Hinterhalte zu erwarten waren, nie, ohne daß er vorher die Örtlichkeiten hatte genau auskundschaften lassen; auch nach Britannien hätte er nicht übergesetzt, wenn er nicht persönlich Häfen, Schiffbarkeit und Anlandemöglichkeit auf der Insel untersucht hätte. Als diesen Mann aber die Nachricht erreichte, sein Lager in Germanien sei von Feinden eingeschlossen, drang er in gallischer Kleidung durch die feindlichen Posten bis zu seinen Leuten vor. Von Brundisium setzte er im Winter mitten durch die feindlichen Flotten nach Dyrrhachium über. Da seine Truppen, denen er befohlen hatte, ihm gleich nachzukommen, über die Zeit ausblieben, bestieg er zuletzt, nachdem er mehr als einmal vergeblich Boten abgesandt hatte, um sie zu holen, heimlich bei Nacht ohne Begleitung mit verhülltem Haupt ein kleines Schiff. Er hat nicht eher enthüllt, wer er sei, noch hat er dem Steuermann gestattet, der Sturmfront auszuweichen, bis er schon fast in den Fluten versunken war. Nicht einmal religiöse Bedenken konnten ihn jemals von einem einmal in Angriff genommenen Unternehmen abschrecken oder aufhalten. Obwohl ihm beim Opfer das Opfertier vom Altar entfloh, verschob er die Abfahrt gegen Scipio und Iuba trotzdem nicht; als er auch noch hinfiel, als er von Bord ging, wandte er das Vorzeichen zum Besseren und stellte fest: »Ich halte dich, Afrika!« Um aber Prophezeiungen, nach denen der Name Scipio in dieser Provinz durch Schicksalsspruch glückliche Erfolge verheißen und unüberwindlich sein sollte, zum Besten zu haben, hatte er in seinem Lager ein Mitglied aus der Sippschaft der Cornelier bei sich, auf das man nur verächtlich herabsehen konnte und das seinem anrüchigen Lebenswandel entsprechend zu seinem Spitznamen Salvito gekommen war.

Auf Schlachten ließ er sich nicht nur nach sorgfältiger stabsmäßiger Planung, sondern auch dann ein, wenn die

Gelegenheit günstig schien; so ging er oft spontan vom
Marsch aus zum Angriff über, zuweilen bei einem Sauwet-
ter, wenn man dies am allerwenigsten erwartet hätte. Erst
am Ende seiner Tage machte er sich zögerlicher daran, eine
Schlacht zu schlagen; er war nämlich der Ansicht, daß man
das Glück um so weniger auf die Probe stellen dürfe, je öfter
man gesiegt habe, und ihm ein Sieg nicht im entferntesten so
viel zusätzlich einbringen werde, wieviel ihn eine Niederlage kosten könne. Nie schlug er den Feind, ohne ihm auch
sein Lager wegzunehmen; so gab er den Erschreckten keine
Zeit zum Verschnaufen. War der Ausgang einer Schlacht ungewiß, schickte er stets die Reitpferde zurück, und zwar zuerst sein eigenes, damit für jeden die Notwendigkeit, die Sache durchzustehen, um so größer wurde, da ja kein Mittel,
sich davonzustehlen, mehr vorhanden war. Das Pferd, das er
ritt, fiel schon auf: es hatte Hufe, die fast wie die Füße eines
Menschen geformt und zehenartig gespalten waren. Als die
Wahrsager in der Tatsache, daß dieses Pferd gerade in seinem
Stall geboren worden war, ein Zeichen sahen, daß seinem
Herrn die Herrschaft über die Welt bestimmt sei, zog er es
mit großer Sorgfalt auf und bestieg es, das keinen anderen
Reiter dulden wollte, als erster. Später ehrte er es noch durch
ein Standbild, das zu ihm wie ein Zwilling war, vor dem
Tempel der Venus Genetrix. Geriet eine Schlachtreihe einmal ins Wanken, hat er sie oft ganz allein wieder in Reih und
Glied gebracht, indem er sich den Fliehenden in den Weg
stellte, einzelne festhielt, ihnen den Hals umwendete und sie
so wieder gegen den Feind ausrichtete. Meistens waren sie
schon vor Angst so kopflos geworden, daß zum Beispiel ein
Adlerträger ihn, als er ihn aufhalten wollte, mit der Spitze
der Fahnenstange bedrohte, und ein anderer das Feldzeichen in seinen Händen zurückließ, als er ihn am Fortlaufen
hindern wollte. Nicht geringere, vielmehr noch größere Be-

weise seiner Unerschrockenheit dürften folgende Tatsachen
sein: Nach der Schlacht bei Pharsalos hatte Caesar seine
Truppen nach Asien vorausgeschickt; als er selbst daraufhin
den Hellespont in einem kleinen Schiff überquerte, kam ihm
Lucius Cassius von der Gegenpartei mit zehn Kriegsschif-
fen entgegen; da trat er nicht den Rückzug an, sondern hielt
näher auf ihn zu und forderte ihn zuerst zur Übergabe auf.
Dieser ergab sich ihm bittfällig; also nahm er ihn an Bord
seines Schiffes. In Alexandria wurde er beim Sturm auf eine
Brücke in ein Boot gedrängt, als die Feinde plötzlich einen
Ausfall machten. Einige sprangen ihm nach; er selbst hech-
tete ins Meer und entzog sich so dem Gewühl, indem er über
eine Distanz von zweihundert Schritt zum nächstliegenden
Schiff schwamm. Er hielt die Linke hoch über dem Wasser,
damit die Schriften, die er bei sich hatte, nicht durchweich-
ten; seinen Feldherrnmantel zog er mit den Zähnen hinter
sich her, damit er nicht ein Beutestück der Feinde wurde.

Seine Soldaten beurteilte er weder nach ihrer Moral noch
nach ihrer äußeren Stellung, sondern nur danach, was sie leisteten, und behandelte sie mit gleich viel Strenge wie Nachsicht; er setzte ihnen nämlich nicht überall Schranken, aber
immer dann, wenn der Feind in der Nähe war; gerade in solchen Momenten verlangte er von ihnen unnachgiebig Disziplin; dazu trug bei, daß er weder den Zeitpunkt des Abmar-
sches noch des Kampfes bekannt gab, so daß sie jederzeit
einsatz- und alarmbereit waren und er das Heer plötzlich
ausrücken lassen konnte, wohin er wollte. Das machte er
recht oft auch ohne besonderen Grund; ganz besonders
gern tat er das an Regen- und an Feiertagen. Häufig ermahnte er die Soldaten, ihn genau zu beobachten, sonderte sich
plötzlich bei Tag oder Nacht von ihnen ab und trieb den
Marsch voran, um die mürbe zu machen, die zu spät aufgebrochen waren. Hatte ein Gerücht von der Stärke der feind-

lichen Truppen seine Soldaten in Angst und Panik versetzt, baute er sie wieder auf, nicht indem er deren Stärke bestritt oder herabsetzte, sondern sie sogar noch stärker machte und log, was das Zeug hielt. Als einmal das Warten auf die Ankunft Iubas seine Soldaten nervös machte, hat er sie antreten lassen und zu ihnen gesprochen: »Nehmt zur Kenntnis, daß in sehr wenigen Tagen der König mit zehn Legionen, dreißigtausend Reitern, hunderttausend Leichtbewaffneten und dreihundert Elefanten da sein wird. Also sollen gewisse Leute aufhören mit ihrer ewigen Fragerei oder damit, Vermutungen in die Welt zu setzen; sie sollen mir, der ich bestens informiert bin, glauben, oder ich werde befehlen, sie auf das älteste Schiff zu verfrachten, daß sie darauf in die Länder segeln, wohin der Wind sie treibt.«

Weder nahm er alle Vergehen zur Kenntnis noch bestrafte er sie ihrer Schwere entsprechend, Deserteuren und Meuterern aber spürte er unnachgiebig nach und bestrafte sie äußerst hart. Im übrigen drückte er ein Auge zu. Manchmal entband er nach einer großen siegreichen Schlacht seine Leute von ihren dienstlichen Verpflichtungen und erlaubte ihnen, herumzustreifen und sich jedem Vergnügen hinzugeben, indem er sich zu brüsten pflegte, seine Soldaten könnten auch gut kämpfen, wenn sie sich parfümiert hätten. Bei Ansprachen redete er sie nicht mit »Soldaten« an, sondern nannte sie »Kameraden«, was ihnen mehr schmeichelte; er legte auch Wert darauf, daß sie etwas hermachten: so putzte er sie mit silber- und goldverzierten Waffen heraus; zum einen sollten sie besser aussehen, zweitens sollten sie um so hartnäckiger in der Schlacht kämpfen, wenn sie sich um ihren Verlust sorgten. Seine Liebe ging sogar soweit, daß er, als er von der Niederlage des Titurius gehört hatte, Bart und Kopfhaar wachsen und nicht eher schneiden ließ, bis er sich gerächt hatte. Auf diese Weise erreichte er, daß sie für ihn

durch dick und dünn gingen, machte sie sich ergeben und zu
tapferen Soldaten. Als er den Bürgerkrieg begann, stellten
die Centurionen aller Legionen aus ihrem Sold je einen Reiter, und alle Soldaten boten ihm ihren Dienst ganz umsonst,
also ohne Sold und Getreiderationen, an, indem die Reiche-
ren die Unterstützung der weniger Betuchten aus ihrer Tasche übernahmen; während des so langen Krieges hat ihn
überhaupt niemand im Stich gelassen. Die meisten Soldaten,
die in Gefangenschaft geraten waren und denen man unter
der Bedingung, daß sie bereit seien, gegen ihn zu kämpfen,
versichert hatte, ihnen das Leben zu schenken, lehnten dieses Angebot ab. Hunger und andere Härten ertrugen sie,
nicht nur wenn sie belagert wurden, sondern auch wenn sie
selbst eine Belagerung durchführten, mit so großem Durch-
haltevermögen, daß Pompeius, als er in den Verschanzungen
bei Dyrrhachium eine Art Brot aus Kräutern sah, mit dem
sie versucht hatten, ihren Hunger zu stillen, sagte, er habe es
mit wilden Tieren zu tun, und den Befehl gab, es schnell zu
entfernen und niemandem zu zeigen, damit nicht durch die
Ausdauer und die Standhaftigkeit des Feindes der Mut der
Seinen gebrochen werde.

Daß sie äußerst tapfer gekämpft haben, dafür gibt es einen
Beweis: bei Dyrrhachium, wo sie ein einziges Mal geschlagen wurden, forderten sie von sich aus eine Bestrafung, so
daß der Feldherr glaubte, sie eher trösten als bestrafen zu
müssen. In den übrigen Kämpfen besiegten sie, obwohl sie
zahlenmäßig oft unterlegen waren, mit Leichtigkeit die
stärksten Truppenverbände der Feinde. Ja, eine einzige Kohorte der sechsten Legion, die ein Kastell bewachen sollte,
hielt mehrere Stunden dem Angriff von vier Legionen des
Pompeius stand, obwohl schließlich doch fast alle durch den
Pfeilhagel des Feindes niedergestreckt wurden – hundert-
dreißigtausend Pfeile sind innerhalb der Befestigung gefun-

den worden. Darüber braucht man sich nicht zu wundern, wenn man sich einmal die Taten einzelner Leute anschaut, zum Beispiel die des Centurionen Cassius Scaeva oder des einfachen Soldaten Gaius Acilius; ich könnte noch eine Reihe anderer Beispiele nennen. Scaeva hatte bereits ein Auge verloren, Schenkel und Schulter waren durchbohrt und seinen Schild hatten hundertzwanzig Pfeilschüsse durchlöchert, dennoch wich er nicht von seinem Posten am Tor des ihm anvertrauten Kastells. Acilius hatte sich bei einer Seeschlacht bei Marseille mit seiner rechten Hand am Heck eines feindlichen Schiffes festgeklammert; als die ihm abgeschlagen wurde, nahm er sich die bei den Griechen allbekannte Heldentat des Kynaigeiros zum Vorbild, sprang auf das Schiff hinüber und trieb mit dem Buckel seines Schildes die ihm entgegentretenden Feinde in die Enge.

Nicht eine einzige Meuterei gab es in den zehn Jahren, die der Gallische Krieg dauerte; während des Bürgerkrieges meuterten die Soldaten schon einmal, aber kehrten auch schnell wieder auf ihre Posten zurück. Dahinter stand weniger Nachsicht ihres Führers als vielmehr seine Entschlossenheit; denn Unruhestiftern gab er niemals nach, ja er bot ihnen sogar offen die Stirn. So hat er bei Placentia, obwohl Pompeius noch nicht entwaffnet war, die neunte Legion bis auf den letzten Mann unehrenhaft entlassen; er stellte sie nur unwillig wieder in den Dienst, nachdem man ihn mehr als einmal und auf den Knien darum gebeten hatte, allerdings waren vorher die Rädelsführer bestraft worden. Als aber in Rom die Soldaten der zehnten Legion unter heftigsten Drohungen, ja unter größter Gefährdung der Sicherheit in der Stadt, ihre Entlassung und ihre Belohnungen forderten – damals brach gerade in Afrika der Krieg in voller Wucht aus – zögerte er nicht, vor sie hin zu treten – seine Freunde versuchten ihm das auszureden –, und sie zu ent-

lassen. Dabei war es für ihn so leicht, sie doch noch zu überzeugen; ein Wort genügte: »Bürger« statt »Soldaten« nannte
er sie, und sie fügten sich ihm, so daß sie ihm sofort antwor-
teten, sie seien Soldaten, und ihm – der bei seinem Nein
blieb – von sich aus nach Afrika folgten. Und doch blieb er
sich treu, allen Anführern der Meuterei kürzte er den Anteil
an der Beute und die Landzuweisung um ein Drittel.

Nicht einmal als junger Mann ließ er tatkräftiges Eintreten und Pflichtgefühl gegenüber seinen Klienten vermissen.
So verteidigte er Masintha, einen vornehmen jungen Mann,
gegen König Hiempsal so leidenschaftlich, daß er Iuba, dem
Sohn des Königs, während der Verhandlungen in den Bart
fuhr; sogar als das Gericht ihn für tributpflichtig erklärte,
riß er ihn sofort den Leuten, die ihn abführen wollten, aus
den Händen, versteckte ihn lange Zeit bei sich und brachte
ihn dann, als er kurz nach seiner Praetur nach Spanien aufbrach, mitten unter den Freunden, die ihm das Geleit gaben,
und unter dem Schutz seiner Liktoren in seiner eigenen
Sänfte fort und aus der Stadt.

Gegenüber seinen Freunden war Caesar immer von solcher Zuvorkommenheit und Nachsicht, daß er für Gaius
Oppius, der ihn begleitete und mitten in einer waldreichen
Gegend plötzlich erkrankte, die einzige Unterkunft, die es
gab, räumte und sich auf dem Boden unter freiem Himmel
schlafen legte. Auf dem Gipfel seiner Macht beförderte er
auch einige Leute von niederer Herkunft in die höchsten
Ehrenämter, und als man ihm deswegen einmal Vorwürfe
machte, gestand er vor allen Leuten frei heraus ein: hätte er
die Hilfe von Banditen und Mördern benötigt, um seine
Stellung zu verteidigen, würde er sich auch gegen solche
Leute gleichermaßen erkenntlich zeigen.

Andererseits saßen seine Feindschaften nie so tief, daß er
sie nicht bei der nächstbesten Gelegenheit gerne beilegte.

Gaius Memmius, der in seinen Reden nicht sanft mit ihm umgesprungen war und dem er in gleicher Schärfe schriftlich geantwortet hatte, gab er sogar bald darauf seine Unterstützung, als der sich um das Konsulat bewarb. Dem Gaius Calvus, der ehrenrührige, rufschädigende Epigramme verfaßt hatte und dann über Freunde um Aussöhnung bat, schrieb er von sich aus und sogar als erster. Valerius Catullus, der ihn, daraus hatte er keinen Hehl gemacht, mit seinen Gedichtchen über Mamurra für alle Zeiten gebrandmarkt hatte, lud er noch am gleichen Tage zum Essen ein, als er ihm Genugtuung geleistet hatte, und ging auch weiterhin bei seinem Vater aus und ein, wie er es bereits vorher getan hatte. Von Natur war er die Milde in Person, so auch als er sich für das erlittene Unrecht an den Piraten rächte. Als er die Piraten, die ihn gekidnappt hatten, in seine Gewalt gebracht hatte, ließ er sie – er hatte ja zuvor geschworen, daß er sie ans Kreuz nageln lasse – zuerst erdrosseln und dann kreuzigen. Er konnte es auch niemals über sich bringen, Cornelius Phagita Steine in den Weg zu legen. Einst war er dessen nächtlichen Attacken gerade noch einmal gegen ein Lösegeld entkommen – er war damals krank gewesen und hatte sich versteckt gehalten, um nicht an Sulla ausgeliefert zu werden. Für seinen Sekretär Philemon, der seinen Gegnern versprochen hatte, ihn mit Gift aus dem Weg zu räumen, hielt er den einfachen Tod als Strafe für schwer genug. Als man ihn als Zeuge gegen Publius Clodius, der mit seiner Frau Ehebruch begangen und im selben Verfahren angeklagt wurde, Kulthandlungen besudelt zu haben, vorgeladen hatte, sagte er aus, er habe darüber nichts Genaueres in Erfahrung bringen können, obwohl seine Mutter Aurelia und seine Schwester Iulia vor den Richtern alles, wie es der Wahrheit entsprach, zu Protokoll gegeben hatten. Als man ihn fragte, warum er denn trotzdem seine Frau von sich gestoßen habe, antwor-

tete er: »Ich bin nun einmal der Meinung, daß es für meine
Angehörigen kein Pardon gibt, sie haben sowohl über jeden
Verdacht erhaben als auch von Verbrechen frei zu sein.«Gerade im Verlauf des Bürgerkrieges und auch in der Handhabung des Sieges legte er eine bewundernswerte Selbstbescheidung und Milde an den Tag. Als Pompeius bekanntgab,
daß er die unter seine Feinde rechnen werde, die dem Staat
ihren Beistand entzogen hätten, ließ er verlautbaren, daß er
die, die noch unentschlossen seien und sich noch keiner Partei angeschlossen hätten, als seine Freunde ansehe. Allen
aber, die er früher auf die Empfehlung des Pompeius hin zu
Hauptleuten befördert hatte, stellte er es frei, zu diesem
überzutreten. Bei Ilerda waren Verhandlungen über die Kapitulation angelaufen, und zwischen den beiden Parteien
hatte ein geselliger Umgang und Handel begonnen; da bereuten Afranius und Petreius plötzlich ihren Entschluß und
ließen alle Caesarianer, die sich im Lager aufhielten, ergreifen und niedermachen. Caesar aber konnte es nicht übers
Herz bringen, den Treuebruch, den sie sich gegen ihn hatten
zuschulden kommen lassen, mit gleicher Münze heimzu-
zahlen. Nach der Schlacht bei Pharsalos ließ er kundtun,
daß er die römischen Bürger schonen werde, und gestand jedem seiner Leute zu, einem beliebigen Mann der Gegenpartei das Leben zu schenken. Man wird auch niemanden finden, der anders ums Leben gekommen ist als in der Schlacht
selbst, mit Ausnahme freilich von Afranius, Faustus und
dem jungen Lucius Caesar; aber nicht einmal die sollen mit
seiner Einwilligung getötet worden sein; die beiden zuerst
genannten hatten sich, obwohl er sie in Gnade aufgenommen hatte, dennoch erneut gegen ihn aufgelehnt; Lucius
Caesar aber hatte die Freigelassenen und Sklaven Caesars
mit Feuer und Schwert auf grausame Weise langsam ums Leben gebracht und sogar die Tiere, die Caesar für ein öffentli-

ches Schauspiel aufgekauft hatte, abschlachten lassen. Endlich erlaubte er gegen Ende seines Lebens auch allen, die er
noch nicht ausdrücklich begnadigt hatte, die Rückkehr nach
Italien und die Übernahme von Staatsämtern in und außerhalb Roms. Er ließ auch die Standbilder des Sulla und Pompeius, die vom Volk niedergerissen worden waren, wieder
aufrichten; und wenn später Leute wirklich Schlimmes gegen ihn planten oder sagten, wollte er ihnen lieber Einhalt
gebieten als sie bestrafen. Deshalb verfolgte er aufgedeckte
Verschwörungen und nächtliche Zusammenkünfte nicht
weiter; er zeigte nur durch ein Edikt an, daß sie ihm bekannt
geworden seien. Wenn Leute kränkende Äußerungen über
ihn machten, begnügte er sich damit, in öffentlicher Versammlung zu warnen, damit fortzufahren. Mit höflicher
Gelassenheit ertrug er, wie sein Name durch die ganz üble
Schmähschrift des Aulus Caecina und die Gedichte des Pi-
tholaus, die voll von Verleumdungen waren, verunglimpft
wurde.

Doch seine übrigen Taten und Aussprüche wiegen so sehr,
daß man der Ansicht sein kann, er habe seine Herrschaft
mißbraucht und sei zu Recht umgebracht worden. Denn er
ließ nicht nur Ehrenbezeugungen zu, die das normale Maß
überschritten, wie das Konsulat, das sich von Jahr zu Jahr
verlängerte, die Diktatur auf Lebenszeit und das Amt des
Sittenrichters, ferner auch noch den Vornamen »Imperator«, den Beinamen »Vater des Vaterlandes«, ein Standbild
in der Reihe der Könige und einen erhöhten Sitz in der Orchestra; ja er ließ es auch zu, daß man für ihn Ehrungen beschloß, die ihn über den Platz, der einem Menschen ge-
bührt, hinaushoben: einen goldenen Sessel im Rathaus und
im Gericht, einen Götterwagen und ein Traggestell für sein
Bildnis beim Umzug im Circus, Tempel, Altäre, Bildnisse
neben den Göttern, ein Polster, wie es die Götter haben, ei-

nen eigenen Priester, ein neues Kollegium Panpriester, auch
ließ er es zu, daß man einen Monat nach ihm (um)benannte.
Auch nahm und vergab er alle Auszeichnungen, wie es ihm
paßte. Sein drittes und viertes Konsulat verwaltete er nur
dem Titel nach, zufrieden mit seiner Vollmacht als Diktator,
die ihm zugleich mit den Konsulaten verliehen worden war;
in beiden Amtsperioden setzte er für sich während der letzten drei Monate zwei Konsuln als Ersatz ein, so daß er in der
Zwischenzeit keine Wahlversammlungen abhalten mußte,
außer für die Wahl der Tribunen und der plebejischen Aedilen. Außerdem bestimmte er Praefekten an der Stelle der
Praetoren, die, wenn er abwesend sein sollte, in der Stadt die
Geschäfte führen sollten. Als einmal am letzten Tag des Jahres plötzlich einer der Konsuln starb, setzte er auf die für
nur noch wenige Stunden vakante Stelle einen Bewerber.
Genauso willkürlich und unter Mißachtung des altbewähr-
ten Verfahrens vergab er Ämter auf mehrere Jahre, verlieh er
zehn ehemaligen Praetoren den Rang und die Vorteile von
Konsuln und nahm auch Leute, die er mit dem Bürgerrecht
beschenkt hatte, sogar einige Halbbarbaren aus Gallien in
den Senat auf. Außerdem legte er die Aufsicht über die
Münze und die Steuern für die Staatskasse in die Hände von
Sklaven aus seinem eigenen Hause. Das alleinige Oberkommando über drei Legionen, die er in Alexandria zurückgelassen hatte, übertrug er fürsorglich seinem Buhlknaben
Rufio, dem Sohn seines Freigelassenen. Sein Hang zum
Despotismus wurde nicht weniger durch Äußerungen deutlich, die er in aller Öffentlichkeit zu machen pflegte, nach-
zulesen bei Titus Ampius: Die Staatsverfassung sei ein
Nichts, nur ein Name ohne Körper und Gestalt; Sulla sei
politisch ein Analphabet gewesen, da er die Diktatur nieder-
legte; man müsse jetzt mit mehr Überlegung mit ihm sprechen und, was er sage, wie Gesetze achten. Als ihm ein Ein-

geweideschauer einmal meldete, die Eingeweide verhießen
nichts Gutes und das Besondere sei, es fehle das Herz, ging
er in seiner Anmaßung so weit, zu sagen: Sie würden schon
mehr glückliche Erfolge verheißen, wenn er nur wolle, man
könne doch nicht der Ansicht sein, daß es ein (Vor)Zeichen
darstelle, wenn das Herz fehle.

Aber in ganz besonderem Maße zog er sich Haß, der sein
tragisches Ende herbeiführen sollte, gerade durch folgendes
Verhalten zu: Als die Senatoren vollzählig mit Beschlüssen,
die allesamt für ihn äußerst ehrenvoll waren, an ihn herantraten, empfing er sie sitzend vor dem Tempel der Venus Genetrix. Einige nehmen an, er sei von Cornelius Balbus zurückgehalten worden, als er sich erheben wollte; andere
glauben, er habe nicht einmal Anstalten gemacht, sich zu erheben, sondern er habe sich sogar nach Gaius Trebatius, der
ihn an seine Schuldigkeit erinnerte, mit einem weniger
freundlichen Blick als gewohnt umgeschaut. Diese seine
Handlungsweise schien gerade dadurch noch beträchtlich
unerträglicher, daß gerade er sich, als er im Triumphwagen
an den Sitzen der Tribunen vorbeifuhr und Pontius Aquila
als einziger von allen sich nicht erhob, so in seiner Würde
gekränkt fühlte, daß er sagte: »So fordere doch du, Tribun
Aquila, die Staatsgewalt von mir zurück!« Und er ließ während der nächsten Tage stets nur mit der Einschränkung jemandem eine Zusage machen: »Vorausgesetzt, es findet bei
Pontius Aquila Zustimmung.« Dieser beispiellos ehrenrühri-
gen Behandlung des Senats, auf den er nur noch herabblickte,
setzte er noch ein Verhalten oben auf, das noch weit anmaßen-
der war: Denn als beim Opfer auf dem Bundesfest der Latiner
– er war schon auf der Rückreise – ein Mann aus der Menge
unter dem stürmischen, noch nie dagewesenen Beifall des
Volkes seiner Statue eine Lorbeerkrone, um die er eine weiße Binde gebunden hatte, aufsetzte und die Volkstribunen

Epidius Marullus und Caesetius Flavus den Befehl gaben, die Binde von der Krone abzunehmen und den Mann zu verhaften, enthob er die Tribunen ihres Amtes, nachdem sie von ihm schwer gescholten worden waren. Dahinter mag gesteckt haben, daß er sich ärgerte, daß die Anregung, ihn zum König zu machen, auf wenig günstige Art und Weise in Szene gesetzt worden war, aber auch die Tatsache, daß ihm, wie er selbst erklärte, die Ehre genommen werde, sich gegen ein solches Ansinnen zu verwahren. Seit diesem Vorfall war er verschrien, sogar nach dem Königstitel gestrebt zu haben; so sehr er sich darum mühte, diese Schmach konnte er nicht mehr loswerden. Es nutzte ihm auch nichts, daß er dem Volk, als es ihn mit »König« begrüßte, antwortete, er sei Caesar und nicht König. Es brachte ihm auch nichts, daß er am Lupercalienfest das Diadem, das ihm der Konsul Antonius vor der Rednertribüne mehr als einmal versuchte aufzusetzen, wegstieß und Iuppiter Optimus Maximus auf das Kapitol als Weihgeschenk bringen ließ. Ja, es ging sogar bald dieses Gerücht um, er wolle nach Alexandria oder Troja gehen und, sobald er die Machtmittel des Reiches hinüberge-schafft habe, Italien, das durch die Aushebungen erschöpft sei, und die Verwaltung des Reiches, Freunden überlassen. Bald das folgende: In der nächsten Senatssitzung solle Luci-us Cotta, ein Mitglied des Fünfzehnmännerkollegiums, den Antrag stellen, Caesar zum König zu ernennen, da ja in den Schicksalsbüchern stehe, die Parther könne nur ein König besiegen. Dies war auch für die Verschwörer der Haupt-grund, das, was sie sich vorgenommen hatten, je eher je lie-ber durchzuführen, um so einer Zustimmung auszuwei-chen.

Hatte man zuvor Beratungen nur verstreut und oft nur in Anwesenheit von Zweien oder Dreien abgehalten, so trafen sich jetzt alle bei einer allgemeinen Versammlung. Nicht

einmal das Volk war mit den augenblicklichen Zuständen
noch zufrieden und verweigerte heimlich und auch öffentlich dem Alleinherrscher die Gefolgschaft und verlangte
sehnlich nach Leuten, die für seine Freiheit eintraten. Als
Ausländer in den Senat aufgenommen worden waren,
machte man folgenden Anschlag: »Zu unser aller Wohl! Daß
es ja keinem einfalle, einem Senator den Weg zum Rathaus
zu zeigen!« Überall trällerte man folgende Verse:

> »Gallier führte Caesar im Triumph nach Rom, jetzt führt
> er genau diese Leute ins Rathaus.
> Die Gallier haben die Hosen ausgezogen und den
> breiten Purpurstreifen dafür angelegt.«

Als Quintus Maximus, der Ersatzkonsul für drei Monate,
das Theater betrat und der Liktor dem Volk – wie es Brauch
war – befahl achtzugeben, riefen alle laut, er sei ja gar nicht
der Konsul. Nachdem er die Tribunen Caesetius und Marullus ihrer Ämter enthoben hatte, fand man bei den nächsten
Wahlen eine Reihe Stimmzettel, auf denen sie zu Konsuln
erklärt wurden. Einige Leute schrieben auf dem Sockel des
Standbildes des Lucius Brutus: »Wärest du doch noch am
Leben!« und unter das Caesars:

> »Brutus, weil er die Könige verjagte, unser erster Konsul
> ward;
> dieser, weil er die Konsuln vertrieb, unser König ward zu
> guter Letzt.«

Mehr als sechzig Personen verschworen sich gegen ihn; die
Häupter der Verschwörung waren Gaius Cassius, Marcus
und Decimus Brutus. Anfangs waren sie sich noch nicht klar
darüber, ob die Rollen nicht so verteilt werden sollten, daß
eine Gruppe ihn auf dem Marsfeld während der Wahlversammlung, wenn er die Wahlbezirke zur Abgabe ihrer Stim-

men aufrufe, von der Brücke stoßen, die andere ihn unten
auffangen und dann erledigen sollte, oder ob sie ihn in der
Via Sacra oder am Eingang des Theaters überfallen sollten.
Als dann aber eine Senatssitzung auf den fünfzehnten März
im Rathaus des Pompeius anberaumt wurde, gaben sie ohne
weiteres diesem Termin und diesem Ort den Vorzug.

Übrigens wurde Caesar seine bevorstehende Ermordung
durch unbezweifelbare Vorzeichen angekündigt. Als wenige
Monate zuvor Kolonisten in der Pflanzstadt Capua – dort
waren sie nach dem Iulischen Gesetz angesiedelt worden –
einige Gräber aus grauer Vorzeit von Grund auf frei legten,
um ihre Häuser dort bauen zu können, und dabei mit besonderem Eifer vorgingen, weil sie beim Durchwühlen der
Grabstätten auf ziemlich viele Gefäße in altem Stil gestoßen
waren, wurde in einem Grabmal, in dem Capys, der Gründer Capuas, beerdigt war, wie man sagte, eine cherne Tafel
gefunden, auf der in griechischen Buchstaben und in griechischer Sprache folgender denkwürdige Satz zu lesen war:
»Sollten einmal die Gebeine des Capys aufgedeckt werden,
werde es soweit kommen, daß ein Nachkomme des Iulus
von der Hand seiner Blutsverwandten ermordet werde und
dieses Vergehen werde danach durch schwere Verluste an
Italien gerächt werden.« Daß dies stimmt, dafür verbürgt
sich Cornelius Balbus, ein ganz enger Vertrauter Caesars;
keiner sollte also denken, diese Geschichte gehöre ins Reich
der Legende oder sei frei erfunden. Ganz sicher hat er wenige Tage vor seinem Tod erfahren, daß die Pferdeherden, die
er beim Überschreiten des Rubicon dem Flußgott geweiht
und dort gelassen hatte, so daß sie frei und ohne Wächter
herumziehen könnten, sich sträubten, das Futter anzurühren, und reichlich Tränen vergössen. Als er opferte, mahnte
ihn auch der Opferschauer Spurinna, sich vor einer Gefahr
in acht zu nehmen, die sich nicht über die Iden des März

werde aufschieben lassen. Exakt am Tage vor den Iden des
März verfolgten aus einem nahen Hain Vögel einer anderen
Gattung einen Zaunkönig, der mit einem Lorbeerzweig im
Schnabel in das Rathaus des Pompeius flog, und zerstückel-
ten ihn genau dort an Ort und Stelle. In der Nacht aber, der
der Tag seiner Ermordung folgen sollte, sah er sich selbst im
Traume manchmal über die Wolken hinausschweben, dann
Iuppiter die Rechte reichen. Und seine Gattin Calpurnia
träumte, der Giebel ihres Hauses stürze ein und ihr Gatte
werde in ihrem Schoß erstochen; und plötzlich standen wie
von Geisterhand die Türen ihres Schlafzimmers offen.

Deswegen und auch wegen seiner angegriffenen Gesundheit war er lange unschlüssig, ob er nicht lieber zu Hause
bleiben und das, was er sich vorgenommen hatte, vor den
Senatoren zu erörtern, vertagen solle; schließlich redete Decimus Brutus auf ihn ein, die Senatoren, die so zahlreich gekommen seien und schon so lange auf ihn gewartet hätten,
nicht einfach stehen zu lassen; also trat er ungefähr zur fünften Stunde aus dem Haus auf die Straße. Unterwegs steckte
ihm jemand einen Brief zu, in welchem er ihm die Verschwörung anzeigte; er aber steckte ihn zwischen die anderen Schriftstücke, die er in der linken Hand hielt, als ob er
ihn später noch lesen könne. Dann wurden mehrere Opfertiere geschlachtet; obwohl er kein günstiges Vorzeichen für
sein Vorhaben erlangen konnte, betrat er den Senat. Alle religiösen Bedenken tat er als Humbug ab, lächelte spöttisch
zu Spurinna hinüber und beschuldigte ihn sozusagen des
Betruges, daß die Iden des Märzes da seien, ohne daß er irgendwie Schaden genommen habe. Der indessen entgegnete, die Iden seien zwar gekommen, aber noch nicht vorbei.
Als er Platz nahm, umringten ihn die Verschworenen, es
schien so, als ob sie ihm ihre Aufwartung machen wollten,
und sofort nahm Cimber Tillius, der die erste Rolle über-

nommen hatte, mit ihm Tuchfühlung auf, so als wolle er ihn um etwas bitten. Als Caesar aber abwinkte und ihn mit einer Handbewegung auf ein anderes Mal vertröstete, packte Tillius ihn an beiden Schultern an der Toga; Caesar schreit: »Das ist ja Gewalt!« Da verwundet ihn einer der beiden Casca von hinten knapp unterhalb der Kehle. Caesar packte Casca beim Arm und stieß seinen Schreibgriffel hindurch. Als er versuchte fortzuspringen, wurde er durch eine zweite Verwundung daran gehindert. Wie er nun sieht, daß man bereits die Dolche gezückt hat und von allen Seiten damit auf ihn einstechen will, zieht er die Toga über den Kopf und läßt von der linken Hand den Bausch der Toga bis zu den Fersen hinabgleiten, um mit Ehre und Anstand zu fallen, wobei auch der untere Teil seines Körpers verhüllt bleibe. In dieser Stellung wurde er von dreiundzwanzig Stichen durchbohrt; er gab keinen Laut von sich, nur einmal, als ihn der erste Stoß traf, stöhnte er auf. Andererseits haben ein paar Autoren überliefert, er habe, als Marcus Brutus auf ihn einstach, auf griechisch gesagt: »Auch du, mein Sohn?« Während alle das Weite suchten, blieb er noch einige Zeit tot daliegen, bis ihn drei junge Sklaven auf eine Trage legten – der eine Arm baumelte herab – und nach Hause trugen. Von allen Wunden war nur eine tödlich gewesen, nämlich die zweite, die er in die Brust erhalten hatte, so der Arzt Antistius.

Die Verschworenen hatten sich zu Anfang vorgenommen, die Leiche des Ermordeten zum Tiber zu schleifen und dort zu versenken, sein Vermögen zu konfiszieren und alle seine Anordnungen für ungültig zu erklären. Aber aus Angst vor dem Konsul Marcus Antonius und dem Reiteroberstein Lepidus nahmen sie von diesem Vorhaben Abstand. Weil sein Schwiegervater Lucius Piso den Antrag auf Testamentseröffnung stellte, wurde also das Testament, das er ein Jahr zuvor am dreizehnten September auf seinem

Landgut bei Lavicum verfaßt und dann der Oberpriesterin der Vesta zu treuen Händen gegeben hatte, eröffnet und im Hause des Antonius verlesen. Quintus Tubero berichtet, daß er seit seinem ersten Konsulat bis zu Beginn des Bürgerkrieges in seinen Testamenten immer Gnaeus Pompeius als seinen Erben eingesetzt und dies auch vor den versammelten Soldaten so vorgelesen habe. In seinem letzten Testament jedoch setzte er die drei Enkel seiner Schwestern als Erben ein: Gaius Octavius bedachte er mit drei Viertel, Lucius Pinarius und Quintus Pedius vermachte er zusammen das verbleibende Viertel von seinem Vermögen. Im letzten Punkt der Urkunde nahm er Gaius Octavius sogar in Form der Adoption in seine Familie auf und gab ihm im selben Rechtsakt seinen Namen; mehrere seiner Mörder bestimmte er zu Vormündern seines Sohnes, falls ihm noch einer geboren würde; Decimus Brutus sogar zum Erben zweiten Grades. Dem Volk vermachte er die öffentlichen Gärten am Tiber und pro Kopf dreihundert Sesterzen.

Der Herold gab den Tag des Begräbnisses bekannt; dann wurde ein Scheiterhaufen auf dem Marsfeld dicht neben dem Grabmal der Iulia errichtet und vor der Rednertribüne ein vergoldetes Modell des Tempels der Venus Genetrix aufgestellt; in dessen Inneren stand ein elfenbeinernes Bett mit einer mit Goldfäden durchwirkten Purpurdecke und am Kopfende ein »stummer Diener« mit den Kleidern, in denen Caesar ermordet worden war. Diejenigen, die Totengaben dem Sarg vorantragen wollten, erhielten, da ein Tag dafür wahrscheinlich nicht ausreichen werde, die Anweisung, diese, ohne daß man sich einer Prozession anschloß, auf Wegen, die jedem frei gestellt waren, auf das Marsfeld zu bringen. Während der Leichenspiele wurden einige Partien aus dem »Waffengericht« des Pacuvius aufgeführt, die geeignet schienen, Mitleid mit Caesar zu wecken und Stim-

mung gegen seine Verschwörer zu machen, wie die folgende:

> »Hab ich sie dazu bewahrt, daß jemand da ist, mich zu
> verderben?«

und vergleichbare Stellen aus der »Elektra« des Acilius. An
Stelle der Leichenrede ließ der Konsul Antonius durch den
Herold den Beschluß des Senats verlesen, durch den er Caesar in demselben Moment alle göttlichen und menschlichen
Ehren zuerkannt hatte; ferner den Eid, mit dem sich alle Senatoren verpflichtet hatten, das Leben dieses einen Mannes
zu schützen. Persönlich fügte er nur ganz wenige Worte hinzu. Das Totenbett trugen noch amtierende Beamten und solche, die einmal ein Amt verwaltet hatten, vor die Rednertribüne auf dem Forum. Während die eine Gruppe noch dafür
plädierte, ihn im Allerheiligsten des Tempels des Iuppiter
Capitolinus einzuäschern, die andere sich für das Rathaus
des Pompeius aussprach, da legten plötzlich zwei Personen,
die mit Schwertern bewaffnet waren und je zwei Speere in
Händen hielten, mit brennenden Wachstafeln Feuer an den
Scheiterhaufen. Eiligst trugen die, die rundherum dabei-
standen, trockenes Reisig, die Richterstühle und auch die
Bänke und auch noch was an Geschenken da war zusammen. Darauf zogen die Musikanten und Schauspieler die
Festkleider, die sie von den Triumphzügen her besaßen und
extra für diese Feier angelegt hatten, aus, rissen sie in Stücke
und warfen sie in die Flammen; die Legionssoldaten, die
ehemals unter ihm gedient hatten, taten das gleiche mit den
Waffen, mit denen sie sich herausgeputzt hatten, um so der
Feier beizuwohnen; auch die meisten Frauen warfen die
Schmuckstücke, die sie trugen, ins Feuer, ebenso die Amu-
lette und Kleider ihrer Kinder.
    Im Verlauf der großen Staatstrauer haben die ausländi-

schen Einwohner Roms, deren Zahl beträchtlich war, nach Herkunftsländern getrennt und nach ihrem eigenen Ritus, seinen Tod beklagt, besonders die Juden, die sogar mehrere Nächte hintereinander die Grabstätte besuchten. Das Volk marschierte unmittelbar nach dem Begräbnis mit Fackeln zum Haus des Brutus und Cassius, und es kostete einige Mühe, es von seinem Vorhaben abzuhalten. Helvius Cinna wurde getötet, als er der Menge über den Weg lief, und sein Kopf auf einer Lanze aufgespießt und herumgetragen. Dabei hatte man sich nur mit dem Namen vertan; man hatte angenommen, er sei Cornelius, nach dem man auf der Suche war, weil er tags zuvor eine derbe Rede gegen Caesar gehalten hatte. Später errichtete die Menge auf dem Forum eine fast zwanzig Fuß hohe massive Säule aus numidischem Marmor, dort ließ sie einmeißeln: »Dem Vater des Vaterlandes.« Bei dieser hat man noch lange Zeit geopfert, Gelübde abgelegt und manche Streitfälle durch einen Schwur bei Caesars Namen geschlichtet.

Nach Caesars Ermordung hegten einige aus seiner näheren Umgebung weiter den Verdacht, er habe gar nicht länger leben wollen und das sei ihm auch nicht so wichtig gewesen, weil seine Gesundheit einiges zu wünschen übrigließ. Deshalb habe er auch die Zeichen, die ihm die Götter als Wink gaben, und das, was Freunde ihm hinterbrachten, in den Wind geschlagen. Einige nehmen an, er habe im Vertrauen auf den erst kürzlich gefaßten Senatsbeschluß und den von den Senatoren abgelegten Eid auch seine spanische Leibgarde, die ihn mit ihren blanken Schwertern umringte, entlassen. Andere sind der entgegengesetzten Ansicht: er habe lieber den ihm von allen Seiten drohenden Gefahren ein für alle Male entgegentreten wollen, als sich immer in acht nehmen zu müssen. Einige berichten, er habe auch wiederholt gesagt, es sei nicht so sehr in seinem Interesse als in dem des

Staates, daß ihm nichts zustoße; er habe schon lange mehr
Macht und Ruhm erlangt, als genug sei. Falls ihm etwas zustoßen werde, werde der Staat nicht in Ruhe bleiben können
und werde von Bürgerkriegen heimgesucht werden, in denen sich die Lebensbedingungen rapide verschlechtern würden. Fast für alle steht jedenfalls fest, daß ihm ein solcher
Tod fast wunschgemäß zuteil geworden ist. Denn einmal, als
er bei Xenophon las, daß Kyros, als er bereits sterbenskrank
war, noch Verfügungen für sein Begräbnis getroffen habe,
wollte er von einem so langsamen Sterben nichts wissen und
wünschte sich einen plötzlichen und raschen Tod. Und am
Tage vor seiner Ermordung hatte er in einem Gespräch, das
sich während des Essens bei Marcus Lepidus über das The-
ma ergab, welches wohl das angenehmste Ende des Lebens
sei, einem plötzlichen und unerwarteten den Vorzug gegeben.

Caesar starb im Alter von sechsundfünfzig Jahren und
wurde unter die Götter erhoben. Und das geschah nicht nur
mit breiter Zustimmung der zuständigen Instanz, sondern
auch weil das Volk dieser Meinung war. Ja, während der
Spiele, die Augustus am ersten Jahrestag für den unter die
Götter erhobenen Caesar veranstaltete, strahlte ein Komet
sieben Tage nacheinander am Himmel – er erschien etwa
ums sechs Uhr abends –, und man glaubte, es sei die Seele
des in den Himmel aufgenommenen Caesar; das war auch
der Grund, warum man an seinem Bild über dem Scheitel
noch einen Stern anbrachte.

Man beschloß, das Rathaus, in dem er ermordet worden
war, zu verriegeln und zu verrammeln und den fünfzehnten
März »Vatermordtag« zu nennen, ferner sollte der Senat an
diesem Tag niemals mehr tagen. Von seinen Mördern überlebte ihn fast keiner um mehr als drei Jahre, und keiner starb
eines natürlichen Todes. Alle wurden sie verurteilt; für jeden

von ihnen hielt das Schicksal ein anderes Ende bereit; die einen kamen beim Untergang ihres Schiffes ums Leben, andere fielen in der Schlacht; ein paar machten ihrem Leben genau mit dem Dolch ein Ende, mit dem sie auf Caesar losgegangen waren.

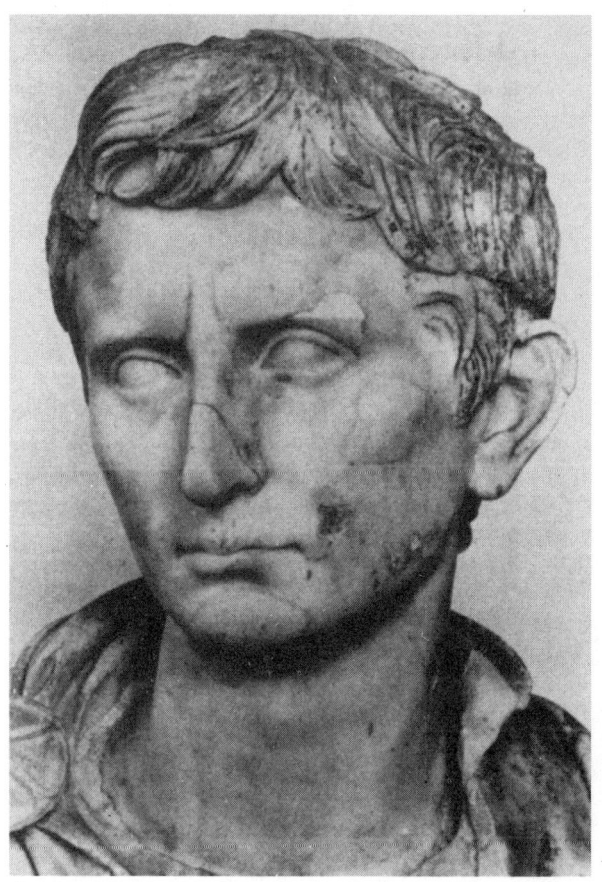

*Augustus*

# Buch 2

## AUGUSTUS

Das Geschlecht der Octavii hat in Velitrae einmal eine hervorragende Stellung gehabt; darauf gibt es ein ganze Reihe eindeutiger Hinweise. Erstens nämlich hieß vor langer Zeit eine Gasse in dem Teil der Stadt, der die meisten Einwohner hatte, Octavius, zweitens pflegte man einen Altar vorzuzeigen, der einem Octavius geweiht war. Dieser war Feldherr in einem Krieg zwischen Grenznachbarn gewesen; gerade als er durch die Fügung des Schicksals Mars ein Opfer darbrachte, wurde gemeldet, daß der Feind plötzlich einen Einfall gemacht habe; da riß er die halbrohen Eingeweide aus dem Feuer, schnitt sie zum Opfermahl zurecht, und nun geht er in den Kampf und kehrt als Sieger heim. Es gab sogar einen Volksbeschluß, in dem sichergestellt wurde, daß auch in Zukunft auf eine ähnliche Weise dem Mars die Eingeweide, die ihm zustanden, dargebracht und die nicht verbrannten Fleischreste des Opfertieres bei den Octaviern abgeliefert wurden. Dieses Geschlecht wurde vom König Tarquinius Priscus in den Senat unter die Familien niederen Standes aufgenommen, später ließ Servius Tullius es unter die patrizischen Familien einreihen; im Laufe der Zeit schloß sich das octavische Geschlecht den Plebejern an, um dann wieder, nachdem viel Zeit vergangen war, unter dem göttlichen Iulius in die Reihen der Patrizier zurückzukehren. Als erster aus dieser Familie erhielt mit der Stimme des Volkes C. Rufus ein öffentliches Amt. Während seiner Quaestur wurde er Vater zweier Söhne, des Gnaeus und des Gaius. Von diesen beiden leiten sich die zwei Linien der Octavier her; von ihrer gesellschaftlichen Stellung her waren sie vollkommen verschieden; so haben Gnaeus und später alle, die von ihm abstammten, ohne Ausnahme die höchsten Ämter bekleidet; Gaius hingegen und seine Nachkommen sind, vielleicht weil es ihnen vom Schicksal so bestimmt war, vielleicht weil sie es selbst so gewollt hatten, bis zum Vater des Augustus Angehörige des Ritterstandes geblieben. Der Urgroßvater des Augustus hat im Zweiten Punischen Krieg als Militärtribun in Sizilien unter dem Kommando des Aemilius Papus gedient. Sein Großvater gab sich mit dem Amt eines Aufsehers über das Straßennetz in einem Munizipium zufrieden; er hatte ja auch von seinem Vater ein beträchtliches Vermögen geerbt und konnte so in ungetrübter Ruhe alt werden. Doch das stammt nur aus der Feder Dritter; Augustus selbst schreibt lediglich, er stamme aus einer Familie aus dem Ritterstand, die alt und wohlhabend sei. Ferner: sein Vater sei der erste Senator in dieser Familie gewesen. M. Antonius hält ihm vor, daß sein Urgroßvater ein Freigelassener, ein Seiler aus dem Dorf Thurii gewesen sei, sein Großvater ein Geldwechsler. Ich habe darüber hinaus nichts über die Ahnen des Augustus väterlicherseits in Erfahrung bringen können.

C. Octavius, der Vater, hat gleich vom ersten Tag seiner Wirksamkeit Großes geleistet und großes Ansehen genossen, so daß ich für meine Person mich darüber wundere, daß man bei einigen Autoren überliefert findet, auch er sei Geldwechsler und sogar einer der Leute gewesen, die auf dem Marsfeld Wahlgelder ausgezahlt hätten und als Claqueure tätig gewesen seien; er ist nämlich in gut situierten Verhältnissen aufgewachsen, hat Ämter leicht erlangt und sie auch vortrefflich verwaltet. Unmittelbar nach seiner Praetur fiel ihm durch Los Makedonien zu; auf dem Wege dorthin vernichtete er die Handvoll Anhänger des Spartacus und Catilina, die noch übrig geblieben und auf der Flucht waren und

das Gebiet um Thurii in ihrer Gewalt hielten; mit diesem
Auftrag war er in einer eigens deswegen anberaumten Senatssitzung betraut worden. Die Provinz verwaltete er
ebenso gerecht wie tapfer; denn er rieb die Besser und Thraker in einer gewaltigen Schlacht vollkommen auf; dennoch
behandelte er die Bundesgenossen so, daß sich Briefe des M.
Cicero finden, in denen dieser seinem Bruder Quintus, der
zur gleichen Zeit in Asien Statthalter war – was man darüber
hörte, war nicht sonderlich günstig –, eindringlich rät, es so
zu machen wie sein Nachbar Octavius, wenn er sich im Umgang mit Bundesgenossen Verdienste erwerben wolle. Er
kehrte Makedonien den Rücken, starb aber plötzlich, noch
bevor er seine Kandidatur für das Konsulat öffentlich bekanntgeben konnte. Seine Kinder Octavia die Ältere, eine
Tochter mit Ancharia, Octavia die Jüngere und auch Augustus, die er beide von Atia hatte, ließ er zurück. Atia war eine
Tochter des M. Atius Balbus und der Iulia, der Schwester C.
Caesars. Die Familie des Vaters des Balbus stammte ursprünglich aus Aricia; Balbus konnte in dieser Familie viele
Ahnenbilder von Senatoren vorweisen; von seiten seiner
Mutter stand er durch sehr enge verwandtschaftliche Beziehungen dem Pompeius sehr nahe. Nach der Praetur war er
einer der Zwanzigmänner und verteilte nach dem Iulischen
Gesetz das Campanische Gebiet an das Volk. Derselbe Antonius aber, der über die Vorfahren des Augustus aus der Familie der Mutter die Nase rümpft, hält ihm vor, sein Großvater stamme irgendwo aus Afrika und habe in Aricia einmal in einem Laden Salben vertrieben, dann sei er Müller
und Bäcker gewesen. Unbestritten ist, daß Cassius aus Parma in einem Brief gegen ihn stichelt, er sei nicht nur der Enkel eines Bäckers, sondern sogar eines Geldmaklers; wir lesen dort: »Du hast das Brot deiner Mutter auf dem Tisch in
der primitivsten Bäckerei von Aricia gebacken: Geformt

hat es ein Geldwechsler aus Nerulum mit Händen, die noch
schmutzig waren vom Aufpreis beim Geldwechseln.«

Geboren wurde Augustus unter den Konsuln M. Tullius
Cicero und C. Antonius am 23. September kurz vor Son-
nenaufgang in der Gegend des Palatins »Bei den Rindsköp-
fen«; dort steht heute eine kleine Kapelle, die aber erst einige
Zeit nach seinem Tod gebaut worden ist. Denn das geht aus
den Senatsakten hervor: Ein gewisser C. Laetorius, ein junger Mann aus einer Patrizierfamilie, versuchte einmal eine
recht schwere Bestrafung wegen Ehebruchs abzuwenden,
indem er sich aufs Bitten verlegte und neben seinem Alter
und seiner vornehmen Abstammung noch folgendes vor
den Senatoren geltend zu machen versuchte, er sei doch der
Besitzer und sozusagen der Hüter des Grund und Bodens,
den der göttliche Augustus noch am Tage seiner Geburt berührt habe; er versuchte durchzubringen, daß ihm die Strafe
auch aus Rücksicht darauf erlassen werde, daß die Gottheit
sein ganz persönliches Eigentum sei. Da erklärte man diesen
Teil des Hauses per Beschluß zum Heiligtum des Gottes.
Noch in meinen Tagen wird einem auf seinem vom Großvater ererbten Landgut unmittelbar vor den Toren von Velitrae
der Ort gezeigt, wo er laufen lernte; er ist sehr bescheiden
und von der Größe einer Vorratskammer; die Nachbarn halten angeblich fest an der Meinung, er sei auch dort geboren.
Es ist ein Frevel, dort einzutreten, wenn es nicht aus einer
Notlage geschieht und in uneigennütziger Absicht; es existiert eine alte Meinung, derzufolge den Leuten, die unge-
zwungen diesen Ort aufsuchen, eine entsetzliche Furcht
eingejagt werde. Doch bald ist das Gewißheit geworden.
Denn als ein neuer Besitzer des Landhauses sich dorthin begab, um zu schlafen, mag das nun ein Zufall gewesen sein
oder weil er sich erproben wollte, geschah es, daß er – es waren erst ein paar Stunden der Nacht vergangen – von dort

durch eine Macht, über die man im ungewissen war, völlig unvermutet verjagt wurde und sich fast halbtot mit seinem Lager draußen vor der Tür wiederfand.

Als kleinem Kind gab man ihm den Beinamen Thurinus, um an die Herkunft seiner Vorfahren zu erinnern oder weil in der Gegend von Thurii sein Vater Octavius – sein Sohn war gerade auf die Welt gekommen – als Oberkommandierender im Krieg gegen entlaufene Sklaven eine glückliche Hand gehabt hatte. Ich darf wohl schriftlich überliefern, daß er den Beinamen Thurinus erhalten hat, denn ich habe einen hinreichend gesicherten Beweis dafür: zufällig kam eine kleine Büste von ihm in meine Hände, sie war aus Bronze und stellte ihn als Knaben dar, sie war alt und dieser Name war dort eingraviert und mit eisernen Buchstaben ausgegossen, die schon anfingen fast unleserlich zu werden; diese Büste habe ich dem Kaiser zum Geschenk gemacht; der verehrt sie unter den Laren in seinem Schlafzimmer. Aber auch M. Antonius nennt ihn in seinen Briefen oft Thurinus, um ihn in Mißkredit zu bringen; er selbst bemerkt dazu in Briefen lediglich, daß ihn nicht mehr verwundere, als daß man ihm seinen früheren Namen, als wenn er ein Schimpfwort sei, vorhalte. Später nahm er zuerst den Beinamen Gaius Caesar, dann den Beinamen Augustus an, den einen laut testamentarischer Verfügung seines Großonkels, den anderen, weil es das Votum des Munatius Plancus gewesen war. Als nämlich einige der Meinung waren, er müsse unbedingt Romulus genannt werden, sei er doch so etwas wie der Gründer der Stadt Rom, da hat der sich mit seiner Ansicht durchgesetzt, daß er lieber Augustus heißen solle, nicht nur weil der Beiname neu, sondern auch weil er erlauchter (ehrenvoller) sei; denn auch heilige Orte und solche, wo nach Einholen der Vorzeichen etwas geweiht wurde, führen diesen Namen, der sich herleitet von *auctus* (Mehrung, Wachstum) oder von dem Schwingen der Vögel im Fluge oder dem Fressen der Vögel; so erklärt auch Ennius das Wort in dem Vers:

> »Als das ruhmreiche Rom gegründet war aufgrund
> erhabener (erlauchter) Vogelschau.«

Als kleines Kind von vier Jahren verlor Augustus seinen Vater; mit zwölf hielt er vor versammeltem Volk die Leichenrede für seine Großmutter Iulia. Vier Jahre später, er hatte gerade die Männertoga angelegt, wurden ihm militärische Auszeichnungen beim afrikanischen Triumph Caesars verliehen, obwohl er wegen seines Alters am Krieg gar nicht teilgenommen hatte. Als sein Onkel kurz darauf nach Spanien gegen die Söhne des Pompeius auszog, folgte er ihm, obwohl er nach einer schweren Krankheit noch gar nicht wieder voll zu Kräften gekommen war, auf Wegen, auf denen er den Angriffen der Feinde ausgesetzt war, mit ganz wenigen Begleitern nach und erlitt auch noch einen Schiffbruch; er erwarb sich in hohem Grade Verdienste; schnell fanden auch neben seiner Einsatzkraft auf dem Marsch seine charakterlichen Vorzüge allgemeine Anerkennung.

Nachdem Caesar die beiden spanischen Provinzen wieder aus der Gewalt des Feindes befreit hatte, entschloß er sich zu einem Feldzug gegen die Daker, und gleich anschließend sollte es gegen die Parther gehen. Augustus war nach Apollonia vorausgeschickt worden; dort hatte er Zeit zum Studieren. Sobald er erfuhr, daß Caesar einem Anschlag zum Opfer gefallen und er dessen Erbe sei, war er lange unschlüssig, ob er sich nicht an die in seiner Nachbarschaft stationierten Legionen um Hilfe wenden solle; von dieser Idee nahm er allerdings Abstand, da sie ihm zu übereilt und unausgereift schien. Im übrigen trat er – nach Rom zurückgekehrt – die Erbschaft an, obwohl seine Mutter Bedenken hatte und sein Stiefvater, der Konsular Marcus Philippus,

sogar viele Gegenargumente anführte. Und seitdem hatte er
– Heere hatte er angeworben – anfangs mit M. Antonius und
M. Lepidus, dann nur mit Antonius fast zwölf Jahre lang,
zuletzt über vierundvierzig Jahre hinweg ohne Kollegen die
Herrschaft über den Staat.

Vorausgeschickt habe ich die Rahmenbedingungen seines
Lebens; im folgenden werde ich die Abschnitte seines Lebens für sich genommen nicht chronologisch, sondern nach
leitenden Gesichtspunkten durchgehen, damit sie mit mehr
Ordnung und klarerer Gedankenfolge vorgestellt und kennengelernt werden können.

Bürgerkriege hat er fünf geführt: den von Mutina, Philippi, Perusia, Sizilien und Aktium; bei diesen war im ersten
und letzten Antonius sein Gegner; den zweiten führte er gegen Brutus und Cassius, den dritten gegen L. Antonius, den
Bruder des Triumvirn, den vierten gegen Sextus Pompeius,
den Sohn des Gnaeus. Als Anlaß und Ursache aller Kriege
erwähnte er folgendes: Seiner Auffassung nach war es nur
schicklich, den Tod seines Onkels zu rächen und seine Verfügungen zu schützen; und so faßte er, kaum daß er aus
Apollonia wieder da war, den Entschluß, gegen Brutus und
Cassius sowohl mit Gewalt, solange sie noch ahnungslos
waren, als auch mit Gesetzen vorzugehen, weil sie sich
heimlich der Gefahr, die sie auf sich zukommen gesehen
hatten, entzogen hatten, und sie in Abwesenheit des Mordes
anzuklagen. Weil diejenigen, denen es von Amts wegen zu-
gekommen wäre, die Spiele anläßlich des Sieges von Caesar
zu veranstalten, dies nicht wagten, veranstaltete er sie. Damit auch alles übrige konsequenter umgesetzt werde, machte er sich als Bewerber um die Stelle des Volkstribunen, der
zufällig gerade verstorben war, bemerkbar, und das, obwohl
er Patrizier und noch nicht Senator war. Seinem Anlauf
stellte sich aber der Konsul M. Antonius entgegen; gerade

von ihm hatte er sich besonders Unterstützung erhofft; nicht einmal das allgemein übliche und übertragende Recht in irgendeiner Sache gewährte er ihm, ohne sich dafür ein horrendes Honorar auszubedingen. So wandte er sich an die Optimaten, von denen er wußte, daß Antonius ihnen verhaßt war, besonders weil er D. Brutus in Mutina belagerte und alle Kräfte aufbot, ihn aus der Provinz, die Caesar ihm sogar mit ausdrücklicher Zustimmung des Senats gegeben hatte, mit Waffengewalt zu vertreiben. Als daher ein paar Optimaten ihn zu handeln aufforderten, bestellte er für Antonius Mörder. Das hinterlistige Vorgehen flog auf. Nun mußte er seinerseits fürchten, in Gefahr zu sein, und so zog er gegen eine großzügige Zuwendung, wie sie in seinen Möglichkeiten lag, Veteranen zusammen, damit sie ihn und den Staat schützten. Er erhielt den Befehl, das angeworbene Heer als Praetor zu führen und zusammen mit Hirtius und Pansa, die das Konsulat übernommen hatten, dem D. Brutus Hilfe zu bringen; den Krieg, der ihm übertragen worden war, beendete er im dritten Monat durch zwei Schlachten. Antonius schreibt, er sei in der ersten davongelaufen und man habe ihn erst nach zwei Tagen ohne Feldherrnmantel und Pferd wieder zu Gesicht bekommen; feststeht, daß er in der nächsten Schlacht nicht nur als Führer, sondern auch als einfacher Soldat Dienst tat und mitten im Kampfgetümmel – der Adlerträger seiner Legion war schwer verwundet worden – den Adler schulterte und lange getragen hat. Als in diesem Krieg Hirtius auf dem Schlachtfeld gefallen, kurz darauf Pansa an einer Verwundung umgekommen war, machte das Gerücht die Runde, er habe bei dem Tode beider die Finger im Spiel gehabt, um, nachdem Antonius in die Flucht geschlagen und der Staat ohne Konsul dastehe, allein den Oberbefehl über die siegreichen Heere zu haben. Gerade der Tod des Pansa ist so sehr beargwöhnt worden, daß der

Arzt Glykon unter Kuratel gestellt worden ist, weil er angeblich Gift in die Wunde getan habe. Das alles steigert Aquilius Niger noch durch seine Notiz, daß der andere Konsul, also Hirtius, im allgemeinen Kampfgetümmel von Augustus selbst getötet worden sei. Aber sobald Augustus wußte, daß Antonius nach seiner Flucht von M. Lepidus aufgenommen worden war und die übrigen Führer und Heere mit der Partei der Popularen sympathisierten, ließ er die Partei der Optimaten ohne zu zögern fallen und verdrehte, um seine Sinneswandlung zu bemänteln, böswillig Denk- und Handlungsweisen einiger Leute; so sollten die einen behauptet haben, er sei ein Knabe, die anderen, man müsse ihn auszeichnen und ihn befördern, damit der angemessene Dank weder ihm noch den Veteranen abgestattet werde. Und um allen zu zeigen, wie er seine frühere Parteizugehörigkeit bereute, trieb er die Einwohner von Nursia aus ihrer Heimatstadt, nachdem er über sie eine hohe Geldstrafe verhängt hatte und zwar eine, die sie nicht würden bezahlen können; sie hatten nämlich auf Kosten der Stadt ein Grabdenkmal für ihre gefallenen Mitbürger errichten lassen und folgende Inschrift angebracht: »Sie fielen für die Freiheit.«

Mit Antonius und Lepidus ging er ein Bündnis ein; dann brachte er auch den Krieg bei Philippi zu Ende, obwohl er krank und erschöpft war. Er mußte zweimal zur Schlacht antreten; in der ersten Schlacht war er gezwungen, sein Lager sein zu lassen; nur mit Mühe hatte er herauskommen können, indem er zum Flügel des Antonius floh. Den siegreichen Ausgang kostete er voll aus und ließ, nachdem er den Kopf des Brutus nach Rom geschickt hatte, damit man ihn der Statue Caesars vor die Füße lege, gerade an den angesehensten Kriegsgefangenen seinen Übermut aus, indem er gegen sie ausfallend wurde. So soll er einem Mann, der kniefällig um eine Bestattung bat, geantwortet haben, diese zu besorgen, werde den Vögel vergönnt sein. Einem Vater und seinem Sohn, die um ihr Leben bettelten, soll er befohlen haben, das Los oder das Fingerspiel entscheiden zu lassen, wem von beiden es vergönnt sein solle, weiter zu leben; und er soll zugesehen haben, wie beide starben; denn auch der Sohn sei, nachdem der Vater getötet worden war, weil er sich geopfert hatte, freiwillig in den Tod gegangen. Deshalb haben die übrigen, unter ihnen war der M. Favonius, der bekanntlich Cato nacheiferte, als sie in Ketten gelegt vorbeigeführt wurden, Antonius als Imperator ehrenvoll begrüßt, Augustus aber durch eine häßliche und schimpfliche Schelte vor aller Augen zurechtgewiesen.

Nach dem Sieg teilten sie die Aufgaben untereinander auf: Antonius übernahm es, für den Osten eine Verwaltungsstruktur zu entwickeln; er selbst erhielt die Aufgabe, die altgedienten Soldaten nach Italien zurückzuführen und sie auf dem Gebiet der Kleinstädte anzusiedeln. Dafür erhielt er weder den Dank der Veteranen noch den der Besitzer, da die einen sich beklagten, daß sie vertrieben würden, die anderen, daß sie nicht so, wie sie es ihren Verdiensten entsprechend erwartet hatten, behandelt würden. Zu diesem Zeitpunkt plante L. Antonius im Vertrauen auf die Macht des Konsulamtes, das er bekleidete, und auf den brüderlichen Einfluß einen Umsturz; er zwang ihn, nach Perusia zu fliehen, und trieb ihn durch Aushungern zur Kapitulation, doch das war nur möglich unter großen Gefahren für Leib und Leben sowohl vor als auch während des Krieges. Denn als er während bei einer Aufführung im Circus befahl, daß ein öffentlicher Diener gegen einen gemeinen Soldaten, der in einer der vierzehn den Rittern vorbehaltenen Reihen saß, einschreite und ihn von dem Platz jage, wurde von Neidern das Gerücht in die Welt gesetzt, er habe eben diesen Mann,

nachdem er zunächst auch noch Martern aller Art habe aus-
stehen müssen, bald danach töten lassen. Es hat nicht viel gefehlt, und er wäre bei dem Auflauf und der Entrüstung der
kriegerischen Menge umgekommen. Er blieb nur am Leben,
weil der Mann, den man nicht mehr gesehen hatte, sich plötzlich wieder unversehrt und ohne Schaden genommen zu haben einfand. Als er in der Nähe der Stadtmauer von Perusia
ein Opfer darbrachte, wäre er beinahe von einer Handvoll
Gladiatoren, die aus der Stadt ausgebrochen waren, plötzlich
dem Leben entrissen worden. Nach der Einnahme von Perusia bestrafte er sehr viele, wobei er denen, die den Versuch un-
ternahmen, Gnade zu erbitten oder eine Entschuldigung anzuführen, kurz und bündig entgegnete: »Alle müssen sterben.« Einige Schriftsteller berichten, daß ungefähr dreihundert von denjenigen, die sich ihm auf Gnade und Ungnade ergeben hatten, aus beiden Ständen ausgewählt wurden, um am
Altar, den man eigens für den Göttlichen Iulius errichtet hatte, an den Iden des März nach Art der Opfertiere geopfert zu
werden. Es gibt auch Berichte, nach denen er zu den Waffen
gegriffen habe, damit die Feinde im Verborgenen und solche,
die mehr Furcht als freier Wille noch zurückhielt, entlarvt
wurden, nachdem man ihnen die Gelegenheit geboten hatte,
sich zu L. Antonius als ihrem Führer zu bekennen – dieses
Vorgehen war durch den Vertrag zwischen Antonius und ihm
abgedeckt. Da habe Augustus sie völlig besiegt und ihr Vermögen eingezogen und so den Veteranen die Belohnungen,
wie versprochen, ausgezahlt.

Den Krieg in Sizilien begann er als einer der ersten, er zog
sich aber hin, da er oft häufig unterbrochen wurde, zum einen um Flotten neu zu beschaffen; bei zwei Schiffbrüchen
infolge von Unwettern und zwar während des Sommers
hatte er sie eingebüßt; zum anderen, weil unter dem Druck
des Volkes Friede geschlossen worden war, denn die Liefe-

rung von Lebensmitteln war unterbrochen und die Hungersnot verschlimmerte sich immer mehr. Nachdem Augustus ganz neue Schiffe hatte bauen lassen, zwanzigtausend Sklaven freigelassen und für die Arbeit an den Rudern abgestellt hatte, ließ er bei Baiae den Iulischen Hafen anlegen, indem er in den Lucriner und Averner See das Meer einleiten ließ. Nachdem er dort mit den Truppen den ganzen Winter über trainiert hatte, besiegte er Pompeius zwischen Mylae und Naulochus, obwohl er eine Stunde unmittelbar vor der Schlacht von einem so tiefen Schlaf plötzlich übermannt worden war, daß er von seinen Freunden geweckt werden mußte, damit er das Zeichen zum Kampf gebe. Meiner Meinung nach lieferte dieser Umstand Antonius Zündstoff für den Vorwurf, er habe nicht einmal »die Augen gerade aus« das in Reih und Glied aufgestellte Heer anschauen können, sondern er habe ganz verdutzt auf dem Rücken gelegen und den Himmel betrachtet. Er habe sich nicht eher erhoben und bei den Soldaten nicht eher sehen lassen, als die feindlichen Schiffe von M. Agrippa in die Flucht geschlagen worden seien. Einige machen ihm den folgenden Ausspruch und seine Handlungsweise zum Vorwurf, daß er, nachdem seine Flotten in einem Sturm untergegangen seien, ungefähr ausgerufen habe, auch gegen den Willen Neptuns werde er den Sieg davontragen, und daß er am Tag danach bei den Circusspielen aus dem feierlichen Festzug das Bildnis dieses Gottes herausgenommen habe. Und nicht von ungefähr nahm er in jedem anderen Krieg mehr und auch größere Gefahren auf sich. Als er sein Heer nach Sizilien hatte übersetzen lassen und die auf dem Festland verbliebenen Truppenteile auch noch holen wollte, wurde er unversehens von Demochares und Apollophanes, den Praefekten des Pompeius, überfallen und konnte nur mit Mühe und Not und mit nur einem Schiff entkommen. Als er ein anderes Mal auf dem

Landweg an Lokri vorbei nach Regium marschierte, sah er
in der Ferne Zweiruderer des Pompeius, die an der Küste
entlangsegelten. Weil er sie für Schiffe der eigenen Flotte
hielt, ging er zum Strand hinunter; da wäre er beinahe gefan-
gengenommen worden. Als er damals auch noch auf abgelegenen Seitenwegen flüchtete, versuchte ein Sklave seines Be-
gleiters Aemilius Paulus ihn zu töten, da dieser Schmerz
darüber empfand, daß der Vater des Paulus einst von ihm ge-
ächtet worden war; nun schien sich ihm die Chance zu bieten, Rache zu nehmen.

Nach der Flucht des Pompeius nahm Augustus dem anderen Kollegen, M. Lepidus, den er aus Afrika zu Hilfe gerufen hatte, das Heer weg, weil dieser im Vertrauen auf die
zwanzig Legionen übermütig wurde und unter einschüch-
ternden Drohungen den Anspruch erhob, der Kopf ihrer
Verbindung zu sein; als der kniefällig um sein Leben bat,
ließ er es ihm und verbannte ihn für alle Zeiten nach Cercei.

Das Bündnis mit Antonius, das stets mit Vorsicht zu genießen und nicht fest und durch vielerlei Auffrischungsver-
suche nur kümmerlich wieder ins Leben gerufen worden
war, brach Augustus schließlich ab. Und damit er um so ein-
leuchtender machen konnte, daß dieser sich dem am Ge-
meinwohl ausgerichteten Benehmen entfremdet habe, ließ
er das Testament, das dieser in Rom hinterlegt und in dem er
sogar die Kinder der Kleopatra unter den Erben genannt
hatte, öffnen und vor versammeltem Volke verlesen. Obwohl er ihn zum Staatsfeind erklärt hatte, schickte er ihm
doch alle Familienangehörige und Freunde zurück, unter
ihnen auch C. Sosius und Cn. Domitius, die zu jenem Zeitpunkt noch Konsuln waren. Sogar den Einwohnern von
Bononia, die seit altersher zur Klientel der Antonii gehör-
ten, gab er die Möglichkeit, mit ganz Italien sich öffentlich
unter Eid mit ihm und seinen Vorstellungen zu verbinden.

Und nicht lange danach siegte er in der Seeschlacht bei Actium, doch der Kampf zog sich bis spät in den Tag hinein, so
daß der Sieger die Nacht auf dem Schiff verbringen mußte.
Als er sich von Aktium nach Samos in das Winterlager zurückgezogen hatte, versetzten ihn Nachrichten von einem
Aufruhr in Unruhe, der von Leuten ausging, die von ihm
nach dem Sieg aus jeder Truppenabteilung nach Brundisium
vorausgeschickt worden waren; die forderten jetzt ihre Belohnung und ihre Entlassung. Er brach eilends nach Italien
auf; zweimal kam er durch einen Sturm auf der Überfahrt
sehr ins Gedränge, das erste Mal zwischen dem Vorgebirge
der Peloponnes und Aetoliens, das zweite Mal in der Nähe
des Keraunischen Gebirges, beide Male ging ein Teil der Li-
burner-Schiffe unter. Gleichzeitig brach auf dem Schiff, auf
dem er fuhr, das Segelwerk zusammen, und es zerbrach das
Steuerruder. Er blieb nicht länger als siebenundzwanzig Tage, bis alles nach den Wünschen der Soldaten geregelt war, in
Brundisium und segelte entlang der Küste Kleinasiens und
Syriens nach Ägypten und belagerte Alexandria, wohin sich
Antonius und Kleopatra geflüchtet hatten; die Belagerung
dauerte nicht lange, und er war Herr über die Stadt. Und
Antonius, der zu spät die Bedingungen für einen Frieden
ausloten ließ, trieb er in den Tod und fand ihn tot vor. Für
Kleopatra, an deren Rettung er mit Blick auf seinen Triumph
besonders interessiert war, zog er sogar Psyller hinzu, die
aus der Wunde das Schlangengift aussaugen sollten, weil
man glaubte, daß sie durch den Biß einer Natter zugrunde
gegangen sei. Beiden gewährte er dann aber doch die Ehre,
gemeinsam bestattet zu werden, und ließ auch das Grabmal,
mit dessen Bau sie selbst bereits begonnen hatten, fertigstellen. Den jungen Antonius, den älteren der zwei Söhne der
Fulvia, ließ er vom Standbild des göttlichen Iulius, bei dem
er nach zahlreichen, vergeblichen Bitten Zuflucht gesucht

hatte, wegreißen und töten. Ebenso wurde Caesarion – Kleopatra pflegte in der Öffentlichkeit zu betonen, sie habe ihn von Caesar empfangen – vom Fluchtweg zurückgeschleppt und gleich danach hingerichtet. Die übrigen gemeinsamen Kinder von Antonius und der Königin ließ er am Leben; er war ihnen genauso verbunden wie denjenigen, mit denen er verwandt war, und förderte jeden in Zukunft entsprechend seiner Stellung. Zur selben Zeit erwies er Alexander dem Großen seine Reverenz, nachdem er den Sarg mit der Leiche Alexanders des Großen aus dem innersten Gemach hatte hervorholen und öffentlich ausstellen lassen; dabei legte er einen goldenen Kranz auf den Sarkophag und ließ Blumen streuen. Als man ihn fragte, ob er auch noch einen Blick in das Grabmal der Ptolemäer werfen wolle, sagte er, er habe einen König sehen wollen, nicht Verstorbene. Um Ägypten, das er zur Provinz gemacht hatte, fruchtbarer und für die Getreideversorgung Roms ergiebiger zu machen, ließ er die Soldaten alle Kanäle, in die der Nil einströmt und die – sie waren ja schon beträchtlich alt – verschlammt waren, reinigen. Und damit sein Sieg bei Actium auch noch für die Nachwelt in recht feierlicher Erinnerung blieb, gründete er bei Actium die Stadt Nikopolis, stiftete dort Spiele, die alle fünf Jahre gefeiert werden sollten, erweiterte den alten Tempel des Apoll, putzte den Lagerplatz, wo er auch einmal kampiert hatte, mit erbeuteten Schiffsschnäbeln heraus und weihte ihn Neptun und Mars.

In den Jahren, die nun folgten, unterdrückte er Unruhen, Umsturzversuche in den Anfängen und zahlreiche Verschwörungen, noch bevor sie sich voll entfalten konnten; sie sind durch Verrat bekannt geworden und spielten sich an verschiedenen Schauplätzen und zu verschiedenen Zeiten ab: Die des jungen Lepidus, dann die von Varro Murena und Fannius Caepio, danach kam die des M. Egnatius, darauf die des Plautus Rufus und Lucius Paulus, des Gatten seiner Enkelin, da war auch noch die des L. Audasius, der wegen Urkundenfälschung angeklagt wurde und altersschwach und auch nicht ganz gesund war, ferner die des Asinius Epicadus, eines Mischlings illyrischer Herkunft, zuletzt die des Telephus, eines Sklaven, der bei einer Dame die Funktion des Nomenclators innehatte. Ja er sah sich sogar gefährlichen Komplotts von Menschen aus dem niedrigsten Stand ausgesetzt. Audasius und Epicadus waren fest entschlossen gewesen, seine Tochter Iulia und seinen Enkel Agrippa von den Inseln, auf denen sie genötigt wurden sich aufzuhalten, gewaltsam zu den Heeren zu entführen; Telephus hatte sich vorgenommen, sowohl gegen Augustus selbst als auch gegen den Senat einen Angriff zu führen, da ihm vom Schicksal bestimmt sei, alleine zu herrschen. Ja, eines Nachts wurde sogar in der Nähe seines Schlafgemachs ein Marketender aus dem illyrischen Heer aufgegriffen, bewaffnet mit einem Jagdmesser; die Türhüter hatten sich täuschen lassen. Ob er nicht Herr seiner Sinne war oder nur so tat, als sei er von Sinnen, blieb ungewiß; nichts konnte in einem peinlichen Verhör aus ihm herausgepreßt werden.

Auswärtige Kriege, in denen er den Oberbefehl nicht delegiert hatte, hat Augustus lediglich zwei geführt: den Dalmatischen, damals war er noch ein ganz junger Mann und Antonius war vollends besiegt, und den Kantabrischen. Im Kantabrischen Krieg wurde er sogar verwundet: in der einen Schlacht traf ein Stein sein rechtes Knie, in der anderen Schlacht wurde er beim Einsturz einer Brücke sowohl am Schenkel als auch an beiden Armen schwer verletzt. Die übrigen Kriege führten Unterfeldherren für ihn, um dann doch bei einigen Gefechten in Pannonien und Germanien sich einzufinden oder zumindest nicht weit vom Kriegsschauplatz entfernt zu sein, indem er von Rom aus bis nach Ra-

venna, Mailand oder Aquileia vorrückte. Und er hat Kantabrien, Aquitanien, Pannonien, Dalmatien einschließlich
ganz Illyriens, ferner Rätien und die Vindelicer und Salasser,
zwei Volksstämme in den Alpen, unterworfen; dabei führte
er einmal das Heer an, das andere Mal lief die Aktion unter
ihm als Oberbefehlshaber. Auch den Angriffen der Daker
setzte er ein Ende, als er drei ihrer Führer mitsamt einer großen Anzahl Soldaten niedermachte, und die Germanen
drängte er über die Elbe zurück; aus diesem Stamm führte er
die Sueben und Sugambrer, die sich freiwillig ergaben, nach
Gallien hinüber und siedelte sie in Gebieten in der Nähe des
Rheins an. Andere Stämme, die nicht genug zur Ruhe gebracht worden waren, machte er folgsam. Aber mit keinem
Volk fing er ohne gerechte und zwingende Gründe einen
Krieg an, und er war so weit von dem Verlangen entfernt, auf
jede nur denkbare Art und Weise sein Reich oder den
Kriegsruhm zu mehren, daß er einige Barbarenfürsten
zwang, im Tempel des Mars Ultor zu schwören, in Treue ge-
paart mit Frieden, worum sie ja baten, zu verharren; so versuchte er auch, von einigen Stämmen zu fordern, daß sie eine neue Art von Geiseln stellten, nämlich Frauen; denn ihm
war aufgefallen, daß sie um männliche Unterpfänder nicht
viel gaben. Doch Augustus gab allen stets auch die Gelegenheit, die Geiseln zurückzuerhalten, wenn sie es wollten.
Niemals hat er Volksstämmen, die entweder zu häufig oder
mit zu großer Arglist den Krieg neu aufnahmen, als Rache
eine schwerere Strafe auferlegt, als daß er Kriegsgefangene
nur unter der Auflage verkaufte, daß sie nicht in einer angrenzenden Gegend Sklavendienst leisten und auch nicht in
den nächsten dreißig Jahren freigelassen werden durften.
Eben der Ruf, daß er tapfer war und sich zu mäßigen verstand, lockte auch die Inder und die Skythen, die man nur
vom Hörensagen kannte, an, um um seine Freundschaft und

die des römischen Volkes von sich aus durch Gesandte nachzusuchen. Als er auch auf Armenien Ansprüche erhob, gaben ihm sogar die Parther darin ohne großes Hin und Her
nach; sie gaben auch die Feldzeichen, die sie M. Crassus und
M. Antonius weggenommen hatten, zurück, als er ihre Her-
ausgabe verlangte. Sie taten noch mehr: sie boten ihm die
Stellung von Geiseln an; schließlich, als einmal mehrere
Kandidaten untereinander um den Thron stritten, hießen sie
nur den gut, der von ihm persönlich erwählt worden war.

Den Tempel des Ianus Quirinus, der vor seiner Zeit seit
der Gründung der Stadt insgesamt nur zweimal geschlossen
worden war, ließ er in einem weit kürzeren Zeitraum dreimal schließen, nachdem er zu Lande und zu Wasser für Frieden gesorgt hatte. Zweimal betrat er die Stadt in einem kleinen Triumphzug, und zwar nach dem Krieg bei Philippi und
zum zweiten Mal nach dem Sizilischen Krieg. Drei kuruli-
sche Triumphe feierte er, den dalmatischen, actischen und
alexandrinischen, alle über drei Tage ohne Unterbrechung.

Im ganzen hat er nur zwei schwere Niederlagen mit
Schimpf und Schande erlitten; das war nirgendwo anders als
in Germanien: die des Lollius und die des Varus. Bei der
Niederlage des Lollius war die Schmach größer als die
Schlappe, die Niederlage des Varus hätte fast das Ende bedeutet, waren doch drei Legionen und ihr Führer, die Legaten und alle Hilfstruppen niedergemacht worden. Als die
Nachricht davon eintraf, ordnete er an, daß in der ganzen
Stadt bei Tag und bei Nacht Wachen patrouillieren sollten,
damit keine Unruhe entstehe; und den Statthaltern der Provinzen verlängerte er den Oberbefehl, damit die Bundesgenossen von erfahrenen und ihnen bekannten Männern im
Gehorsam gehalten würden. Er gelobte auch große Spiele
dem Iuppiter Optimus Maximus, wenn doch nur der Zustand des Staates wieder eine Wendung zum Besseren ge-

macht hätte: so wie es im Krieg gegen die Kimbern und Marser geschehen war. Schließlich soll er so aus der Fassung gebracht worden sein, daß er Bart und Haare über Monate hat wachsen lassen und manchmal den Kopf gegen die Tür schlug und dann sagte: »Quintilius Varus, gib mir die Legionen wieder!« Und den Tag der Niederlage soll er in jedem Jahr in Schwermut und ganz traurig verbracht haben.

Auf dem militärischen Sektor führte er zahlreiche Veränderungen und Neuerungen durch; einiges hat er auch wieder eingeführt, wobei er sich an dem orientierte, was früher üblich gewesen war. Was die Disziplin anbelangte, so führte er ein sehr strenges Regiment. Nicht einmal den Legaten gestattete er, zwischendurch einmal ihre Frau zu besuchen, und dann machte er noch Schwierigkeiten; wenn er es erlaubte, dann nur in den Wintermonaten. Einen römischen Ritter verkaufte er in die Sklaverei, seine Güter ließ er versteigern, weil er seinen beiden heranwachsenden Söhnen die Daumen abgeschnitten hatte, damit sie nicht eingezogen würden. Doch weil er sah, daß die Steuerpächter darauf lauerten, ihn zu ersteigern, gab er einem seiner Freigelassenen den Zuschlag, damit er ihn aufs Land fortbringe und ihm gestatte, dort ein Leben wie ein freier Mann zu führen. Die zehnte Legion, die zu störrisch gehorchte, entließ er schimpflich bis auf den letzten Mann; ebenso verabschiedete er andere, die frech ihre Entlassung forderten, ohne daß sie in den Genuß von Belohnungen für ausgediente Soldaten kamen. Kohorten, die ihren Platz verlassen hatten, dezimierte er und gab ihnen nur Gerste. Wenn Centurionen ihren Posten verlassen hatten, bestrafte er sie genau wie gemeine Soldaten mit dem Tod; für alle übrigen Arten von Vergehen wurden die Delinquenten mit unterschiedlichen Strafen belegt, die ihnen alle Schimpf und Schande einbrachten: So soll er sie angewiesen haben, einen ganzen Tag vor dem Zelt des Feldherrn zu stehen, manchmal mit der Tunika und ohne Gürtel, manchmal ließ er sie dastehen mit einer Meßstange von zehn Fuß oder auch einem Rasenstück in der Hand. Nach den Bürgerkriegen redete er weder auf einer Versammlung noch in einer Verordnung Soldaten mit »Kameraden« an, sondern mit »Soldaten«, und er duldete es nicht einmal, daß seine Söhne oder Stiefsöhne, wenn sie das Oberkommando hatten, sie anders anredeten, denn er sah darin eine selbstsüchtige Rücksichtnahme, wie sie weder ein militärisches Kalkül noch die ruhige Lage, noch seine Würde, noch die seines Hauses erforderten. Einmal abgesehen von den Fällen, wenn in Rom Feuersbrünste wüteten oder man bei zu sehr gestiegenen Preisen für Getreide Angst vor einem Aufstand hatte, griff er auf Freigelassene als Soldaten nur zweimal zurück: einmal zum Schutz der Kolonien, die an der Grenze zu Illyrien lagen, das andere Mal zum Schutze des Rheinufers. Diese Leute, die noch als Sklaven von ziemlich begüterten Männern und Frauen gestellt und unverzüglich freigelassen worden waren, ließ er unter einem der ersten Fähnlein kämpfen; sie wurden aber weder mit den Reihen der Freigelassenen vermischt noch wurden sie genau wie diese bewaffnet.

Soldaten verlieh er als Auszeichnungen bedeutend eher Brustschmuck und Halsketten aus Gold oder Silber als Wall- und Mauerkronen, welche ja weit ehrenvoller waren; diese verteilte er so sparsam wie möglich und ohne dabei um die Gunst zu buhlen, oft sogar an gemeine Soldaten. M. Agrippa schenkte er auf Sizilien nach seinem Sieg zur See eine blaue Fahne. Er war der Ansicht, daß nur die Feldherren, die einen Triumph gefeiert hatten, niemals mit Geschenken bedacht werden dürften, wenn sie mit ihm auf einem Feldzug gewesen waren und Anteil an seinen Siegen hatten, denn sie hätten ja auch das Recht dazu gehabt, selbst Geschenke an diejenigen zu verteilen, an die sie wollten. Augustus glaubte, nichts passe weniger zu einem vollkommenen Feldherrn als Hast und unüberlegtes Handeln. Deshalb zitierte er häufig folgende griechischen Worte: »Eile mit Weile!« und

> »Denn Vorsicht ist für einen Heerführer besser als
> Verwegenheit.«

und den lateinischen Spruch: »Es genügt, daß alles schnell genug getan wird, was gut genug getan werden soll.« Er blieb bei seiner Ansicht, daß eine Schlacht oder ein Krieg überhaupt nur in dem Fall angefangen werden dürfe, wenn die Aussicht auf Nutzen größer scheine als die Furcht vor Schaden. Denn mehr als einmal sagte er, daß diejenigen, die kleinen Gewinnen nicht mit dem entsprechenden Aufwand hinterher jagten, mit denjenigen Ähnlichkeit besäßen, die mit einem goldenen Angelhaken fischten; sei der abgerissen, lasse sich der Verlust durch keinen Fang wettmachen.

Er übernahm Ämter und Ehrenstellen vor dem gesetzlich festgelegten Zeitpunkt als auch einige neuer Art und dazu auf Lebenszeit. Das Konsulat riß er im Alter von zwanzig Jahren an sich; zuvor hatte er, wie es der Feind zu tun pflegt, Legionen an die Hauptstadt herangeführt und Leute entsandt, die für ihn im Namen des Heeres das Konsulat einfordern sollten. Als aber der Senat zögerte, schlug der Hauptmann Cornelius, der Führer der Gesandtschaft, den Reisemantel auf, deutete auf den Knauf seines Schwertes und hatte keine Bedenken, in der Kurie zu sagen: »Das hier wird's tun, wenn ihr es nicht tut.« Das zweite Konsulat bekleidete er nach neun Jahren, das dritte nach nur einem Jahr Unterbrechung; die folgenden hat er bis zum elften ohne Unterbrechung innegehabt. Doch als ihm in den folgenden Jahren noch viele angetragen wurden, hat er sie zurückgewiesen. Um das zwölfte hat er sich erst nach einer langen Unterbrechung, genau nach siebzehn Jahren, wider Erwarten beworben, und dann hat er noch einmal nach einer Frist von zwei Jahren für das dreizehnte kandidiert, um als höchster Amtsträger seine Söhne Gaius und Lucius zu ihrem ersten öffentlichen Auftreten auf das Forum zu geleiten. Die mittleren fünf Konsulate, also die vom sechsten bis zum zehnten, bekleidete er jeweils das ganze Jahr über, die übrigen entweder für die Dauer von neun, sechs, vier oder drei Monaten, das zweite aber nur für ganz wenige Stunden; denn nachdem er am ersten Januar frühmorgens vor dem Tempel des Iuppiter Capitolinus vom Amtsstuhl aus nur ganz kurz den Vorsitz geführt hatte, schied er aus dem Amte aus, nachdem er jemanden zu seinem Nachfolger bestellt hatte. Nicht alle Konsulate trat er in Rom an; vielmehr trat er das vierte in Kleinasien, das fünfte auf Samos und das achte und neunte in Tarraco an.

Das Triumvirat zur Neuordnung des Staates bekleidete er zehn Jahre lang. Eine Weile sträubte er sich freilich in diesem Dreimännerbund gegen die Absicht der Kollegen, Proskriptionen durchzuführen; aber als man damit angefangen hatte, war er ohne Rast und peinlicher als die beiden anderen zu Gange. Denn während diese, wenn sie den Leuten persönlich gegenüber standen, in vielen Fällen sich häufig nachsichtig und Bitten zugänglich zeigten, drang er allein mit ganzer Seele darauf, daß niemand geschont werde; er ächtete sogar seinen ehemaligen Vormund C. Toranius, denselben Toranius, der zusammen mit seinem Vater Octavius Aedil gewesen war. Iulius Saturninus weiß noch mehr zu berichten: Während sich M. Lepidus nach Beendigung der Proskriptionen im Senat für das, was in der letzten Zeit passiert war, entschuldigt und für die Zukunft Hoffnung auf Milde gemacht habe, da man ja hinreichend Wiedergutmachung

eingefordert habe, habe Augustus dagegen öffentlich erklärt, er habe nur unter der Bedingung beschlossen, sich im
Proskribieren zu mäßigen, daß er sich gestatten dürfe, über
alles frei zu verfügen. Doch aus Reue über sein hartnäckiges
Verhalten verlieh er später dem T. Vinius Philopoemen die
Ritterwürde, weil dieser einst seinen geächteten Patron versteckt haben soll. Gerade in dieser Mächtegruppierung
machte er sich zur Zielscheibe des glühenden Hasses von
vielen Seiten. Denn einmal, als er vor den Soldaten eine Rede, zu der er auch Leute aus der Zivilbevölkerung zugelassen hatte, hielt und bemerkte, daß der römische Ritter Pinarius sich einige Notizen machte, war er der Ansicht, er sei
ein Spitzel und wolle ihn ausspionieren; da gab er den Befehl, ihn vor aller Augen niederzustechen. Ferner versetzte
er den designierten Konsul Tedius Afer, weil dieser eine seiner Handlungen durch eine böswillige Äußerung bekrittelt
habe, mit so heftigen Drohungen in Angst und Schrecken,
daß dieser sich in eine Tiefe stürzte. Als der Praetor Quintus
Gallius ihm pflichtgemäß seine Aufwartung machte und eine doppelt gefügte Schreibtafel unter seinem Gewand verborgen hielt, hatte er den Verdacht, er verberge ein Schwert,
wagte es aber nicht, ihn auf der Stelle durchsuchen zu lassen;
man hätte ja auch etwas anderes finden können; wenig später ließ er ihn durch Hauptleute und Soldaten von seinem
Richterstuhl fortschaffen und ihn so foltern, wie man es mit
Sklaven macht; obwohl er kein Geständnis abgelegt hatte,
befahl er, ihn zu töten; vorher hatte er ihm noch mit eigener
Hand die Augen ausgestochen. Dazu schreibt Augustus jedoch folgendes: Gallius habe um ein Gespräch gebeten und
bei der Unterredung ihm nach dem Leben getrachtet; er habe ihn dann ins Gefängnis geworfen; dann sei er mit der
Auflage, die Stadt nie wieder zu betreten, entlassen worden;
bei einem Schiffbruch oder weil er Wegelagerern in die Hän-

de gefallen sei, sei er ums Leben gekommen. Die tribunizische Gewalt übernahm Augustus auf Lebenszeit; zweimal
wählte er sich jeweils auf fünf Jahre einen Amtskollegen. Er
übernahm auch die Aufsicht über die Sitten und Gesetze,
dies auch für die Dauer seines Lebens. Eben mit dem Recht
eines Oberaufsehers, wenn auch nicht als Inhaber der Zensur, führte er dreimal eine Volkszählung durch, die erste und
dritte mit einem Amtskollegen, die zweite ohne einen Kollegen.

Zweimal hat Augustus daran gedacht, die Leitung des
Staates zurückzugeben: das erste Mal gleich nachdem er mit
Antonius fertig war; da fiel ihm ein, daß der ihm des öfteren
vorgeworfen habe, er selbst sei sozusagen das Hindernis,
den Staat in seiner ehemaligen Gestalt wiederherzustellen.
Und dann wiederum, als er infolge einer langwierigen
Krankheit alles leid war; da ließ er sogar die Beamten und
den Senat zu sich nach Hause kommen und legte das Haus-
haltsbuch des Staates in ihre Hände zurück. Doch als er folgendes bei seinen Erwägungen in Rechnung stellte: es sei
weder ohne Risiko, wenn er nur noch Privatmann wäre,
noch, wenn man den Staat auf gut Glück der Entscheidung
der großen Masse anheimgeben werde, blieb er dabei, die
Leitung des Staates nicht aus der Hand zu legen. Es ist
schwer zu entscheiden, ob der Erfolg lobenswerter war oder
der gute Wille. Diesen guten Willen ließ er immer wieder erkennen, ja bewies ihn sogar in einem Edikt in den folgenden
Worten. »Es möge mir vergönnt sein, den Staat auf einen gesunden und glücklichen Grund und Boden feststehen zu
machen und dafür den Lohn zu verbuchen, den ich erstrebe,
daß man mich den Vater der besten Verfassung nennt und
daß ich, wenn ich sterbe, die Hoffnung mit mir nehme, daß
die Grundlagen des Staates, die ich gelegt habe, für alle Zeiten erhalten bleiben werden.« Und er erleichterte selbst die

Erfüllung seines Wunsches, indem er auf jede denkbare Art und Weise sich darum bemühte, daß niemandem die neuen Verhältnisse mißfielen.

Die Hauptstadt, die nicht so ausgestattet war, wie es der Würde des Reiches entsprochen hätte und Überschwemmungen und Feuersbrünsten ausgesetzt war, hat er in einem solchen Ausmaß verschönert, daß er sich mit Recht rühmen durfte, er hinterlasse eine Stadt aus Marmor, die er als Ziegelstadt übernommen habe. Ja, um ihre Sicherheit auch für die Zukunft zu erhalten, tat er alles, wofür ein Mensch mit seinem Planen vorsorgen kann. Er errichtete sehr viele öffentliche Bauten, von denen wohl die bedeutendsten diese sind: ein Forum mit einem Tempel für Mars Ultor, der Tempel des Apollo auf dem Palatin, der Tempel für Iuppiter Tonans auf dem Kapitol. Der Grund, ein Forum anzulegen, war der: die Anzahl der Menschen und Gerichtsverhandlungen war groß, und so schien, da zwei nicht ausreichten, noch ein drittes Forum erforderlich zu sein. Deshalb sputete man sich sehr, es für die Öffentlichkeit freizugeben; mit dem Bau des Marstempels war man noch gar nicht fertig; und man war auf der Hut, daß besonders auf diesem Forum die öffentlichen Prozesse (wegen Verbrechen gegen den einzelnen oder den Staat) und die Auslosungen der Richter stattfanden. Dem Mars einen Tempel zu bauen hatte er gelobt, nachdem er den Krieg von Philippi angefangen hatte, um seinen Vater zu rächen. Folglich ordnete er verbindlich an, daß über Kriege und Triumphe hier der Senat zu befinden habe, daß diejenigen, die dabei waren, ein Kommando in den Provinzen zu übernehmen, von hier in dieses Amt auf den Weg geschickt wurden und daß der, der siegreich zurückkomme, hier die Insignien seiner Triumphe ablegen sollte. Den Tempel des Apollo ließ er in dem Teil seines Palastes auf dem Palatin erbauen, den sich, indem dort der Blitz

eingeschlagen hatte, der Gott ausgesucht habe – so lautete
der Spruch der Opferschauer. Er erweiterte diesen Tempel
um Säulengänge mit einer angrenzenden lateinischen und
griechischen Bibliothek. Hier hielt er in fortgeschrittenem
Alter häufig sogar Senatssitzungen ab; auch die Dekurien
der Richter musterte er hier. Dem Iuppiter Tonans weihte er
einen Tempel für seine Rettung aus Gefahr, da auf dem Feldzug in Kantabrien auf einem Marsch in der Nacht seine
Sänfte vorne vom Blitz gestreift und der Sklave, der ihm das
Licht vorantrug, getötet worden war. Einige Bauwerke ließ
er auch im Namen anderer errichten, nämlich im Namen
seiner Enkel, seiner Gattin und seiner Schwester, so die Säulenhalle und die Basilika des Gaius und Lucius; darunter
zählen auch die Säulenhallen der Livia und Octavia und das
Theater des Marcellus. Aber auch die übrigen führenden
Männer forderte er häufig auf, jeder von ihnen solle entsprechend seinen finanziellen Mitteln die Stadt schmücken entweder durch neue Denkmäler oder indem man alte Denkmäler wieder aufbauen und herausputzen lasse. Seine Aufforderung fand damals tatsächlich bei vielen große Reso-
nanz: so haben Marcius Philippus den Tempel des Hercules
der Musen, L. Cornificius den Tempel der Diana, Asinius
Pollio das Atrium der Freiheitsgöttin, Munatius Plancus
den Tempel des Saturn, Cornelius Balbus ein Theater, Statilius Taurus ein Amphitheater und M. Agrippa sogar eine
Reihe außerordentlich schöner Bauten errichtet.

Das ganze Stadtgebiet teilte er in Bezirke und Stadtviertel
ein und setzte fest: Über die Bezirke sollten durch das Los
auf ein Jahr gewählte Beamte die Aufsicht haben, über die
Stadtviertel Viertelsmeister, die aus den Leuten des betreffenden Stadtteils gewählt waren. Gegen Feuersbrünste richtete er für die Nacht Wachposten und eine Feuerpolizei ein.
Um die Überschwemmungen zu regulieren, ließ er das

Flußbett des Tibers verbreitern und reinigen, in das man schon seit langer Zeit den Schutt ablud und das man durch Gebäudeerweiterungen immer mehr verengt hatte. Damit man aber von allen Seiten leichter zur Stadt kommen könne, übernahm er es selbst, die Via Flaminia bis hin nach Ariminum auszubauen, die Pflasterung der übriggebliebenen Straßen verteilte er auf die Triumphatoren; das nötige Geld sollten sie von dem nehmen, was sie aus dem Verkauf der Beute erzielt hatten.

Heiligtümer, die wegen ihres Alters eingestürzt oder einem Feuer zum Opfer gefallen waren, ließ er wiederaufbauen und stattete sie wie auch die übrigen mit ansehnlichen Geschenken aus; so steuerte er für die Cella des Iuppiter Capitolinus sechzehntausend Pfund Gold, Edelsteine und Perlen im Werte von fünfhundert Millionen Sesterzen durch eine einzige Schenkung bei. Erst nach dem Tode des Lepidus übernahm er das Amt des Pontifex maximus; zu dessen Lebzeiten hatte er es nie übers Herz gebracht, ihm dieses Amt zu nehmen; jetzt ließ er alles, was es an Weissagebüchern gab, sowohl solche auf Griechisch als auf Latein, bei denen die Quelle überhaupt nicht bekannt oder nicht genügend sicher war, massenweise von überallher zusammentragen. Dabei kamen mehr als zwei Millionen zusammen. Er ließ sie verbrennen, lediglich die Sibyllinischen Bücher behielt er zurück, aber auch diese nur, nachdem er sie hatte ausdünnen lassen. Er bewahrte sie in zwei vergoldeten Bücherschränken unter dem Sockel des Palatinischen Apollo auf. Der Göttliche Iulius hatte das Kalenderwesen in Ordnung gebracht, dann aber war man nachlässig gewesen, und so war dessen kalendarische Regelung ganz aus den Fugen geraten. Augustus brachte in Caesars Kalender wieder das System, was sich bewährt hatte. Als er den Kalender regulierte, erhielt der Monat Sextilis seinen Beinamen; diesen

Monat zog er dem September, in dem er geboren war, vor, weil er im August zum ersten Mal Konsul geworden war und bedeutende Siege errungen hatte. Die Zahl und das Ansehen der Priesterstellen vergrößerte er, aber auch deren Einkünfte, insbesondere die der Vestalischen Jungfrauen. Als einmal an die Stelle einer verstorbenen eine neue Priesterin gewählt werden mußte und viele Leute ihm um den Bart gingen, daß nicht ihre Töchter an der Auslosung teilzunehmen bräuchten, versprach er unter Eid, daß er, falls eine seiner Enkeltöchter das Mindestalter hätte, sie selbst dafür vorschlagen werde. Auch von den alten Bräuchen belebte er den einen oder anderen wieder neu, der im Laufe der Zeit schon ganz außer Gebrauch gekommen war, wie zum Beispiel das Augurium für das Wohl des Staates, das Amt des Iuppiterpriesters, das Lupercalienfest, die Jahrhundertspiele und das Kompitalienfest. Beim Lupercalienfest verbot er jungen Männern, die noch keinen Bart hatten, am Festlauf teilzunehmen; er erließ auch ein Verbot für Jugendliche beiderlei Geschlechts, an den Hundertjahrfeiern in der Nacht ein Schauspiel zu besuchen, es sei denn, sie wären in Begleitung eines älteren Verwandten. Ferner erließ er die Verordnung, daß zweimal im Jahr an den Straßenkreuzungen die Schutzgottheiten der Verstorbenen mit Frühlings- und Sommerblumen geschmückt werden sollten.

Gleich nach den unsterblichen Göttern bezeugte er den Grabmälern der Feldherren seine Ehrerbietung, die das Reich des römischen Volkes aus kleinsten Anfängen zum größten gemacht hatten. Deshalb setzte er die Gebäude eines jeden wieder instand, wobei die Inschriften erhalten blieben. Er ehrte sie alle in den beiden Säulengängen seines Forums durch Statuen, die sie in der Pose des Triumphators zeigten; in einem Edikt gab er öffentlich bekannt, er habe damit die Absicht verbunden, daß die Bürger an ihren Leistungen und an ihrem Vorbild sowohl ihn, solange er lebe, als auch die Kaiser der folgenden Generationen messen sollten. Auch die Statue des Pompeius ließ er aus dem Rathaus, in dem C. Caesar ermordet worden war, fortschaffen und gegenüber der Säulenhalle des Pompeiustheaters über dem Ianusbogen aus Marmor aufstellen.

Das meiste, was es an verabscheuungswürdigen Beispielen gab, hatte zum Verderben des Staates die Zeiten überdauert, sei es, weil man sich daran gewöhnt hatte oder weil es die Bürgerkriege begünstigt hatten. Sogar während bereits Frieden herrschte, war einiges aufgekommen. Es zeigten sich nämlich Wegelagerer in sehr starker Zahl in aller Öffentlichkeit; sie hatten sich mit dem Schwert gegürtet, angeblich um sich selbst schützen zu können; Reisende wurden auf freiem Feld entführt und ohne Unterschied, ob Freie oder Sklaven, einfach in die Arbeitshäuser der Großgrundbesitzer gesteckt; auch bildeten sich sehr viele Cliquen und nannten sich mit einem ehrenwerten Namen eine neue Verbindung, doch waren sie lediglich ein Zusammenschluß zur Ausübung von Verbrechen. Also gebot Augustus der Wegelagerei Einhalt, indem er an geeigneten Orten Militärposten Stellung beziehen, die Arbeitshäuser für Sklaven kontrollieren und alle Vereine außer den alten und gesetzmäßigen auflösen ließ. Die alten Schuldnerlisten der Staatskasse, die in besonderem Maße Stoff zu Verleumdungen boten, verbrannte er; Grundstücke in Rom, die auf Grund einer zweideutigen Rechtslage verstaatlicht worden waren, sprach er den alten Besitzern wieder zu. Die Namen von Angeklagten, deren Prozesse über Jahre verschleppt worden waren und aus deren schmutziger Kleidung ihre Gegnern reines Vergnügen zogen, ließ er aus den Listen streichen, und es wurde öffentlich die Verordnung bekannt gemacht, daß, sollte jemand einen von diesen noch einmal belangen wollen, er das Risiko auf sich nehmen werde, die gleiche Strafe zu erhalten. Damit aber kein Vergehen ungestraft bleibe und kein Rechtsfall wegen Verzugs unverhandelt bleibe, bestimmte er, daß mehr als dreißig Tage, die die zu Ehren des Volkes veranstalteten Spiele beansprucht hatten, für die gerichtlichen Geschäfte verwendet werden sollten. Die drei bestehenden Abteilungen der Richter ergänzte er um eine vierte, die sich aus Bürgern einer geringeren Steuerklasse zusammensetzte und *ducenarii* genannt wurde; sie sollte über weniger gewichtige Verhandlungsgegenstände zu Gericht sitzen. Mit dem dreißigsten Lebensjahr konnte man zum Richter gewählt werden, also fünf Jahre früher, als es sonst die Regel war. Und da sehr viele es ablehnten, das Amt eines Richters zu übernehmen, gestand er dann doch endlich zu, daß die einzelnen Richterabteilungen reihum ein Jahr lang von den Amtspflichten freigestellt würden; auch sollten in den Monaten November und Dezember, während derer man bisher weiter zu verhandeln pflegte, die Prozesse ruhen. Er selbst sprach fleißig Recht, manchmal bis in die Nacht hinein, und wenn es ihm körperlich nicht so gut ging, ließ er seine Sänfte vor dem Richtertribunal aufstellen, oder sprach von zu Hause aus Recht, wobei er auf einer Liege lag. Recht sprach er nicht nur nach eingehender Prüfung des Falles, sondern ließ auch höchste Milde walten. So soll er einmal einen Mann, der des Vatermordes angeklagt und der Tat überführt war, folgendes gefragt haben, um ihm die Strafe, in einen Sack eingenäht zu werden, zu ersparen (diese Strafe setzte unbedingt das Geständnis voraus): »Du hast doch sicher deinen Vater nicht umgebracht?« Und als einmal über eine Testamentsfälschung verhandelt wurde und alle, die unterschrieben hatten, unter die Bestimmungen des Cornelischen Gesetzes gefallen wären, gab er denjenigen, die mit ihm zusammen den Fall untersuchten, nicht nur zwei Täfelchen, eines für eine Verurteilung und ein zweites für Freispruch, sondern noch ein drittes, mit dem sie diese Leute begnadigen konnten; denn es stand doch eindeutig fest, daß man sie durch Betrug und Irreführung dazu gebracht hatte, ihre Unterschrift zu leisten. Berufungsverfahren übertrug er, falls es sich um Streitigkeiten in Rom selbst handelte, in jedem Jahr dem Stadtpraetor, solche in der Provinz ehemaligen Konsuln; in jeder Provinz gab es einen, dem er den Vorsitz bei derlei Angelegenheit übertragen hatte.

Die Gesetze hat Augustus überarbeitet. Er hat auch einige neue, zu denen es keine Vorläufer gab, erlassen, so das Gesetz gegen den Luxus, das über Ehebruch und das über die Verletzung der Keuschheit, über Amtserschleichung und das über eine gewisse Ordnung bei Vermählungen. Als er dieses Gesetz beträchtlich genauer als die anderen ausfeilte, konnte er es wegen des Lärms, den diejenigen machten, die ihren Einspruch einlegten, erst dann durchbringen, als er einen Teil der Strafen herausgenommen oder gemildert und für die Wiederverheiratung eine Frist von drei Jahren gewährt und schließlich die Belohnungen erhöht hatte. Als der Ritterstand während eines öffentlichen Schauspiels auch die Aufhebung dieses Gesetzes hartnäckig forderte, ließ er die Kinder des Germanicus kommen, nahm die einen auf seinen Schoß, die anderen setzte er ihrem Vater auf den Schoß und zeigte sie allen; durch Gestik und Mimik gab er zu verstehen, daß sie sich nicht zu weigern bräuchten, es so zu machen, wie es ihnen dieser junge Mann vorgemacht habe. Und weil Augustus bemerkte, daß man sich mit Mädchen, die noch nicht im heiratsfähigen Alter waren, verlobte und häufig von einer Ehe in die nächste wechselte und dadurch den Sinn des Gesetzes aushöhlte, verkürzte er die Verlobungszeit und setzte für die Zahl der Scheidungen eine Obergrenze fest.

In den Senat waren haufenweise Leute von ungeschlach-
tem Charakter und ohne Disziplin hereingeströmt, und dadurch gab es mittlerweile über tausend Senatoren, unter ihnen einige nichtswürdige Gestalten, die nach der Ermordung Caesars aus Gefälligkeit und auf Grund von Gunstbe-
zeugungen in den Senat aufgenommen worden waren; im
Volksmund hießen sie »Senatoren des Totenreiches«. Augustus stellte die ursprüngliche Anzahl der Senatoren und ihr
altes Ansehen wieder her, indem er zwei Säuberungen des
Senats durchführte: bei der ersten prüften sich die Senatoren
selbst untereinander, indem ein Mann einen anderen aus-
wählte, bei der zweiten lag die Entscheidung der Auswahl
allein bei Augustus persönlich und bei Agrippa. Damals soll
er – geschützt durch ein Panzerhemd, das er unter seinem
Gewand trug, und gegürtet mit dem Schwert – den Vorsitz
geführt haben; um seinen Amtssessel herum standen zehn
baumstarke Freunde aus dem Senatorenstand. Cordus Cremutius schreibt, damals sei nicht einmal ein Senator zu ihm
vorgelassen worden, wenn er nicht allein und seine Kleidung vorher nicht genau durchsucht worden war. Einige
brachte er auch dazu, Anstand zu zeigen und Gründe zu benennen, ihr Amt zur Verfügung zu stellen; er garantierte
denjenigen, die ihr Amt aufgaben, daß sie auch weiterhin
das Gewand eines Senators tragen dürften und das Recht
hätten, im Theater auf der Orchestra Platz zu nehmen und
an Diners zu Ehren des Staates teilzunehmen. Damit aber
die ausgewählten und von ihm gebilligten Senatoren sowohl
mit größerer religiöser Scheu als auch mit weit weniger Ver-
druß ihren Aufgaben nachkamen, setzte er fest, daß jeder,
bevor er Platz nahm, bei Weihrauch und Wein ein Dank- und
Bittgebet zu dem Gott senden solle, in dessen Tempel man
zusammenkomme, und daß der Senat höchstens zweimal im
Monat als gesetzgebende Körperschaft tagen solle, und

zwar an den Kalenden und Iden; und in den Monaten September und Oktober sei nur die Anwesenheit der Senatoren, die durch Los gezogen worden waren, erforderlich, so daß so viele da waren, daß gültige Beschlüsse gefaßt werden konnten. Zu seiner Arbeitserleichterung führte er ein, daß man Mitglieder in Kommissionen für die Dauer von sechs Monaten durchs Los bestellte, mit denen zusammen er vorher über das verhandelte, was dem Gremium des Gesamtsenats vorgelegt werden sollte. Und er fing an, bei wichtigeren Angelegenheiten nicht mehr alle im hergebrachten Verfahren, sondern wie es ihm gerade einfiel, nach ihrer Meinung zu fragen; es sollte nämlich jeder mit vollem Einsatz dabei sein, so als wenn er mehr zu etwas raten als nur zustimmen müsse.

Auch andere Neuerungen gehen auf seine Initiative zurück, dazu gehören: das Verbot, die Beschlüsse des Senats zu veröffentlichen, die Beamten, wenn sie ihr Amt niedergelegt hatten, sofort in die Provinzen zu entsenden, die Anweisung, daß die Prokonsuln einen festen Zuschuß zum Ankauf von Maultieren und Zelten, die bisher aus der Staatskasse bezahlt worden waren, erhalten sollten und daß die Aufsicht über die Staatskasse von den städtischen Quaestoren auf die ehemaligen Praetoren oder diejenigen, die jetzt im Amt waren, übergehen solle; ferner sollten das Centumviralgericht, das bisher die ehemaligen Quaestoren einberufen hatten, in Zukunft die Decemvirn laden. Und damit noch mehr Leute Anteil an der Verwaltung des Staates hatten, dachte er sich neue Ämter aus: die Aufsicht über öffentliche Bauten, Wege, Wasserleitungen, über das Flußbett des Tibers, über die Verteilung des Getreides an das Volk, eine Stadtpraefektur, ein Dreimännerkollegium für die Wahl des Senats und ein weiteres für dessen Prüfung, Reiterschwadrone, sooft Not am Mann war. Die Zensoren, die schon lange nicht mehr gewählt worden waren, ließ er wieder wählen. Die Zahl der Praetoren erhöhte er. Auch verlangte er, daß er, sooft ihm das Amt des Konsuls übertragen werde, zwei Kollegen statt nur einen habe. Damit konnte er sich aber nicht behaupten, weil alle dagegen einwandten, allein die Tatsache, daß er dieses Amt nicht allein, sondern mit einem Kollegen an der Seite ausübe, schmälere schon sein Ansehen genug. Und er war auch nicht kleinlicher, wenn es darum ging, Tapferkeit im Kriege auszuzeichnen; mehr als dreißig Feldherren ließ er vollständige Triumphe und weit mehr Befehlshabern ließ er die Insignien eines Triumphators zuerkennen.

Den Kindern von Senatoren gestattete er, damit sie schneller den Umgang des Staates liebgewönnen, gleich nach Erhalt der Männertoga das Gewand mit dem breiten Streifen anzulegen und an Senatssitzungen teilzunehmen, und denen, die die militärische Laufbahn einschlugen, gab er nicht nur die Stelle eines Legionstribuns, sondern auch das Kommando über Reiterschwadrone. Und damit jeder im Lager Erfahrungen sammeln konnte, stellte er einer Schwadron meistens zwei von diesen Patriziern vor.

Die Ritterabteilungen musterte er häufig, nachdem er die Sitte der Musterung nach langer Unterbrechung wieder eingeführt hatte. Nicht mehr duldete er, daß jemand bei der Musterung von einem Ankläger vom Pferd gerissen wurde, was früher an der Tagesordnung gewesen war. Denjenigen, die offenbar zu alt oder durch ein körperliches Gebrechen hinfällig waren, erlaubte er, das Pferd in der Reihe vorausführen zu lassen und, wenn ihr Name aufgerufen wurde, zu Fuß zu kommen und vorzutreten, um ihr »anwesend« zu sagen; später erlaubte er sogar denjenigen, die älter als fünfunddreißig Jahre alt waren und ihr Pferd nicht mehr behalten wollten, es abzugeben. Vom Senat erbat er sich zehn Helfer; dann zwang er jeden einzelnen Ritter, Rechenschaft

über seine Lebensführung zu geben und, wenn es etwas Ta-
delnswertes zu bemerken gab, ordnete er in dem einen Fall
Geldstrafen, in anderen Fällen ehrenrührige Strafen an, in
mehreren Fällen ließ er es bei einer Ermahnung, aber hier
gab es ein breites Spektrum. Die mildeste Art der Ermahnung bestand in der öffentlichen Übergabe von Schreibtafeln, die die Betreffenden auf der Stelle, ohne ein Wort zu sagen, sofort lesen mußten. Er rügte einige, weil sie Gelder,
die sie sich zu einem recht niedrigen Zinsfuß geliehen hatten, gegen einen höheren Zins weiterverliehen hatten. Wenn
es bei den Wahlen der Volkstribunen nicht genügend viele
Bewerber aus dem Senatorenstand gab, ließ er sie sogar aus
dem Ritterstand wählen, was bedeutete, daß sie nach Beendigung ihrer Amtszeit in dem Stand verblieben, in dem sie
wollten. Weil aber die meisten Ritter während der Bürgerkriege ihr väterliches Vermögen aufgebraucht hatten und
deshalb nicht wagten, sich Theateraufführungen von den
vierzehn Reihen aus anzuschauen, denn sie hatten Angst davor, bestraft zu werden, verkündete Augustus öffentlich,
daß das Gesetz betreffs der Sitzordnung bei Aufführungen
nicht in den Fällen anzuwenden sei, in denen die Ritter
selbst oder ihre Väter das Vermögen einmal besessen hatten.
   Eine Volkszählung ließ er von Gasse zu Gasse durchführen; damit das Volk nicht allzu häufig wegen der Ausgabe
von Getreide von der Arbeit abgehalten werde, setzte er fest,
daß dreimal im Jahr Getreidemarken für vier Monate ausgegeben würden. Weil man aber die alte Regelung wünschte,
erlaubte er wieder, daß man monatlich erhielt, was einem
zustand. Auch das alte Recht der Wahlversammlungen führte er wieder ein, und durch vielfältige Strafen hielt er die Er-
schleichung von Stimmen in Grenzen; an die Leute seiner
Tribus, also der Fabischen und der Scaptischen, verteilte er
am Tag der Wahl je tausend Sesterze aus seiner Privatkasse,

damit sie nicht auf irgendein Wahlgeschenk eines Kandidaten zu schauen brauchten.

Außerdem erschien es ihm wichtig, das Volk rein und unverdorben durch jede Vermischung mit dem Blut von Fremden und Sklaven zu erhalten; mit der Verleihung des römischen Bürgerrechts ging er sehr sparsam um, auch für Freilassungen setzte er eine Obergrenze fest. Tiberius teilte er, als dieser um die Freilassung eines griechischen Klienten bat, schriftlich mit, er werde ihm diese nur dann gewähren, wenn er ihn persönlich davon überzeugen könne, daß er berechtigte Gründe habe, darum nachzusuchen. Auch Livia, die für einen Gallier, der zu Abgaben verpflichtet war, das Bürgerrecht erbat, erteilte er eine Absage, bot aber an, ihm die Abgaben zu erlassen, wobei er versicherte, daß er es leichter hinnehmen könne, daß der Staatskasse ein Geldbetrag entzogen werde, als daß man das Privileg, römischer Bürger zu sein, allen möglichen Leuten zukommen lasse. Nicht damit zufrieden, es den Sklaven beträchtlich schwerer gemacht zu haben, in den Besitz der Freiheit zu kommen, es ihnen noch weitaus mehr erschwert zu haben, die volle Freiheit eines römischen Bürgers zu erlangen, indem er prophylaktisch Regelungen bezüglich der Anzahl, der Bedingung und auch der feinen Unterschiede unter denen, die freigelassen werden sollten, sehr peinlich getroffen hatte, fügte er noch folgende Bedingung für die Freilassung an: niemand, der einmal im Gefängnis gesessen habe oder gefoltert worden sei, könne auf irgend eine Art der Freilassung das Bürgerrecht erlangen.

Auch war er darum bemüht, die Art, in der Öffentlichkeit aufzutreten, und die Kleidung und Gewänder früherer Zeiten wieder einzuführen; als er einst in einer Versammlung zahlreiche Männer aus dem Volk in schmutzig schwarzen Gewändern sah, war er entrüstet und rief aus: »Schau, das

sind die Römer, die Herren der Welt, das Volk in der Toga!«
Die Aedilen erhielten von ihm die Aufgabe übertragen, jemandem in Zukunft nur dann zu gestatten, sich auf dem Forum oder in dessen näheren Umgebung aufzuhalten, wenn
er den mantelartigen Überwurf ab- und die Toga angelegt
habe.

Seine Freigebigkeit zeigte er allen Ständen bei zahlreichen
Gelegenheiten. Einmal, als er im Triumphzug über Alexandria den Schatz der Ptolemäer in die Hauptstadt brachte,
kam mit einem Mal so viel Geld in Umlauf, daß die Zinsen
sanken und dafür die Grundstückspreise gewaltig in die
Höhe schnellten, und dann bei spätereren Gelegenheiten,
jedesmal, wenn Geld aus dem Vermögen Verurteilter im
Überfluß hereinkam, konnten diejenigen, die für mehr als
das Doppelte Sicherheiten stellen konnten, über einen gewissen Zeitraum darüber mit seiner Einwilligung verfügen,
ohne Zinsen zu zahlen. Das Mindestvermögen der Senatoren erhöhte er, er setzte es von 800 000 auf 1 200 000 Sesterzen fest und gab den Senatoren, die diese Summe nicht hatten, den erforderlichen Zuschuß. Spenden an das Volk gab er
häufig, gewöhnlich schwankten dabei die Geldbeträge: bald
kamen auf einen Mann vierhundert, bald dreihundert,
manchmal zweihundertundfünfzig Sesterzen; und er überging nicht einmal die jüngeren Jungen, obwohl es die Regel
war, daß sie erst vom elften Lebensjahr an etwas erhielten.
Wenn man Schwierigkeiten mit der Getreideversorgung
hatte, ließ er Getreide häufig zu einem Spottpreis, manchmal kostenlos an jedermann verteilen, auch die Marken für
Geldzuwendungen ließ er dann verdoppeln. Damit aber
klar war, daß der Kaiser mehr das Wohl des Volkes im Blick
hatte als darauf aus war, seine Gunst und seinen Beifall zu
finden, wies er das Volk, als es sich darüber beklagte, daß zu
wenig Wein da und der zu teuer sei, mit einer äußerst stren-

gen Bemerkung in seine Schranken: Sein Schwiegersohn
Agrippa habe eine Reihe Wasserleitungen in die Stadt geführt und so Vorsorge getroffen, daß keiner Durst leiden
müsse. Ein andermal, als das Volk eine Spende, die er ihm
versprochen hatte, mit Nachdruck einforderte, antwortete
er, er werde seine Zusage ganz bestimmt einhalten; als das
Volk aber etwas verlangte, was er nicht versprochen hatte,
hielt er ihm in einem Edikt seine Schlechtigkeit und Unver-
schämtheit vor und machte ihm unmißverständlich klar, er
werde ihm diese Spende nicht zukommen lassen, wenn er es
sich auch fest vorgenommen habe. Als er erfahren hatte, daß
viele freigelassen und unter die Bürger eingereiht worden
waren, weil er eine Spende in Aussicht gestellt hatte, lehnte
er es mit ebenso großer Strenge und Standfestigkeit ab, sie
auch denjenigen zukommen zu lassen, bei denen er nicht im
Wort stehe, und den übrigen gab er weniger, als er versprochen hatte, damit die Summe, die er festgesetzt hatte, aus-
reichte. Einmal waren die Ernteerträge gering, und es war
schwierig, etwas dagegen zu tun, da wies er die Sklaven, die
bei Sklavenhändlern zum Verkauf standen, die Truppen der
Gladiatorenmeister und alle Ausländer – Ärzte, Lehrer und
ein Teil der Sklaven waren von dieser Maßnahme nicht betroffen – aus Rom aus; sobald sich der Getreidemarkt endlich erholt hatte, habe er aber, wie er schreibt, sich mit dem
Entschluß kühn vorgewagt, die Getreidespenden an das
Volk ein für alle Male abzuschaffen, denn der Ackerbau
werde hintangestellt, weil man sich ganz auf solche Spenden
verlasse. Und doch habe er an diesem Entschluß nicht festgehalten, weil er sich sicher gewesen sei, man werde irgendwann aus der Sucht heraus, der Masse zu gefallen, darauf zurückkommen. Und später hat er das Problem in der Weise
angemessen geregelt, daß er die Interessen der Bauern und
Händler genauso berücksichtigte wie die des Volkes.

Dadurch daß er Schauspiele sehr häufig veranstaltete, diese sich durch ihre bunte Vielfalt und ihren Prunk auszeichneten, hat er alle übertroffen. Er selbst sagt, er habe in seinem Namen vier Spiele veranstaltet; stellvertretend für andere Beamte, die entweder abwesend waren oder nicht die Mittel hatten, welche auszurichten, dreiundzwanzig. Manchmal gab er auch Spiele speziell für einzelne Viertel, dann traten Schauspieler aller Sprachen auf mehreren Bühnen auf. Veranstaltungen fanden nicht nur auf dem Forum und im Amphitheater statt, sondern auch im Circus und auch dort, wo das Volk zu seinen Versammlungen zusammentrat; einmal hat er sogar nur eine Tierhetze veranstaltet. Wettkämpfer traten sogar auf dem Marsfeld auf, wo man eigens dafür zuvor Sitzreihen aus Holz aufgeschlagen hatte. Genauso ist er für ein Seegefecht verfahren, er ließ diesseits des Tibers, wo in unseren Tagen der Hain der Caesaren zu finden ist, ein Bassin ausheben. An Tagen, an denen dergleichen stattfand, verteilte er in Rom Wachen, damit die Stadt nicht Banditen ausgeliefert sei, wenn zu wenige zu Hause blieben. Im Circus ließ er Wagenlenker, Wettläufer und Leute, die gegen Tiere kämpften, auftreten, manchmal waren darunter auch junge Leute aus sehr erlauchten Familien. Ja sogar das Trojaspiel ließ er sehr häufig von kleineren und größeren Jungen aufführen, da er darin eine alte und ehrenvolle Sitte sah und glaubte, daß die Nachkommen einer berühmten Familie so bekannt würden. Bei einer solchen Veranstaltung war Nonius Asprenas zu Fall gekommen und dadurch ganz aus der Fassung gebracht worden, da beschenkte er ihn mit einer goldenen Halskette und erlaubte ihm persönlich und seinen Nachkommen, den Beinamen Torquatus zu führen. Bald aber hörte er auf mit Veranstaltungen dieser Art, weil sich der Redner Asinius Pollio im Senat heftig und voller Entrüstung darüber beklagte, daß sein

Enkel Aeserninus gestürzt sei, der hatte sich dabei sogar noch ein Bein gebrochen.

Einmal hat er sogar bei Theateraufführungen und Gladiatorenkämpfen auch römische Ritter mitwirken lassen, das war allerdings, bevor der Senat dies durch einen Beschluß untersagte. Später ist es nur noch einmal vorgekommen, daß er einen jungen Mann aus vornehmer Familie auftreten ließ, und zwar Lycius, und das auch nur um zu zeigen, daß er kleiner als zwei Fuß war, nur siebzehn Pfund wog und dabei eine gewaltige Stimme hatte. Er veranstaltete gerade wieder einmal ein Schauspiel an dem Tag, an dem zum ersten Mal die Parther Geiseln nach Rom geschickt hatten; da ließ er diese mitten durch die Arena zur Zuschauertribüne führen und sie in der zweiten Reihe oberhalb von sich Platz nehmen. Es kam auch außerhalb der Termine für Schauspiele immer wieder vor, daß er spontan, wenn er einmal etwas hatte beschaffen lassen, was man noch nie zu Gesicht bekommen hatte und was aber verdiente, angesehen zu werden, an einem beliebigen Ort dem Volk vorstellte, so zum Beispiel ein Nashorn an dem Platz, an dem das Volk zu seinen Versammlungen zusammentrat, einen Tiger auf der Theaterbühne oder eine Schlange, die fünfzig Ellen maß, auf dem Comitium.

Es kam vor, daß er bei Circusspielen, die er gelobt hatte, gesundheitlich stark mitgenommen war und so in einer Sänfte liegend die Götterwagen geleitete. Ein anderes Mal, er hielt die Festrede zur Eröffnung der Spiele, mit denen er das Theater des Marcellus einweihte, lockerte sich das Gefüge seines Amtsstuhles und er fiel rücklings um. Als auch bei dem Schauspiel seiner Enkel das Volk aus Angst, die Tribünen könnten einstürzen, ganz aus der Fassung gebracht wurde und nicht zurückgehalten werden konnte und es nicht gelang, ihm auf irgendeine Weise Zuversicht einzuflößen, stand er auf und nahm seinen Platz in dem Teil, der besonders einsturzgefährdet schien.

Da die Zuschauer bei den Schauspielen über die Stränge schlugen und sich ganz und gar zügellos verhielten, griff er auch mit Verfügungen ordnend ein. Die Kränkung, die ein Senator erfahren hatte, hat ihn dazu veranlaßt; in Puteoli hatte ihm bei äußerst stark besuchten Spielen niemand aus der dicht besetzten Versammlung einen Platz angeboten. Also ließ er die Senatoren einen Beschluß fassen, daß bei allen öffentlichen Veranstaltungen, wann und wo auch immer sie gegeben würden, die erste Sitzreihe für Senatoren reserviert bleibe; in Rom erließ er das Verbot, daß Gesandte freier und verbündeter Völker in der Orchestra Platz nahmen, nachdem ihm aufgefallen war, daß auch einige aus dem Stand der Freigelassenen darunter waren. Die Soldaten erhielten Sitze getrennt vom Volk. Den Ehemännern aus dem Volk wies er eigene Sitzreihen zu, den jungen Leuten, die noch die Toga praetexta trugen, wies er ein Segment zu, in dem sie unter sich waren, dicht daneben erhielten die Erzieher ihre Plätze. Auch ordnete er an, daß niemand aus dem gemeinen Volke mitten im Zuschauerraum sitzen dürfe. War es früher einmal üblich gewesen, daß Frauen neben ihren Männern saßen und sich die Kämpfe der Gladiatoren ansahen, so erlaubte er ihnen nicht einmal das, es sei denn, sie schauten von den oberen Sitzreihen zu. Allein den Vestalischen Jungfrauen räumte er im Theater einen Platz ein, der lag aber abgegrenzt und gegenüber dem Platz des Praetors. Vom Wettkampf der Ringer aber schloß er das weibliche Geschlecht ohne jede Ausnahme aus, so daß er an den Spielen, die der Pontifex maximus veranstaltete, den Auftritt zweier Faustkämpfer, den man verlangt hatte, auf die frühen Morgenstunden des folgenden Tages verschob und verfügte, daß es nicht gefalle, daß Frauen vor der fünften Stunde ins Theater kämen. Er selbst schaute sich die Circusspiele fast nur aus den Speiseräumen in den oberen Stockwerken der Häuser von Freunden und Freigelassenen an, manchmal von seinem Polstersitz aus, und zwar saß er dann zusammen mit seiner Frau und seinen Kindern. Häufig war er bei einem Schauspiel sehr viele Stunden, einmal ganze Tage lang nicht dabei; zuvor aber hatte er sich entschuldigt und es jemandem übertragen, an seiner Stelle den Vorsitz zu übernehmen. Wenn er aber anwesend war, so war er auch ganz bei der Sache, sei es, weil er es erst gar nicht dazu kommen lassen wollte, daß die Leute zu reden anfingen, darin war sein Vater Caesar, wie er noch gut genug im Gedächtnis hatte, gewöhnlich getadelt worden, daß er sich während des Schauspiels die Zeit nahm, Briefe und Bittschriften zu lesen und zu beantworten, sei es, daß er mit Interesse zuschaute und dabei Vergnügen empfand; daß ihn das bannte, daraus hat er niemals einen Hehl gemacht, und oft hat er es frei heraus offen zugegeben. Deshalb kam es auch bei Kämpfen und Spielen, die von anderen veranstaltet wurden, häufig vor, daß er aus seiner Privatkasse kleine Kränze und Belohnungen von einigem Wert verlieh, und an keinem griechischen Wettkampf nahm er teil, bei dem er nicht jeden, der am Wettkampf beteiligt war, ausgezeichnet hat. Mit größtem Interesse sah er sich Faustkämpfe an, wobei es ihm ganz besonders die lateinischen angetan hatten, nicht nur die eigentlichen und berufsmäßigen Faustkämpfer, die er sogar immer wieder mit den griechischen kämpfen ließ, sondern auch die aus der Stadt, die in den engen Gassen aufs Geratewohl und ohne Kunstfertigkeit kämpften. Schließlich hat er die gesamte Menschenklasse, die irgendwelche Beiträge bei einem öffentlich Schauspiel darbot, sogar seiner Fürsorge für würdig gehalten: den Ringern ließ er ihre Vorrechte und erweiterte sie noch, er verbot, Kämpfe zu veranstalten, in denen die Gladiatoren bis zum Tode kämpfen mußten, den Beamten nahm er das ihnen in einem alten Gesetz zugestandene Recht, Schauspieler zu jeder Zeit und an jedem Ort bestrafen zu dürfen, ausgenommen während der Spiele und auf der Bühne. Und doch hat er um nichts weniger weder die Wettkämpfe der Athleten noch die Kämpfe der Gladiatoren stets mit aller gebotenen Strenge beaufsichtigen lassen. Denn die Freizügigkeit der Schauspieler hat er so sehr unterdrückt, daß er Stephanio, einen Schauspieler der *fabula togata*, der, wie er erfahren hatte, von einer Frau in Knabenkleidern und mit kurzgeschorenem Haar bedient worden war, in drei Theatern mit Ruten schlagen ließ und ihn aus Rom verbannte; so hat er, als ein Praetor Klage erhob, Hylas, einen Pantomimen, im Atrium seines Hauses mit der Peitsche schlagen, ohne daß sich einer entziehen konnte, und Pylades aus der Stadt und aus Italien entfernen lassen, weil er mit dem Finger auf einen Zuschauer, von dem er ausgepfiffen wurde, gezeigt und ihn so der allgemeinen Aufmerksamkeit ausgesetzt hatte.

Auf diese Weise verwaltete er Rom und brachte die städtischen Angelegenheiten in Ordnung; dann bevölkerte er Italien mit achtundzwanzig Kolonien, die er gründete, und stattete sie an vielen Stellen mit öffentlichen Bauten und Steuermitteln aus, er stellte sie sogar in einem gewissen Maße teilweise der Hauptstadt an Recht und Würde gleich, indem er sich ein Wahlverfahren ausgedacht hatte, nach welchem die Ratsherren der Kolonien über die Beamten in der Hauptstadt jeweils in ihren Kolonien abstimmen und die Wahlzettel versiegelt kurz vor dem Wahltermin nach Rom schicken sollten. Und damit es auch in allen Kolonien stets genug Leute aus der gehobenen Gesellschaftsschicht und ebenso genug Nachkommen der breiten Masse gebe, bestellte er die, die sich um den ritterlichen Kriegsdienst bewarben, auf Grund der öffentlichen Empfehlung einer jeden Stadt zu Offizieren bei den Rittern und verteilte an die Leute aus dem Volk, die ihm zu seiner vollen Zufriedenheit bei seinen Besuchen der Landstriche Italiens Söhne oder Töchter vorstellen konnten, tausend Sesterzen pro Kind.

Die bedeutenderen Provinzen und solche, die nicht leicht und auch nicht sicher zu verwalten gewesen wären durch jährlich wechselnde Beamte, übernahm er selbst, die übrigen überließ er Prokonsuln, die durch Los bestellt wurden. Und dennoch hat er den Rang einiger Provinzen geändert und stattete den meisten beider Verwaltungsarten recht häufig seinen Besuch ab. Einigen Städten, die mit Rom verbündet waren, aber wegen der Freiheit, die sich die Einwohner nahmen, leicht in den Untergang stürzen würden, nahm er ihre Freiheit, anderen, die ihre Verschuldung drückte, half er wieder auf die Beine, andere, die ein Erdbeben vollkommen zerstört hatte, baute er wieder neu auf; andere, die Verdienste gegen das römische Volk vorweisen konnten, beschenkte er mit dem latinischen oder dem vollen Bürgerrecht. Es gibt meiner Meinung nach keine Provinz, wenn man einmal Afrika und Sardinien ausnimmt, die er nicht besucht hat. Als er sich, nachdem er Sextus Pompeius in die Flucht geschlagen hatte, rüstete, dorthin überzusetzen, hinderten ihn Stürme daran, die nicht nachließen und über alles hinwegfegten, und später gab es keine Gelegenheit oder einen Grund überzusetzen.

Königreiche, die er auf Grund des Kriegsrechts unter seine Macht gebracht hatte, gab er mit wenigen Ausnahmen genau an diejenigen zurück, denen er sie weggenommen hatte, oder gab sie an auswärtige Herrscher. Verbündete Könige band er auch untereinander durch wechselseitige verwandtschaftliche Beziehungen eng zusammen. Er war gleich dazu bereit, jede verwandtschaftliche und freundschaftliche Beziehung zu vermitteln und zu fördern. Und um alle war er so besorgt, als wenn sie Glieder und Teile des Reiches wären. Thronfolgern, die zu jung oder geistesschwach waren, stellte er sogar einen Vormund an die Seite, bis sie alt genug oder wieder zu Verstande gekommen waren; und die Kinder der meisten Fürsten ließ er mit seinen eigenen erziehen und unterrichten.

Von seinen Truppen verteilte er die Legionen und Hilfstruppen auf die einzelnen Provinzen; eine Flotte stationierte er in Misenum, eine andere in Ravenna zum Schutze des Adriatischen und Tyrrhenischen Meeres. Den verbleibenden Rest bestimmte er teils zum Schutz für die Stadt, zum Teil zu seinem eigenen Schutz; denn bis zum endgültigen Sieg über Antonius hatte er eine Abteilung der Calagurritani, bis zur Niederlage des Varus einen Trupp Germanen unter seinen Leibwächtern um sich gehabt, die hatte er damals entlassen. Und dennoch duldete er niemals, daß mehr als drei Kohorten in Rom stationiert waren, und auch die unterhielten in Rom kein Lager; er verfuhr immer so, daß er die übrigen Kohorten in die Winter- und Sommerlager in der Nähe von Städten in der Nachbarschaft entließ. Alle, die als Soldat Dienst taten, gleich wo sie stationiert waren, verpflichtete er zu einer festgesetzten Dienstzeit und zu einem festgelegten Sold; klar geregelt waren, abgestuft nach den entsprechenden Dienstgraden, die Dauer des Militärdienstes und die Vorrechte nach der Entlassung, damit die Soldaten weder wegen der langen Dienstjahre noch weil sie nach ihrer Entlassung Not litten, zu Aufständen aufgewiegelt werden könnten. Und damit für alle Zeiten und auch ohne in Schwierigkeiten zu kommen die Kosten für ihren Unterhalt und ihre Pension gedeckt seien, richtete er eine Militärkasse auf der Grundlage von neu eingeführten Steuern ein.

Damit ihm um so schneller und sofort berichtet werden und er informiert werden konnte, was sich in jeder Provinz ereigne, verteilte er zunächst junge Leute, später Wagen, in gehörigen Abständen auf den Heerstraßen. Das schien um so treffender, damit eben die, die die Mitteilungen von Ort und Stelle überbrachten, auch befragt werden könnten, wenn irgendwelche Rückfragen nortwendig seien. Wenn er Geleitschreiben, öffentliche Bekanntmachungen und Briefe siegelte, benutzte er anfangs dazu ein Siegel mit einer Sphinx, später eines mit dem Bild Alexanders des Großen, zuletzt eines mit seinem eigenen, geschnitten von der Hand des Dioskurides; dieses Siegel war noch bei den Kaisern, die ihm folgten, in Gebrauch. Alle Briefe versah er sogar mit der Angabe der Stunde, und nicht nur mit der des Tages sondern auch mit der der Nacht, so wäre ersichtlich, wann er sie verfaßt hatte.

Für seine Milde und Leutseligkeit gibt es zahlreiche überzeugende Belege. Ich will hier nicht auflisten, wie vielen und wem im einzelnen von der Gegenpartei er eine Amnestie gewährt und dann erlaubt hat, sogar im Staatsdienst einen bedeutenden Posten zu bekleiden: Er hat es zum Beispiel für hinreichend gehalten, Iunius Novatus und Cassius Patavinus, zwei Männer aus dem einfachen Volk, den einen mit Geld, den anderen mit einer leichten Verbannung zu bestrafen; und das, obwohl ersterer im Namen des jungen Agrippa einen äußerst unverschämten Brief über ihn unter die Leute gebracht, der andere bei einem stark besuchten Gastmahl lautstark verkündet hatte, er habe großes Verlangen und auch den Mut, ihn niederzustechen. Aber als man bei einer gerichtlichen Untersuchung dem Aemilius Aelianus aus Corduba neben anderen Beschuldigungen ganz besonders vorwarf, daß er schlecht über den Kaiser denke und auch noch bei dieser Meinung bleibe, wandte er sich an den Ankläger und sagte, wie es einer tut, der aufgebracht ist: »Hoffentlich kannst du das mir klar machen; Aelius werde ich schon zu verstehen geben, daß auch ich eine Zunge habe, ich werde nämlich noch mehr über ihn reden.« Darüber hinaus hat er weder unmittelbar noch später nach triftigen Beweismitteln für eine Klage gesucht. Als sich in einem Brief auch noch Tiberius in genau diesem Fall, aber zu ungestüm bei ihm beklagte, schrieb er ihm folgendes zurück: »Mein lieber Tiberius, laß dich doch nicht von deinem jugendlichen Ungestüm hinreißen und entrüste dich nicht allzu sehr über jemanden, der schlecht von mir spricht; es reicht nämlich völlig, wenn wir sicher sein können, daß niemand uns schaden kann.«

Tempel ließ er sich, obwohl er wußte, daß es an der Tagesordnung war, sogar für Prokonsuln welche zu beschließen, dennoch in keiner Provinz bauen, es sei denn, sie wurden für ihn zusammen mit der Göttin Roma geweiht. Denn in der Stadt wies er diese Auszeichnung ganz entschieden zurück; auch goldene Statuen, die hin und wieder für ihn aufgestellt wurden, ließ er allesamt einschmelzen und aus ihnen goldene Dreifüße zu Ehren des Palatinischen Apollo gießen.

Das Volk versuchte ihm die Diktatur aufzunötigen, da fiel er auf die Knie, riß sich die Toga von den Schultern und bat mit entblößter Brust, daß man davon Abstand nehmen möge. Vor der Anrede »Herr« erschauderte er jedesmal, so als sei sie ein übles Schimpfwort. Als er sich einmal Spiele anschaute und im Mimus der Ausspruch getan wurde:

»O gerechter und guter Herr!«

und alle in Jubel ausbrachen, als wenn sich der Ausspruch auf ihn persönlich bezogen habe, und es gut hießen, da wies er dies auf der Stelle durch seine Gestik und Mimik als unschöne Schmeichelei von sich und tadelte darüber hinaus das Verhalten am folgenden Tag in einem äußerst streng gehaltenen Aushang. Sich entweder im Ernst oder zum Spaß mit »Herr« anreden zu lassen, erlaubte er danach nicht einmal mehr seinen Kindern oder Enkeln und unterband derartige Schmeicheleien auch unter ihnen selbst. Es hatte schon einen guten Grund, daß er die Hauptstadt oder jede andere Stadt nur am Abend oder in der Nacht verließ oder betrat, er wollte niemanden damit behelligen, ihm seine Aufwartung zu machen. Wenn er Konsul war, ging er gewöhnlich zu Fuß durch die Stadt, war er nicht Konsul, so verkehrte er in der Öffentlichkeit häufig in einer Sänfte mit zugezogenen Vorhängen. Zu den gewöhnlichen Begrüßungsempfängen ließ er auch das einfache Volk zu, gegen diejenigen, die mit Wünschen an ihn herantraten, war er so freundlich und aufgeschlossen, daß er jemanden spaßeshalber zurechtwies, weil er ihm seine Bittschrift so zögerlich entgegenstrecke, »wie einem Elefanten einen Happen«. Am Tag einer Senatssitzung begrüßte er die Senatoren nur im Tagungsgebäude und zwar während sie auf ihren Plätzen sitzen blieben und jeden einzelnen mit Namen, ohne daß ihm einer dabei helfend die Namen zuflüstern mußte; auch wenn er die Kurie verließ, verfuhr er genauso, er sagte ihnen immer, während sie sitzen blieben, ein »Lebe wohl«. Höflichkeitsbesuche statteten er und viele Leute sich gegenseitig ab, und erst, als er schon alt war und einmal am Tag einer Verlobung im Trubel durchgerüttelt worden war, nahm er davon Abstand, die Festtage eines jeden mitzufeiern. Obwohl er mit dem Senator Gallus Cerrinius weniger vertrauten Umgang hatte, ging er doch persönlich zu ihm, sprach ihm Trost zu und machte ihm wieder Mut zu leben, als der plötzlich erblindet war und deswegen beschlossen hatte, nichts mehr zu essen und so zu sterben.

Als er im Senat eine Rede hielt, war zu hören gewesen: »Ich habe es nicht verstanden«, und von einem anderen:

»Ich würde dir widersprechen, hätte ich Gelegenheit dazu.«
Es kam auch vor, daß er aus der Kurie davonstürzte aus
Zorn darüber, daß die Wortgefechte der Verhandlungspart-
ner so übermäßig lang waren; da warfen einige ein: »Es muß
den Senatoren doch noch erlaubt sein, über Staatsangelegenheiten zu sprechen.« Bei der Säuberung des Senats, bei
der ein Mann einen anderen wählen sollte, fiel die Wahl des
Antistius Labeo auf M. Lepidus, der einmal auf dem
Schlachtfeld der Gegner des Augustus gewesen war und damals in der Verbannung lebte. Als er ihn fragte, ob andere
nicht würdiger gewesen seien, gab er ihm zur Antwort, jeder
habe sein eigenes Urteil. Und das war auch der Grund, warum niemandem seine Freimütigkeit oder sein Eigensinn ge-
schadet hat. Auch als man über ihn anrüchige Pamphlete in
der Kurie verstreut hatte, schreckten ihn diese nicht auf; er
verwandte große Sorgfalt darauf, sie zu widerlegen, und
ordnete, da nicht einmal die Verfasser ausfindig gemacht
werden konnten, lediglich an, daß in Zukunft Untersuchungen über diejenigen durchgeführt würden, die Pamphlete
oder Gedichte unter fremden Namen herausgäben, um jemanden in den Schmutz zu ziehen.

Wurde er durch gehässige oder freche Scherze gewisser
Leute gereizt, erhob er auch dagegen in einem Aushang Gegenrede. Und dennoch schritt er dagegen ein, daß man einen
Beschluß fasse, um die Frechheit in Testamenten zu unter-
binden. Wenn er bei den Wahlen der Beamten anwesend war,
ging er mit seinen Kandidaten reihum durch die Tribus und
empfahl sie mit guten Worten, so wie es seit alters her gute
Sitte war. Er selbst gab sogar die Stimme in seinem Wahlbe-
zirk ab, wie ein Mann aus dem Volk. Er ließ sich sogar bei
Prozessen als Zeuge befragen und auch widerlegen und
blieb dabei sehr gelassen. Er ließ sein Forum auf engerem
Raume bauen, weil er es nicht wagte, den Besitzern die an-

grenzenden Häuser so einfach wegzunehmen. Niemals empfahl er seine Söhne dem Volk, ohne hinzuzusetzen: »Wenn sie es verdienen werden.« Als sie noch die Toga praetexta trugen, erhoben sich alle im Theater von ihren Plätzen und klatschten ihnen im Stehen Beifall; darüber beklagte er sich aufs heftigste. Er wollte, daß seine Freunde im Staatswesen so groß und mächtig seien, daß sie aber dennoch das gleiche Recht wie die übrigen Bürger hätten und ebenso durch die vor Gericht angewendeten Gesetze gebunden seien. Als Asprenas Nonius, der ihm recht eng verbunden war, sich unter dem Ankläger Cassius Severus vor Gericht wegen Giftmordes zu verantworten hatte, befragte er den Senat, was er wohl für seine Pflicht halte. Er habe da seine Zweifel; würde man nicht glauben, er habe den Angeklagten dem Arm des Gesetzes entrissen, wenn er über ihn die Hand gehalten habe; wenn er ihm aber nicht beistehe, würde man denken, er lasse einen Freund im Stich und verurteile ihn im voraus. Und er blieb, als alle zustimmten, im Gericht einige Stunden sitzen, schwieg aber und sagte nicht einmal als Zeuge günstig aus. Auch seinen Klienten stand er bei, so zum Beispiel einem gewissen Scutarius, der sich einst als Veteran freiwillig wieder zum Dienst gemeldet hatte und nun wegen Beleidigung gerichtlich belangt wurde. Im ganzen hat er von allen, die angeklagt waren, nur einen und auch den nur durch bittende Fürsprache vor einer Verurteilung bewahrt, indem er den Ankläger vor allen Richtern durch Bitten erweichte, das war Castricius, durch den er von der Verschwörung des Murena erfahren hatte.

Wie sehr er für diese Verdienste geliebt wurde, ist leicht zu erkennen. Ich lasse die Beschlüsse des Senats beiseite, weil es scheinen könnte, sie seien nur Ausdruck einer Zwangslage oder von Scheu. Die römischen Ritter feierten seinen Geburtstag stets aus eignem Antrieb und weil es ihrer aller

Wunsch war an zwei Tagen. Alle Stände warfen in jedem
Jahr einen Obulus in den See des Curtius entsprechend dem
Gelübde, das sie für sein Wohl getan hatte; ebenso brachten
sie ihm am ersten Januar ein Neujahrsgeschenk auf dem Kapitol dar, auch wenn er abwesend war; mit den Spenden, die
zusammengekommen waren, kaufte er sehr kostbare Bilder
für die Götter, die er dann in den einzelnen Stadtteilen aufstellte, so zum Beispiel zu Ehren des Apollo Sandaliarius,
des Ippiter Tragoedus und von anderen. Für den Wiederaufbau seines Palastes auf dem Palatin, der völlig niedergebrannt war, steuerten die Veteranen, die Dekurien der Richter, die Tribus und auch Einzelpersonen aus den anderen
Ständen der Gesellschaft freiwillig und ihrem Vermögen
entsprechend Gelder bei; von dem zusammengekommenen
Geld nahm er nur wenig weg und von jedem Haufen höchstens einen Denar. Bei seiner Rückkehr aus einer Provinz erging man sich nicht nur in Glückwünschen, sondern gab
ihm auch mit melodischen Liedern das Geleit. Man achtete
auch darauf, daß niemand hingerichtet wurde, wenn er die
Hauptstadt betrat. Den Beinamen "Vater des Vaterlandes"
hat ihm die Gesamtheit der Bürger plötzlich und mit der
größten Zustimmung gegeben: zuerst tat es die Plebs, indem
sie eine Gesandtschaft nach Antium schickte; weil er das
Angebot abgeschlagen hatte, trug sie ihm den Ehrennamen
in dem Moment an, als er in Rom gerade Schauspiele besuchte; sie war zahlreich zusammengeströmt und hatte sich
mit Lorbeerkränzen geschmückt. Später der Senat in der
Kurie, weder durch einen förmlichen Beschluß noch durch
Akklamation, sondern auf die Initiative des Valerius Messala
hin, der im Auftrag aller sagte: »Möge dies für dich und dein
Haus gut und glückbringend sein, Caesar Augustus! So
nämlich glauben wir, um ewiges Glück für das Staatswesen
und um reichen Segen für diese unsere Stadt zu bitten: Der

Senat in völliger Übereinstimmung mit dem römischen Volke begrüßt dich als Vater des Vaterlandes.« Zu Tränen gerührt antwortete ihm Augustus wörtlich – ich habe die Worte
genau, wie ich es auch bei Messala getan habe, angeführt –:
»Ich bin am Ziel meiner Wünsche, Senatoren; um was kann
ich die unsterblichen Götter noch bitten, als daß es mir gestattet sei, diese eure allgemeine Zustimmung bis ans Ende
meines Lebens zu genießen?

Seinem Arzt Antonius Musa, durch dessen Hilfe er von einer gefährlichen Krankheit genesen war, stellte man von dem
Geld, das man gespendet hatte, eine Statue auf, gleich neben
der des Asklepios. Einige Familienväter trafen testamentarisch dafür Vorsorge, daß ihre Erben Opfertiere auf das Kapitol führten, wobei eine Tafel, auf der ihr Name stand, vorangetragen wurde, und das Gelübde an ihrer Statt einlösten,
da sie Augustus nicht überlebt hätten. Einige Städte Italiens
setzten den Tag, an dem er zum ersten Mal zu ihnen gekommen war, als Jahresanfang fest. Die meisten Provinzen stifte-
ten neben den Tempeln und Altären auch noch Spiele, die in
fast allen Städten alle vier Jahre stattfanden. Befreundete und
verbündete Könige haben, jeder in seinem Reich, Städte, die
den Namen Caesarea führten, gegründet, und alle haben sie
zur gleichen Zeit beschlossen, gemeinsam für die Fertigstellung des Tempels des Olympischen Zeus in Athen, mit dessen Bau man vor langer Zeit begonnen hatte, aufzukommen
und ihn dem Genius des Augustus zu weihen. Und oft verlie-
ßen sie ihre Reiche und machten ihm, so wie es Klienten zu
tun pflegten, nicht nur in Rom, sondern auch auf seiner Reise
durch die Provinzen täglich ihre Aufwartung, und zwar in
der Toga und ohne die Insignien eines Königs.

Da ich dargelegt habe, welche charakterlichen Merkmale
Augustus als Inhaber von militärischen und zivilen Posten
und als Herrscher über ein Weltreich im Krieg und im Frie-

den gezeigt hat, will ich nun über sein Leben im häuslichen und familiären Rahmen berichten, nach welchen Grundsätzen und unter welchen Verhältnissen er zu Hause und mit den Seinen von seiner Jugend bis zum letzten Tag seines Lebens gelebt hat. Seine Mutter verlor er in seinem ersten Konsulat, seine Schwester Octavia in seinem vierundvierzigsten Lebensjahr. Wie er beide zu ihren Lebzeiten ganz besonders verehrt hat, so hat er ihnen auch nach ihrem Tode die höchsten Ehren erwiesen.

Verlobt war er als junger Mann mit der Tochter des P. Servilius Isauricus gewesen, aber als er sich nach ersten Unstimmigkeiten mit Antonius wieder versöhnt hatte, heiratete er dessen Stieftochter Claudia, eine Tochter der Fulvia mit P. Clodius, die gerade so alt war, daß sie verheiratet werden konnte; dies war geschehen, weil die Soldaten von Augustus und Antonius verlangten, daß sich beide durch eine verwandtschaftliche Beziehung verbinden sollten; weil aber Spannungen in seinem Verhältnis zu seiner Schwiegermutter Fulvia auftraten, ließ er sich von ihr scheiden, sie war noch unberührt, also Jungfrau. Danach heiratete er Scribonia, die schon zwei Ehen mit ehemaligen Konsuln hinter sich hatte, mit einem der beiden hatte sie sogar ein Kind. Auch von ihr ließ er sich scheiden, »durch und durch angeekelt«, wie er schreibt, »von ihrem verkommenen Charakter«. Unmittelbar danach nahm er Livia Drusilla ihrem Gatten Tiberius Nero weg, sie war schon schwanger, und liebte und schätzte sie auf eine einzigartige Art und Weise und mit einzigartiger Treue.

Mit Scribonia hatte er Iulia, mit Livia überhaupt keine Kinder, obwohl er es sehnlichst wünschte. Ein Kind, das sie empfangen hatte, kam zu früh. Iulia gab er zuerst Marcellus, dem Sohn seiner Schwester Octavia, zur Frau, als der gerade aus dem Knabenalter heraus war; dann verheiratete er sie,

als Marcellus gestorben war, mit M. Agrippa, nachdem er
seine Schwester darum gebeten hatte, ihm ihren Schwiegersohn zu überlassen. Denn zu diesem Zeitpunkt war Agrippa
noch mit einer der beiden Schwestern Marcella verheiratet
und hatte mit ihr Kinder. Als auch der gestorben war, sah er
sich viel und lange, sogar unter den Leuten aus dem Ritterstand, nach einer passenden Partie um; seine Wahl fiel auf
seinen Stiefsohn Tiberius, diesen zwang er, sich von seiner
Frau, die schwanger war und mit der er bereits ein Kind hatte, scheiden zu lassen. M. Antonius schreibt, er habe Iulia
zuerst mit seinem Sohn Antonius verlobt, dann mit Cotiso,
dem König der Geten, damals habe er seinerseits um die
Hand einer Tochter des Königs angehalten.

Von Agrippa und Iulia hatte er drei Enkel, Gaius, Lucius
und Agrippa, und zwei Enkelinnen, Iulia und Agrippina.
Iulia verheiratete er mit L. Paullus, dem Sohn des Zensors,
Agrippina mit Germanicus, dem Enkel seiner Schwester.
Gaius und Lucius adoptierte er, nachdem er sie zu Hause
von ihrem Vater Agrippa durch »As und Waage« gekauft
hatte, und führte sie bereits in zartem Alter an die Leitung
des Staates heran und schickte sie als designierte Konsuln
von Provinz zu Provinz und entsprechend zu den Heeren.
Seine Tochter und Enkelinnen erzog er so, daß er sie sogar
mit dem Wollespinnen vertraut machte und sie dazu anhielt,
nichts zu sagen oder zu tun, was nicht für die Öffentlichkeit
geeignet sei oder in die täglichen Hofnachrichten aufgenommen werden könne. Er verbot ihnen auch den Umgang
mit Leuten, die nicht in einer Beziehung zur Familie standen, so daß er sogar einmal an L. Vinicius, einen anständigen
Mann von edler Abstammung, schrieb, er habe sich zu wenig bescheiden gezeigt, indem er nach Baiae gekommen sei,
um seiner Tochter die Aufwartung zu machen. Seinen En-
kelkindern brachte er Lesen und Schreiben, Schwimmen

und andere Grundfertigkeiten meist selbst bei, und es gab nichts, worauf er annähernd so viel Mühe verwandte, als daß sie seine Handschrift nachahmen konnten. Er speiste nicht mit ihnen zusammen, es sei denn, sie saßen ganz unten am Ende seines Speisesofas, noch unternahm er mit ihnen eine Reise, außer sie fuhren voraus oder ritten neben ihm. Aber als er vom Glück gesegnet war und auch auf die Nachkommenschaft und die Disziplin seines Hauses vertraute, verließ ihn das Glück. Beide Iulia, Tochter und Enkelin, verbannte er, weil sie sich mit allen möglichen Schandbarkeiten besudelt hatten; Gaius und Lucius verlor er beide innerhalb von nur achtzehn Monaten: Gaius starb in Lykien, Lucius in Massilia. Am gleichen Tag wie seinen dritten Enkel Agrippa adoptierte er auch seinen Stiefsohn Tiberius auf dem Forum nach dem Gesetz, wie es in den Kuriatkomitien beschlossen worden war. Von diesen beiden verstieß und enterbte er kurze Zeit danach Agrippa wegen seines ordinären und übermütigen Charakters und verbannte ihn nach Surrentum.

Er war weitaus eher fähig, den Tod der Seinen zu ertragen als ihre Schandtaten. Denn nach dem Tode des Gaius und Lucius war er eigentlich kein gebrochener Mann; über seine Tochter setzte er den Senat ins Bild, wobei er wegblieb und ein Schreiben einen Quaestor vorlesen ließ; und lange hielt er sich von der menschlichen Gesellschaft fern, weil er sich schämte, er stellte sogar Überlegungen an, ob nicht sogar die Tötung seiner Tochter in Frage komme. Jedenfalls sagte er, als die Freigelassene Phoebe, eine ihrer Vertrauten, ihrem Leben durch den Strick ein Ende setzte, er wäre lieber der Vater der Phoebe gewesen. Seiner Tochter nahm er in ihrer Verbannung den Weinkonsum und jede zu luxuriöse Garderobe; er ließ auch nicht zu, daß irgendein freier Mann oder ein Sklave sie besuchten, wenn sie ihn nicht gefragt hatten, und zwar wurde er auf diese Weise informiert über das Alter, die Körperstatur, die Hautfarbe, ja sogar über körperliche Merkmale oder Narben des Besuchers. Erst nachdem fünf Jahre verstrichen waren, ließ er sie von der Insel auf das Festland bringen und lockerte die Bedingungen ihrer Verbannung etwas. Er ließ sich nämlich durch gar nichts erweichen, ihr ihre alte Stellung vollkommen zurückzugeben; weil das römische Volk ihn oft darum bat und zu hartnäckig darauf bestand, wünschte er ihm in einer Versammlung Töchter und Ehemänner von solchem Charakter an. Als seine Enkelin Iulia nach ihrer Verbannung ein Kind zur Welt brachte, verbot er, daß man es anerkenne und großziehe. Agrippa, mit dem der Umgang um nichts leichter wurde, der ganz im Gegenteil von Tag zu Tag unvernünftiger wurde, ließ er auf eine Insel fortschaffen und dazu noch mit einer Wachmannschaft Soldaten umgeben. Er sorgte auch mit einem Senatsbeschluß dafür, daß er für immer an eben diesem Ort festgehalten wurde. Jedesmal wenn seine Name und auch wenn der Name der beiden Iulia fiel, seufzte er auf und rezitierte in der Regel sogar Homer:

> »Wäre ich doch unverheiratet geblieben und ohne
> Nachkommen gestorben!«

Und er sprach von ihnen nur als seinen drei Eiterbeulen und Krebsgeschwüren.

Freundschaften schloß er nicht leicht und hielt an ihnen ganz ohne zu wanken fest. Nicht nur über Vorzüge und Verdienste eines jeden ließ er sich auf eine angemessene Art aus, nein er ertrug auch Laster und Vergehen, wenn sie sich in Grenzen hielten. Und man wird nicht leicht unter allen seinen Freunden jemanden finden, den er während ihrer Freundschaft hätte fallen lassen, außer Salvidienus Rufus, den er bis zum Konsulat, und Cornelius Gallus, den er bis zum Praefekten Ägyptens hatte avancieren lassen, dabei

stammten beide aus ganz kleinen Verhältnissen. Den einen
von den beiden übergab er, als er einen Putsch organisierte,
dem Senat, damit der das Urteil fälle, dem anderen verbot er,
sein Haus und seine Provinzen zu betreten, weil er ein un-
dankbarer und übelwollender Mensch sei. Als aber Gallus
durch die Anzeigen der Ankläger und die Beschlüsse des Senats sogar in den Selbstmord getrieben wurde, lobte er zwar
deren Treue, daß sie sich so sehr für ihn entrüstet hätten, vergoß aber auch Tränen darüber und klagte über sein Los, daß
er allein nämlich Freunden nicht so sehr zürnen dürfe, wie
er wolle. Die übrigen standen ohne Ausnahme an der Spitze
ihres Standes, was Macht und finanzielle Lage anbelangte,
bis an ihr Lebensende, obwohl es zwischenzeitlich auch zu
Kränkungen kam. Denn manchmal wünschte er sich von M.
Agrippa etwas mehr Verständnis und von Maecenas Ver-
schwiegenheit, ich will hier nicht noch über ein paar Leute
mehr berichten; denn Agrippa hatte auf Grund eines leisen
Verdachtes, ihr Verhältnis sei etwas abgekühlt und er ziehe
ihm Marcellus vor, alles stehen und liegen gelassen und war
nach Mytilene abgereist; Maecenas hatte bei seiner Gattin
Terentia ausgeplaudert, was aber geheim gehalten werden
sollte, daß man hinter die Verschwörung des Murena gekommen sei.

Er forderte auch für sich von seinen Freunden gegenseiti-
ges Wohlwollen, sowohl wenn sie gestorben waren als auch
wenn sie noch lebten. Mag er ganz und gar nicht darauf aus-
gewesen sein, etwas vererbt zu bekommen – so hat er niemals etwas auf Grund eines letzten Willens eines Unbekannten angenommen – so legte er doch die letzten Verfügungen der Freunde peinlich genau auf die Waage und
machte aus seinem Schmerz keinen Hehl, wenn man ihn mit
zu wenig oder mit gar keinem Wort ehrenvoll bedacht hatte,
und auch nicht aus seiner Freude, wenn man sich ihm dank-

bar und treu erwies. Vermächtnisse und Teile aus der Erb-schaft, die ihm von Eltern hinterlassen wurden, dabei war es gleichgültig von welchen, fielen in der Regel sofort an deren Kinder oder, wenn diese noch nicht volljährig waren, gab er sie ihnen am Tag, an dem sie die Toga virilis anlegten, oder am Tag ihrer Hochzeit mit Zinsen als ihr Eigentum zurück.

Als Patron und Herr war Augustus nicht weniger streng als nachgiebig und milde; viele Freigelassene, wie zum Bei-spiel Licinius, Celadus und noch andere, genossen bei ihm eine sehr hohe Achtung, und er bediente sich ihrer zu sehr bedeutenden Amtsgeschäften. Als der Sklave Cosmus sich sehr anrüchig über ihn äußerte, maßregelte er ihn lediglich dadurch, daß er ihm Fußfesseln anlegen ließ. Als er zusam-men mit seinem Verwalter Diomedes spazieren ging und plötzlich ein wilder Eber auf sie zugestürmt kam, ließ Dio-medes ihn aus Furcht mit dem Eber allein; in diesem Fall zog er es vor, ihn mehr wegen seiner Furchtsamkeit als we-gen nicht zu entschuldigenden Handelns zu rügen, und zog den Vorfall, der überhaupt nicht ungefährlich gewesen war, ins Lächerliche, weil doch keine Bosheit dabei im Spiel ge-wesen war. Derselbe Augustus zwang Polus, einen von den beliebtesten Freigelassenen, Selbstmord zu begehen, als er erfahren hatte, daß er verheiratete Frauen zum Ehebruch verleitet hatte; seinem Sekretär Thallus ließ er die Beine bre-chen, weil er dafür, daß er den Inhalt eines Briefes ausge-plaudert hatte, fünfhundert Denare genommen hatte; den Lehrer und die Diener seines Sohnes Gaius, die, als ihnen dessen Gesundheitszustand und Tod die Gelegenheit gab, in der Provinz hochmütig und habgierig auftraten, ließ er mit einem schweren Gewicht um den Hals kopfüber in den Fluß werfen.

In früher Jugend zog er sich den Ruf zu, er habe verschie-dene sittlich anstößige Taten begangen. Sextus Pompeius

verfolgte ihn mit der Behauptung, er sei sozusagen eine Frau
geworden; M. Antonius behauptet, er habe sich die Adoption durch seinen Onkel dadurch verdient, daß er mit ihm ins
Bett gestiegen sei; ebenso Lucius, der Bruder des Marcus:
seine Keuschheit, die ihm schon Caesar genommen hatte,
habe er in Spanien noch einmal Aulus Hirtius zu einem Preis
von dreihunderttausend Sesterzen preisgegeben und er habe
immer seine Schenkel mit einer brennenden Nußschale ab-
zusengen gepflegt, damit um so weichere Haare nachwüch-
sen. Als an einem Tag, an dem Schauspiele stattfanden, auf
der Bühne einmal ein Priester der Magna Mater, während er
die Handpauke schlug, den Vers sprach:

> »Siehst du, wie das männliche Liebchen mit dem Finger
> den Kreis regiert?«

hat das gesamte Volk diesen Vers für eine Verunglimpfung seiner Person gehalten und ihm unter größtem Beifall beige-
pflichtet. Zwar bestreiten nicht einmal seine Freunde, daß er
ehebrecherische Verhältnisse unterhalten habe, führen aber
als Entschuldigung an, daß er immerhin einen Ehebruch
nicht aus Lüsternheit, sondern aus Kalkül heraus begangen
habe, um so leichter über die Frauen der Betreffenden etwas
über die Pläne seiner Gegner herauszubekommen. M. Antonius hielt ihm neben der zu raschen Heirat mit Livia auch vor,
daß er die Frau eines ehemaligen Konsuls aus dem Speisesaal
ihres Mannes vor aller Augen ins Schlafzimmer entführt und
sie wieder mit roten Öhrchen und durcheinander geratenem
Haar zur Tischgesellschaft zurückgebracht habe; er habe
sich von Scribonia scheiden lassen, weil sie sich zu freimütig
über den allzu großen Einfluß einer Geliebten beklagt habe;
durch Freunde soll er sich Liebschaften verschafft haben, indem diese verheiratete Frauen und ziemlich erwachsene junge Frauen entblößten und sich genau ansahen, wie wenn

sie der Sklavenhändler Toranius zum Verkauf anbiete. Antonius schreibt auch an ihn persönlich folgendes, als er mit
ihm noch wie ein Freund verkehrte und noch gar nicht wie
ein Gegner und Feind: »Was hat dich verändert? Vielleicht
die Tatsache, daß ich mit einer Königin schlafe? Sie ist meine
Frau. Habe ich denn erst jetzt damit angefangen oder nicht
bereits vor neun Jahren? Und du, schläfst du weiterhin nur
mit Drusilla? Es möge dir so gut gehen, daß du, wenn du
diesen Brief liest, weder mit Tertulla noch mit Terentilla, Ru-
filla, Salvia Titisenia oder allen zusammen geschlafen hast.
Oder ist es etwa von Bedeutung, wo und auf welche Frau
man versessen ist?«

Auch eine geheime Tischgesellschaft, die bei ihm zu Hause stattfand und die man allgemein Zwölfer-Tafel zu nennen
pflegte, war Stadtgespräch; in dieser Runde sollen die Gäste
Göttern und Göttinnen an Haltung und Aufzug gleich bei
Tische gelegen sein und er selbst im Aufzug des Apollo;
nicht nur die Briefe des Antonius, in denen jeder einzelne
namentlich und mit äußerst unangenehmem Kommentar
aufgeführt ist, sondern auch die Verse, deren Verfasser unbekannt und die allen wohl bekannt sind, erheben diesen Vorwurf:

»Sobald die Runde dieser verkommenen Elemente den
    Choragen gemietet und Mallia sechs Götter und sechs
    Göttinnen gesehen hatte,
während Caesar sich in den verderblichen Täuschungen
    des Phoebus übt, während er neue Ehebrüche der
    Götter bei der Tafel darstellt:
in diesem Augenblick wandten sich alle Gottheiten von
    der Erde ab
und selbst Iuppiter floh vor den Thronen aus Gold.«

Weil gerade zu dieser Zeit der Tischgesellschaften größter Mangel an Lebensmitteln und somit eine Hungersnot herrschte, nahm das Gerede über dieses Essen zu, und am Tag danach rief man ihm zu, das ganze Getreide hätten die Götter aufgegessen und Caesar sei ganz und gar Apollo, aber Apollo der Folterer; in einem gewissen Stadtteil wurde nämlich der Gott unter diesem Beinamen verehrt. Man tadelte an ihm zum Beispiel auch, daß er auf kostbaren Hausrat und korinthische Gefäße maßlos versessen war und dem Würfelspiel frönte. Denn auch während der Zeit der Proskriptionen kritzelte man an seine Statue:

>»Mein Vater war ein Argentarius, ich bin ein
Korinthiarius!«,

weil er einige nur wegen ihrer Korinthischen Gefäße in die Listen der Proskribierten habe aufnehmen lassen, wie man glaubte; und später, während des Sizilischen Krieges, brachte man folgenden Zweizeiler in Umlauf:

>»Nachdem er zweimal zu Wasser besiegt die Schiffe
verloren hat,
spielt er in einem fort das Würfelspiel, um
irgendwann einmal zu siegen.«

Von diesen, soll ich nun sagen, Anschuldigungen oder böswilligen Verleumdungen hat er am leichtesten den üblen Ruf wegen Unzucht dadurch widerlegt, daß er damals als auch später keusch lebte; ebenso die Unzufriedenheit mit seinem flotten Leben in Luxus, indem er nach der Einnahme von Alexandria nichts weiter aus dem königlichen Hausrat als einen Becher aus Murra für sich zurückbehielt und danach auch alle goldenen Gefäße für den alltäglichen Gebrauch einschmelzen ließ. Was die Knabenliebe anbelangt, so kam er nicht davon los; später soll er auch mehr dazu geneigt haben, junge Mädchen zu schänden, die ihm von allen Seiten, sogar von seiner eigenen Frau verschafft worden sein sollen. Das Gerede von seinem Hang zum Würfelspiel machte ihm keine Angst, und er spielte noch als alter Mann offen und ehrlich nur zum Zeitvertreib, und zwar nicht nur im Dezember, sondern auch in anderen Monaten, an Fest- und Werktagen. In einem Brief, den er selbst geschrieben hat, heißt es: »Ich habe mit den Personen gespeist, mit denen ich immer zu Tische liege, mein lieber Tiberius; als Gäste gesellten sich Vinicius und der ältere Silius hinzu. Während wir zu Tische lagen, haben wir gespielt, wie es sich für Greise schickt, sowohl gestern als auch heute. Wir würfelten nämlich so, daß jeder, der einen Hund oder die Sechs geworfen hatte, für jeden Würfel einen Denar in die Mitte legen mußte, die konnte dann alle der einstecken, der die Venus geworfen hatte.« Und in einem anderen Brief schreibt er wiederum: »Wie haben, mein lieber Tiberius, das Minervafest recht angenehm zugebracht; wir haben nämlich an allen Tagen gespielt und das Würfelbrett nicht kalt werden lassen. Dein Bruder hat das Spiel mit großem Geschrei gemacht; doch aufs Ganze gesehen hat er nicht viel verloren, sondern vieles nach großen Verlusten wider Erwarten allmählich wettgemacht. Ich persönlich habe zwanzigtausend Sesterzen verloren, doch nur weil ich beim Spiel über alle Maßen freigebig gewesen bin, wie, du kennst mich ja, fast immer. Denn wenn ich die Würfe, die ich einem jeden geschenkt habe, eingefordert oder das behalten hätte, was ich den einzelnen Mitspielern geschenkt hatte, so hätte ich sogar fünfzigtausend Sesterzen gewonnen. Aber so ist es mir lieber. Meine Güte wird mich nämlich zu himmlischem Ruhm erheben.« An seine Tochter schreibt er: »Ich habe dir zweihundertfünfzig Denare geschickt; so viel hatte ich auch jedem meiner Gäste gegeben, wenn sie während des Essens miteinander entweder würfeln oder Gerade und Ungerade spielen wollten.«

Feststeht, daß Augustus in den übrigen Bereichen seines Lebens sehr enthaltsam war, und nicht der Funken eines Verdachts auf ein Laster existiert. Er wohnte anfangs gleich am Forum Romanum oberhalb der Ringmacherstraße in dem Haus, dessen Besitzer der Redner Calvus gewesen war; später auf dem Palatin, in einem Haus des Hortensius, das ebenso wohl mehr klein als groß war. Es war weder durch seine Weitläufigkeit noch durch seine Ausstattung ein Blickfang, so waren drinnen nur kurze Säulenhallen mit Säulen aus albanischem Peperin und Zimmer ohne jede Marmorverkleidung oder Fußböden mit Einlegearbeiten. Mehr als vierzig Jahre lang bewohnte er ein und dasselbe Schlafzimmer zur Winter- und zur Sommerzeit, obwohl er doch selbst erlebt hatte, daß der Aufenthalt in der Stadt im Winter seiner Gesundheit eher abträglich war, und er im Winter ohne Unterbrechung dort wohnte. Wenn er sich einmal vornahm, sich mit etwas ganz für sich und ohne Unterbrechung zu beschäftigen, so hatte er ein Zimmer, das im Obergeschoß ganz alleine lag und das er sein Syrakus und seine kleine Werkstatt nannte: dorthin verschwand er oder auf das Landgut eines seiner Freigelassenen in der Nähe von Rom. Und wenn er krank war, dann lag er im Hause des Maecenas. Von den Refugien, wo man sich erholen konnte, suchte er mit Vorliebe Orte an der Küste und die Inseln Kampaniens oder Städtchen in der unmittelbaren Nachbarschaft Roms auf, wie Lanuvium, Praeneste, Tibur, wo er sogar in den Säulenhallen des Herculestempels sehr häufig Recht sprach. Große und prachtvoll ausgestattete Herrensitze mochte er nicht. Ja er ließ sogar das Landhaus der Enkelin Iulia bis auf die Grundmauern niederreißen, das sie mit unmäßigem Aufwand gebaut hatte, seine eigenen aber – wie du weißt, waren sie bescheiden – schmückte er weniger durch Statuen und Gemälde aus als durch Promenaden und Parks und mit Dingen, die durch ihr Alter und ihre Seltenheit bemerkenswert waren, da finden sich in seinem Haus auf Capri riesige Knochen gewaltiger Land- und Seetiere, die man die Knochen von Giganten nennt, und Waffen von Heroen. Daß er am Mobiliar und Geschirr gespart hat, wird einem klar, wenn man sich die auch in unseren Tagen noch erhaltenen Betten und Tische ansieht, von denen die meisten kaum dem Geschmack eines Privatmannes genügen. Er soll sogar nur in einem niedrigen und mit nur wenigen Decken bedeckten Bett geschlafen haben. Es mußte schon einen Grund haben, wenn er ein anderes Gewand als sein Hausgewand trug, das ihm von seiner Schwester, Gattin, seiner Tochter und seinen Enkelinnen angefertigt wurde; seine Togen waren weder zu eng noch zu weit, der Purpursaum weder zu breit noch zu schmal, sein Schuhwerk war dicker besohlt, damit er größer erschien, als er war. Seine Prunkgewänder und Schuhe hatte er immer in seinem Schlafzimmer für plötzliche und unvermutete Fälle bereitliegen.

Ständig gab er Gesellschaften und immer mit einer ordentlichen Mahlzeit, bei der Einladung achtete er peinlich genau auf Rang und Persönlichkeit der Gäste. Valerius Messala überliefert, es sei niemand aus dem Stand der Freigelassenen jemals von ihm zum Essen geladen worden, mit einer Ausnahme, Mena, der aber ist in den Stand der Freigeborenen aufgenommen worden, nachdem er die Flotte des Sextus Pompeius verraten hatte. Augustus schreibt selbst, er habe einmal einen ehemaligen Mann aus seiner Ordonanz, in dessen Landhaus er Quartier bezogen hatte, eingeladen. Bei diesen Gelagen pflegte er manchmal etwas zu spät zu kommen und etwas früher wegzugehen, während die Gäste doch mit dem Essen anfangen konnten, bevor er Platz nahm, und bleiben durften, nachdem er bereits aufgebrochen war. Ein Mahl ließ er mit drei oder, dann gab es alles in Hülle und

Fülle, mit sechs Gängen auftragen; wenn auch nicht allzu großer Aufwand betrieben wurde, so konnte man doch die Geselligkeit voll genießen. Denn er hatte ein Händchen dafür, auch schweigsame Personen oder solche, die mit gedämpfter Stimme sich unterhielten, zu Beiträgen zum allgemeinen Gespräch zu bewegen, und er unterbrach das Gelage durch Einlagen von Musikern und Schauspielern oder auch gewöhnlichen Pantomimen aus dem Circus und häufiger dadurch, daß er Philosophen zum Geschwätz über die Tugend dazuholte.

Fest- und Feiertage feierte er sehr ausgelassen, manchmal nur mit Kurzweil. An den Saturnalien, auch wenn es ihm ein andermal gerade in den Sinn kam, verteilte er bald Geschenke, Kleider, Gold und Silber, bald Münzen jeder Prägung, sogar alte königliche und ausländische, manchmal auch nur Decken aus Ziegenhaar, Schwämme, Schürhaken, Feuerzangen und andere Gegenstände mit dunklen und zweideutigen Aufschriften. Auch pflegte er während des Gastmahls Lose für Dinge zu verkaufen, die ganz und gar nicht dem Wert entsprachen, und auch Gemälde, die dem Betrachter nur die Rückseite dargeboten hatten, und da der Ausgang ungewiß war, pflegte er die Erwartung der Käufer entweder zu enttäuschen oder zu erfüllen. Das Gebot wurde dabei pro Tisch abgegeben, und man teilte sich mal den Verlust mal den Gewinn. Augustus aß – denn nicht einmal diesen Punkt möchte ich auslassen – sehr wenig und fast dasselbe, wie der Mann auf der Straße. Am liebsten aß er Brot der zweiten Sorte, kleine Fische, handgepreßten Käse mit Löchern und grüne Feigen von der Sorte, die zweimal im Jahr geerntet werden. Er aß auch vor der Hauptmahlzeit, wann und wo immer der Magen danach verlangte. Dazu bemerkt er selbst in seinen Briefen folgendes: »Wir haben im Wagen ein paar Bissen Brot und ein paar Datteln gegessen.« Oder

auch: »Als ich in der Sänfte von der Regia nach Hause unterwegs war, habe ich eine Unze Brot und ein paar hartschalige
Weinbeeren gegessen.« Und dann auch noch: »Nicht einmal
ein Jude, mein lieber Tiberius, hält am Sabbat das Fasten so
gewissenhaft ein, wie ich es heute getan habe, der ich im Bad
erst eine Stunde nach Sonnenuntergang zwei Bissen zu mir
nahm, bevor man anfing, mich zu salben.« Weil er keine festen Essenszeiten beachtete, kam es, daß er entweder vor
Beginn der Tafel oder nach Auflösung der Gesellschaft allein
etwas aß, während er an der Tafel mit allen nichts anrührte.
Wein genoß er von Natur aus äußerst mäßig. Gewöhnlich
habe er im Lager vor Mutina nicht mehr als dreimal einen
Schluck vor dem Essen getrunken, berichtet Cornelius Nepos. Wenn er sich später den Wein sehr reichlich schmecken
ließ, trank er nie mehr als einen Liter, andernfalls mußte er
sich übergeben. Am meisten sagte ihm der Räterwein zu;
tagsüber trank er nicht ohne Grund. Statt etwas zu trinken,
nahm er ein in kaltes Wasser getunktes Brot oder ein Stück
Gurke, einen Lattichstengel oder frisches oder getrocknetes
Obst mit einem weinartigen Geschmack zu sich.

Nach dem Mittagessen pflegte er kurze Zeit der Ruhe,
wobei er das, was er gerade an Kleidung und Schuhwerk an-
hatte, anbehielt, die Füße blieben unbedeckt, über die Augen legte er seine Hand. Von der Abendmahlzeit weg zog er
sich auf seine Liege im Studierzimmer zurück; dort blieb er
bis tief in die Nacht, bis er entweder alles oder doch den
größten Teil dessen, was von den Angelegenheiten des Tages
liegengeblieben war, erledigt hatte. Dann erst begab er sich
zu Bett und schlief nicht länger als höchstens sieben Stunden, und die schlief er nicht einmal in einem durch, sondern
wachte während dieser Zeit drei- oder viermal auf. War er
einmal wach geworden und konnte, wie es vorkam, keinen
Schlaf finden, ließ er Vorleser oder Geschichtenerzähler

kommen, schlief wieder ein und schlief dann öfter durch bis nach Tagesanbruch. Im Dunkeln blieb er niemals wach, ohne daß jemand bei ihm saß. Früh aufstehen mochte er nicht. Wenn es wegen einer seiner Amtspflichten oder wegen einer Opferhandlung nicht zu vermeiden war, früher wach zu werden, so blieb er, damit es für ihn nicht mit Unbequemlichkeiten verbunden sei, im Speisezimmer im oberen Stockwerk des Hauses eines Freundes. Aber auch so blieb nicht aus, daß er oft noch Schlaf nachholen mußte; und er schlief, während man ihn durch die Straßen trug und während der Zeit, in der die Sänfte abgestellt wurde.

Augustus' äußere Erscheinung war herausragend und durch alle Stufen des Alters hindurch voller Anmut, und das, obwohl er jede Art, den Körper herauszuputzen, vernachlässigte. In puncto Haarpflege war er so nachlässig, daß er sich von mehreren Friseuren gleichzeitig hastig bedienen und sich bald scheren, bald nur den Bart abrasieren ließ und währenddessen entweder las oder sogar etwas schrieb. Er hatte, sei es während er etwas sagte oder während er schwieg, einen so ruhigen und heiteren Ausdruck im Gesicht, daß ein vornehmer Gallier seinen Freunden eingestand, gerade dieser Gesichtsausdruck habe ihn abgehalten und davon abgebracht, ihn, wie er es beschlossen hatte, beim Übergang über die Alpen in einen Abgrund zu stoßen, nachdem es ihm unter dem Vorwand, sich mit ihm besprechen zu wollen, gelungen war, in seine unmittelbare Nähe gelassen zu werden. Er hatte helle und leuchtende Augen; er wollte, daß die Leute glaubten, es stecke in ihnen ein Funken einer göttlichen Kraft, und es machte ihm Freude, wenn der, den er etwas durchdringender ansah, den Blick senkte wie beim Gleißen der Sonne; im Alter aber sah er auf dem linken Auge nicht mehr so gut. Seine Zähne standen weit auseinander, waren klein und schäbig. Sein Haar war leicht gewellt und hellblond, die Augenbrauen waren zusammengewachsen, die Ohren mittelgroß, die Nase stand an der Nasenwurzel etwas hervor und war nach unten gebogen; er hatte eine dunkelbraune bis helle Hautfarbe; von Statur war er klein – doch sein Freigelassener, Iulius Marathus überliefert, er sei, wie er sich erinnere, fünf dreiviertel Fuß groß gewesen –, doch das sprang wegen des Ebenmaßes und der Symmetrie der Gliedmaßen nicht ins Auge, es sei denn, man konnte es erkennen, weil jemand, der größer war, dicht neben ihm stand und man so eine Vergleichsmöglichkeit hatte.

Sein Körper war – wie wir aus der Überlieferung wissen – mit Flecken übersät; seine Muttermale waren so über Brust und Bauch verstreut, daß sie eine Art Sternbild Großer Bär auch der Anordnung und Anzahl nach ergaben. Er hatte auch einige Schwielen, die sich aus dem Grind am Körper und durch den ständigen und kräftigen Gebrauch des Striegels an vielen Stellen zu einem Gebilde von chronischem Hautausschlag gebildet hatten. Links waren sein Hüftgelenk, sein Ober- und Unterschenkel nicht so kräftig wie auf der rechten Seite, so daß er oft sogar hinkte. Er versuchte dieses Gebrechen mit Hilfe von Sandbädern und Schienen aus Rohr zu beheben. Manchmal fühlte sich auch der Zeigefinger seiner rechten Hand so kraftlos an, daß er ihn, da kein Leben mehr in ihm steckte und er eiskalt war, nur mit Mühe unter Zuhilfenahme eines Ringes aus Horn zum Schreiben dazunehmen konnte. Er klagte auch über Blasenbeschwerden, diese Schmerzen ließen erst dann nach, wenn die Steine mit dem Urin ausgeschieden waren.

An schweren und gefährlichen Krankheiten hat er während seines ganzen Lebens einiges zu ertragen gehabt; in besonderen Maße erkrankte er nach der Unterwerfung Kantabriens, als ihn die Schädigung der Leber durch krankhafte

Absonderungen an den Rand der Verzweiflung trieb und er sich notgedrungen nach einer Methode behandeln ließ, die dem, was bisher gemacht worden war, vollkommen zuwiderlief und leicht zum Nachteil ausschlagen konnte: da warme Umschläge nichts nützten, mußte er sich auf den Rat des Antonius Musa wohl oder übel mit kalten behandeln lassen.

Manche Krankheiten machte er in jedem Jahr von neuem und zu bestimmten Zeiten wieder durch. Wenn es auf seinen Geburtstag zuging, fühlte er sich meist abgespannt; bei Frühlingsanfang packten ihn regelmäßig Brustentzündungen, und bei stürmischen Südwinden hatte er Schnupfen. Da sein Körper geschwächt war, ertrug er nicht so ohne weiteres Kälte und Hitze. Im Winter schützte er sich durch vier Tuniken und eine dicke Toga, einem Hemd und einer wollenen Jacke, Schenkelbinden und Wadenbinden. Im Sommer schlief er bei offenen Türen, oft im Innenhof bei einem Springbrunnen, auch ließ er sich noch von jemandem kühle Luft zufächeln. Nicht einmal die Wintersonne ertrug er, auch zu Hause ging er im Freien immer nur mit Hut spazieren. Reisen unternahm er fast nur in der Sänfte und nachts, dabei hetzte er sich nicht und reiste in kurzen Etappen, so brauchte er bis nach Praeneste und Tibur volle zwei Tage. Und wenn er einen Ort über das Meer erreichen konnte, benutzte er lieber das Schiff. Aber auf seine sehr schwache körperliche Konstitution gab er mit großer Rücksichtnahme acht, so vor allem dadurch, daß er selten ein Bad nahm; er ließ sich nämlich öfter salben oder schwitzte am Feuer, dann ließ er sich mit lauwarmem oder von starker Sonnenhitze erwärmtem Wasser übergießen. Wenn er einmal wieder wegen seiner Sehnen Anwendungen von Seewasser und die warmen Quellen des Albula brauchte, war er schon damit zufrieden, daß er, in einer hölzernen Badewanne sitzend, die er selbst mit dem spanischen Wort »Dureta«

zu bezeichnen pflegte, abwechselnd Hände und Füße bewegte.

Die Übungen zu Pferd und mit den Waffen, die auf dem Marsfeld durchgeführt wurden, gab er sofort nach den Bürgerkriegen auf und wechselte zum Spiel mit kleinen und großen Bällen, bald tat er nichts anderes als Reiten und Spazierengehen, so daß er das letzte Stück des Weges hüpfend lief, eingehüllt in ⟨...⟩ oder in eine kleine gewebte Decke. Um zu entspannen, ging er das eine Mal angeln, ein anderes Mal spielte er mit Würfeln oder Steinchen und Nüssen in der Gesellschaft von kleinen Sklavenjungen, denen er besonders wegen ihres Äußeren und ihrer Geschwätzigkeit zugetan war und die er sich deshalb von überall her verschaffte, bevorzugt solche aus Mauretanien und Syrien. Denn von Zwergen und verwachsenen Menschen sowie allen anderen solcher Mißgeburten hielt er sich aus Abscheu fern, weil er in ihnen eine Laune der Natur und die Ankündigung von Unglück sah.

Die Beredsamkeit und die freien Künste betrieb er von frühester Jugend an mit Ehrgeiz und verwandte sehr viel Energie darauf. Es wird überliefert, daß er während des mutinensischen Krieges trotz der Probleme, die er damals zu bewältigen hatte, täglich gelesen, geschrieben und deklamiert hat. Denn später hat er weder vor dem Senat noch vor dem Volk und auch nicht vor den Soldaten jemals wieder gesprochen, ohne seine Rede einstudiert und sorgsam ausgearbeitet zu haben, obwohl es ihm nicht an der Fähigkeit mangelte, wenn es drängte, auch aus dem Stegreif zu sprechen. Und damit er nicht einen Gedächtnisverlust habe oder mit dem Auswendiglernen Zeit vergeude, machte er es sich zur Regel, alles vom Blatt abzulesen. Sogar Gespräche mit Einzelpersonen, ja sogar solche von gewichtigerem Inhalt mit seiner Frau Livia führte er anhand von Aufzeichnungen aus

seinem Notizbuch, um auf Grund der Umstände nicht zu
viel oder zu wenig zu sagen. Seine Stimme hatte einen ange-
nehmen und gewissermaßen charakteristischen Klang, und
er ließ sich ständig von einem Deklamationslehrer unterrichten. Aber manchmal, wenn er heiser war, ließ er seine
Rede an das Volk von einem Herold halten.

Viele Prosaschriften von unterschiedlichem Inhalt hat er
verfaßt, von denen er einige bei Zusammenkünften mit
Freunden, wie wenn die der Hörerkreis seien, vorlas, so zum
Beispiel die »Gegenschrift gegen Brutus' Über Cato«; als er
– er war damals bereits etwas älter – die Schriftrollen zu einem großen Teil gelesen hatte, gab er sie erschöpft an Tiberius weiter, damit er sie zu Ende lese. Von ihm stammen auch
»Aufforderungen zur Philosophie« und »Stationen des eigenen Lebens« in dreizehn Büchern, in denen er einiges aus seinem Leben ausschließlich bis in die Zeit des Kantabrischen
Krieges darstellt. In der Dichtkunst hat er sich nur kurz versucht. Von ihm gibt es noch ein Buch im Versmaß des Hexa-
meters, dessen Inhaltsangabe und Titel lautet »Sizilien«; es
gibt auch noch ein zweites Werk, gleichermaßen bescheiden,
»Epigramme«, die ihm in der Regel während er badete durch
den Kopf gegangen sind. Er hatte mit großem Schwung eine
Tragödie angefangen, doch das Schreiben wollte ihm nicht
von der Hand gehen, deshalb vernichtete er sie und gab seinen Freunden auf ihre Frage, was denn der »Ajax« mache,
zur Antwort, sein Ajax habe sich in den Schwamm gestürzt.

Er strebte danach, sich auf eine feine und einfache Art
auszudrücken, er vermied die Spielereien mit Sinnsprüchen
und das Gedrechselte und, wie er sagt, »das Gebären von
seltenen Wörtern«; ganz besonders war er darum bemüht,
Gedanken adäquat und so verständlich wie möglich auszudrücken. Damit das um so leichter möglich sei und der Leser
oder Zuhörer an keiner Stelle verwirrt werde oder nicht fol-

gen könne, hatte er keine Bedenken, bei Städtenamen eine Präposition hinzuzusetzen und Konjunktionen häufiger zu wiederholen; wenn man sie wegläßt, macht das die Aussage gleich etwas unverständlicher, wenn sie auch an Anmut gewinnt. Redner, die nur andere nachäfften, und solche, die sich altertümlich ausdrückten, verachtete er gleichermaßen, machten sie doch lauter Fehler von entgegengesetzter Art, er verspottete sie und tadelte sie manchmal. So erging es ganz besonders seinem Freund Maecenas, dessen »salbentriefende Schnörkeleien«, wie er sich ausdrückt, er bei jeder Gelegenheit tadelt und über die er sich, indem er sie im Scherz nachahmt, lustig macht. Aber auch Tiberius spart er nicht aus, der manchmal auf der Jagd nach aus dem allgemeinen Sprachgebrauch gekommenen und veralteten Ausdrükken war. Ja, er ruft M. Antonius höhnisch zu, er sei ja verruckt, weil er angeblich etwas schrieb, nur damit sich die Menschen vielmehr darüber wunderten, als es verstehen zu wollen. Dann fügt er, um auf sein schlechtes und unsicheres Talent in der Art seiner Wortwahl anzuspielen, hinzu: »Und du hast Zweifel, ob du Annius Cimber oder Veranius Flaccus nachahmen sollst, auf die Weise, daß du Wörter gebrauchst, die Crispus Sallustius sich aus den ›Origines‹ des Cato herausgeschrieben hat? Oder ob du lieber die Krämersprache der asianischen Redner mit ihren leeren Sentenzen in unsere Sprache einführen sollst?« Und in einem gewissen Brief an seine Enkelin Agrippina, in dem er ihr Talent lobt, sagt er: »Du mußt darauf achten, daß du dich weder schriftlich noch mündlich gezwungen ausdrückst.«

In der Alltagssprache gebrauchte er bestimmte Ausdrükke häufiger und auf eine merkwürdige Weise; das zeigen uns die Briefe von seiner Hand, in denen er zu wiederholten Malen, wenn er ausdrücken will, daß manche ihre Verbindlichkeiten nie einlösen werden, sagt, »sie werden an den griechi-

schen Kalenden zahlen«. Und wenn er daran erinnert, daß
die augenblicklichen Verhältnisse so ertragen werden müssen, wie sie sind, sagt er: »Seien wir mit Cato zufrieden, wie
wir ihn kennen!« Und wenn er ausdrücken will, wie schnell
eine Sache getan worden sei, ist zu hören: »Schneller, als
man Spargel kocht.« Er setzt regelmäßig anstelle von »tö-
richt« »stockdumm«, für »schwarz« »schwarzfarbig«, für
»verrückt« »mit einem Sparren im Kopf«, »Katzenjammer
haben« für »in schlechter Verfassung sein« und »weich wie
Mangold« für »erschlafft sein«, was im Volksmund »weich
wie Gemüsekraut« heißt. Ebenso gebraucht er *simus* (»wir
wollen sein«) statt *sumus* (»wir sind«) und *domos* als Genitiv
Singular für *domuos*; die beiden letzten Formen schreibt er
niemals anders, damit niemand auf die Idee kommen könne,
es sei wohl eher ein Schreibfehler als der herrschende
Sprachgebrauch.

Und an dem, was er mit eigener Hand geschrieben hat, ist
mir besonders folgendes aufgefallen: er trennt die Wörter
nicht und überträgt nicht die Buchstaben, die am Ende der
Zeilen zu viel sind, auf die nächste Zeile, sondern setzt sie
gleich unter das Wort und zieht sie mit einem Kreis in die
obere Zeile. An die Orthographie, d. h. die von den Gram-
matikern eingeführte richtige Schreibweise, hält er sich
nicht so streng und scheint sich mehr der Meinung der Leute
angeschlossen zu haben, die die Ansicht vertreten, man
müsse genau so schreiben wie man spreche. Denn daß er oft
nicht nur Buchstaben, sondern ganze Silben entweder ver-
tauscht oder wegläßt, ist ein Fehler, der ihm mit anderen
Menschen gemein ist. Das würde ich gar nicht anmerken,
würde es mir nicht seltsam erscheinen, daß einige überliefert
haben, er habe einem Legaten von konsularischem Rang einen Nachfolger geschickt, weil er ihn für ungeübt und un-
unterrichtet hielt; denn er hatte bemerkt, daß er *ixi* statt *ipsi*

geschrieben hatte. Wenn Augustus aber chiffriert ein Schreiben abfaßt, setzt er ein B für ein A, ein C für ein B und so fort die folgenden Buchstaben des Alphabets, und für ein X setzt er ein doppeltes A.

Nicht geringen Eifer verwandte er auf das Studium der griechischen Sprache und Literatur. Und sogar auf diesem Gebiet tat er sich hinlänglich hervor. Sein Redelehrer war Apollodor von Pergamon. Als er noch ein junger Mann war, hatte er ihn – damals war Apollodor bereits älter – auch bei sich, als er von Rom nach Apollonia reiste. Später vervollkommnete er durch den Umgang mit dem Philosophen Areios und dessen Söhnen Dionysius und Nikanor seine Bildung und wurde in verschiedenen Wissensgebieten bewandert. Doch brachte er es nicht so weit, daß er Griechisch fließend sprechen konnte oder es gewagt hätte, etwas auf Griechisch abzufassen. Wenn es einmal erforderlich war, brachte er seine Gedanken auf latein zu Papier und gab sie jemandem, der sie übersetzte. Aber er war ein vorzüglicher Kenner der griechischen Poesie, hatte auch seine Freude an der Alten Komödie und ließ Stücke der Alten Komödie an Tagen, an denen öffentliche Schauspiele gegeben wurden, aufführen. Wenn er die Schriftsteller beider Sprachen studierte, galt seine besondere Aufmerksamkeit Regeln und Beispielen, die heilsam waren für das öffentliche oder private Leben. Die schrieb er sich Wort für Wort heraus und sandte sie meistens an die Angehörigen seines Hauses, an die Befehlshaber der Heere und die Statthalter der Provinzen oder die Beamten in der Hauptstadt, an alle ohne Ausnahme, so wie sie seiner Meinung nach eine Erinnerung brauchten. Er las im Senat sogar ganze Schriften vor und machte sie oft auch dem Volk durch eine Proklamation bekannt, z. B. die Reden des Q. Metellus »Über die Steigerung der Geburten« und des Rutilius »Über die Bauvorschriften«, um die Leute etwas mehr davon zu überzeugen, daß er nicht als erster auf beide Punkte gekommen sei, sondern sich bereits die Vorfahren zu ihrer Zeit darüber Gedanken gemacht hatten.

Die Begabten seiner Zeit unterstützte er in jeder Hinsicht. Er hörte ihnen wohlwollend und geduldig zu, wenn sie aus ihren Werken vorlasen, nicht nur aus Gedichten und Geschichtswerken, sondern auch aus Reden und Dialogen. Er wollte aber nicht, daß etwas über ihn geschrieben wurde, es sei denn, es wurde mit Ernst und von den talentiertesten Leuten verfaßt. Und an die Praetoren erging die Mahnung, nicht zuzulassen, daß sein Name bei einem Wettstreit der Redner etwas von seinem guten Klang einbüße.

Über seine abergläubischen Vorstellungen haben wir folgendes in Erfahrung gebracht: Donner und Blitz versetzten ihn immer wieder vollkommen in Angst und Schrecken, so daß er stets und überall ein Robbenfell als Abwehrmittel bei sich hatte und er sich beim leisesten Anschein, daß ein stärkeres Gewitter heraufziehe, an einen entlegenen Ort mit einer gewölbten Decke zurückzog; er war nämlich einmal, als er bei Nacht unterwegs war, vollständig aus der Fassung gebracht worden, als ein Blitz knapp an ihm vorbeischlug, wie wir bereits oben erwähnt haben.

Sowohl seinen eigenen Träumen als auch dem, was andere von ihm träumten, schenkte er Beachtung. So bei der Schlacht bei Philippi: Obwohl er beschlossen hatte, wegen seiner gesundheitlichen Verfassung keinen Schritt aus dem Zelt zu tun, hat er es doch getan, weil ihn der Traum eines Freundes das tun ließ. Und das war sein Glück, denn das Lager fiel und seine Sänfte wurde von den Feinden, weil sie wohl wähnten, er liege krank darin, attackiert, durchbohrt und zertrümmert. Er selbst hatte den ganzen Frühling hindurch sehr viele und Grausen und Furcht erregende Träume, die sich aber als nichtig und ohne Folgen herausstellten; in der verbleibenden Zeit des Jahres träumte er seltener, dafür solches, was häufiger eintraf. Als er den Tempel, den er dem Iuppiter Tonans auf dem Kapitol geweiht hatte, regelmäßig immer wieder aufsuchte, träumte er, daß sich der kapitolinische Iuppiter darüber beklage, ihm würden die Verehrer entzogen, und er habe ihm darauf geantwortet, er habe ihm den Iuppiter Tonans als Türsteher nebenan hingesetzt. Deswegen ließ er den Giebel des Tempels mit Schellen umwinden, weil diese gewöhnlich an den Türen hingen. Auf Grund eines Traumgesichtes bettelte er in jedem Jahr an einem bestimmten Tag beim Volk um ein Almosen, indem er denjenigen, die ihm ein As spendeten, die hohle Hand hinhielt.

Gewisse Vorzeichen und Vorbedeutungen nahm er ganz besonders ernst: Wenn er sich in der Frühe die Schuhe verkehrt anzog, den linken statt des rechten, sah er darin eine unglückliche Vorbedeutung. Wenn an dem Tag, an dem er zu einer längeren Reise zu Lande oder zu Wasser aufbrach, zufällig Tau gefallen war, so nahm er das als ein günstiges Vorzeichen einer raschen und glücklichen Rückkehr. Aber auch für Wunderzeichen war er überaus empfänglich. Als zwischen den Fugen der Steine vor seinem Haus eine Palme gewachsen war, ließ er sie in das Compluvium verpflanzen, wo die Hausgötter stehen, und kümmerte sich mit viel Mühe darum, daß sie weiter wuchs. Darüber, daß auf der Insel Capri die Zweige einer uralten Steineiche, die schon schlaff bis auf die Erde hingen, bei seiner Ankunft wieder zu Kräften gekommen waren, freute er sich so sehr, daß er diese von der Stadtgemeinde Neapel gegen die Insel Aenaria eintauschte. Auch auf gewisse Tage achtete er; so gab er acht, daß er am Tag nach den Nundinen nirgendwo verreise oder an den Nonen etwas Wichtiges in Angriff nehme; und er gehe dabei nichts anderem aus dem Weg, wie er an Tiberius schreibt, als der ungünstigen Vorbedeutung dieses Namens.

Die alten und seit langer Zeit veranstalteten religiösen Gebräuche aus der Fremde hielt er ebenso heilig und hochehrwürdig, wie er die übrigen verachtete. Denn er hatte sich in Athen in die Mysterien einweihen lassen; als er später einmal in Rom über ein Privileg der Priester der attischen Ceres zu richten hatte und einige Geheimnisse auseinandergesetzt werden mußten, schloß er das Richterkollegium und die versammelten Zuhörer von dieser Erörterung aus und hörte alleine zu. Dagegen ersparte er es sich, als er durch Ägypten reiste, ein wenig von seiner Reiseroute abzuweichen, um den Apis zu besuchen; und er lobte seinen Enkel Gaius ausdrücklich dafür, daß er, als er an Iudaea vorbeisegelte, in Jerusalem kein Dankgebet gesprochen habe.

Da wir in unserer Darstellung an diesem Punkt angelangt sind, dürfte es nicht vom Zusammenhang wegführen, hier einzuflechten, was sich am Tag vor seiner Geburt, an seinem Geburtstag und am Tag danach ereignet hat, auf Grund dessen man seine künftige Größe und sein fortwährendes Glück erhoffen und erkennen konnte.

Als in Velitrae in alter Zeit in einen Teil der Stadtmauer der Blitz eingeschlagen hatte, hatte man die Antwort erhalten, einst werde sich ein Bürger dieser Stadt zum Herrn der Welt machen. Im Vertrauen auf diese Prophezeiung hatten die Bürger von Velitrae gleich damals und auch später recht häufig mit dem römischen Volk Krieg geführt, der fast bis zu ihrem Untergang gegangen war. Es mußte erst viel Zeit ins Land gehen, da wurde ihnen aus den Vorgängen klar, daß jenes Zeichen von damals auf die Macht des Augustus hingewiesen hatte.

Aus der Feder des Iulius Marathus stammt folgende Nachricht: wenige Monate vor seiner Geburt habe sich mitten in Rom ein Wunderzeichen ereignet, durch das kundgetan wurde, die Natur drohe, dem römischen Volk einen König hervorzubringen. Das schreckte den Senat auf, und er beschloß, daß kein Junge, der in dem betreffenden Jahr auf die Welt komme, großgezogen werden dürfe. Diejenigen, deren Frauen schwanger waren, hätten dafür gesorgt, daß der Senatsbeschluß nicht in Kraft trete; denn jeder bezog ja die Hoffnung eines solchen Sohnes auf sich.

In den »Untersuchungen über Gott und göttliche Dinge« des Asklepiades aus Mendes lese ich: Als Atia um Mitternacht zu einem feierlichen Gottesdienst des Apollo gekommen war und man ihre Sänfte im Tempel abgestellt hatte, sei sie, während die übrigen Frauen bereits schliefen, auch eingenickt. Plötzlich sei eine Schlange zu ihr gekrochen, wenig später habe diese sie wieder verlassen; aufgewacht habe sie sich gereinigt, wie wenn sie mit ihrem Mann zusammen gewesen wäre. Und im gleichen Moment habe sich auf ihrem Körper ein Mal gezeigt, so ungefähr vom Aussehen einer Schlange, die man aufgemalt hat, und das habe sich niemals mehr entfernen lassen, so daß sie seitdem nie mehr in öffentliche Bäder gegangen sei. Augustus sei im zehnten Monat danach geboren worden und deswegen für einen Sohn des Apollo gehalten worden. Bevor sie niederkam, träumte Atia, das, was sie in sich trug, werde zu den Sternen getragen und breite sich über Himmel und Erde in ihrer ganzen Ausdehnung aus. Und auch der Vater Octavius träumte, aus Atias Schoß komme das strahlende Licht der Sonne hervor.

An dem Tag, als er geboren wurde, verhandelte man im Senat über die Verschwörung des Catilina, und Octavius kam wegen der Niederkunft seiner Frau zu spät zur Sitzung; an diesem Tag ist es nun geschehen, es ist allen bekannt und jeder weiß es, daß P. Nigidius, als er den Grund für das Zuspätkommen herausbekommen und auch die Geburtsstunde in Erfahrung gebracht hatte, behauptet hat, es sei der Herr der Welt geboren. Als später Octavius durch die

entlegenen Landstriche Thrakiens ein Heer führte und im
Hain des Liber Pater die feierlichen Handlungen der Barbaren nach seinem Sohn befragte, wurde von den Priestern
dasselbe behauptet, weil aus dem Wein, den man über die
Altäre gegossen hatte, eine Flamme so hoch herausschoß,
daß sie über den Giebel des Tempels bis zum Himmel hoch-
gestiegen sei. Einzig und allein Alexander dem Großen sei
genau an diesen Altären, als er ein Opfer darbrachte, ein
ähnliches Wunderzeichen zuteil geworden. Und auch in der
unmittelbar darauf folgenden Nacht schien es ihm, als sehe
er seinen Sohn in übermenschlicher Größe mit Blitz und
Zepter, im Prunkgewand des Iuppiter Optimus Maximus
und mit einer Strahlenkrone, oben auf einem mit Lorbeer
bekränzten Wagen, den zweimal sechs strahlendweiße Pferde zogen. Als er noch ein ganz kleines Kind war, hatte ihn –
das kann man noch bei C. Drusus nachlesen – seine Amme
abends an einem Ort im Parterre in seine Wiege gelegt; am
nächsten Morgen aber war er nicht mehr da, da hat man lange nach ihm gesucht und ihn schließlich im höchsten Zimmer eines Turmes gefunden, wo er der aufgehenden Sonne
zugewandt lag.

Als er zu sprechen anfing, befahl er auf dem Landgut seines Großvaters nahe der Stadt den Fröschen, die dort durch
die Fügung des Schicksals Lärm machten, mit dem Gequake
aufzuhören, und seitdem sollen dort die Frösche nicht mehr
quaken, so heißt es. Als er beim vierten Meilenstein der
Kampanischen Straße in einem Wald frühstückte, riß ihm ein
Adler aus heiterem Himmel das Brot aus der Hand und glitt,
nachdem er damit bis zum höchsten Punkt aufgestiegen war,
sanft herab und gab es ihm wieder unversehens zurück.

Q. Catulus träumte in den der Einweihung des Kapitols
folgenden zwei Nächten folgendes: Iuppiter Optimus Maximus habe einen von mehreren Jungen, die um den Altar

herum spielten, beiseite genommen und ihm das Siegel des römischen Staates, das er in der Hand trug, zurück in den Schoß gelegt; und in der darauf folgenden Nacht sah er denselben Jungen auf dem Schoß des Kapitolinischen Iuppiter, und als er befohlen habe, ihn herunterzuziehen, wurde er durch die Warnung des Gottes daran gehindert, mit der Feststellung, der Junge werde zum Schutz des Staates erzogen. Und als ihm am nächsten Tag Augustus begegnet sei, habe er ihn, obwohl er ihn sonst noch nie kennengelernt hatte, ganz verwundert angeschaut und gesagt, er sehe dem Jungen wie aus dem Gesicht geschnitten ähnlich, von dem er geträumt habe. Einige erzählen den ersten der beiden Träume des Catulus anders, nämlich in folgender Version: Iuppiter habe, als mehrere Jungen von ihm einen Vormund verlangten, auf einen von ihnen gezeigt, dem sie alle ihre Wünsche vortragen sollten, und er habe seine Finger geküßt, diesen Kuß habe Iuppiter erwidert, indem er den Kuß von seinen Fingern auf den Mund nahm.

Als M. Cicero einmal C. Caesar auf das Kapitol begleitete, erzählte er seinen Freunden so ganz nebenher von seinem Traum der vorausgegangenen Nacht: Ein Junge von edlem Aussehen sei an einer goldenen Kette vom Himmel herabgelassen worden, sei an der Tür des Kapitols stehen geblieben, und Iuppiter habe ihm eine Geißel übergeben. Da erblickte er plötzlich den Augustus, den die meisten bis dahin noch nicht kennengelernt hatten und den sein Onkel Caesar zum Opfer hatte hinzukommen lassen, und er versicherte, er sei der Junge, dessen Bild ihm während des Schlafes erschienen sei.

Als Augustus die Männertoga anlegte, fiel ihm die Tunika mit dem breiten Purpursaum zu Füßen, weil an beiden Seiten die Naht aufgegangen war. Es gab Leute, die das so auslegten, dies könne nichts anderes bedeuten, als daß der

Stand, dessen Zeichen dieser Saum sei, sich ihm einmal unterwerfen werde.

Als der göttliche Iulius einmal bei Munda einen Wald abholzen ließ, um einen Lagerplatz zu haben, befahl er, eine Palme, die man gefunden hatte, als günstiges Zeichen für den Sieg stehen zu lassen. Sofort trieb sie einen Schößling hervor, der in wenigen Tagen so sehr wuchs, daß er nicht nur so groß war wie der Stamm, sondern den noch überdeckte und ganze Schwärme von Tauben darin ihre Nester bauten, wo doch gerade diese Vogelart sehr hartes Laub ganz besonders meidet. Besonders durch dieses Vorzeichen soll Caesar bewegt worden sein, keinen anderen als Nachfolger haben zu wollen als den Enkel seiner Schwester.

Bei seinem Aufenthalt im fernen Apollonia war er in Begleitung Agrippas zum Observatorium des Astrologen Theogenes aufgestiegen. Als dem Agrippa, der ihn als erster befragte, Großes und fast Unglaubliches vorausgesagt wurde, schwieg er hartnäckig über seine Geburtsstunde und war nicht dazu zu bewegen, sie herauszurücken, aus Furcht oder Scham, daß sie als weniger bedeutend befunden werde. Als er sie dann doch nach vielem guten Zureden mit Mühe und zögerlich preisgab, sprang Theogenes auf und bezeigte ihm seine Verehrung. Für die Zukunft hatte Augustus so großes Vertrauen in sein Schicksal, daß er sein Sternbild allgemein bekannt machte und eine Silbermünze mit dem Sternbild des Steinbocks, unter dem er geboren wurde, prägen ließ.

Als er nach Caesars Ermordung von Apollonia zurückkehrte und Rom betrat, umgab plötzlich – am Himmel war kein Wölkchen zu sehen – ein Kreis, der so aussah wie ein Regenbogen, die Sonne, und dann schlug in das Grabmal von Caesars Tochter Iulia ein Blitz ein. In seinem ersten Konsulat zeigten sich ihm, als er den Flug der Vögel beobachtete, zwölf Geier, wie dem Romulus, und als er opferte, schien die Leber aller Opfertiere von der untersten Faser nach innen eingeschlagen; dies hat keiner derjenigen, die sich darauf verstanden, anders ausgelegt, als daß dadurch glücksträchtige und große Zeiten prophezeit würden.

Ja, er hatte sogar im Gefühl, wie alle Kriege ausgehen würden. Als die Triumvirn ihre Truppen bei Bononia zusammengezogen hatten, setzte sich ein Adler auf die Zeltspitze und richtete zwei Raben, die ihn von zwei Seiten angriffen, übel zu und warf sie zu Boden. In diesem Vorfall sah das gesamte Heer einen Hinweis auf die Zwietracht, die zwischen den Kollegen über kurz oder lang eintreten werde, wie es dann ja auch gekommen ist, und es hatte auch schon eine Vorahnung, wie der Streit ausgehen werde. Bei Philippi kündigte ihm ein Mann aus Thessalien den bevorstehenden Sieg an; dahinter stand wohl der göttliche Caesar, dessen Gestalt ihm auf einem abgelegenen Weg entgegengekommen sei.

Bei Perusia erhielt er beim Opfer keine günstigen Vorzeichen; nachdem er daraufhin befohlen hatte, die Zahl der Opfertiere zu erhöhen, und dann die Feinde auch noch plötzlich einen Ausfall gemacht und alles, was man für das Opfer hergerichtet hatte, mitgenommen hatten, waren die Opferschauer einhellig einer Meinung, nämlich daß alle Gefahren und das Mißgeschick, das ihm beim Opfer prophezeit worden sei, auf diejenigen zurückfielen, die die Eingeweide besäßen. Und genau so kam es. Als er am Tag vor der Seeschlacht bei Sizilien am Ufer einen Spaziergang machte, sprang ein Fisch aus dem Meer und blieb vor seinen Füßen liegen. Bei Aktium begegnete ihm auf seinem Weg zu seinem einsatzbereiten Flottenverband ein Esel mit seinem Treiber: der Mann hieß Eutychus, das Tier Nikon. Nach seinem Sieg stellte er ein ehernes Standbild von den beiden

in dem Tempelbezirk auf, den er aus dem Lagerplatz gemacht hatte.

Auch sein Tod, über den ich im folgenden sprechen werde,
und seine Aufnahme unter die Götter nach seinem Tod sind
durch unverkennbare und augenscheinliche Zeichen vorher
angekündigt worden. Als er auf dem Marsfeld vor dem zahlreich versammelten Volk das Reinigungsopfer verrichtete, flog
ein Adler mehrmals um ihn herum, flog in den Tempel, der in
der Nähe stand, und setzte sich oberhalb des Namens Agrippa
in der Höhe des ersten Buchstabens. Als er das bemerkte, ließ
er seinen Kollegen Tiberius die Gelübde sprechen, von denen
die Sitte vorsah, daß sie für eine folgende Amtsperiode geleistet wurden. Denn Augustus weigerte sich, Gelübde, obwohl
sie bereits schriftlich vor ihm lagen, zu leisten, die er nicht
mehr werde einlösen können. Fast zur gleichen Zeit verschwand durch einen Blitzschlag aus der Inschrift am Sockel
seiner Statue der erste Buchstabe seines Namens. Er erhielt die
Antwort, er habe nur noch hundert Tage zu leben, denn diese
Zahl bedeutet das C, und er werde unter die Götter aufgenommen werden, weil *aesar*, das ist der verbliebene Teil des Namens Caesar, in der etruskischen Sprache Gott heiße.

Also wollte er den Tiberius nach Illyrien entsenden und ihn
bis Benevent begleiten; doch da ließen ihn die Leute, die ständig Einspruch einlegten, und die Prozeßflut nicht fort; da rief
er aus – dieser Ausspruch wurde später auch mit zu den Hinweisen auf sein Ende genommen –, er werde nicht länger hier-
nach in Rom sein, wenn ihn auch alles zurückhalte. Und dann
machte er sich auf die Reise und kam bis nach Astura; als er
von dort entgegen seiner Gewohnheit bei Nacht mit dem
Schiff ablegte, um den günstigen Wind zu nutzen, zog er sich
einen Durchfall zu, das war der Anlaß seiner Erkrankung.
Dann segelte er an den Küsten Kampaniens und der benach-
barten Inseln vorbei, nahm sich sogar vier Tage Zeit, sich auf

Capri von allem zurückzuziehen und ganz entspannt ohne
Geschäftigkeit und bei ungetrübter Laune diese Zeit zu genießen.

Als er gerade an der Bucht von Puteoli vorbeisegelte, haben
ihn Passagiere und Seeleute von einem Schiff aus Alexandria,
das eben erst eingelaufen war, in weißen Gewändern, mit
Kränzen auf den Häuptern und Weihrauch opfernd mit
Glückwünschen und besonderen Lobliedern überschüttet:
durch ihn lebten sie, durch ihn führen sie zur See, durch ihn
genössen sie Freiheit und Wohlstand. Diese Begegnung machte ihn in vollstem Sinne des Wortes aufgeräumt, und er verteilte an seine Begleiter vierzig Goldstücke und verlangte von jedem von ihnen Eid und Garantie, den gespendeten Betrag für
nichts anderes als für den Kauf alexandrinischer Waren auszu-
geben. Aber auch an den übrigen Tagen, die nun folgten, verteilte er neben anderen kleinen Geschenken auch Togen und
Mäntel; daran war die Bedingung geknüpft, daß die Römer
sich griechisch, die Griechen sich römisch kleideten und sich
auch entsprechend ausdrückten. Er sah auch ständig jungen
Griechen beim Training zu, die in Vereinen Mitglied waren,
von denen es auf Capri bis zu seiner Zeit noch eine ganze Reihe gab, die einer alten Ordnung gemäß überlebt hatten. Er
veranstaltete für sie sogar ein Festessen, bei dem er persönlich
anwesend war, und erlaubte, nein er forderte es von ihnen,
ganz ungebunden zu schäkern und sich um das Obst, die Zukost und was sonst noch da war von dem, was der Kaiser unter
das Volk zu werfen pflegte, zu reißen. Kurzum, er ließ nichts
aus, was ihn heiter stimmen konnte.

Eine Insel in der Nachbarschaft von Capri nannte er Apra-
gopolis und zwar nach dem Müßiggang einiger Leute aus
seinem Gefolge, die sich dorthin zurückgezogen hatten. Aber
er hatte die Angewohnheit, einen seiner Lieblinge namens
Masgabas Ktistes zu rufen, so als sei er der Gründer der Insel.

Als er von seinem Speisezimmer aus sah, daß das Grab dieses Masgabas, der vor einem Jahr gestorben war, von einer großen Menschenmenge mit vielen Fackeln besucht wurde, trug er folgenden Vers, den er in diesem Moment gedichtet hatte, laut vernehmlich vor:

»Des Gründers Grabmal sehe ich im Feuerschein.«

Und er wandte sich an Thrasyllos, einen Begleiter des Tiberius, der ihm gegenüberlag, und fragte ihn, der von allem nichts wußte, von welchem Dichter seiner Meinung nach der Vers stamme; der war unsicher, also ließ er noch einen Vers folgen:

»Siehst du mit Fackeln Masgaba verehrt?«

und fragte ihn auch hier nach dem Dichter. Als der nichts anderes antworten konnte, als daß die Verse, von wem sie auch immer stammten, sehr gut seien, lachte er laut auf und scherzte ganz ausgelassen. Bald darauf setzte er nach Neapel über, obwohl er damals immer noch von seinen Darmbeschwerden schwach war und es mit der Krankheit auf und ab ging. Und auch die gymnischen Spiele, die alle fünf Jahre ihm zu Ehren veranstaltet wurde, schaute er sich dennoch bis zu Ende an und begab sich mit Tiberius zu dem Ziel, das er sich gesetzt hatte. Aber auf der Rückreise verschlechterte sich sein Gesundheitszustand, und in Nola mußte er sich schließlich niederlegen; Tiberius ließ er von seiner Reise zurückrufen und führte mit ihm ein Gespräch ohne Zuhörer; danach befaßte er sich mit keinem wichtigeren Geschäft mehr.

Am letzten Tag seines Lebens fragte er immer wieder, ob seinetwegen im Reich bereits Aufruhr herrsche, bat um einen Spiegel, ließ sich sein Haar kämmen und die einfallenden Wangen zurechtmachen und erkundigte sich bei den Freunden, die er zu sich vorgelassen hatte, ob sie den Eindruck hätten, er habe das Possenspiel des Lebens trefflich bis zum Ende gespielt, und fügte dann die übliche Schlußformel hinzu:

> »Wenn euch das Ganze wohl gefallen hat, so klatscht Beifall, und gebt mir alle als Freunde das Geleit.«

Dann schickte er alle fort; und während er die aus Rom Ankommenden noch nach dem Befinden der kranken Tochter des Drusus fragte, verschied er plötzlich unter den letzten Küssen Livias mit den Worten: »Livia, gedenke stets unseres gemeinsamen Lebens und lebe wohl!« Er durfte einen leichten Tod sterben, so wie er ihn sich immer gewünscht hatte. Denn fast immer, wenn er gehört hatte, daß jemand schnell ohne Qualen verstorben war, bat er für sich und die Seinen um eine ähnliche »Euthanasie« – denn dieses Wort verwendete auch er gewöhnlich. Er zeigte nur ein einziges Mal ein Zeichen von Geistesabwesenheit, bevor er verstarb, als er plötzlich erschreckt auffuhr und klagte, er werde von vierzig jungen Männern fortgeschleppt. Auch das war eher eine Vorahnung als ein Nachlassen seines Verstandes, weil ja genau vierzig Soldaten seiner Leibgarde seinen Leichnam hinaustrugen. Augustus starb in demselben Zimmer, in dem sein Vater Octavius gestorben war, als die beiden Sextus, nämlich Pompeius und Appuleius, Konsuln waren, am 19. August in der neunten Stunde, fünfunddreißig Tage vor seinem sechsundsiebzigsten Geburtstag.

Seinen Leichnam trugen die Stadträte der Munizipien und Koloniestädte von Nola bis Bovillae, und zwar wegen der Jahreszeit bei Nacht, während sie am Tage in der Basilika oder in dem Haupttempel der jeweiligen Stadt aufbewahrt wurde. Von Bovillae an übernahmen Angehörige des Ritterstandes die Leiche und trugen sie nach Rom und bahrten sie in der Vorhalle seines Hauses auf. Im Senat entbrannte in

dem Bemühen um eine prachtvolle Ausrichtung der Beiset-
zungsfeierlichkeiten und darum, dem Andenken des Toten
Ehre zu erweisen, ein regelrechter Wettstreit, so daß es so
weit ging, daß unter vielem anderen einige Senatoren den
Antrag stellten, der Leichenzug solle durch das Triumphtor
ziehen, dabei solle das Bild der Siegesgöttin vorangetragen
werden, das im Rathaus stehe, und Kinder beiderlei Geschlechts aus den vornehmsten Familien sollten das Trauer-
lied singen. Andere beantragten, am Tage des Begräbnisses
solle man die goldenen Ringe ablegen und eiserne anstek-
ken. Einige schlugen vor, die Priester der obersten Kollegien
sollten die Gebeine aufsammeln. Einer empfahl, den Namen
des Monats August auf den September zu übertragen, weil
Augustus in diesem geboren, in jenem gestorben sei. Ein anderer war der Meinung, man solle den ganzen Zeitraum vom
Tag seiner Geburt bis zu seinem Todestag das Augusteische
Zeitalter nennen und es so in den Kalender aufnehmen. Den
Ehrungen aber hat man das rechte Maß gesetzt und nur zwei
Preisreden gehalten: die eine hielt Tiberius vor dem Tempel
des göttlichen Iulius, die andere Drusus, der Sohn des Tiberius, vorn auf der alten Rednerbühne, und Senatoren trugen
den Leichnam auf ihren Schultern zum Marsfeld, dort wurde er verbrannt. Und da gab es auch einen Mann vom Rang
eines Praetors, der schwor, daß er gesehen habe, wie das Ab-
bild des Verbrannten in den Himmel aufgestiegen sei. Die
sterblichen Überreste sammelten die vornehmsten Angehörigen des Ritterstandes in der Tunika, ohne Gürtel und barfüßig auf und setzten sie im Mausoleum bei. Diesen Bau hatte er zwischen der Via Flaminia und dem Tiberufer in seinem sechsten Konsulat errichtet und Parkanlagen und Alle-
en rundherum anlegen lassen; schon damals hatte er diese
dem Volk zur Nutznießung freigegeben.

Sein Testament hatte er am dritten April in dem Jahr, als L.

Plancus und C. Silius Konsuln waren, also ein Jahr und vier
Monate, bevor er starb, gemacht und in zwei Ausfertigun-
gen, die zum Teil von seiner Hand, zum Teil von der Hand
der Freigelassenen Polybios und Hilarion stammen, bei den
Vestalischen Jungfrauen hinterlegt. Dieses Testament hän-
digten die Priesterinnen zusammen mit drei weiteren, auf
gleiche Weise gesiegelten Schriftrollen aus. Alle diese
Schriftstücke wurden im Senat geöffnet und verlesen. Als
Haupterben setzte er Tiberius mit sieben Zwölfteln und Livia mit einem Drittel ein; er verfügte, daß beide seinen Namen tragen mußten. Als Erben zweiten Grades bestimmte
er Drusus, den Sohn des Tiberius, mit einem Drittel des letzten Zwölftels, und den Rest davon erbten Germanicus und
seine drei Kinder männlichen Geschlechts. Erben dritten
Grades waren seine Verwandten und zahlreiche Freunde.
Dem römischen Volk vermachte er vierzig Millionen Sesterzen, den Tribus dreieinhalb Millionen, den Praetorianern
pro Mann tausend Sesterzen, jedem Soldaten der städtischen Kohorten fünfhundert und den Legionssoldaten pro
Kopf dreihundert Sesterzen. Diese Summe – so verfügte er –
mußte bar ausgezahlt werden, denn er hatte sie stets in der
kaiserlichen Kasse zurückgelegt und für die Barauszahlung
zur Verfügung gehabt. Die übrigen Legate vermachte er in
unterschiedlicher Höhe, einige kamen auf zwanzigtausend
Sesterze. Er setzte für ihre Auszahlung eine Frist von einem
Jahr, als Entschuldigung führte er die geringe Höhe seines
Vermögens an; er gestand auch frei heraus ein, daß auf seine
Erben nur hundertfünfzig Millionen kämen, obwohl er
doch in den vergangenen zwanzig Jahren vierzehnhundert
Millionen testamentarisch von Freunden vermacht bekommen habe. Doch er habe fast die ganze Summe und dazu
noch die zwei Erbschaften von Seiten seines Vaters und alle
anderen Erbschaften zum Wohl des Staates aufgewendet.

Seine Tochter Iulia und die gleichnamige Enkelin verbot er nach ihrem Tod in seinem Grabmal beizusetzen. Von den drei Schriftrollen erhielt die eine die Anweisungen für seine Bestattung, die zweite einen Katalog seiner Taten, dieser sollte in erzerne Tafeln eingraviert werden, die vor dem Mausoleum aufgestellt werden sollten, die dritte eine statistische Übersicht über das gesamte Reich: wie viele Soldaten überall unter Waffen standen, wieviel Geld in der öffentlichen und in der kaiserlichen Kasse war und was an Steuergeldern noch rückständig war. Hinzugesetzt hat er auch noch die Namen der Freigelassenen und Sklaven, von denen man Rechenschaft fordern könne.

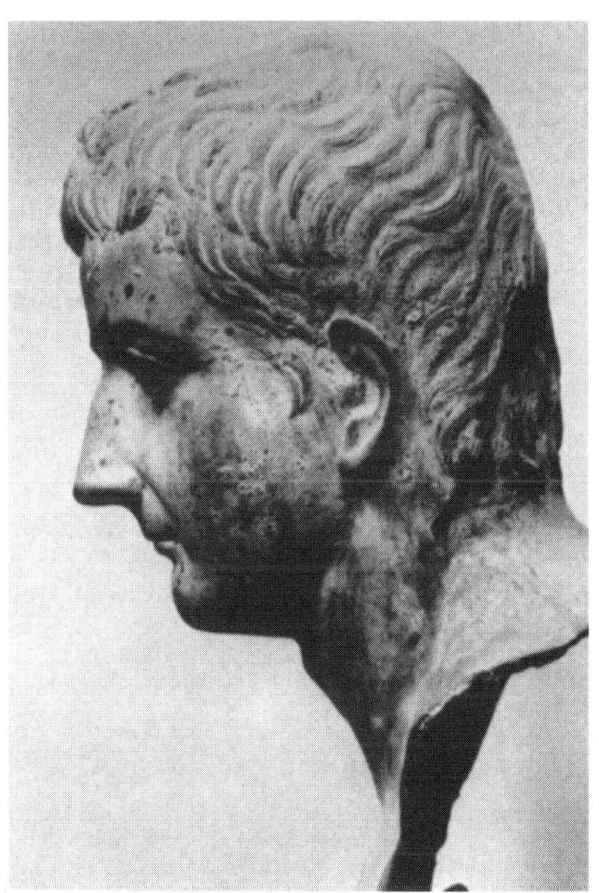

*Tiberius*

Buch 3

## TIBERIUS

Das patrizische Geschlecht der Claudier – es gab nämlich
noch eine andere Linie, die plebejische, die aber genauso
mächtig und würdig war – stammt aus Regilli, einer Stadt im
Sabinerland. Von dort zog es mit einer großen Schar Klienten im Gefolge nach Rom, dessen Grundstein man eben erst
gelegt hatte, sein Führer war Titus Tatius, der Mitregent des
Romulus oder – dafür spricht mehr – unter Atta Claudius,
dem Stammeshäuptling; das war ungefähr im sechsten Jahr
nach der Vertreibung der Könige. Man nahm es unter die patrizischen Geschlechter auf, es erhielt auch noch ein Stück
Land jenseits des Anio für seine Klienten und einen Platz am
Fuße des Kapitols, wo es sich ein Grabmal errichten durfte,
alles aus dem Land, das dem Staat gehörte. Im Laufe der Zeit
brachte man es schließlich auf achtundzwanzig Konsulate,
fünf Diktaturen, sieben Zensuren, sechs große und zwei
kleine Triumphe. Mochten sich die Angehörigen dieses Geschlechts auch durch ihre unterschiedlichen Vor- und Beinamen unterscheiden, so war man einstimmig für eine Trennung vom Vornamen Lucius, nachdem von zwei Stammes-
angehörigen mit diesem Namen der eine des Raubes, der andere des Mordes überführt worden war. Aber zu den vor-
handenen Beinamen nahmen sie noch den Namen Nero auf,
mit dem man in der Sabinischen Sprache jemanden als tapfer
und tatkräftig bezeichnet.

Viele hervorragende Verdienste, die viele Claudier geleistet haben, ragen heraus, aber auch vieles, was sie minder gut
gegen den Staat getan haben, gibt es. Um nur die hervorra-
gendsten Leistungen zu erwähnen: Appius Caecus riet da-

von ab, ein Bündnis mit dem König Pyrrhus einzugehen, weil er darin zu wenig Nutzen sah. Claudius Caudex setzte als erster über die Meerenge über und vertrieb die Punier von Sizilien. Claudius Nero war es, der Hasdrubal, als dieser mit riesigen Truppen von Spanien an Land kam, überwältigte, noch bevor er sich mit seinem Bruder Hannibal zusammentun konnte. Dagegen hat Claudius Regillianus, einer der Decemvirn zur Aufzeichnung der Gesetze, eine freigeborene junge Frau mit Gewalt zu seiner Sklavin zu machen versucht, weil er wollüstig war, das war für die Plebejer der Grund, sich wieder von den Patriziern zu trennen. Claudius Drusus ließ sich bei Forum Appii eine Statue, die mit einem Diadem bekränzt war, errichten und versuchte sich mit Unterstützung seiner Klientel Italiens zu bemächtigen. Vor Sizilien stellte Claudius Pulcher die Auspizien; die Hühner wollten nicht fressen, da ertränkte er sie unter Mißachtung der Religion im Meer, damit sie sozusagen trinken sollten, wenn sie schon nicht fressen wollten; dann begann er das Seegefecht. Und er wurde besiegt; als er vom Senat den Befehl erhielt, einen Diktator zu ernennen, ernannte er, so als wollte er wiederum sein Spiel mit den Staat in dieser kritischen Lage spielen, den Staatsboten Glycias.

Es lassen sich auch Beispiele von Frauen beibringen, die genauso gegensätzlich sind, sofern ja von demselben Geschlecht beide Claudia gewesen sind: die eine hat ein Schiff, das beladen mit den heiligen Geräten der Göttermutter vom Ida in einer Furt des Tiber feststeckte, herausgezogen, nachdem sie betend gesagt hatte, so daß es alle hören konnten, es möge sich doch von ihr erst von der Stelle bewegen lassen, wenn sie ihre Keuschheit bewahrt hätte. Die andere Frau wurde – das hatte es noch nie gegeben – wegen Verletzung der Würde des Volkes vor Gericht gestellt, weil sie, als ihre Karosse nur mühsam in einer dicht gedrängten Menschen-

menge vorwärtskam, laut gewünscht hatte, ihr Bruder Pulcher möge doch wieder lebendig werden und wieder eine
Flotte verlieren, damit doch die Leute in Rom weniger würden. Außerdem ist auch dem Letzten bekannt, daß alle
Claudier Optimaten und einzigartige Vertreter der Würde
und Macht der Patrizier zu allen Zeiten gewesen sind. Nur
einer macht eine Ausnahme, P. Clodius, der sich von einem
Plebejer, der dazu auch noch jünger war als er, adoptieren
ließ, nur um Cicero aus der Stadt zu vertreiben. Und gegen
das einfache Volk waren sie so gewalttätig und unbeugsam,
daß keiner, selbst wenn es um seinen Kopf ging, es fertig
brachte, als Angeklagter vor dem Volk andere Kleider anzuziehen oder um Gnade zu bitten. Einige haben sich sogar
beim Wortwechsel und beim Streit vor Gericht tätlich an
Volkstribunen vergriffen. Sogar eine Vestalische Jungfrau
hat mit ihrem Bruder, der ohne Beschluß des Volkes einen
Triumph abhielt, den Wagen bestiegen und ihn bis auf das
Kapitol begleitet, damit es keinem Tribunen möglich war,
den Triumphzug zu verbieten oder sein Veto einzulegen.

Aus einer solchen Familie leitet Tiberius Caesar seine
Herkunft ab, und zwar beide Geschlechter: väterlicherseits
stammt er von Tiberius Nero, von seiten der Mutter von Appius Pulcher ab, beide waren diese Söhne des Appius Caecus. Er war auch mit der Familie der Livier verwandt, und
zwar hatte die seinen Großvater mütterlicherseits adoptiert.
Diese Familie, obwohl sie plebejisch war, hatte es im wahr-
sten Sinne des Wortes bis ganz nach oben gebracht: acht
Konsulate, zwei Zensuren, drei Triumphe, sogar eine Diktatur und einen Reiteroberster zeichneten sie aus. Berühmt
hatten sie auch ausgezeichnete Männer wie besonders Salinator und die Drusi gemacht. Während seiner Zensur rügte
Salinator alle Tribus wegen des Fehlens von festen Grundsätzen, weil sie ihn zum zweiten Mal zum Konsul und auch

zum Zensor bestellt hatten, obwohl sie nach seinem ersten Konsulat eine Geldstrafe über ihn verhängt hatten. Drusus kam zu seinem Beinamen und damit auch dem seiner Nachkommen dadurch, daß er den Führer der Feinde, Drausus, im Zweikampf totschlug. Es wird auch überliefert, daß er als Propraetor aus der Provinz Gallien das Gold zurückbrachte, das einst den Senonen bei der Belagerung des Kapitols ausgehändigt und nicht, wie man auch hört, von Camillus entrissen worden war. Sein Ururenkel, man hatte ihn wegen seines herausragenden Auftretens gegen die Gracchen Beschützer des Senats genannt, hinterließ einen Sohn, der bei einer ähnlichen Verfeindung vieles mal gut, mal schlecht in die Wege leitete; diesen tötete die Gegenpartei, indem sie ihn täuschte.

Der Vater des Tiberius, Nero, der als Quaestor C. Caesars während des Alexandrinischen Krieges die Flotte kommandierte, hat äußerst viel zum Sieg beigetragen. Deshalb trat er als Priester an die Stelle des P. Scipio und wurde auch nach Gallien entsandt mit dem Auftrag, dort Kolonien anzulegen, unter denen auch Narbo und Arelate waren. Doch als Caesar ermordet worden war und viele sich aus Furcht vor Unruhen für eine Amnestie aussprachen, war er der Meinung, man müsse auch über Belohnungen für die Mörder des Tyrannen befinden. Darauf bekleidete er die Praetur und hat, als sich am Ende des Amtsjahres abzuzeichnen begann, daß die Triumvirn nicht mehr ein Herz und eine Seele waren, die Abzeichen über die reguläre Amtszeit hinaus behalten und ist dem Konsuln L. Antonius, dem Bruder des Triumvirn, bis vor Perusia gefolgt. Als die anderen sich bereits ergeben hatten, hat er als einziger bei seinen Obliegenheiten ausgeharrt und ist zuerst nach Praeneste, von da nach Neapel entkommen. Als er ohne Erfolg die Sklaven zur Freiheit aufgerufen hatte, floh er nach Sizilien. Aber er regte sich darüber auf, daß man ihn nicht sofort zu Sextus Pompeius vorgelassen und ihm untersagt hatte, sich die Fasces vorantragen zu lassen. Und so setzte er zu M. Antonius nach Griechenland über. Mit ihm kehrte er nach kurzer Zeit nach Rom zurück, als der Friede zwischen allen Parteiungen wiederhergestellt war, und trat seine Frau Livia Drusilla an Augustus ab, der sie zu seiner Gemahlin haben wollte; sie war zu diesem Zeitpunkt bereits schwanger und hatte ihm schon einen Sohn geboren. Und kurz darauf starb er und hinterließ beide Kinder, den Tiberius Nero und den Drusus Nero.

Einige sind einer unhaltbaren Vermutung gefolgt und der Ansicht gewesen, Tiberius sei in Fundi geboren, weil seine Großmutter mütterlicherseits daher stammt und weil man dort schon bald ein Bildnis der Felicitas einem Senatsbeschluß entsprechend aufgestellt hatte. Aber wie es bei mehreren und zuverlässigeren Gewährsleuten überliefert wird, so ist es zutreffend: Geboren wurde er in Rom auf dem Palatin, am 16. November, als M. Aemilius Lepidus zum zweiten Male und L. Munatius Plancus Konsuln waren, nach dem Krieg von Philippi. So ist es nämlich in die Fasten und in den Staatsanzeiger aufgenommen worden. Doch gibt es auch noch welche, von denen die einen schreiben, er sei ein Jahr früher, unter den Konsuln Hirtius und Pansa also, die anderen, er sei ein Jahr später, als Servilius Isauricus und L. Antonius Konsuln waren, geboren.

Er hat seine frühe Kindheit und seine Jugend unter großen Mühen und Anstrengungen verbracht, er hat nämlich seine Eltern auf der Flucht begleitet, ganz gleich wo es hinging. Ja er hat sie bei Neapel beim Einfall der Feinde durch sein Wimmern zweimal fast verraten, als sie heimlich an Bord eines Schiffes gehen wollten, das eine Mal, als er von der Brust seiner Amme, das andere Mal, als er aus den Armen seiner Mutter Hals über Kopf weggerissen wurde von

Leuten, die versuchten, den schwachen Frauen in dieser kritischen Situation eine Last abzunehmen. Auch durch Sizilien und Achaia nahmen sie ihn mit, und er wurde den Spartanern, die unter dem Schutz der Claudier standen, anvertraut; als man sich von dort bei Nacht auf den Weg machte, geriet er in Lebensgefahr, als plötzlich aus den Wäldern ringsum ein Brand ausbrach und alle, die sich zu der Reise zusammengetan hatten, einschloß, so daß Livias Kleidung und Haar zum Teil versengt wurden. Die Geschenke, die er von Pompeia, der Schwester des Sextus Pompeius, auf Sizilien erhalten hatte, ein Mantel und eine Spange, ferner goldene Amulettkapseln, existieren noch und werden bis auf den heutigen Tag in Baiae vorgezeigt. Nach seiner Rückkehr nach Rom hat ihn der Senator M. Gallius in seinem Testament adoptiert; er trat die Erbschaft an, legte aber bald dessen Namen wieder ab, weil Gallius auf der Seite der Gegner des Augustus gestanden hatte.

Als er neun Jahre alt war, starb sein Vater, und er hielt für ihn vorne auf der Rednerbühne die Leichenrede. Als er dann ins erste Mannesalter trat, begleitete er den Wagen des Augustus beim Actischen Triumph auf dem Zügelpferd zur Linken, während Marcellus, der Sohn der Octavia, auf dem Pferd zur Rechten ritt. Er hatte auch die Leitung der Spiele, die man in der Stadt zu Ehren des Bacchus feierte, und führte beim Trojaspiel im Circus die berittenen Abteilungen der älteren Jungen an.

Nachdem er die Männertoga angelegt hatte, verbrachte er seine ganzen Jugend- und die folgenden Jahre bis zum Beginn seines Prinzipats ungefähr damit: Er veranstaltete ein Gladiatorenspiel zum Gedenken an seinen Vater und ein zweites zu Ehren seines Großvaters Drusus, zu verschiedenen Zeiten und an verschiedenen Orten; das erste fand auf dem Forum statt, das zweite im Amphitheater; er hatte auch gewisse ausgediente Gladiatoren für ein Handgeld von hunderttausend Sesterzen wieder verpflichten können. Er veranstaltete auch Schauspiele, doch dabei war er nicht persönlich anwesend; alle richtete er prachtvoll aus, die Kosten bestritten seine Mutter und sein Stiefvater.

Er heiratete Agrippina, die Tochter des Marcus Agrippa und die Enkelin des römischen Ritters Caecilius Atticus, des Adressaten der Briefe Ciceros. Obwohl sie ihm einen Sohn, Drusus, geboren hatte, sie gut miteinander auskamen und sie wieder schwanger war, war er gezwungen, sich von ihr scheiden zu lassen und unverzüglich Iulia, die Tochter des Augustus, zu heiraten. Das tat ihm im Herzen weh, zumal er sehr an Agrippina hing und er Iulias Charakter nicht gut fand, zumal er bemerkt hatte, daß sie ihn noch zu Lebzeiten ihres früheren Gatten begehrte, das war allerdings sogar die allgemein vertretene Ansicht. Aber nach der Scheidung bedauerte er, daß er Agrippina verstoßen hatte; das eine Mal, an dem sie ihm über den Weg gelaufen ist, hat er seinen Blick nicht von ihr abwenden können und ihr mit geschwollenen Augen nachgeschaut, so daß man darauf achtgab, daß sie ihm später nie mehr zu Gesicht kam. Mit Iulia lebte er zu Anfang einträchtig und in gegenseitiger Liebe, aber bald war ihr Verhältnis zerrüttet und zwar so gewaltig, daß er auch ein für alle Male getrennt von ihr schlief, nachdem das Unterpfand ihrer Liebe, der gemeinsame Sohn, nicht mehr da war; er war in Aquileia geboren und als ganz kleines Kind gestorben. Seinen Bruder Drusus verlor er in Germanien; seinen Leichnam brachte er bis nach Rom, wobei er den ganzen Weg zu Fuß voranging.

Er gab erste Proben seiner öffentlichen Pflichten, als Augustus zu Gericht saß: er verteidigte den König Archelaos, die Einwohner von Trallia und Thessalien, jeden aus einem anderen Grund. Für die Bewohner von Laodicea, Thyatira und Chios verwendete er sich beim Senat, als sie ein Erdbeben schlimm heimgesucht hatte und sie um Hilfe baten. Fannius Caepio, der zusammen mit Varro Murena gegen Augustus ein Komplott angezettelt hatte, klagte er vor Gericht wegen Hochverrats an und erreichte seine Verurteilung. Währenddessen hatte er noch zwei Dinge zu regeln: die Versorgung mit Getreide, das zu knapp geworden war, und die Säuberung der Arbeitshäuser in ganz Italien; denn es war so weit gekommen, daß man deren Eigentümer schief ansah, so als ob sie nicht nur Wanderer aufgriffen und dann darin festhielten, sondern auch Leute, die die Furcht, eingezogen zu werden, in derartige Schlupfwinkel verschlagen hatte.

Seinen ersten Militärdienst leistete er als Militärtribun bei dem Unternehmen in Kantabrien, darauf führte er ein Heer in den Orient und gab Tigranes das Königreich Armenien zurück und setzte ihm vor dem Tribunal das Diadem auf. Man händigte ihm auch die Feldzeichen aus, die die Parther dem M. Crassus abgenommen hatten. Danach war er für fast ein Jahr Statthalter der Gallia Comata; diese Provinz war infolge der Einfälle der Barbarenvölker und der Mißhelligkeiten unter den Fürsten noch nicht zur Ruhe gekommen. Unmittelbar hierauf führe er Krieg in Rätien und Vindelicien, anschließend in Pannonien, schließlich in Germanien. Im Rätischen und Vindelicischen Krieg unterwarf er die Alpenstämme, im Pannonischen die Breucer und Dalmater, im Krieg gegen die Germanen ließ er vierzigtausend von den Gefangenen nach Gallien übersiedeln und ihren Wohnsitz ganz in der Nähe des Rheinufers in einem Gebiet nehmen, das er ihnen zugewiesen hatte. Wegen dieser Leistungen feierte er einen kleinen Triumph und fuhr auf dem Wagen in die Stadt ein; man hatte ihn bereits früher mit den Abzeichen des Triumphators geehrt, wie einige glauben; auf

diese Art geehrt zu werden, war neu und vor ihm noch keinem zuteil geworden.

Die Ämterlaufbahn trat er an, bevor er das vorgeschriebe-
ne Alter erreicht hatte, und durchlief alle Ämter fast ohne
Unterbrechung, die Quaestur, Praetur und das Konsulat. Er
ließ etwas Zeit verstreichen, dann wurde er zum zweiten
Male Konsul und erhielt für fünf Jahre auch die Befugnisse
des Volkstribunen. Obwohl doch so vieles so günstig lief,
beschloß er in der Blüte seiner Jugend und bei voller Gesundheit plötzlich, abzutreten und sich in den entferntesten
Winkel zurückzuziehen und sich so aus dem aktiven Geschehen herauszunehmen; es ist ungewiß, ob er von seiner
Frau angewidert war – er wagte es nicht, ihr Vorwürfe zu
machen oder sie zu verstoßen, noch konnte er sie weiterhin
ertragen – oder ob er das tat, weil er das tägliche Einerlei satt
hatte und um sein Ansehen durch seine Abwesenheit zu be-
wahren und sogar noch zu vergrößern, falls der Staat irgendwann einmal seiner bedurfte. Einige sind auch der Meinung, er habe für die bereits erwachsenen Kinder des Augustus den Platz und sozusagen den Besitz des von ihm schon
lange beanspruchten zweiten Ranges frei gemacht, nach
dem Beispiel des M. Agrippa, der, als M. Marcellus näher an
die öffentlichen Ämter herangerückt war, nach Mytilene abreiste, damit es nicht so aussah, als stehe er ihm durch seine
Anwesenheit im Wege oder arbeite aus Mißgunst gegen ihn.
Auch Tiberius hat das als Grund angegeben, allerdings erst
im nachhinein. Damals bat er unter dem Vorwand, er sei der
Ämter überdrüssig und brauche Erholung von den Strapazen, um Urlaub. Und er tat nicht einmal seiner Mutter, die
ihn auf Knien darum bat, den Gefallen zu bleiben, und auch
nicht seinem Stiefvater, der sich sogar im Senat darüber beklagte, daß er ihn im Stiche lasse. Ja er hat sogar vier Tage
lang keine Nahrung mehr zu sich genommen, als man ihn

mit zu großer Beharrlichkeit zurückhalten wollte. Schließlich erhielt er die Erlaubnis abzureisen; seine Frau und seinen Sohn ließ er in Rom und ging schnurstracks nach Ostia; keinem seiner Begleiter erwiderte er auch nur ein Wort, und als er abreiste, gab er nur wenigen einen herzhaften Kuß. Als er von Ostia aus an der Küste Kampaniens entlang segelte, erhielt er die Nachricht, daß Augustus kränkele; er hielt nur kurz an. Als sich aber das Gerücht verbreitete, er bewege sich nicht von der Stelle, bis die Gelegenheit, sich größere Hoffnungen zu machen, gekommen sei, segelte er bei fast ungünstigen Witterungsverhältnissen nach Rhodos; von der Anmut dieser Insel und dem gesunden Klima war er schon damals ganz ergriffen gewesen, so daß er auf seiner Rückreise von Armenien dort angelegt hatte. Hier gab er sich mit bescheidenen Räumlichkeiten und einem ein wenig geräumigerem Landgut zufrieden, führte im vollsten Sinne des Wortes ein recht bürgerliches Leben, indem er ohne Liktor oder Landbote im Gymnasium herumspazierte und mit den Griechlein fast wie mit Seinesgleichen Umgang auf Gegenseitigkeit pflegte.

Einmal hatte er, als er frühmorgens seinen Tagesablauf plante, zufällig angekündigt, er wolle alle Kranken in der Stadt besuchen; das ist von denen, die in seiner Nähe standen, anders aufgefaßt worden, und so ordneten sie an, daß alle Kranken in die öffentliche Säulenhalle gebracht und dort entsprechend ihrer Erkrankungen verteilt werden sollten. Über diese Maßnahme war er so überrascht, daß er betroffen und lange unschlüssig darüber war, was er tun solle; schließlich ging er reihum zu jedem einzelnen, entschuldigte sich für das, was geschehen war, bei jedem, selbst bei Leuten aus den kleinsten Verhältnissen und solchen, die er gar nicht kannte. Beobachtet ist lediglich der folgende Vorfall worden, sonst kein einziger mehr, wo es den Anschein hatte,

daß er die Amtsgewalt des Volkstribunen ausgeübt hat: Weil
er ständig in der Nähe der Schulen und Hörsäle der Profes-
soren zu sehen war, da gab es natürlich, als unter den Gegen-
sophisten ein recht schwerer Streit entbrannte, jemanden,
der mit spottender Schelte auf ihn losging, als er schlichten
wollte und sich wohl etwas zu eifrig für die andere Partei bemühte. Deshalb ging er mit Weile nach Hause, trat plötzlich
mit seinen Amtsdienern wieder heraus, ließ denjenigen, der
über ihn gelästert hatte, durch den Herold vor Gericht laden, ihn ergreifen und ins Gefängnis werfen.

Darauf erhielt er die Nachricht, daß seine Frau Iulia wegen ausschweifenden Lebenswandels und ihrer Ehebrüche
verurteilt und ihr in seinem Namen aufgrund der Macht-
vollkommenheit des Augustus der Scheidebrief zugesandt
worden sei. Obwohl er sich einerseits über diese Nachricht
freute, hielt er es doch für seine Pflicht, seinen Einfluß geltend zu machen und für die Tochter beim Vater in zahlreichen Briefen immer wieder Fürbitte einzulegen und ihr
doch alles, was er ihr einmal geschenkt hatte, zu lassen, wie
auch immer sie sich benommen hatte. Als seine Amtszeit als
Volkstribun abgelaufen war, gestand er endlich ein, daß er
aus Rom nur fortgegangen sei, um nicht in den Verdacht zu
kommen, er sei ein Nebenbuhler von Gaius und Lucius; in
dieser Hinsicht brauche er sich jetzt keine Sorgen mehr zu
machen, da sie ja mittlerweile junge Männer seien und unstreitig den zweiten Platz behaupteten. Jetzt bat er darum,
ihm zu erlauben, seine Verwandten wiederzusehen, nach denen er sich innigst zurücksehne. Aber seiner Bitte wurde
nicht entsprochen, ja er wurde obendrein auch noch ermahnt,
endlich damit aufzuhören, sich um die Seinen Sorgen zu machen, die er doch so egoistisch verlassen habe. Also blieb
er entgegen seinem Wunsch weiterhin auf Rhodos und erreichte mit Mühe über seine Mutter, daß er sozusagen als Ge-

sandter im Auftrage des Augustus fern von Rom sei; damit wollte man die erlittene Schande verdecken.

In der Tat spielte er damals nicht nur die Rolle eines Privatmannes, sondern benahm sich auch unselbständig und hastig, zog sich ins Innere der Insel zurück und ging den Aufwartungen derjenigen aus dem Weg, die vorbeisegelten und ihn gewöhnlich in Scharen besuchten. Denn kein hoher Militär oder Beamter eilte irgendwohin, ohne einen Abstecher nach Rhodos zu machen. Und die Gründe, sich noch mehr zu beunruhigen, mehrten sich. Denn als er nach Samos übergesetzt hatte, um seinen Stiefsohn Gaius, der im Orient das Oberkommando innehatte, zu besuchen, merkte er, daß der gegen ihn nicht günstig gestimmt war, weil sein Begleiter und Berater M. Lollius ihn bei diesem angeschwärzt hatte. Er kam sogar in Verdacht, über gewisse Centurionen, die seiner Empfehlung alles verdankten und nach dem Urlaub wieder ins Lager zurückeilten, an mehrere Leute vieldeutige Aufträge gegeben zu haben, die dazu angetan schienen, einige Leute zu einem Putsch zu verleiten. Über diesen Verdacht unterrichtete ihn Augustus, und er zögerte nicht, darauf zu bestehen, daß jemand, ganz gleich welchen Standes, überwachen solle, was er tue und sage. Auch seine üblichen Reit- und Waffenübungen gab er auf; die römische Tracht legte er auch ab und wandelte sich soweit, daß er Mantel und Sandalen anzog. In einer solchen Verfassung blieb er fast zwei Jahre hindurch. Von Tag zu Tag brachte man ihm immer weniger Achtung und immer mehr Haß entgegen, so daß die Einwohner von Nemausus seine Bilder und Statuen umstürzten. Und als man einmal bei einem Gastmahl in kleinem Kreis auf ihn zu sprechen kam, da erhob sich doch plötzlich jemand, der sich anheischig machte, sofort – wenn Gaius es befehle – nach Rhodos zu segeln und ihm den Kopf des Verbannten – denn so war es üblich, ihn zu titulieren – zu brin-

gen. Daher sah er sich insbesondere gezwungen, nicht so
sehr aus Angst sondern wegen des Risikos für sein Leben,
persönlich und durch seine Mutter mit allem Nachdruck
darum zu bitten, ihm die Rückkehr zu erlauben. Er hat sie
erwirkt, wobei ihm der Zufall ganz entscheidend zu Hilfe
kam. Augustus hatte sich nämlich fest vorgenommen, in
dieser Sache nichts zu entscheiden ohne das Einverständnis
seines älteren Sohnes. Zufällig war dieser zu der Zeit gegen
M. Lollius recht aufgebracht und seinem Stiefvater gegenüber nachsichtig und zugänglich. Gaius gab also seine Zustimmung, und er wurde zurückgerufen, aber nur unter der
Bedingung, daß er sich ganz aus der Politik heraushalte.

Er kehrte im achten Jahr, nachdem er sich von Rom zurückgezogen hatte, dorthin zurück. Was die Zukunft anbelangte, erfüllte ihn eine große und begründete Hoffnung,
die er vom Anfang seines Lebens an auf Grund von Wunderzeichen und Voraussagen in sich hatte wachsen lassen.

Als Livia mit ihm schwanger ging, versuchte sie aus verschiedenen Vorzeichen herauszubringen, ob sie einen Sohn
gebären werde. Einer brütenden Henne nahm sie ein Ei weg
und hielt es teils in ihrer, teils in der Hand ihrer Dienerinnen
so lange warm, bis ein Hähnchen mit einem auffallend
prächtigen Kamm ausschlüpfte. Schon dem kleinen Kind
hatte der Astrologe Scribonius eine glänzende Zukunft vorausgesagt, auch daß er einmal König sein werde, aber ohne
das Abzeichen eines Königs; verständlich, denn man wußte
ja damals noch nichts von der Macht, die die Kaiser heute
besitzen. Als er seinen ersten Feldzug unternahm und ein
Heer durch Makedonien nach Syrien führte, geschah es, daß
die bei Philippi vor Zeiten geweihten Altäre der siegreichen
Legionen plötzlich durch Feuer hell aufleuchteten, ohne
daß jemand die Feuer entzündet hätte. Und bald darauf, als
er nach Illyrien marschierte und auf dem Weg nahe bei Pata-

vium das Orakel des Geryon aufsuchte, zog er ein Los, durch das ihm bedeutet wurde, er solle wegen der Anfrage goldene Würfel in die Quelle des Aponus werfen; und es ergab sich, daß seine Würfel die höchste Zahl zeigten. Noch heute kann man diese Würfel unter Wasser liegen sehen. Wenige Tage vor seiner Rückberufung nach Rom ließ sich ein Adler auf dem Giebel seines Hauses nieder; nie zuvor hatte man auf Rhodos einen solchen Vogel zu Gesicht bekommen. Am Tag, bevor er die Nachricht erhielt, daß er nach Rom zurückkehren dürfe, schien beim Wechseln der Kleider seine Tunika zu brennen. Auch den Astrologen Thrasyllos, den er als Lehrer für Philosophie in sein Gefolge aufgenommen hatte, stellte er ganz besonders auf die Probe; Thrasyllos behauptete nämlich, das Schiff, das man in der Ferne gesichtet habe, bringe ihm mit Sicherheit eine erfreuliche Nachricht. Tiberius hatte übrigens gerade in diesem Augenblick, als sie zusammen spazieren gingen, fest vorgehabt, ihn als Lügner und Mitwisser seiner unbesonnenen geheimen Gedanken ins Meer zu stürzen, wurde es für ihn doch immer gefährlicher und nahmen die Dinge einen Verlauf, der dem, was er vorhergesagt hatte, ganz zuwiderlief.

Er kehrte nach Rom zurück und geleitete seinen Sohn Drusus auf das Forum; stehenden Fußes siedelte er aus den Carinen und zwar aus dem Haus des Pompeius in die Gärten des Maecenas auf den Esquilin über und hielt sich aus allen politischen Fragen und Angelegenheiten vollkommen heraus, er ging nur privaten Pflichten nach und war ohne öffentliche Aufgaben.

Gaius und Lucius verstarben beide während der nächsten drei Jahre; deshalb adoptierte Augustus ihn zugleich mit deren Bruder M. Agrippa. Vorher hatte er ihn gezwungen, Germanicus, den Sohn seines Bruders, zu adoptieren. Danach hat er sich in keiner Hinsicht mehr als Familienoberhaupt aufgeführt, noch hat er das Recht, das er verloren hatte, sich irgendwie erhalten. Er machte nämlich weder Geschenke noch ließ er jemanden frei, nicht einmal eine Erbschaft oder irgendwelche Legate nahm er an, es sei denn, die Einnahmen wurden dem Sondergut zugerechnet. Nichts wurde seit dieser Zeit unterlassen, sein Ansehen zu steigern, und darum bemühte man sich um so mehr, seitdem Agrippa verstoßen und verbannt worden und es sicher war, daß doch nur er allein ganz nahe daran sei, Aussicht zu haben, Nachfolger zu werden. Andererseits wurde ihm für fünf Jahre die tribunizische Gewalt übertragen; er wurde beauftragt, dafür zu sorgen, daß in Germanien die Lage ruhig werde. Nachdem die Gesandten der Parther das, was ihnen aufgetragen worden war, in Rom Augustus vorgetragen hatten, erhielten sie den Befehl, auch Tiberius in der Provinz aufzusuchen. Als aber die Nachricht eintraf, Illyrien sei abgefallen, da ließ er sich den neuen Krieg angelegen sein; es war der schwerste aller auswärtigen Kriege seit den Punischen Kriegen. Er führte ihn mit fünfzehn Legionen und gleich vielen Hilfstruppen drei Jahre lang, dabei waren die Schwierigkeiten auf allen Ebenen groß, und es herrschte äußerster Mangel an Getreide. Und obwohl man ihn öfter zurückbeorderte, blieb er dennoch vor Ort und kämpfte weiter, weil er befürchtete, der Feind, der vor ihrer Haustür stehe und die Oberhand habe, werde ihnen hart nachsetzen, wenn sie sich, dazu noch ohne Veranlassung, zurückzögen. Seine Hartnäckigkeit hat sich sehr gelohnt: Ganz Illyrien, soweit es sich erstreckt zwischen Italien und dem Königreich Noricum, Thrakien und Makedonien, zwischen der Donau und dem Küstenstreifen an der Adria, wurde vollkommen unterjocht und den Römern unterstellt. Weil auch noch der Zeitpunkt günstig war, trug er noch mehr Ruhm davon, der über das gewöhnliche Maß hinausging. Denn fast zur selben

Zeit ging in Germanien Quintilius Varus mit drei Legionen
zugrunde, und niemand hatte irgendwelche Zweifel daran,
daß sich die Germanen nach ihrem Sieg mit den Pannoniern
verbündet hätten, wenn nicht zuvor Illyrien in einem Krieg
vollkommen bezwungen worden wäre. Wegen dieser Verdienste wurde ihm ein Triumph zuerkannt und darüber hinaus auch noch große Ehrungen. Einige waren auch der Ansicht, man solle ihm den Beinamen »Pannonicus« verleihen,
andere waren für »Invictus«, einige sprachen sich für »Pius«
aus. Aber gegen einen Beinamen erhob Augustus Einspruch; er versprach hingegen, Tiberius werde mit dem Beinamen zufrieden sein können, den er nach seinem Ableben
erhalten werde. Tiberius verschob den Triumph von sich aus
auf einen späteren Zeitpunkt, da die Bürgerschaft wegen der
Niederlage des Varus traure. Seinen Einzug in die Stadt
hielt er aber dennoch in der Praetexta und bekränzt mit dem
Lorbeer und stieg, der Senat blieb aufrecht stehen, auf das
Tribunal, das man in den Saepta errichtet hatte, und nahm in
der Mitte zwischen den beiden Konsuln zur gleichen Zeit
wie Augustus Platz. Von dort aus begrüßte er das Volk, und
man geleitete ihn zu den Tempeln in der Nachbarschaft.

Im folgenden Jahr ging er wieder nach Germanien; weil er
erkannt hatte, daß es nur aus Unbesonnenheit und Nachläs-
sigkeit des Führers zur Niederlage des Varus gekommen
war, unternahm er nichts, ohne vorher den Kriegsrat um seine Ansicht gefragt zu haben. Sonst war immer alles nach seinem Dafürhalten gegangen, und er hatte sich nur auf sich
selbst verlassen, damals aber beriet er sich entgegen seiner
Gewohnheit mit mehreren über die Kriegführung. Auch bei
seinem Kommando legte er größere Genauigkeit als üblich
an den Tag. Als er daran ging, den Rhein zu überqueren, ließ
er den gesamten Troß, den er auf ein bestimmtes Maß einge-
schränkt hatte, nicht eher übersetzen, als bis er am Ufer selbst

Stellung bezogen und die Ladung der Wagen kontrolliert hatte, damit nur das hinüber transportiert werde, was er erlaubt hatte und was notwendig war. Auf der anderen Rheinseite aber gewöhnte er sich daran, in der Art zu leben, daß er sich auf den nackten Rasenboden setzte und etwas aß, oft ohne Zelt übernachtete und sämtliche Befehle für den folgenden Tag, auch wenn plötzlich noch eine Aufgabe hinzugefügt werden mußte, nur schriftlich gab. Er setzte die Aufforderung darunter, jeder, der hinsichtlich irgendeines Punktes Bedenken habe, solle sich, und zwar ohne Mittelsmann, direkt an ihn wenden, zu jeder Zeit, selbst in der Nacht. Disziplin forderte er mit äußerster Strenge ein, indem er auf Arten der Bestrafung und von Ehrverlust aus alter Zeit zurückgriff und einen Legionslegaten mit Schimpf brandmarkte, weil er ein paar Soldaten zusammen mit seinem Freigelassenen zur Jagd jenseits des Flusses geschickt hatte. Wenn er auch nur ganz wenig dem blinden Zufall überließ, so begann er doch Schlachten stets beträchtlich ruhiger, wenn das Licht, während er bei Nacht arbeitete, plötzlich und ohne daß es jemand umgestoßen hatte, herabfiel und verlosch; er verlasse sich, wie er sagte, fest auf ein Vorzeichen, was sich für ihn und seine Vorfahren bei jedem Kommando voll bewährt habe. Aber obwohl er einen Krieg erfolgreich geführt hatte, hätte nicht viel gefehlt und er wäre von einem Brukterer ermordet worden, der sich unter denjenigen bewegte, die mit ihm Tuchfühlung hatten; dieser hatte sich durch seine unruhige Hast verraten; unter der Folter hat man ihm das Geständnis herausgepreßt, eine schlimme Tat im Schilde geführt zu haben. Als er nach zweijähriger Abwesenheit aus Germanien nach Rom zurückkehrte, feierte er den Triumph, den er einst verschoben hatte, wobei ihm auch die Legaten das Geleit gaben, für die er die Triumphabzeichen erwirkt hatte. Bevor er seinen Wagen zum Kapitol hin lenkte, stieg er ab und fiel vor seinem Vater, der den Vorsitz hatte, auf die Knie. Bato, den Anführer der Pannonier, beschenkte er mit reichlich Beutestücken und ließ ihn nach Ravenna umziehen, aus Dank dafür, daß er ihn einst mit seinem Heer aus einem schwierigen Gelände, wo er umzingelt war, hatte entkommen lassen. Sodann richtete er für das Volk ein zweites Frühstück an tausend Tischen aus und verteilte eine Geldspende von dreihundert Sesterzen pro Mann. Er stiftete aus der Kriegsbeute auch der Concordia einen Tempel, ferner einen Tempel für Pollux und Castor in seinem Namen und in dem seines Bruders. Wenig später setzten die Konsuln einen Gesetzesvorschlag durch, nach dem er die Provinzen gemeinsam mit Augustus verwalten und zusammen mit ihm eine Volkszählung durchführen sollte; nachdem das Sühnopfer dargebracht worden war, brach er nach Illyrien auf. Noch während des Marsches wurde er zurückgerufen, und so traf er Augustus zwar bereits angeschlagen, aber doch noch lebend an und war mit ihm den ganzen Tag unter vier Augen zusammen.

Ich weiß, daß man allgemein glaubt, von den Dienern sei, als Tiberius nach dem Gespräch unter vier Augen das Zimmer verließ, folgende Bemerkung des Augustus aufgeschnappt worden: »Was ist doch das römische Volk arm, das unter so langsam zermalmende Zähne kommen wird.« Mir ist auch nicht unbekannt, daß einige berichtet haben, Augustus habe öffentlich und ganz ohne Hehl seine grausame Härte so sehr mißbilligt, daß er manchmal sogar recht ungezwungene und heitere Gespräche abbrach, wenn er dazu kam. Er habe sich aber von den Bitten seiner Gattin erweichen lassen und einer Adoption zugestimmt, es mag ihn auch nur sein Ehrgeiz verleitet haben, daß man sich irgendwann einmal nach ihm zurücksehnen werde, wenn ein solcher Mann sein Nachfolger sei. Doch kann man mich nicht soweit bringen zu glauben, der umsichtigste und klügste Herrscher habe gerade bei dieser so bedeutenden Amtshandlung vollkommen unbesonnen gehandelt. Ich bin vielmehr der Ansicht, Augustus habe die Schwächen des Tiberius und seine Vorzüge gegeneinander abgewogen und sei zu der Überzeugung gelangt, die Vorzüge würden überwiegen, zumal da er vor versammeltem Volk geschworen habe, er adoptiere ihn im Interesse des Staates. Auch soll er ihn in einigen Briefen als den erfahrensten Mann im Kriegswesen und als einzigartigen Beschützer des römischen Volkes schildern. Aus diesen habe ich einige Bemerkungen als Beweis hier und dort herausgesucht und lasse sie nun folgen:

»Lebe wohl, mein liebster Tiberius, und habe eine glückliche Hand bei allem, was du anfaßt, für mich und meine und deine Kriegskameraden.« »Mein Liebster, und so wahr ich glücklich bin, tapferster Mann und verdienstvollster Feldherr, lebe wohl.«

»Die Ordnung in deinem Winterlager aber findet mein Lob, mein lieber Tiberius, und ich glaube, daß bei einer solchen Häufung von äußeren Schwierigkeiten und der Mutlosigkeit, wie sie sich bei den Truppen breitgemacht hatte, niemand kluger hatte handeln können, als du es getan hast. Das gestehen dir auch alle zu, die bei dir waren; es dürfte der bekannte Vers aus Ennius auf dich angewendet werden:

Ein Mann hat durch sein unermüdliches Wirken den Staat wieder auf Vordermann gebracht.«

»Wenn sich etwas zuträgt, über das man gründlicher nachdenken müßte, oder etwas, worüber ich mich ärgere, wünsche ich mir sehr meinen Tiberius herbei, Gott sei mein Zeuge; da fällt mir der allbekannte Vers des Homer ein:

In seiner Begleitung kehrten wir sogar aus flammendem
Feuer
beide zurück, weil keiner ihm gleicht an Erfindung.«

»Wenn ich höre oder lese, du seist heruntergekommen, weil
du dir bei all den Strapazen kein Verschnaufen gönnst, sollen mich die Götter zugrunde richten, wenn ich nicht am
ganzen Körper erschaudere. Ich bitte dich, schone dich, daß
ich und deine Mutter nicht, wenn wir hören, du seist krank,
den letzten Atemzug tun und das römische Volk nicht um
die Existenz seines Reiches bangen muß.«

»Es kommt nicht darauf an, ob ich wohlauf bin oder
nicht, wenn du nicht gut daran bist.«

»Ich beschwöre die Götter, daß sie uns dich erhalten und
dich heute und für alle Zeiten bei guter Gesundheit lassen,
wenn sie dem römischen Volk nicht sehr gram sind.«

Daß Augustus verstorben war, machte man nicht eher bekannt, bis auch der junge Agrippa getötet worden war. Diesen tötete ein Militärtribun, der ihm als Leibwächter an die
Seite gestellt worden war, auf Grund einer Kabinettorder,
die darauf lautete, dies zu erledigen. Was diese Weisung von
höchster Stelle anbelangt, so ist zweifelhaft, ob Augustus sie
auf seinem Sterbebett erlassen habe, um so einem Tumult
nach seinem Ableben den Anlaß zu nehmen; oder ob Livia
sie im Namen des Augustus diktiert habe, wobei dahingestellt bleibt, ob dies mit oder ohne Wissen des Tiberius geschah. Tiberius erteilte dem Tribunen, der Meldung machte,
daß der Befehl ausgeführt sei, die Antwort, er habe den Befehl nicht gegeben und der Tribun habe sich vor dem Senat
zu verantworten. Sicherlich tat er das nur, um übler Nachrede vorzubeugen. Denn danach hat er über die Sache kein
Wort mehr verloren und sie so in Vergessenheit gebracht.
Und kraft seiner tribunizischen Amtsgewalt rief er den Se-

nat zusammen und begann, eine Ansprache zu halten; ur-
plötzlich aber, wie wenn ihn ein Schmerz übermannte, seufzte er auf und wünschte sich, es möge ihm nicht nur die Stimme versagen, sondern er möge auch nicht mehr genug Le-
bensatem schöpfen können, und er gab seinem Sohn Drusus
den Redetext, damit er ihn zu Ende vorlese. Dann brachte
man das Testament des Augustus herein; anwesend waren
von denjenigen, die die Richtigkeit des Testaments mit ihrer
Unterschrift bestätigt hatten, nur die aus dem senatorischen
Stand, die übrigen bestätigten ihre Unterschrift außerhalb
der Kurie; dann ließ er das Testament von einem Freigelassenen verlesen. Das Testament begann wie folgt: »Da ein grausames Schicksal mir meine Söhne Gaius und Lucius geraubt
hat, soll Tiberius Caesar als Erbe sieben Zwölftel meines
Vermögens erhalten.« Und gerade diese Einleitung bestärkte diejenigen in ihrem Argwohn, die der Meinung waren, er
habe ihn eher als Nachfolger bestellt, weil Not am Manne
war, als weil er von ihm eine gute Meinung hatte, da er es
sich nicht hatte nehmen lassen, eine solche Feststellung vorauszuschicken.

Sich eiligst an die erste Stelle im Staate zu setzen und sie
auch auszufüllen, hatte er nicht gezögert, und er hatte sich
auch eine Wache aus Soldaten, das heißt die Gewalt und das
äußere Zeichen eines Alleinherrschers zugelegt, dennoch
wies er lange Zeit die Alleinherrschaft von sich, indem er
ganz unverschämt schauspielerte und bald die Freunde, die
ihn drängten, schalt, sie wüßten ja nicht, was für ein Ungeheuer die Herrschaft sei, bald den Senat, der sich aufs Bitten
verlegte und sich vor ihm auf die Knie warf, mit zweideutigen Antworten und raffiniertem Hinhalten im Ungewissen
ließ, so daß einigen Senatoren der Geduldsfaden riß und einer im Lärm rief: »Entweder soll er endlich als Princeps
handeln oder von dem Posten Abstand nehmen!« Ein ande-

rer erhob öffentlich den Vorwurf, andere Menschen täten, was sie versprochen hätten, säumig, er selbst aber verspreche nur säumig, was er bereits tue. Endlich übernahm er die Herrschaft, tat aber so, als habe man ihn gezwungen, und beklagte sich darüber, daß man ihm eine elende und lästige Sklavenarbeit aufbürde. Und er verhielt sich dabei so, als wolle er Hoffnung machen, er werde sich ihrer irgendwann einmal entledigen. Wörtlich bemerkt er: »... bis ich so alt geworden bin, daß euch der Zeitpunkt gekommen zu sein scheint, dem alten Mann etwas Ruhe zu gönnen.«

Er zögerte nur deshalb, weil er fürchtete, von überallher drohten ihm Gefahren; so soll er oft gesagt haben, er halte einen Wolf bei den Ohren. Denn einerseits hatte ein Sklave des Agrippa namens Clemens eine beachtliche Schar zusammengebracht, um seinen Herrn zu rächen, andererseits traf L. Scribonius Libo, ein Mann aus vornehmen Kreisen, heimlich Vorbereitungen für einen Putsch, drittens war es bereits in zwei Gebieten, in Illyrien und in Germanien, zu einem Aufstand der Soldaten gekommen. Zwei Heere erhoben eine Reihe von Forderungen, die ihnen nicht zukamen; so verlangten sie vor allem, daß sie denselben Sold wie die Praetorianer erhielten. Die in Germanien stationierten Soldaten lehnten ihn als Kaiser sogar ab, da sie ihn ja nicht dazu gemacht hatten, und setzten Germanicus, der zu diesem Zeitpunkt ihr Oberbefehlshaber war, mit allen ihnen zu Gebote stehenden Mitteln zu, sich an die Spitze des Staates zu setzen, obwohl dieser sich sehr hartnäckig dagegen sträubte. Besonders dieser Umstand machte ihm Angst; deshalb verlangte er vom Senat, ihn nur mit dem Teil der Amtsgeschäfte im Staat zu betrauen, die er für richtig halte, da einer allein nur im Team mit einem anderen oder auch mehreren der Aufgabe in ihrem Gesamtumfang genügen könne. Er gab vor, ein kranker Mann zu sein, damit Germanicus mit um so

mehr Gelassenheit darauf warte, rasch seine Nachfolge an-
zutreten, oder mindestens sich des Postens eines Mitregenten sicher sein könne. Die Aufstände legte er bei; dann führte er auch Clemens durch eine List hinters Licht und brachte
ihn in seine Gewalt. Damit er als frisch bestallter Princeps
bei keiner seiner Maßnahmen zu streng vorgehe, klagte er
Libo erst im zweiten Jahr seiner Regierungszeit vor dem Senat an; in der Zwischenzeit gab er sich damit zufrieden, sich
gegen ihn vorzusehen; denn zum einen ließ er ihm, als er mit
den Priestern ein Opfer darbrachte, anstelle des Opfermes-
sers ein Messer aus Blei in die Hand drücken, zum anderen
gewährte er ihm eine Unterredung nur unter Beisein seines
Sohnes Drusus und ließ, bis die Unterredung beendet war,
dessen rechte Hand nicht los, als er im Zimmer herumging,
als wenn er sich darauf stützen wollte.

Doch als er sich von der Furcht befreit hatte, gab er sich
anfangs ganz höflich und fast wie ein Privatmann. Von den
zahlreichen und höchsten Ehrungen nahm er nur wenige
und zwar die an, die Augenmaß erkennen ließen. Als sein
Geburtstag einmal mit den plebejischen Circusspielen zu-
sammenfiel, ließ er sich nur mit Mühe bewegen, ihm zu Ehren ein Zweigespann mehr laufen zu lassen als gewöhnlich.
Ihm zu Ehren Tempel, Flamines und Priesterschaften zu
stiften, verbot er. Auch Statuen und Bilder durften nur mit
seiner ausdrücklichen Erlaubnis aufgestellt werden, und
dann auch nur unter der Bedingung, daß sie nicht zwischen
den Götterbildern, sondern zwischen den Gegenständen zu
stehen kamen, die den Tempel ausschmückten. Er schritt
auch dagegen ein, daß man auf seine Verordnungen schwöre
und den Monat September in Tiberius, den Oktober in Livius umbenenne. Auch den Vornamen »Imperator«, den Beinamen »pater patriae« und eine Bürgerkrone am Eingang
seines Hauses lehnte er ab; nicht einmal den Namen »Augu-

stus«, den er doch geerbt hatte, führte er, nur in Briefen an Könige und Fürsten setzte er ihn hinzu. Später hatte er auch das Konsulat nicht mehr als dreimal inne, eines nur für wenige Tage, das zweite drei Monate, das dritte in Abwesenheit bis zum fünfzehnten Mai.

Schmeicheleien gegenüber war er dermaßen abgeneigt, daß er keinen Senator an seine Sänfte treten ließ, nur damit er ihm seine Aufwartung mache oder eine Aufgabe sich übertragen lasse; ja er soll vor einem ehemaligen Konsuln, der sich bei ihm gehörig entschuldigen wollte und dazu den Versuch unternahm, auf den Knien bei ihm Abbitte zu leisten, so davongestürzt sein, daß er rücklings zu Boden fiel. Es kam vor, daß in einem Gespräch oder in einer zusammenhängenden Rede man ihm einmal allzu schön tat, dann zögerte er sogar nicht, sich einzuschalten und den Betreffenden zurechtzuweisen und gleich darauf das Gesagte richtig zu stellen. Als ihn jemand mit Herr anredete, verbot er ihm, ihn noch einmal so zu nennen, da er diese Anrede als eine Beleidigung ansehe. Einen anderen, der von seinen Beschäftigungen als von heiligen Tätigkeiten sprach, und noch einen, der behauptete, er habe ihn veranlaßt, sich an den Senat zu wenden, zwang er, ihre Wortwahl zu ändern und statt von ›Veranlassung‹ von ›Rat‹, statt von ›heiligen‹ von ›mühevollen‹ Tätigkeiten zu sprechen. Aber Spötteleien, übles Gerede und rufschädigende Gedichte über sich und seine Familie vermochten ihn ganz und gar nicht aus der Ruhe zu bringen; so bemerkte er mehr als einmal, in einem freien Staat müßten auch Zunge und Geist ungebunden sein; als der Senat einmal eine Untersuchung wegen Vergehen dieser Art und auch bezüglich derer, die dergleichen begangen hatten, forderte, sagte er: »Wir haben überhaupt keine Zeit mehr, uns mit noch mehr Angelegenheiten zu beschäftigen. Habt ihr erst einmal dieses Fenster geöffnet, dann laßt ihr zu, daß wir zu nichts anderem mehr kommen: Denn ihr liefert allen Leuten einen Vorwand, ihre persönlichen Feindschaften von euch schlichten zu lassen.« Von ihm existiert auch noch eine sehr leutselige Äußerung vor dem Senat: »Sollte jemand eine andere Meinung geäußert haben, werde ich mir Mühe geben, mein Tun und Reden vor ihm zu rechtfertigen; sollte er aber weiterhin auf seiner gehässigen Meinung beharren, werde ich zur Abwechslung ihn hassen.«

Und dies war um so bemerkenswerter, weil gerade er bei der Begrüßung und bei der Achtung, mit der er sowohl Einzelpersonen als auch der Gesamtheit begegnete, fast übertrieben freundlich war. Als er bei einer Senatssitzung anderer Meinung als Q. Haterius war, sagte er: »Bitte verzeihe, sollte ich irgend etwas allzu offen gegen dich so wie ein Senator gesagt haben.« Dann sagte er zu allen Anwesenden: »Ich habe heute und häufig auch bei anderen Gelegenheiten gesagt, verehrte Senatoren, daß ein guter und heilbringender Kaiser, den ihr mit so gewaltigen und weitreichenden Vollmachten ausgestattet habt, dem Senat dienen müsse, oft auch den Bürgern in ihrer Gesamtheit und in einer großen Anzahl von Fällen sogar einzelnen Bürgern. Und ich bereue keineswegs, daß ich das gesagt habe, und in euch habe ich gute und gerechte und wohlwollende Herren gehabt und habe es noch.«

Ja, er erweckte sogar den Eindruck, es existiere noch so etwas wie Freiheit, indem er dem Senat und den Beamten sowohl die frühere Würde als auch Macht ließ. Und nicht eine öffentliche und private Angelegenheit war so belanglos oder so bedeutend, daß darüber nicht im Senat berichtet wurde; so wurde dort verhandelt über Steuern und Monopole, über die Errichtung und Restaurierung von Bauwerken, sogar über die Aushebung und Entlassung der Soldaten und über die Stationierung von Legionen und Hilfstruppen, schließlich darüber, wem das Imperium verlängert oder die Leitung außergewöhnlicher Kriege übertragen werden sollte, über Inhalt und Form der Antwortschreiben an Könige. Er zwang auch den Kommandanten einer Schwadron, der wegen Gewalt und Raub angeklagt war, sich vor dem Senat zu verantworten. Die Kurie betrat er immer allein; als er einmal krank war, ließ er sich in einer Sänfte in die Kurie tragen; dann ließ er die Begleiter abtreten. Er erhob nicht einmal Einspruch dagegen, daß auch Beschlüsse gefaßt wurden, die seiner Ansicht zuwider liefen. Obwohl er der Ansicht war, daß Leute, die für ein Amt vorgesehen waren, unbedingt in Rom anwesend sein müßten, damit sie sich direkt und persönlich mit dem Amt einverstanden erklärten, erwirkte ein designierter Praetor eine Wahlgesandtschaft. Ein weiterer Beleg dafür ist: Er war der Meinung, den Einwohnern von Trebia solle gestattet werden, das Geld, das ihnen für den Bau eines neuen Theaters vermacht worden war, für die Befestigung einer Straße zu verwenden; er konnte sich nicht damit durchsetzen, da der Wille des Erblassers rechtlich bindend sei. Als es zu einem Senatsbeschluß zufällig nur durch Abstimmen kommen sollte, trat er auf die Seite, wo weniger standen, aber niemand folgte ihm.

Auch alle anderen Angelegenheiten liefen nur über die Beamten und wurden nur nach dem ordentlichen Recht geregelt; das Ansehen der Konsuln war so gewaltig, daß Gesandte aus Afrika, die beklagten, daß sie der Kaiser, an den sie gesandt worden seien, nur hinhalte, sich an diese wandten. Darüber brauchte man sich weiter nicht zu wundern, da allgemein bekannt war, daß er persönlich sich vor ihnen erhob und ihnen auch Platz machte. Ehemalige Konsuln, die Befehlshaber beim Heer waren, tadelte er scharf, weil sie an den Senat über ihre Taten keine schriftlichen Berichte sandten und sich an ihn wandten, wenn es um die Verleihung von militärischen Auszeichnungen ging, als ob sie nicht durch ihr Amt befugt seien, alle Auszeichnungen zu verteilen. Einen Praetor lobte er, weil er bei seiner Amtseinführung die alte Gewohnheit wieder aufgegriffen hatte, vor der Versammlung auch der Vorfahren zu gedenken. Wenn hochgestellte Persönlichkeiten verstorben waren, gab er sehr häufig ihrem Leichenzug bis zum Scheiterhaufen das Geleit.

Das gleiche taktvolle Verhalten legte er auch gegenüber Personen und Angelegenheiten von weniger Bedeutung an den Tag. Als er die Beamten der Rhodier vorlud, weil sie ihm ein amtliches Schreiben, ohne den freundlichen Wunsch am Schluß angefügt zu haben, übergeben hatten, fuhr er sie nicht einmal unhöflich an und gab ihnen nur den Befehl, eben diesen Wunsch noch anzufügen, dann sandte er sie zurück. Auf Rhodos pflegte der Grammatiker Diogenes seine Vorlesungen stets am Sabbat zu halten; als er einmal kam, um ihn an einem anderen Tag zu hören, hat er ihn nicht zugelassen und ihn dazu auch noch über einen jungen Sklaven auf den siebten Wochentag vertröstet. Als dieser Mann in Rom vor seiner Tür stand, um ihm seine morgendliche Aufwartung zu machen, bedeutete er ihm nichts weiter, als daß er nach sieben Jahren wiederkommen möge. Als die Statthalter ihm dazu rieten, in den Provinzen die Steuern anzuheben, schrieb er ihnen zurück, ein Hirte erweise sich als guter Hirte, wenn er das Vieh schere und ihm nicht die Haut über die Ohren ziehe.

Allmählich ließ er den Herrscher durchblicken, und wenn er sich auch lange Zeit über launenhaft zeigte, gab er sich doch häufiger umgänglicher und war recht interessiert an Vorteilen für den Staat. Und anfangs mischte er sich nur insofern ein, als er verhindern wollte, daß etwas falsch lief. Deshalb hob er einerseits einige Verfügungen des Senats auf, andererseits bot er den Beamten, die auf dem Tribunal Recht sprachen, an, als Beisitzer zu fungieren; er setzte sich dann neben sie oder ihnen direkt gegenüber in die erste Reihe. Und wenn Gerede aufkam, einer der Angeklagten könne durch Parteilichkeit der Richter durch das Gesetz schlüpfen, stand er plötzlich da und erinnerte die Richter entweder aus dem Zuschauerraum heraus oder vom Sitz des Quaestors an die Gesetze, ihren heiligen Eid und auch das Vergehen, über das sie zu befinden hätten. Auch nahm er es auf sich, korrigierend einzugreifen, wenn die öffentliche Moral irgendwie entweder durch Schlendrian oder üble Gewohnheiten ins Wanken geriet. Die finanziellen Aufwendungen für szenische Darbietungen und auch für Gladiatorenkämpfe schränkte er ein, indem er die Gage der Darsteller kürzte und die Gladiatorenpaare auf eine Fixzahl reduzierte. Er beklagte sich heftig darüber, daß der Preis für Korinthische Gefäße ins Unermeßliche gestiegen war und man für drei Meerbarben dreißigtausend Sesterzen bezahlen mußte. Er war auch der Meinung, für den Hausrat sollte man ein oberes Limit festsetzen und der Senat möge in jedem Jahr eine gutachterliche Schätzung vornehmen und dann aufs Jahr für Lebensmittel einen maßvollen Preis festsetzen. Die Aedile bekamen von ihm die Aufgabe zugewiesen, die Garküchen und Kneipen dazu anzuhalten, nicht einmal Backwerk zum Kauf in die Auslage zu geben. Und um die öffentliche Sparsamkeit auch durch ein eigenes Beispiel zu fördern, ließ er bei Galadiners häufig Fischspeisen vom Vortag und solche, die man nur halb verzehrt hatte, auftragen, so auch ein halbes Wildschwein, wobei er versicherte, es sei genauso schmackhaft wie das ganze.

Per Edikt verbot er den täglichen Begrüßungskuß, ebenso den Austausch von Neujahrsgeschenken über den ersten Januar hinaus. Er hatte es sich zur Gewohnheit gemacht, Neujahrsgeschenke von vierfachem Wert zu machen und sie persönlich zu überreichen. Aber ihn hatte zornig gemacht, daß er noch den ganzen Monat über von denjenigen belästigt wurde, die am Feiertag keine Gelegenheit, ihre Geschenke zu überreichen, gehabt hatten; das nahm er nicht länger hin. Er brachte auch den Vorschlag ein, daß verheiratete Frauen, die ihre Keuschheit frei darboten, gegen die aber kein öffentlicher Ankläger auftrat, von ihren Verwandten auf Grund eines gemeinsamen Beschlusses zur Ordnung gerufen werden sollten, wie es die Vorfahren auch praktiziert hatten. Einen römischen Ritter entband er von seinem Eid und gestattete ihm, sich von seiner Frau, die er beim Ehebruch mit dem Schwiegersohn ertappt hatte, scheiden zu lassen; zuvor hatte er nämlich geschworen, er werde sie niemals verstoßen. Es kam mittlerweile vor, daß sich Frauen von schlechtem Ruf für Kupplerinnen ausgaben, um sich von der Rechtsstellung und der Würde einer verheirateten Frau freizumachen und sich so den Strafen, die die Gesetze vorsahen, zu entziehen. Und die verkommensten jungen Leute aus beiden Ständen ließen es sich absichtlich gefallen, durch ein rufschädigendes Urteil gebrandmarkt zu werden, nur um nicht durch einen Senatsbeschluß daran gehindert zu werden, bei Veranstaltungen auf der Bühne oder in der Arena aufzutreten. Alle diese Männer und Frauen verbannte er, damit sich niemandem mehr bei solch einer Raffinesse irgendein Schlupfloch auftat. Einem Senator nahm er den breiten Streifen, weil er erfahren hatte, daß er vor dem ersten Juli aufs Land abgereist sei, um nach diesem Termin um so günstiger eine Wohnung in der Stadt zu mieten. Einen anderen enthob er als Quaestor, weil er die Frau, die er am Tag vor der Verteilung der Ämter geheiratet hatte, am Tag darauf verstoßen hatte. Auswärtige Religionen, die ägyptischen und jüdischen Riten unterdrückte er. Er zwang die unbeugsamen Anhänger solcher Afterreligionen, ihre religiösen

Gewänder und alle Opfergerätschaften zu verbrennen. Die jüdische Jugend stationierte er unter dem Vorwand, daß sie beim Militär Dienst zu tun hätte, in Provinzen mit recht ungesundem Klima. Den Rest eben dieses Volkes und solche Leute, die ähnlichen Riten anhingen, wies er aus der Stadt, wobei er ihnen ewig dauernde Knechtschaft androhte, wenn sie ihm nicht gehorchten. Auch die Astrologen jagte er aus der Stadt, doch wenn sie ihn inständig anflehten und versprachen, dieser Kunst den Rücken zu kehren, hatte er Nachsicht mit ihnen.

Der Friede sollte gewahrt bleiben, unbehelligt von Landstreichern und Räuberbanden, nicht gestört von Truppen, die willkürlich Aufstände vom Zaune brachen, das war seine vordringlichste Sorge. Über ganz Italien verteilt stationierte er in größerer Zahl als bisher üblich Soldaten. In Rom ließ er eine Kaserne bauen, in die die Praetorianerkohorten, die zuvor ohne festes Quartier über die Stadt verteilt untergebracht gewesen waren, geschlossen stationiert wurden.

Waren einmal Volksaufstände aufgelodert, sorgte er einerseits mit allen ihm zu Gebote stehenden Mitteln dafür, daß sie nicht weiter um sich griffen, andererseits setzte er alles daran, daß keine neuen ausbrachen. Als im Theater im Verlauf eines Streites ein Mord geschehen war, schickte er die Rädelsführer und die Schauspieler, derentwegen man sich zerstritten hatte, in die Verbannung und konnte durch keine Bitten des Volkes bewogen werden, sie zurückzurufen. Als einmal die Volksmasse von Pollentia den Leichenzug für einen Primipilar nicht eher vom Marktplatz hatte sich in Gang setzen lassen, bis sie den Erben durch die Androhung von Gewalt Geld zur Veranstaltung eines Gladiatorenspiels abgetrotzt hatte, ließ er eine Kohorte von Rom aus, eine weitere aus dem Königreich des Cottius losmarschieren, ohne mit dem Grund für den Marsch herauszurücken; plötzlich zeig-

ten sie sich in voller Bewaffnung und die Signale zum Angriff ertönten, da ließ er sie in die Stadt einrücken; ein Großteil der Volksmasse und der Gemeinderäte ließ er lebens-
länglich ins Gefängnis werfen. Überall hob er das Recht und
die Praxis der Asylstätten auf. Allen Einwohnern von Kyzi-
kos, die sich manches unter Anwendung von Gewalt gegen
römische Bürger herausgenommen hatten, nahm er die
Freiheit, die sie sich durch Verdienste im Krieg gegen Mithridates erworben hatten.

Feindliche Erhebungen ließ er, nachdem er selbst keine
Feldzüge mehr unternahm, durch Legaten im Zaume halten
und auch das nur zögerlich und wenn es nicht zu umgehen
war. Feindlich gesonnene Könige und solche, denen er nicht
traute, hielt er mehr durch Drohungen und Beschwerden als
durch Anwendung von Gewalt in Schach. Einigen ging er
auch um den Bart und machte ihnen Versprechen; hatte er
sie so erst einmal zu sich nach Rom gelockt, ließ er sie nicht
mehr nach Hause zurück, so den Germanen Marbod, den
Thraker Rhaskuporis und Archelaos aus Kappadokien, dessen Reich er sogar zur Provinz machte.

Zwei Jahre lang setzte er nach der Machtübernahme keinen Fuß mehr vor die Stadtmauer. In den folgenden Jahren
war das genauso, er verreiste lediglich in Städte, die nahe bei
Rom lagen, höchstens bis nach Antium. Das kam sehr selten
vor, und auch dann blieb er nur wenige Tage. Und das, obwohl er oft sogar den Provinzen und Heeren seinen baldi-
gen Besuch angekündigt hatte und in fast jedem Jahr diese
Reise vorbereitete, indem er Gefährte mit Beschlag belegte,
die Reiseequipage auf die Land- und Koloniestädte verteilen
ließ, ja er ging sogar soweit, daß er Gelübde für seine Reise
und Rückkehr tun ließ, so daß er überall schon scherzhaft
»Kallippides« genannt wurde, der, so heißt es in einem griechischen Sprichwort, »rennt und rennt und nicht einmal ei-

ne Elle vorankommt«. Nach dem Verlust seiner beiden Söhne jedoch, Germanicus war in Syrien, Drusus in Rom gestorben, zog er sich in die Einsamkeit Kampaniens zurück. Fast alle waren der festen Überzeugung und sprachen sie auch aus, daß er nie mehr zurückkehren und sogar bald sterben werde. Und es hätte nicht viel gefehlt, und beides wäre eingetroffen. Nach Rom ging er nicht mehr zurück; denn als er wenige Tage nach seiner Abreise in der Nähe von Terracina in einem Landhaus, »Grotte« genannt, zu Tische saß, da fielen zufällig mehrere gewaltige Felsbrocken von der Decke herab und zermalmten viele Gäste und Diener; er kam wider alle Erwartung heil davon.

Als er Kampanien bereiste, weihte er in Capua das Kapitol, in Nola einen Tempel für Augustus ein; dies gab er nach außen als Grund für seine Reise an. Dann begab er sich nach Capri; diese Insel hatte es ihm besonders deswegen angetan, weil man sie nur an einer einzigen, dabei schmalen Anlandestelle betreten konnte und sie rundherum von jäh in die Tiefe stürzenden Felsen gesäumt und von einem tiefen Meer umgeben war. Und als das Volk ihn unablässig anflehte zurückzukommen, setzte er sofort wieder aufs Festland über. Der Grund war ein Unglück in Fidenae; dort waren beim Einsturz des Amphitheaters während eines Gladiatorenkampfes über zwanzigtausend Menschen ums Leben gekommen; auf das Festland zurückgekehrt, war er für jeden zu sprechen: das war um so mehr geboten, da er bei seiner Abreise aus Rom angeordnet hatte, ihn nicht zu belästigen, und da er während der ganzen Reise Leute, die sich an ihn wandten, fortgeschickt hatte.

Als er wieder auf die Insel zurückgekehrt war, ja da warf er die Staatsgeschäfte hin; er hat seine Fürsorge so weit aufgegeben, daß er seitdem die Dekurien der Ritter nicht mehr ergänzte, daß er Militärtribune, Praefekte und die Statthalter in den Provinzen nicht versetzte, daß er Spanien und Syrien einige Jahre hindurch ohne konsularische Legaten ließ und gleichgültig zusah, wie die Parther Armenien besetzten, Daker und Sarmaten Mösien, die Germanen Gallien verwüsteten: das bedeutete eine große Schande und eine ebenso große Gefahr für das Reich. In der Abgeschiedenheit, gleichsam den Blicken der Öffentlichkeit entzogen, hat er die ersehnte Ungebundenheit erlangt; so ließ er all seine Laster, die er lange nur schlecht verborgen hatte, mit einem Male hervorbrechen. Über diese will ich im folgenden berichten, Laster für Laster, von Anfang an. Im Lager hieß er schon als junger Rekrut wegen seines übermäßigen Weingenusses statt Tiberius »Biberius«, statt Claudius »Caldius«, statt Nero »Mero«. Später als Kaiser brachte er, damals war er gerade mit der Hebung der öffentlichen Sitten befaßt, in der Gesellschaft von Pomponius Flaccus und Lucius Piso eine Nacht und zwei Tage hintereinander mit Prassen und Saufen zu. Den einen setzte er umgehend als Statthalter der Provinz Syrien ein, den anderen als Stadtpraefekten; auch in ihren Ernennungsurkunden nannte er sie frei heraus seine Zechkumpane und allerbesten Freunde in allen Stunden. Bei Sestius Gallus, einem lüsternen und verschwenderischen alten Mann, den einst Augustus mit einer entehrenden Strafe belegt und den er selbst vor wenigen Tagen im Senat scharf angefahren hatte, lud er zum Essen ein; dabei schrieb er ihm vor, genau so zu speisen, wie er es sonst auch tue, und nichts auszulassen, Mädchen sollten nackt beim Mahl aufwarten. Er zog einen gänzlich unbekannten Bewerber um die Quaestur Kandidaten aus den vornehmsten Familien vor, weil dieser bei einem Gelage einmal auf sein Zutrinken hin einen ganzen Krug Wein geleert hatte. Asellius Sabinus machte er zweihunderttausend Sesterzen zum Geschenk für einen Dialog, in dem dieser einen Champignon, eine

Feigendrossel, eine Auster und einen Krammetsvogel auftreten und sich um den Vorrang streiten ließ. Endlich schaffte er ein neues Amt bei Hofe: den Vergnügungsminister; den
Posten gab er dem römischen Ritter T. Caesonius Priscus.

In seiner Abgeschiedenheit auf Capri aber kam ihm der
Gedanke, ein Sesselzimmer, Ort für geheime Ausschweifungen, einzurichten. Von überallher hat man ihm ganze
Scharen von Mädchen und Lustknaben sowie Erfinder wi-
dernatürlicher Beischlafmethoden, die er *spintriae* nannte,
dorthin geschafft; diese sollten, in Dreierreihe miteinander
verbunden, so, daß er es genau sehen konnte, miteinander
Unzucht treiben, damit durchs Zusehen seine nachlassen-
den sexuellen Gelüste wieder angestachelt würden. Die
Schlafzimmer, die über viele Orte verteilt waren, stattete er
mit Gemälden und Standbildchen mit Szenen voller Wollust
aus und legte zur Information die Bücher der Elephantis
aus, damit niemandem bei den sexuellen Praktiken ein Mu-
ster für die befohlene Stellung fehle. Auch in Wäldern und
Hainen hatte er sich überall solche »Plätze für die Liebe«
ausgedacht, und in Grotten und Felsenhöhlen boten sich
dort junge Leute beiderlei Geschlechts, als Pane und Nym-
phen verkleidet, zur Liebe feil; das trug ihm bereits weit und
breit, wobei man mit dem Namen der Insel sein Spiel trieb,
den Namen »Caprineus« ein.

Er mußte sich noch viel Schlimmeres und Schändlicheres
nachsagen lassen; davon mag man gar nicht berichten oder
hören, geschweige denn, daß man es glaubt, so sehr verstößt
es gegen das moralische Empfinden. Er soll nämlich Jungen
in ganz zartem Alter, die er seine Fischlein nannte, angelernt
haben, ihm im Bade zwischen den Schenkeln zu sein und
herumzuspielen, indem sie ihn mit der Zunge leckten und
kaum merklich bissen. So habe er auch kleine Kinder, die
schon etwas kräftiger, der Muttermilch aber noch nicht ent-

wöhnt waren, an sein Glied wie an eine Brust gelegt. Von
seiner Veranlagung her und auf Grund seines Alters war er
freilich sexuellen Freizügigkeiten solcher Art mehr zugetan.
So hatte man ihm denn auch ein Gemälde des Parrhasios, auf
dem Atalante den Meleager mit dem Mund befriedigt, unter
der Bedingung vermacht, daß er statt des Bildes eine Million
Sesterzen erhalten solle, wenn er an der dargestellten Szene
Anstoß nehme; er hat nicht nur dem Bild den Vorzug gegeben, sondern es sogar in seinem Schlafzimmer aufgehängt.
Beim Opfern soll er auch einmal vom Aussehen eines Die-
ners, der die Räucherpfanne vorantrug, so in den Bann gezogen worden sein, daß er sich nicht beherrschen konnte,
ihn, kaum daß die Opferhandlung beendet war, an Ort und
Stelle, er hatte ihn sofort etwas abseits geführt, zu mißbrauchen, ebenso seinen Bruder, einen Flötenspieler. Später ließ
er beiden die Beine brechen, weil sie sich gegenseitig ihren
Fehltritt zum Vorwurf gemacht hatten. Wie sehr es für ihn
selbstverständlich war, sich auch an Frauen, und zwar aus
vornehmen Familien, zu vergehen, zeigt am deutlichsten der
Tod einer gewissen Mallonia, die man ihm zugeführt hatte,
die sich aber beherzt und entschieden ihm verweigerte und
ihm so klar machte, daß sie ihm nicht länger zu Willen sei;
diese überantwortete er den Anklägern und hörte nicht einmal damit auf, sie zu fragen, ob es ihr nicht leid tue, als sie
bereits angeklagt war, bis sie sich nach dem Verlassen des
Gerichts nach Hause auf und davon machte und sich einen
Dolch in die Brust stieß; zuvor hatte sie »dem alten, stin-
kenden Bock« klar und deutlich seine sexuelle Verkommen-
heit vorgeworfen. Daher stammt auch die Wendung, die
sich, als danach wieder Stücke aufgeführt wurden, in einem
Nachspiel zu einer Atellane fand und mit tosendem Applaus
aufgenommen wurde und bald in aller Munde war: »Der alte Bock leckt den Ziegen ihre Schamteile.«

Geld gab er nur sparsam aus, ja er war schon geizig; so erhielten Leute, die ihn auf seinen Reisen und Feldzügen begleiteten, niemals Geld, sondern nur ihre Verpflegungsrati-
on. Nur einmal zeigte er sich freigebig und das auch nur,
weil sein Stiefvater so großzügig war; jeden seiner Begleiter
wies er entsprechend seinem Rang einer von drei Klassen
zu; an die erste verteilte er sechshunderttausend, an die
zweite vierhunderttausend und an die dritte zweihunderttausend Sesterze, diese nannte er nicht Freunde, sondern
Griechen.

Als Kaiser hat er weder irgendwelche Prachtbauten errichten lassen – denn die paar, mit deren Bau er begonnen
hatte, den Tempel des Augustus nämlich und den Wiederaufbau des Pompeiustheaters, hinterließ er nach so vielen
Jahren als Bauruine – noch hat er überhaupt jemals Schauspiele veranstaltet. An denen, die von anderen Persönlichkeiten veranstaltet wurden, nahm er äußerst selten teil, damit man nicht mit Forderungen an ihn herantreten könne;
jedenfalls handhabe er das so, seitdem man ihn genötigt
hatte, dem Schauspieler Actius die Freiheit zu schenken. Als
er wenigen Senatoren in einer finanziellen Notlage geholfen
hatte, sagte er, er werde keinem anderen mehr unter die Arme greifen, wenn er nicht vor dem Senat triftige Gründe für
seine Notlage hieb- und stichfest darlegen könne. Auf diese
Weise schreckte er die meisten, die bescheiden waren und
Schamgefühl besaßen, ab, unter anderen den Hortalus, den
Enkel des Redners Hortensius, der trotz seines sehr bescheidenen Vermögens vier Kinder, dahinter steckte Augustus, groß gezogen hatte.

Für die Allgemeinheit zeigte er sich im ganzen nur zweimal großzügig; einmal als er ein zinsloses Darlehen in Höhe
von hundert Millionen Sesterzen mit einer Laufzeit von drei
Jahren gewährte; das zweite Mal, als er einigen Eigentümern

von Mietshäusern auf dem Caelius, als diese abgebrannt waren, den Wert ersetzte. Zu dem ersten Schritt hatte er sich gezwungenermaßen entschlossen, denn das Volk hatte Hilfe verlangt, als es äußerst schwierig gewesen war, an Geld zu kommen; denn er hatte durch einen Senatsbeschluß festgelegt, daß die Geldverleiher zwei Drittel ihres Vermögens in Grund und Boden anlegen mußten, für die Schuldner wurde derselbe Teil ihrer Schulden sofort fällig. Das aber hatte sich nicht durchführen lassen. Das zweite Mal wollte er zur Linderung einer schrecklichen Notlage beitragen. Doch diese gute Tat wurde von ihm so hoch veranschlagt, daß er die Umbenennung des Caeliushügels in Augustushügel anordnete. An die Soldaten zahlte er die ihnen von Augustus vermachten Legate in doppelter Höhe aus, danach erhielten sie von ihm aus Freigebigkeit nichts mehr geschenkt; darüber hinaus erhielten die Praetorianer pro Kopf tausend Denare, weil sie sich Sejan nicht angeschlossen hatten, und auch den in Syrien stationierten Legionen ließ er einige Spenden zukommen, weil nur sie dem Bildnis des Sejan im Fahnenheiligtum keine Ehre bezeugten. Auch Veteranen verabschiedete er ganz selten in den Ruhestand, denn er paßte infolge ihres fortgeschrittenen Alters nur ihren Tod ab, waren sie erst einmal tot, hatte er etwas gespart. Nicht einmal die Provinzen unterstützte er mit irgendeinem großzügigen Geschenk, mit Ausnahme Asien, als ein Erdbeben dort Städte zerstört hatte.

Im Laufe der Zeit ging er bald sogar darauf aus, sich an anderen zu bereichern. Es ist hinlänglich bekannt, daß er den äußerst begüterten Cn. Lentulus Augur eingeschüchtert und ihm Angst gemacht hat; dadurch hat er ihn so weit gebracht, daß er die Lust am Leben verlor und starb, aber nicht ohne ihn persönlich als Erben bestellt zu haben. Er ließ sogar die rundum edelmütige Lepida zu Gunsten des steinreichen und kinderlosen Konsularen Quirinius verurteilen; der beschuldigte seine von ihm vor zwanzig Jahren geschiedene Frau, sie habe damals in die Wege gesetzt, ihn zu vergiften. Außerdem zog er das Vermögen gallischer und spanischer, syrischer und griechischer Fürsten aufgrund von so haltlosen und unverschämten, ja trügerischen Anklagepunkten für die kaiserliche Kasse ein, daß er einigen nichts vorwerfen konnte, außer daß sie einen Teil ihres Vermögens in Bargeld liegen hätten. Auch nahm er den meisten Städten und Privatpersonen alte Privilegien und Rechte an Bergwerken und Steuereinnahmen. Ja, sogar den Partherkönig Vonones, den seine Untertanen aus dem Land gejagt hatten und der sich mit einem gewaltigen Schatz nach Antiochia in die Hand der Römer begeben hatte, ließ er heimtückisch ausrauben und umbringen.

Seinen Haß auf Verwandte ließ er zuerst seinem Bruder Drusus gegenüber erkennen, indem er einen Brief von ihm veröffentlichte, in dem dieser mit ihm darüber verhandelt, wie Augustus gezwungen werden könne, die Freiheit wiederherzustellen. Danach bekamen die anderen Verwandten seinen Haß zu spüren. Seine Gattin Iulia in ihrer Verbannung ein wenig Höflichkeit und Menschlichkeit spüren zu lassen, was man ja mindestens erwarten kann, davon war er so weit entfernt, daß er ihr, die auf Grund einer Verfügung seines Vaters in einer einzigen Stadt eingesperrt war, auch noch verbot, einen Schritt vor das Haus zu tun und Kontakt zu anderen Menschen zu haben. Ja, er betrog sie auch noch um das ihr von seinem Vater zugestandene Sondergut und die jährlichen Geldanweisungen, indem er vorgab, es sei voll und ganz dem allgemeinen Recht entsprechend, weil Augustus in seinem Testament nichts darüber verfügt habe. Seine Mutter Livia mochte er nicht, weil sie angeblich gleiche Anteile an der Herrschaft forderte, da sie ihr zustünden; er

mied es, ihr ständig über den Weg zu laufen, ebenso mied er
längere Gespräche mit ihr unter vier Augen, damit nicht der
Anschein erweckt werde, er richte sich nach ihren Ratschlägen, auch wenn er sie manchmal nötig hatte und beherzigte.
Sehr unwillig zeigte er sich darüber, daß man im Senat beschlossen hatte, seinen Titeln neben der Bezeichnung »Sohn
des Augustus« noch »Sohn der Livia« hinzuzusetzen. Und
so duldete er nicht, daß sie »Mutter des Vaterlandes« genannt wurde, und auch nicht, daß sie öffentlich eine hohe
Ehrung erhielt. Ja, er hat sie sogar häufig ermahnt, sich aus
bedeutenderen und einer Frau nicht zukommenden Aufgaben herauszuhalten, besonders in dem Moment, als er bemerkte, daß sie bei einem Brand in unmittelbarer Nachbarschaft des Vestatempels sogar persönlich gekommen war
und die Menge und die Soldaten ermahnte, mit etwas mehr
Eifer anzupacken; denn so war sie es zu Lebzeiten ihres
Gatten gewohnt gewesen, und das tat sie nun weiterhin.
Seitdem steigerte er sich bis in offene Feindschaft hinein;
wie es heißt, aus folgendem Grund. Als sie zu oft in ihn
drang, jemanden, dem das römische Bürgerrecht verliehen
worden war, in die Dekurien der Richter aufzunehmen, sagte er, er werde es nur unter der Bedingung tun, daß sie erlaube, in der Liste den Vermerk hinzuzusetzen, ihm sei diese
Aufnahme von seiner Mutter abgerungen worden. Und darüber war sie so aufgebracht, daß sie einige Briefe, die Augustus an sie geschrieben hatte und in denen er sich darüber
ausließ, wie er einem Menschen alles verleide und wie un-
ausstehlich er sei, aus ihrem Heiligtum hervorholte und verlas. Darüber, daß sie diese Briefe so lange aufbewahrt und
ihm dann so feindselig vorgehalten hatte, war er so arg aufgebracht, daß einige darin den für ihn gewichtigsten Grund
für seine Abreise aus Rom sehen. Jedenfalls hat er sie
während der drei Jahre, die er von Rom abwesend war und

während derer seine Mutter noch lebte, nur einmal und da auch nicht länger als ganz wenige Stunden an einem einzigen Tag gesehen. Und später, als sie erkrankt war, machte er sich nicht die Mühe, in ihrer Nähe zu sein; als sie verstorben war, ließ er mehrere Tage verstreichen, während er noch hoffen ließ, er werde kommen; sie wurde erst beigesetzt, nachdem der Leichnam bereits zusammengefallen und in Verwesung übergegangen war; schließlich verhinderte er, daß sie unter die Götter aufgenommen wurde, unter dem Vorwand, sie habe das selbst verfügt. Ihr Testament erklärte er für ungültig und demütigte innerhalb kurzer Zeit Freunde und Vertraute, denen sie sterbend auch aufgetragen hatte, sich um ihre Bestattung zu kümmern. Einen von diesen, einen Mann aus dem Ritterstand, hat er zur Zwangsarbeit am Schöpfrad verurteilt.

Weder seinem leiblichen Sohn Drusus noch seinem Adoptivsohn Germanicus brachte er väterliche Liebe entgegen, gegen den einen war er voller Haß wegen seiner Fehler. Denn der Lebenswandel des Drusus war ihm zu locker und allzu lose. Und so nahm ihn nicht einmal sein Tod besonders mit, ja er ging nicht nur sofort von der Begräbnisfeier aus wieder seinen gewohnten Geschäften nach, sondern verbot auch einen längeren Stillstand der Gerichte. Ja, er trieb sogar sein Spiel mit den Gesandten aus Troja, die ihm ein wenig zu spät ihr Beileid bekundeten; was er ihnen antwortete, klang so, als habe er bereits die Erinnerung an den Schmerz aus seinem Gedächtnis gestrichen: auch er empfinde seinerseits mit ihnen, weil sie in Hektor einen hervorragenden Mitbürger verloren hätten. Germanicus gegenüber war er dermaßen mißgünstig eingestellt, daß er sowohl seine hervorragenden Taten als vollkommen unnütz abtat und auch seine Siege, die äußerst rühmlich waren, als schädlich für das Gemeinwesen verhöhnte. Doch darüber, daß er Alexandria

wegen einer plötzlichen Hungersnot von gewaltigem Ausmaß, ohne ihn zu fragen, besucht hatte, beklagte er sich vor
dem Senat. Man glaubt auch, daß das der Grund für ihn war,
Germanicus durch die Hand des Cn. Piso, seines Legaten in
Syrien, umbringen zu lassen. Einige glauben, er habe später,
als er wegen dieses Verbrechens vor Gericht stand, die kaiserlichen Befehle beibringen wollen, wenn man sie ihm, der
sie im kleinen Kreise herumzeigte, nicht weggenommen
hätte; so kam es, daß man an vielen Örtlichkeiten gekritzelt
fand und man zur Nachtzeit überaus häufig laut brüllte:
»Gib uns den Germanicus zurück!« Diesen Verdacht bestärkte er selbst, als er später sogar der Gattin und den Kindern des Germanicus auf grausame Art und Weise hart zusetzte.

Als seine Schwiegertochter Agrippina sich nach dem Tode
ihres Gatten über einiges allzu offenherzig beklagte, nahm
er sie bei der Hand und zitierte den griechischen Vers:
»Wenn du nicht herrschst, mein liebes Töchterchen, glaubst
du, es werde dir Unrecht getan?« Seitdem hielt er sie nicht
mehr wert, mit ihr noch ein Wort zu wechseln. Als er ihr
aber einmal bei einem Mahl Früchte reichte, wagte sie nicht,
davon zu kosten; seitdem erhielt sie auch keine Einladung
mehr, denn anscheinend beschuldige sie ihn ja des versuchten Giftmordes. Doch beides hatte er genau im voraus be-
rechnet, nämlich daß er ihr etwas anbieten werde, um sie auf
die Probe zu stellen, und daß sie sich vorsehen werde, als bedeute es den sicheren Tod, davon zu kosten. Zuletzt beschuldigte er sie das eine Mal, sie wolle bei der Statue des
Augustus, das andere Mal, sie wolle beim Heer Zuflucht suchen, also verbannte er sie nach Pandataria. Als sie ihm Vorhaltungen machte, ließ er sie von einem Hauptmann auspeitschen, dabei verlor sie ein Auge. Umgekehrt ließ er ihr,
als sie sich entschlossen hatte, freiwillig durch Nahrungs-

verweigerung aus dem Leben zu scheiden, gewaltsam den Mund öffnen und Nahrung hineinstopfen. Sie aber gab nicht auf und schied so aus dem Leben. Er hingegen verfolgte sie weiterhin mit Anschuldigungen, die sie aufs ärgste verunglimpfen sollten: so riet er dazu, sogar ihren Geburtstag unter die Unglückstage einzureihen, und rechnete es sich als Verdienst, sogar als Wohltat an, daß er sie nicht mit dem Strick habe erdrosseln und über die Gemonien hinabwerfen lassen. Er ließ sogar geschehen, daß für eine solche Milde ein Beschluß gefaßt wurde, in dem man ihm dankte und dem Iuppiter Capitolinus ein Weihgeschenk aus Gold machte.

Weil er von Germanicus drei Enkel, Nero, Drusus und Gaius, und von Drusus einen, nämlich den Tiberius, hatte und er ohne eigene Söhne dastand, da diese früh verstorben waren, empfahl er die beiden ältesten Söhne des Germanicus, Nero und Drusus, dem Senat und feierte den Tag ihrer Volljährigkeit dadurch, daß er an das Volk eine Spende machte. Aber als er erfuhr, daß zu Jahresbeginn auch noch für ihr Wohl Gelübde getan wurden, machte er dem Senat deutlich, daß solche Auszeichnungen nur bewährten Männern in fortgeschrittenem Alter zuteil werden dürften. Damit hatte er klar gemacht, wie er im geheimen dachte; somit waren sie Anschuldigungen von allen Seiten preisgegeben. Durch die reiche Palette an Bosheiten, die er sich ausdachte, brachte er sie dazu, daß sie sich zu abfälligen Bemerkungen hinreißen ließen und sich ihm so ganz auslieferten; dann klagte er sie in einem bitterbös gehaltenen Brief, in dem alle Schmähungen auch noch zusammengetragen waren, an, ließ sie zu Staatsfeinden erklären und Hungers sterben, Nero auf der Insel Pontia, Drusus im untersten Verließ des Palatiums. Man glaubt, er habe Nero in den Selbstmord getrieben, indem er ihm den Henker, wozu ihn der Senat ermächtigt habe, sandte, der ihm Strick und Haken zeigte; Drusus habe er so sehr die Essensrationen gekürzt, daß der sogar versucht haben soll, die Füllung der Polster zu essen. Die Überreste von beiden sollen so verstreut worden sein, daß man sie kaum einsammeln konnte.

Neben seinen alten Freunden und Vertrauten hatte er sich noch zwanzig Persönlichkeiten aus den hochrangigsten Kreisen Roms als Ratgeber in öffentlichen Angelegenheiten ausbedungen. Von diesem kamen kaum zwei oder drei mit dem Leben davon, alle übrigen schmetterte er aus den verschiedensten Gründen zu Boden, unter ihnen war auch Aelius Seianus, der sehr viele mit ins Verderben nahm. Ihn hatte er nicht so sehr aus Wohlwollen zu höchster Macht befördert, sondern um in ihm einen Helfershelfer und Gauner zu haben, den Söhnen des Germanicus eine Falle zu stellen und so zu gewährleisten, daß sein leiblicher Enkel, der Sohn des Drusus, sein Nachfolger im Amt werde.

Ebenso hart ging Tiberius mit seinen griechischen Gesellschaftern um, obwohl er sich in ihrer Gesellschaft noch am meisten wohlfühlte. Als einmal ein gewisser Zeno sich zu ausgefallen bei einem Disput ausdrückte, fragte er ihn, was das für ein abgeschmackter Dialekt sei; und als jener darauf zur Antwort gab, es sei Dorisch, verbannte er ihn nach Kinaria; denn er glaubte, er wolle ihm seine frühere Abgeschiedenheit vorhalten, da die Bewohner von Rhodos Dorisch sprechen. Er hatte es sich zur Gewohnheit gemacht, während des Essens Fragen zu stellen, die sich ihm bei der täglichen Lektüre ergeben hatten; als ihm zu Ohren gekommen war, daß der Grammatiker Seleukos seine Diener genau danach ausfrage, welche Autoren er gerade lese, und so die Erklärung dafür hatte, daß er immer vorbereitet komme, erging es ihm, wie dem Zuletztgenannten: zuerst entfernte er ihn aus seiner näheren Umgebung, dann trieb er ihn sogar in den Selbstmord.

Grausam und gefühllos war er von Natur aus; nicht einmal als kleiner Junge hat er das verbergen können. Theodoros aus Gadara, sein Lehrer für Rhetorik, hat tiefer geschaut und schien dies als erster erkannt und in einem äußerst treffenden Vergleich ausgedrückt zu haben; zu wiederholten Malen nannte er ihn, wenn er ihn tadelte, auf griechisch »einen mit Blut getränkten Lehmklumpen«. Seine Veranlagung aber zeigte sich erst mit aller Deutlichkeit und in ihrem ganzen Ausmaß, nachdem er Kaiser geworden war, sogar unmittelbar nach seinem Regierungsantritt, als er noch Mäßigung heucheln mußte, um die Gunst der Menschen zu erlangen. Laut vernehmlich hatte einmal ein Witzbold, als ein Leichenzug an ihm vorüberzog, dem Toten den Auftrag mit auf den Weg gegeben, Augustus zu melden, das, was er dem Volk vermacht habe, sei noch nicht ausgezahlt. Da ließ er diesen Mann aufgreifen und vor sich bringen, ließ den geschuldeten Betrag an ihn auszahlen und ihn zum Henker abführen; er befahl ihm, seinem Vater nun die Wahrheit zu berichten. Und nicht viel später kam es im Senat zu folgender Szene: Er machte einem gewissen Pompeius, einem römischen Ritter, der hartnäckig etwas nicht eingestehen wollte, während er ihm mit Gefängnis drohte, klar, daß schnell aus einem Pompeius ein Pompeianus werden könne; mit diesem üblen Scherz zog er zugleich gegen den Namen des Mannes wie auch gegen das ehemalige Schicksal der Partei der Pompeianer zu Felde. Um dieselbe Zeit fragte ein Praetor bei ihm an, ob er befehlen solle, die Gerichte, die sich mit Majestätsbeleidigung befassen, einzuberufen; dem gab er zur Antwort, Gesetze seien dafür da, daß sie angewendet würden; und er wandte sie ohne einen Funken von Milde an. Jemand hatte einer Statue des Augustus den Kopf abgenommen, um ihr einen anderen aufzusetzen. Es kam zu einer Verhandlung vor dem Senat und, weil bestehende Zweifel an der Schuld des Angeklagten nicht ausgeräumt wurden, zu einer Untersuchung unter Anwendung der Folter. Es kam zu einer Verurteilung des Angeklagten; seitdem ging man mit der Zeit in der böswilligen Auslegung von Vorfällen so weit, daß schon folgendes unter die Kapitalverbrechen mit Todesfolgen fiel: in der Nähe eines Bildnisses des Augustus einen Sklaven zu prügeln, seine Kleider zu wechseln, eine Münze oder einen Ring mit dem Bild des Augustus auf die Toilette oder in das Bordell mitzunehmen oder einen Ansatz von Kritik an einem Wort oder einer Tat des Augustus vernehmen zu lassen. Das ging so weit, daß sogar der sein Leben verlor, der es zuließ, daß ihm genau an dem Tag in seiner Kolonie eine Ehre zuerkannt wurde, an dem auch Augustus einmal Ehren verliehen worden waren.

Darüber hinaus machte er vieles, was er tat, unter dem Anschein von Charakterstärke und so, als gehe es ihm um die Hebung der Moral, aber es war wohl eher so, daß er seiner natürlichen Veranlagung nachgab, und dabei legte er eine solch grausame Strenge und Unbarmherzigkeit an den Tag, daß einige ihm in kurzen Versen sogar seine gegenwärtigen Fehler vorhielten als auch seine künftigen voraussagten:

»Du gefühlloser Klotz, was willst du, daß ich alles
                                in wenige Worte gedrängt sage?
Ich will des Todes sein, wenn dich deine Mutter lieben
                                kann.

Du bist kein Ritter. Warum? Du hast keine
                                hunderttausend Denare.
Wenn du es ganz genau wissen willst, auch Rhodos
                                war schließlich der Ort deiner
                                Verbannung.

Die goldenen Jahrhunderte des Saturn hast du
> verdorben, Caesar:
Denn solange du existierst, werden immer eisern sie
> sein.

Wein will er doch nicht mehr trinken, jetzt nämlich
> dürstet es ihn nach Blut;
das trinkt er jetzt in vollen Zügen, wie vorher er den
> Wein trank.

Sieh, Römer, auf Sulla, der glücklich für sich, nicht für
> dich war,
und sieh dir auch den Marius an, aber erst nach seiner
> Rückkehr nach Rom;
und sieh dir auch die Hände des Antonius an, der die
> Bürgerkriege entfesselt,
sieh dir die Hände an, die wieder und wieder mit
> Mordblut besudelt sind,
und sage: Rom geht zugrunde! Viele sind den Allein-
> herrschern zum Opfer gefallen,
die vom Exil den Schritt zur Herrschaft getan.«

Anfangs wollte er, daß diese Verse als Produkt von Leuten angesehen wurden, die sich mit seinen Maßnahmen nicht anfreunden wollten, und daß sie die Verse nicht so sehr gedichtet hätten, weil sie tief und fest davon überzeugt wären, als vielmehr deshalb, weil ihnen die Galle überlief und sie ihrem Unmut Luft machen wollten; und so sagte er zu wiederholten Malen: »Sollen sie mich doch hassen, wenn sie meinen Maßnahmen nur Beifall spenden.« Später hat er dann selbst bewiesen, daß diese Machwerke vollkommen und ohne Zweifel am Platz gewesen waren.

Wenige Tage, nachdem er auf Capri von Bord gegangen war, bot ihm, als er sich ganz für sich alleine zurückgezogen hatte, ein Fischer eine große Seebarbe unvorhergesehen dar; ihm ließ er eben mit diesem Fisch tüchtig durch das Gesicht fahren; er war nämlich darüber erschrocken, daß der Mann vom hinteren Teil der Insel durch rauhes und unwegsames Gelände zu ihm emporgeklettert war. Und als der Fischer sich noch, während man ihn bestrafte, glücklich schätzte, daß er ihm nicht auch noch die riesige Languste, die er gefangen hatte, dargeboten hatte, befahl er, ihm auch damit das Gesicht zu zerfetzen. Einen Soldaten seiner Leibgarde bestrafte er mit dem Tode, weil er aus seinem Garten einen Pfau gestohlen hatte. Als auf einer Reise die Sänfte, in der er saß, im Dornengestrüpp feststeckte, ließ er den Offizier, der den Weg zu erkunden hatte, zu Boden werfen und fast zu Tode peitschen. Bald erging er sich in Grausamkeiten aller Art; an Gelegenheiten, sie spüren zu lassen, mangelte es ja niemals; so verfolgte er anfangs nur die Freunde und sogar die Bekannten seiner Mutter, darauf die seiner Enkel und seiner Schwiegertochter, zuletzt die des Sejan. Nachdem er ihn aus dem Weg geräumt hatte, zeigte er sich grausam wie noch nie. Daraus dürfte doch ganz klar hervorgehen, daß es nicht Sejan war, der ihn immer und immer wieder zu solchem Verhalten getrieben hat, sondern daß Sejan ihm, der auf der Suche nach passenden Gelegenheiten war, zugearbeitet hat. Dennoch hat er sich sogar erdreistet, in einem Tagebuch, in dem er selbst sein Leben in groben Zügen und mit wenigen Worten darstellt, zu schreiben, er habe Sejan bestraft, weil er erfahren habe, daß er gegen die Kinder seines Sohnes Germanicus wüte; er selbst jedoch hatte den einen Sohn bereits umgebracht, als er den Sejan bereits verdächtigte, den anderen, als er bereits verhaftet war.

Seine grausamen Taten einzeln durchzugehen, würde zu weit führen. Es wird hinreichen, sozusagen anhand von Beispielen die Arten seiner Grausamkeit aufzuzählen. Kein Tag

ging dahin, ohne daß gestraft wurde, nicht einmal ein Fest-
und Feiertag. Es wurden sogar Leute am Neujahrstag hingerichtet. Viele wurden mit ihren Kindern und sogar von ihren
Kindern angeklagt und verurteilt. Es war untersagt, daß
Verwandte um zum Tode Verurteilte trauerten. Für die Ankläger setzte man ausnehmend hohe Belohnungen aus,
manchmal auch für die Zeugen. Keinem Denunzianten
sprach man seine Glaubwürdigkeit ab. Jedes Verbrechen fiel
unter die Kapitalverbrechen, selbst wenige und einfach hin-
gesagte Worte wurden mit dem Tode bestraft. Einem Dichter wurde vorgeworfen, daß er in einer Tragödie Agamem-
non beschimpft und geschmäht habe. Einem Historiker,
daß er Brutus und Cassius die letzten Römer genannt habe.
Sofort wurden beide Schriftsteller bestraft und ihre Werke
vernichtet, obwohl sie einige Jahre zuvor noch vorgetragen
worden waren und Beifall gefunden hatten, damals war Augustus noch als Zuhörer anwesend gewesen. Einigen Inhaf-
tierten wurde nicht nur der Trost wissenschaftlicher Betäti-
gung genommen, sondern auch die Möglichkeit, zu sprechen und sich zu unterhalten. Wurde man vor Gericht geladen, brachte man sich zum Teil zu Hause tödliche Wunden
bei, weil man bereits der Verurteilung sicher war und um
sich so die Folterung und entehrende Strafe zu ersparen,
zum Teil schluckte man mitten in der Kurie Gift. Und doch
wurden ihre Wunden verbunden, und sie wurden halbtot
und zuckend doch noch ins Gefängnis geschleift. Alle Verurteilten wurden über die Gemonien hinabgestürzt und mit
einem Haken geschleift, so erging es zwanzig Personen an
einem einzigen Tag, darunter waren Frauen und kleine Jungen. Ganz junge Mädchen wurden zuerst vom Henker geschändet, dann erst erdrosselt, weil es ein schwerer Verstoß
gegen das Herkommen gewesen wäre, eine Jungfrau zu erdrosseln. Diejenigen, die freiwillig sterben wollten, wurden

gezwungen, weiter zu leben. Denn er hielt den Tod für eine
so gelinde Strafe, daß er auf die Nachricht hin, ein Angeklagter namens Carnulus habe den Tod vorweggenommen,
ausrief: »Carnulus ist mir entwischt.« Als ihn bei der In-
spektion der Gefängnisse jemand bat, die Strafe endlich an
ihm vollziehen zu lassen, gab er ihm zur Antwort: »Noch
bin ich nicht mit dir versöhnt.« Folgenden Vorfall hat ein
ehemaliger Konsul in seinen Aufzeichnungen vermerkt: Bei
einem Gastmahl, das stark besucht und bei dem er auch persönlich anwesend war, habe ihn plötzlich und gut vernehmlich ein Zwerg, der mit anderen Possenreißern beim Tisch
stand, gefragt, warum Paconius, der der Majestätsbeleidigung angeklagt sei, so lange am Leben bleibe; sofort habe
Tiberius ihn zwar wegen seiner voreiligen Äußerung gescholten, aber ein paar Tage später habe er an den Senat geschrieben, so bald als möglich die Strafe für Paconius festzusetzen.

Seine Grausamkeit nahm noch um einiges mehr zu, weil
ihn die Entdeckung der Todesumstände des Drusus noch
herber werden ließ. Tiberius hatte nämlich geglaubt, Drusus
habe eine Krankheit und seine Unmäßigkeit dahingerafft;
als er aber schließlich erfuhr, er sei durch ein Komplott seiner Frau Livilla und des Sejan vergiftet worden, da blieb keinem Folter und Tod erspart. Allein mit dieser einen Untersuchung war er ganze Tage ohne Unterbrechung so beschäftigt und in Anspruch genommen, daß er einen Gastfreund
aus Rhodos, den er in einem vertraulichen Brief nach Rom
gerufen hatte, nach der Meldung seiner Ankunft gleich zu
foltern befahl, als wenn er einer der Hauptbeteiligten an der
Untersuchung sei. Als später der Fehler ans Licht kam,
ließ er ihn sogar töten, damit er nicht das Unrecht, das er erlitten hatte, überall herumerzählte. Sein Richtplatz wird
noch heute auf Capri gezeigt, von wo er die Verurteilten

nach langen und ausgesuchten Folterungen vor seinen Augen ins Meer stürzen ließ; unten fing dann ein Trupp Matrosen die Leichname auf und schlug mit Stangen und Rudern auf sie ein, damit in ihnen nicht mehr ein Funken von Leben war. Und er hatte sich unter anderem folgende Foltermethode ausgedacht: Unter irgendeinem Vorwand gab er Leuten reichlich Wein zu trinken und machte sie betrunken, dann ließ er ihnen plötzlich ihr Glied zubinden, so daß er ihnen durch Schnüre und Harndrang unsägliche Folterqualen bereitete. Wäre der Tod für ihn nicht früher als erwartet gekommen und hätte nicht Thrasyllos ihn mit voller Absicht, wie man sagt, gedrängt, in der Hoffnung auf ein längeres Leben einige Hinrichtungen aufzuschieben, so würde er wohl noch weit mehr Menschen getötet haben und hätte wohl nicht einmal vor seinen noch lebenden Enkeln haltgemacht, zumal da ihm Gaius schon verdächtig war und er von Tiberius nichts wissen wollte, weil er die Frucht eines außerehelichen Fehltrittes war. Das dürfte dem recht nahe kommen, wie er wirklich empfand. Denn zu wiederholten Malen nannte er Priamus einen glücklichen Mann, weil er die Seinen alle überlebt habe.

Was war er doch in dieser Zeit nicht nur ein verhaßter und auch verabscheuter Mensch, was für ein Leben führte er damals, ständig mußte er auch noch Angst haben und Schmähungen über sich ergehen lassen; dafür haben wir viele Beweise. Eingeweideschauer insgeheim und ohne Zeugen zu befragen, verbot er. Er unternahm sogar den Versuch, die Orakelstätten in der Nachbarschaft von Rom aufzulösen, aber die Orakellose von Praeneste jagten ihm durch ihre Erhabenheit Angst und Schrecken ein, und er nahm davon Abstand. Er hatte sie nämlich versiegeln und nach Rom schaffen lassen; dort fand er sie aber nicht im Kasten; erst als der wieder in den Tempel zurückgebracht worden war, tauchten sie wieder auf. Zwei Konsulare, denen eine Provinz zur Verwaltung übertragen worden war, wagte er nicht fortzulassen; solange hielt er sie von ihrem Aufgabenbereich fern, bis er ihnen gleich vor Ort nach ein paar Jahren Nachfolger geben konnte; inzwischen ließ er ihnen ihre Titel und erteilte ihnen sogar ständig recht viele Aufträge, die sie dann durch Legaten und ihre Gehilfen ausführen ließen. Seine Schwiegertochter und Enkel durften sich nach ihrer Verurteilung niemals anders als gefesselt und in einer geschlossenen Sänfte fortbewegen; ein Soldat war dann dabei, der dagegen einschritt, daß Leute, die ihnen begegneten, und Reisende sich umschauten oder gar stehenblieben.

Obwohl er mit ansehen mußte, wie Sejan einen Putsch ins Werk setzte und daß bereits sein Geburtstag öffentlich gefeiert wurde und überall von ihm goldene Bildnisse verehrt wurden, brachte er ihn schließlich so gerade noch zu Fall, allerdings mehr durch List und Trug als durch seine kaiserliche Autorität. Zuerst nahm er sich den Sejan, um ihn fortschicken zu können, wobei der Schein eines ehrenvollen Auftrags gewahrt werden konnte, in seinem fünften Konsulat, das er nach einer langen Pause und in Abwesenheit allein aus diesem Grunde übernommen hatte, zum Amtskollegen. Dann aber führte er ihn in die Irre, indem er ihm Hoffnungen auf verwandtschaftliche Bindungen und die tribunizische Gewalt machte, um dann gegen ihn, der überhaupt nichts ahnte, in einer häßlichen und bedauerswerten Anklageschrift Vorwürfe zu erheben, wobei er unter anderem den Senat darum bat, er möge doch einen von den beiden Konsuln schicken, damit er ihn, den alten und alleinstehenden Mann, unter militärischem Geleit vor sie hinführe. Da er doch noch recht mißtrauisch war und einen Aufruhr befürchtete, hatte er den Befehl gegeben, seinen Enkel Drusus, den er immer noch in Rom im Gefängnis festhielt, freizulassen, wenn es erforderlich werde, und als Oberbefehlshaber zu bestellen. Auch Schiffe hatte er zum Auslaufen bereit machen lassen, denn er dachte auch an eine Flucht zu irgendwelchen Legionen; vom höchsten Punkt der Insel hielt er immer wieder Ausschau nach Signalen, die ihm aus der Ferne gegeben werden sollten, wie er angeordnet hatte, damit die Nachrichten nicht so lange auf sich warten ließen, je nachdem wie und was sich zugetragen hatte. Aber auch nachdem er die Verschwörung des Sejan unterdrückt hatte, fühlte er sich um nichts sicherer und gefestigter und setzte während der nächsten neun Monate keinen Fuß vor sein Landhaus, die sogenannte Iuppiter-Villa.

Ferner belasteten sein ängstliches Gemüt die verschiedenen, von allen Seiten laut werdenden Schmähungen; ohne Ausnahme schleuderten nämlich alle Verurteilten ihm in aller Öffentlichkeit oder in Schmähschriften, die auf den Sitzen der Orchestra lagen, alle möglichen Vorwürfe entgegen. Mit solchen Vorwürfen pflegte er ganz unterschiedlich umzugehen: das eine Mal wünschte er sich vor lauter Scham, sie würden nicht weiter bekannt, und man hielte sie geheim, das andere Mal schenkte er ihnen keine Beachtung, ging sogar selbst hin und machte sie öffentlich. Ja, sogar der Partherkönig Artabanus verletzte ihn in einem Brief tief, indem er ihm die Ermordung seines Bruders und andere Morde, seine Faulheit und Genußsucht zum Vorwurf machte und ihm dringend riet, freiwillig aus dem Leben zu scheiden und so dem übergroßen und vollkommen berechtigten Haß der Mitbürger möglichst bald Genüge zu leisten. Zuletzt überkam ihn vor sich selbst der Ekel, und er gestand in einem Brief, der mit folgenden Worten beginnt, knapp zusammengefaßt das Ausmaß seines Elends: »Was soll ich euch schreiben, Senatoren, oder wie soll ich schreiben, oder was soll ich in diesem Moment nicht schreiben? Die Götter und die

Göttinnen mögen mich schlimmer zugrunde gehen lassen, als ich mich täglich zugrunde gehen fühle, wenn ich es weiß.«

Einige sind der Meinung, er habe das durch seine Gabe, in die Zukunft zu schauen, schon im voraus gewußt und habe schon lange vorher vorausgesehen, was für eine Bitterkeit und Schande er einmal zu gewärtigen habe. Deshalb habe er gleich bei seinem Regierungsantritt den Titel »Vater des Vaterlandes« mit äußerster Hartnäckigkeit von sich gewiesen und nicht zugelassen, daß man auf seine Taten schwöre. Denn später sollte ihn nicht die noch größere Schande treffen, daß man ihn solcher Ehren für unwürdig befinde. Ja, das kann man aus seiner Rede, die er über beide Punkte gehalten hat, wirklich herauslesen; so wenn er sagt, er werde sich selbst immer gleich bleiben und seinen Charakter niemals ändern, solange er noch klar bei Verstande sei. Aber man müsse sich wegen des beispielhaften Charakters vorsehen, daß der Senat sich nicht auf die Handlungen eines Menschen verpflichte, da dieser sich durch irgendeinen Zufall ändern könne. Und an einer anderen Stelle sagt er noch einmal:

»Solltet ihr einmal an meinem Charakter und meiner Treue zu euch Zweifel haben – bevor es so weit kommt, wünsche ich mir, daß mir durch den Tod erspart bleibt, miterleben zu müssen, daß ihr eure Meinung über mich ändert –, wird für mich der Titel ›Vater‹ keine weitere Ehrung sein, euch aber wird man entweder unüberlegtes Handeln vorhalten, weil ihr mir diesen Beinamen verliehen habt, oder Wankelmütigkeit, weil ihr eure Meinung ins Gegenteil verkehrt habt.«

Sein Körper war ansehnlich und kräftig, von der Statur her lag er etwas über Normalgröße; Schultern und Brust waren breit, auch die übrigen Gliedmaßen bis hin zu den

Füßen standen im rechten Verhältnis zueinander und waren gut proportioniert. Seine linke Hand war beweglicher und kräftiger und ihre Gelenke so stark, daß er einen frisch gepflückten und kernigen Apfel mit einem Finger durchbohren und den Kopf eines Jungen oder sogar eines jungen Mannes durch das Schnellen mit den Fingern verwunden konnte. Er hatte eine weiße Haut, sein Haar trug er am Hinterkopf so lang, daß es auch noch den Nacken bedeckte; hier schien er die Familientradition fortzusetzen. Er hatte edle Gesichtszüge, doch zeigten sich im Gesicht sehr oft und plötzlich Geschwulste, er hatte sehr große Augen und konnte damit, und das ist merkwürdig, sogar bei Nacht und in der Dunkelheit sehen, aber nur ganz kurz und wenn er sie unmittelbar nach dem Schlaf öffnete. Dann begann ihre Sehkraft wieder schwächer zu werden. Er ging immer mit steifem, nach hinten gebogenem Nacken, fast immer machte er ein ernstes Gesicht, und meistens war er schweigsam, selbst mit seiner nächsten Umgebung sprach er kein Wort oder nur ganz selten, und auch dann sehr bedächtig, und dabei gestikulierte er immer ganz leicht mit den Fingern. Alle diese unangenehmen und dazu noch recht anmaßenden Verhaltensweisen hat bereits Augustus an ihm getadelt und oft beim Senat und beim Volk damit zu entschuldigen versucht, daß er erklärte, es seien ihm zur Natur gewordene schlechte Gewohnheiten, aber keine Charakterfehler. Er war immer kerngesund, und das blieb so fast während seiner ganzen Regierungszeit, obwohl er seit seinem dreißigsten Lebensjahr selbst entschied, was für seine Gesundheit gut und recht war, ohne daß er ärztliche Hilfe und Rat einholte.

Den Göttern und religiösen Obliegenheiten gegenüber zeigte er sich recht gleichgültig, zumal er sich ganz der Astrologie verschrieben hatte und fest davon überzeugt war, daß alles vom Schicksal bestimmt werde. Dennoch schreckte er über alle Maßen auf, wenn es donnerte, und wenn sich am Himmel Anzeichen von Wetterverschlechterungen zeigten, trug er immer einen Lorbeerkranz auf dem Kopf, weil man sagt, in dieses Laub fahre der Blitz nicht ein.

Die freien Künste pflegte er in beiden Sprachen sehr eifrig. In der lateinischen Redekunst war Corvinus Messala sein Vorbild; ihn hatte er schon als junger Mann verehrt; damals war Corvinus bereits ein alter Mann gewesen. Aber durch seine gekünstelte und allzu pedantische Ausdrucksweise waren seine Reden immer schwer verständlich, so daß man seine Reden aus dem Stegreif höher schätzte als die, die er ausgearbeitet hatte. Er verfaßte auch ein lyrisches Gedicht mit dem Titel »Klage über L. Caesars Tod«. Auch griechische Gedichte schrieb er und ahmte dabei den Euphorion, Rhianos und Parthenios nach, an denen er so große Freude hatte, daß er die Schriften und Bildnisse dieser Drei zwischen den alten Größen unter den Dichtern aufstellen ließ. Das war auch der Grund dafür, daß recht viele Gelehrte über diese Drei um die Wette viel publizierten und ihm ihre Werke widmeten. Doch am meisten vertiefte er sich in die Mythologie, das ging bis hin zu Phantastereien und bis ins Lächerliche. Denn auch die Grammatiker, mit denen er, wie wir bereits festgestellt haben, ganz gerne zu tun hatte, stellte er mit Fragen etwa wie diesen auf die Probe: wer die Mutter der Hekuba gewesen sei, wie Achill bei den Mädchen geheißen habe, was für Lieder die Sirenen gesungen hätten. Und an dem Tag, an dem er zum ersten Mal nach dem Tode des Augustus wieder die Kurie betrat, brachte er, wohl um zugleich der Sohnespflicht als auch einer religiösen Obliegenheit genug zu tun, nach dem Vorbild des Minos ein Weihrauch- und Weinopfer dar, allerdings ohne daß dabei ein Flötenspieler aufspielte; Minos hatte einst dasselbe beim Tod seines Sohnes getan. Obwohl er sich gewandt und leicht im Gespräch auf Griechisch ausdrücken konnte, bediente er sich des Griechischen nicht bei jeder Gelegenheit, und ganz besonders im Senat sprach er nicht Griechisch. Das ging sogar soweit, daß er, weil er nicht umhin komme, ein Fremdwort zu gebrauchen, um Nachsicht bat, das Wort »Monopol« verwenden zu dürfen. Ja, als in einem Senatsbeschluß einmal das Wort »Emblem« fiel, war er sogar der Meinung, das Wort gehöre abgeändert, und es müsse nach einem entsprechenden in der lateinischen Sprache gesucht werden und, sollte man keines finden, müsse der Sachverhalt eben durch mehrere und umschreibende Begriffe ausgedrückt werden. Einem Soldaten, der auf griechisch als Zeuge befragt wurde, verbot er zu antworten, es sei denn er antworte auf lateinisch.

Nur zweimal machte er während der ganzen Zeit, die er fern von Rom lebte, den Versuch, nach Rom zurückzukehren: das eine Mal fuhr er auf einem Dreiruderer bis in die unmittelbare Nähe der Gärten bei der Naumachie; vorher hatten an den Ufern des Tiber Soldaten Posten bezogen, die Leute wegschicken sollten, die ihnen aus der Stadt entgegenkamen. Das zweite Mal kam er auf der Via Appia bis zum siebten Meilenstein an die Stadt heran. Aber beide Male sah er sich die Mauern der Stadt von außen an und betrat die Stadt nicht, sondern machte kehrt. Beim ersten Mal war nicht klar, warum er das tat. Das zweite Mal schreckte ihn ein Vorzeichen ab. Zum Zeitvertreib hielt er sich eine recht große Schlange; als er diese wie gewöhnlich eigenhändig füttern wollte, fand er sie von Ameisen verzehrt vor; das war für ihn eine Warnung, sich vor der gewalttätigen Menge zu hüten. Er kehrte also eilends nach Kampanien zurück, und in Astura verfiel er in Depressionen; als er sich davon ein wenig erholt hatte, setzte er seine Reise bis Circei fort. Damit man erst gar nicht zu munkeln anfange, er habe keine

Kraft mehr, war er bei den Lagerspielen nicht nur anwesend, sondern warf sogar von seinem Sitz herab mit Wurfspießen auf einen Eber, den man in die Arena gelassen hatte. Sofort spürte er einen stechenden Schmerz in der Seite und bekam, durchgeschwitzt wie er war, Zugluft mit und erlitt einen recht schweren Rückfall. Dennoch überstand er die Krankheit eine Zeitlang, obwohl er bis nach Misenum weitersegelte und nichts von seinem täglichen Pensum ausließ, nicht einmal Gelage und andere Vergnügungen, teils weil er ohne Maß und Ziel war, teils weil er sich etwas vormachte. Denn seinen Arzt Charikles, der seinen Urlaub antreten wollte und deswegen von der Tafel aufgestanden war und seine Hand zum Kuß ergriffen hatte, mahnte er in dem Glauben, er habe seinen Puls fühlen wollen, noch zu bleiben und wieder bei Tisch Platz zu nehmen, und so verlängerte er das Mahl. Ja, er gab damals sogar seine Gewohnheit nicht auf, sich mitten im Speisezimmer mit einem Liktor an der Seite hinzustellen und jedem, der sich verabschiedete, persönlich »Lebe wohl« zu sagen. Als er in der Zwischenzeit in den Protokollen der Senatssitzungen gelesen hatte, daß man einige Angeklagte entlassen und nicht einmal verhört hatte, über die er nur eine ganz kurze schriftliche Notiz geschickt hatte und nichts mehr, als daß man ihm ihre Namen hinterbracht habe, war er über diese Geringschätzung, mit der man ihn behandelte, unwirsch und fest entschlossen, auf alle Fälle nach Capri zurückzugehen; denn es schien ihm angebracht, dagegen nur etwas nach reiflicher Überlegung und aus sicherer Entfernung zu unternehmen. Aber Stürme und die schlimmer werdende Krankheit ließen ihn nicht fortkommen, und so starb er wenig später in der Villa Lucullana im achtundsiebzigsten Lebensjahr, im dreiundzwanzigsten Jahr seiner Regierung, am 16. März, im Konsulatsjahr des Cn. Acerronius Proculus und des C. Pontius Nigrinus.

Einige sind der Ansicht, Gaius habe ihm Gift gegeben, das ihn ganz langsam und allmählich hinsiechen ließ. Es gibt allerdings auch Stimmen, die behaupten, man habe ihm die Nahrung verweigert, als einmal das unerwartet aufgetretene Fieber zurückging. Einige meinen auch, man habe ihn mit einem Kissen erstickt, als er wieder zu sich kam und dann auch den Ring zurückverlangte, den man ihm, da seine Kräfte im Schwinden waren, bereits abgezogen hatte. Seneca schreibt, er habe, als er sein Ende kommen sah, den Ring vom Finger gestreift, als wolle er ihn jemandem übergeben, und ihn kurz in der Hand gehalten, dann aber habe er ihn wieder an den Finger gesteckt und habe die Linke zusammengepreßt und sei so lange unbeweglich dagelegen. Plötzlich habe er nach seinen Dienern verlangt, niemand aber habe geantwortet; da sei er aufgestanden, und nicht weit vom Bett sei er entkräftet zusammengebrochen.

An seinem letzten Geburtstag war ihm, als er sich zur Ruhe niedergelegt hatte, der Temenitische Apollo, eine ungemein große und kunstvolle Statue, die er aus Syrakus hatte nach Rom schaffen lassen, um sie in der Bibliothek eines neuen Tempels aufzustellen, erschienen und hatte ihm ganz klar gesagt, er werde von ihm nicht als Weihgeschenk aufgestellt werden können. Und wenige Tage vor seinem Tod stürzte auf Capri der Leuchtturm infolge eines Bebens zusammen. Und in Misenum fing die Asche aus der Loderasche und den Kohlestücken, die man zum Aufwärmen ins Speisezimmer getragen hatte, obwohl sie bereits gelöscht und schon längst erkaltet war, plötzlich am frühen Abend wieder Feuer und glühte hell bis tief in die Nacht, ohne zu verlöschen.

Darüber, daß er tot war, freute sich das Volk so sehr, daß man in alle Himmelsrichtungen auseinanderlief, sobald man von seinem Tod erfahren hatte, und einige den Ruf anstimmten: »Tiberius in den Tiber!« Andere riefen die Mutter Erde und die Götter der Unterwelt an, ihm keine Wohnstätte zu geben, und wenn sich das nicht vermeiden lasse, dann nur dort, wo die Gottlosen wohnten. Andere wiederum drohten dem Leichnam Haken und Gemonien an; denn sie waren nicht nur aufgebracht bei der Erinnerung an seine altbekannte Grausamkeit, sondern auch noch über eine Scheußlichkeit, die erst unlängst passiert war. Denn weil durch einen Senatsbeschluß sicher gestellt war, daß die Bestrafung der Verurteilten stets um zehn Tage ausgesetzt war, traf es sich zufällig, daß die Hinrichtung einiger Verurteilter genau auf den Tag fiel, an dem die Nachricht vom Ableben des Tiberius in Rom eintraf. Diese flehten die Menschen um ihren Beistand an; da Gaius noch nicht da war und es niemanden gab, an den man sich hätte wenden und bei dem man mit seinen Bitten hätte vorstellig werden können, erdrosselten die Wächter, um nichts entgegen dem Beschluß zu tun, die Verurteilten und warfen sie die Gemonien hinab. Also wurde der Haß nur noch größer, schien es doch so, als sei es auch nach dem Tode des Tyrannen nicht vorbei mit seiner Grausamkeit. Als sich der Leichenzug von Misenum aus in Bewegung zu setzen begann, wurde von vielen Seiten die Forderung laut, man solle ihn lieber nach Atella bringen und im Amphitheater halb verbrennen; doch mit Hilfe der Soldaten schaffte man den Leichnam nach Rom und äscherte ihn bei einem Staatsbegräbnis ein.

Er hatte vor zwei Jahren ein Testament in doppelter Ausfertigung gemacht; das eine hatte er selbst geschrieben, das andere ein Freigelassener, inhaltlich waren beide Ausführungen identisch. Leute ganz niederen Standes hatten mit ihrem Zeichen das Testament gegengezeichnet. In diesem Testament bestimmte er seine Enkel Gaius, den Sohn des Germanicus, und Tiberius, den Sohn des Drusus, als Erben

zu gleichen Teilen und zu Erben auf Gegenseitigkeit. Er gab
auch Legate an sehr viele Leute, unter anderem an die Vestalischen Jungfrauen, aber auch an die Soldaten in ihrer Gesamtheit und jeden einzelnen aus dem einfachen Volk von
Rom und sogar noch ein Extralegat an die Vorsteher der Bezirke.

*Caligula*

## Buch 4

## CALIGULA

Germanicus, der Vater des C. Caesar, der Sohn des Drusus
und Antonia der Jüngeren, wurde von Tiberius, seinem Onkel väterlicherseits, adoptiert. Er war Quaestor vor der Zeit,
die das Gesetz zubilligt; und unmittelbar im Anschluß an
die Quaestur bekleidete er das Konsulat. Man schickte ihn
zum Heer, das in Germanien stationiert war; als die Nachricht vom Tode des Augustus eintraf, haben alle Legionen
ohne Ausnahme Tiberius als Kaiser sehr entschieden abgelehnt und ihm diese Position im Staate angetragen; Germanicus hielt diese Bestrebungen in Schranken, wobei ungewiß ist, ob er das aus Loyalität tat oder mehr deswegen, weil
es für ihn keine Versuchung darstellte; bald darauf besiegte
er den Feind völlig und feierte seinen Triumph. Danach
wurde er zum zweiten Male zum Konsul gewählt; doch bevor er das Amt antreten konnte, nötigte man ihn, Rom zu
verlassen, damit er im Orient die politischen Verhältnisse
wieder in Ordnung bringe. Nachdem er Armenien einen
König gegeben und Kappadokien zur Provinz gemacht hatte, starb er in Antiochia in seinem dreiundvierzigsten Lebensjahr an einer langwierigen Krankheit; daß man einen
Giftmord argwöhnte, blieb nicht aus. Einmal abgesehen
von den blauen und schwarzen Flecken, die sich am ganzen
Körper fanden, und dem Schaum, der ihm vor den Mund
trat, fand man nämlich nach der Verbrennung des Leich-
nams zwischen den Gebeinen auch noch sein Herz unversehrt. Man glaubt, daß das Herz von Natur aus so beschaffen sei, daß es, mit Gift getränkt, durch Feuer nicht aufge-
zehrt werden kann. Man nimmt an, daß er durch den

heimtückischen Anschlag des Tiberius dahinschied; Cn. Piso, der damals Statthalter von Syrien war, leistete ihm mit Rat und Tat Hilfe; der machte auch keinen Hehl daraus, daß er entweder den Vater oder den Sohn gegen sich aufbringen müsse, das sei sozusagen unumgehbar; so ging er hin und kränkte Germanicus, sogar als er schon erkrankt war, in Wort und Tat aufs bitterste; dabei kannte er keine Grenzen. Deswegen hätte ihn bei seiner Rückkehr nach Rom das Volk fast zerfetzt; der Senat verurteilte ihn zum Tode. Es kann als gesichert gelten, daß Germanicus alle körperlichen und geistigen Vorzüge in einem Ausmaß zuteil geworden waren, wie niemandem sonst jemals: Er war ausnehmend schön und tapfer, ausgenommen talentiert auf dem Gebiet der griechischen und römischen Beredsamkeit und gelehrten Bildung, er zeigte einzigartige Güte und war ausnehmend und erfolgreich darum bemüht, sich die Gunst der Menschen und ihre Liebe zu gewinnen. Zu seiner Gestalt wollten nicht so recht seine Stöckelbeine passen; aber auch die wurden mit der Zeit voller, weil er nach dem Essen immer ausritt. Oft tötete Germanicus den Feind im Nahkampf. Reden vor Gericht hielt er auch noch, nachdem er den Triumph abgehalten hatte. Er hinterließ neben anderen Zeugnissen seiner wissenschaftlichen Beschäftigung auch griechische Komödien. Zu Hause und in der Stadt war er immer leutselig; freie und verbündete Städte besuchte er immer, ohne daß ihn Liktoren begleiteten. Wo immer er Grabmäler berühmter Männer besuchte, brachte er den Geistern der Verstorbenen ein Totenopfer dar. Er wollte die alten, überall verstreut herumliegenden Überreste der in der Varusschlacht Gefallenen in einem Grabhügel bestatten, also machte er sich als erster daran, eigenhändig die Leichenteile zu sammeln und zusammenzutragen. Seinen Gegnern gegenüber, ganz gleich wer es war und was sie bewogen hatte, war er so milde und

wollte ihnen nichts Böses, daß er erst dann gegen Piso, obwohl dieser doch seine Dekrete aufgehoben und seinen Klienten übel mitgespielt hatte, zornig wurde, als er erfahren
hatte, daß er ihm mit Giftgetränken und Verwünschungen
nach dem Leben trachtete. Und auch jetzt ging er nur so
weit, daß er ihm nach alter Sitte die Freundschaft aufkündig-
te und denjenigen, die mit ihm im Palast zusammenlebten,
auftrug, ihn zu rächen, wenn ihm etwas zustoßen sollte.
Diese guten Eigenschaften zeigten sehr große Wirkung; so
waren die Seinen voll und ganz mit ihm zufrieden und lieb-
ten ihn, so daß Augustus – von dem Rest der Familie will ich
hier erst gar nicht reden – lange zögerte, ob er ihn nicht zu
seinem Nachfolger bestimmen solle; doch er ließ ihn von Tiberius adoptieren. Das Volk hatte er dermaßen auf seiner
Seite, daß, wie die meisten überliefern, er manchmal, wenn
er irgendwo ankam oder von irgendwo aufbrach, vor lauter
Menschen, die ihm entgegeneilten oder ihn geleiteten, um
sein Leben fürchten mußte und ihm bei seiner Rückkehr aus
Germanien, wo er soeben einen Aufstand unterdrückt hatte,
alle Praetorianerkohorten ohne Ausnahme aus der Stadt
entgegeneilten; und dies trotz seines Befehls, daß höchstens
zwei die Stadt verlassen durften; auch das römische Volk,
Männer wie Frauen, alle strömten sie, ob alt oder jung, egal
welchem Stand sie angehörten, bis zum zwanzigsten Meilenstein aus der Stadt ihm entgegen. Doch die Urteile über
ihn bei und nach seinem Tod waren noch beträchtlich ehrenvoller und bestätigten dies alles. An dem Tag, an dem er verstarb, wurden Steine gegen die Tempel geschleudert, wurden Altäre der Götter umgestürzt, von einigen Leuten wurden die Laren auf die Straße geworfen, Kinder, die an diesem
Tag zur Welt gekommen waren, wurden ausgesetzt. Ja, sogar
die Barbaren, die sich in Kriegen untereinander oder mit uns
befanden, sollen sich zu einer Kampfpause entschlossen ha-

ben, als wenn sie einen der Ihren zu beklagen hätten und mit uns zusammen trauerten. Einige Könige kleinerer Länder sollen sich zum Zeichen tiefster Trauer den Bart abnehmen und ihren Frauen die Köpfe haben kahl scheren lassen. Sogar der König der Könige ist nicht auf die Jagd gegangen und hat an den Diners seiner Großen nicht teilgenommen; das bedeutet bei den Parthern soviel wie bei uns der Stillstand der Gerichte. In Rom aber waren die Bürger bei der ersten Nachricht von seiner Erkrankung wie betäubt und traurig und warteten auf weitere Nachrichten; schließlich verbreitete sich am Abend plötzlich überall das Gerücht – man weiß nicht, wer die Fäden zog – er sei wieder auf dem Wege der Besserung; man lief in großem Durcheinander mit Fakkeln und Opfertieren auf das Kapitol; dabei wären fast die Tempeltüren aus den Angeln gehoben worden, denn nichts sollte die Leute, die nichts anderes im Kopfe hatten, als ihre Gelübde einzulösen, aufhalten. Tiberius wurde aus dem Schlaf gerissen durch die Rufe derjenigen, die ihrer Freude freien Lauf ließen und überall sangen:

»Gerettet ist Rom, gerettet das Vaterland, wohlbehalten ist Germanicus.«

Als aber endlich bekannt wurde, er sei durch die Fügung des Schicksals gestorben, konnte man die allgemeine Trauer durch kein Wort des Trostes und auch nicht durch Edikte hemmen; sie hielt auch über die Festtage im Dezember an. Der Ruhm und die Sehnsucht nach dem Verstorbenen wurden durch die Not der folgenden Jahre noch größer. Nicht ohne Grund nämlich waren alle der Meinung, Tiberius habe seine Grausamkeit, die bald ans Licht kam, nur aus Achtung vor Germanicus und aus Furcht unterdrückt. Verheiratet war Germanicus mit Agrippina, der Tochter des M. Agrippa und der Iulia; mit ihr hatte er neun Kinder. Zwei dieser Kin-

der starben bereits, als sie noch ganz klein waren, eines, als
es gerade ins Knabenalter kam; dieses war ein solcher Son-
nenschein, daß Livia sein Bild als Cupido im Tempel der Kapitolinischen Venus weihte. Ein Exemplar stand im Schlafzimmer des Augustus; der küßte es jedesmal, wenn er eintrat. Die anderen Kinder haben den Vater überlebt, die drei
Töchter Agrippina, Drusilla und Livilla; sie waren alle drei
innerhalb von drei Jahren hintereinander zur Welt gekommen; er hatte ebenso viele Söhne, nämlich den Nero, Drusus
und C. Caesar. Nero und Drusus erklärte der Senat zu
Staatsfeinden, da Tiberius Anklage erhob.

C. Caesar wurde am einunddreißigsten August geboren;
und zwar in dem Jahr, in dem sein Vater und C. Fonteius Capito Konsuln waren. Über seinen Geburtsort läßt sich
nichts Genaues sagen, da die Angaben hierüber vollkommen widersprüchlich sind. Cɴ. Lentulus Gaetulicus
schreibt, er sei in Tibur geboren; nach Plinius Secundus ist
er im Gebiet der Treverer in dem Dorf Ambitarvius oberhalb von Koblenz zur Welt gekommen. Er führt noch als
Beweis dafür an, daß man dort Altäre mit der Aufschrift
»Wegen der Niederkunft Agrippinas« zeigt. Später, als er
Kaiser war, waren folgende Verse in Umlauf, die besagen,
daß er bei den Legionen im Winterlager geboren wurde:

»Im Lager kam er zur Welt, in den Kriegen des Vaters
wurde er groß,
das war bereits ein Zeichen dafür, daß er zum
Herrscher bestimmt war.«

Ich finde in den Akten, daß er in Antium auf die Welt gekommen sei. Den Gaetulicus widerlegt Plinius, dem er unterstellt, aus Schmeichelei eine falsche Angabe zu machen;
er habe nämlich, um den jungen und ruhmreichen Prinzen
etwas mehr herauszustellen, sogar als verbürgt behauptet, er

stamme aus einer dem Hercules heiligen Stadt. Er habe um
so dreister gelogen, weil fast genau ein Jahr vorher in Tibur
ein Sohn des Germanicus geboren worden war, der ebenfalls
C. Caesar genannt worden war. Wir haben bereits weiter
oben über diesen liebenswerten jungen Mann und seinen zu
frühen Tod berichtet. Rechnet man genau die Zeitangaben
nach, so wird klar, daß Plinius sich irrt. Denn diejenigen, die
die Leistungen des Augustus der Nachwelt überlieferten,
stimmen darin überein, daß Germanicus nach seinem Konsulat nach Gallien geschickt wurde, da war Gaius bereits geboren. Die Behauptung des Plinius erhält auch durch die Inschrift auf dem Altar überhaupt keine Stütze, da Agrippina
in dieser Gegend zweimal eine Tochter zur Welt gebracht hat
und man jede Geburt *puerperium* nennt, ganz gleich, ob ein
Sohn oder eine Tochter geboren wurde; denn früher nannte
man auch die Mädchen *puerae* und ebenso die Jungen *puelli*.
Da wäre auch noch ein Brief des Augustus, den er wenige
Monate vor seinem Tod an seine Enkelin Agrippina schrieb
und in dem folgendes über Gaius – zu diesem Zeitpunkt lebte nämlich bereits kein kleines Kind mit dem gleichen Namen mehr – bemerkt: »Den jungen Gaius sollen Talarius
und Asillius am achtzehnten Mai, falls die Götter es wollen,
mit sich nehmen, das habe ich gestern mit den beiden vereinbart. Außerdem schicke ich mit ihm einen von meinen Sklaven, einen Arzt, den er, so habe ich dem Germanicus geschrieben, behalten kann, wenn er will. Lebe wohl, meine
liebe Agrippina, und sorge dafür, daß du gesund bei deinem
Germanicus ankommst.« Meiner Meinung nach geht daraus
eindeutig hervor, daß Gaius nicht dort geboren sein kann,
wohin man ihn erst als ein Kind von fast zwei Jahren gebracht hat. Dieselben Argumente erschüttern auch die
Glaubwürdigkeit der Verse und das mit noch weniger Mühe, weil man nicht weiß, wer sie verfaßt hat. Also muß man

doch dem folgen, was noch als einziges verbleibt und was staatlich verbürgt ist, besonders da Gaius Antium stets vor allen anderen Plätzen und Urlaubsorten den Vorzug gegeben hat und es wie den Ort, an dem er geboren war, liebte. Er soll sogar – so wird überliefert – die Absicht gehabt haben, den Sitz und das Zentrum des Reiches dorthin zu verlegen, weil er Rom satt hatte.

Zu dem Beinamen Caligula war er durch einen Scherz, den man mit ihm im Lager machte, gekommen; er lief nämlich in der Uniform eines gewöhnlichen Soldaten zwischen den Soldaten herum und wurde auch unter ihnen erzogen. Wie sehr er gerade durch den Verlauf der ersten Jugendjahre von ihnen geliebt wurde und wie sehr sie ihm wohlgesonnen waren, wurde ganz klar, als er nach dem Tode des Augustus die aufständischen, sich in blinde Wut stürzenden Leute allein, das steht ganz eindeutig fest, durch sein Erscheinen wieder zur Besinnung brachte. Nicht eher nämlich machten sie Schluß mit ihrem Verhalten, als bis sie bemerkt hatten, daß man ihn, weil man die Gefahr einer Meuterei kommen sah, seines Kommandos entheben und in die nächste Stadt zur Verwahrung geben wollte. Da erst bereuten sie ihr Verhalten, bemächtigten sich des Wagens und ließen ihn nicht passieren und baten flehentlich darum, ihnen die üble Nachrede zu ersparen. Er begleitete seinen Vater auch auf seinem Feldzug gegen Syrien. Nachdem er von dort zurückgekehrt war, lebte er zuerst einmal mit seiner Mutter zusammen; als diese verbannt worden war, zog er ins Haus seiner Urgroßmutter Livia Augusta. Als diese gestorben war, hielt er, damals trug er noch die Knabentoga, auf der Rednertribüne die Leichenrede auf sie. Dann zog er zu seiner Großmutter Antonia; als er auf die neunzehn Jahre zuging, rief ihn Tiberius zu sich nach Capri; an ein und demselben Tag legte er die Männertoga an und schor er sich zum ersten Male den

Bart, ohne daß er ehrenvolle Aufgaben erhielt, wie seine
Brüder sie am Tag ihrer Volljährigkeitserklärung erhalten
hatten. Hier stellte man ihn auf die Probe, indem man ihm
alles Mögliche vormachte; er aber gab denjenigen, die ihn
verleiten und drängen wollten, daß er sich beklage, keine
Chance. Er schien das, was seiner Familie widerfahren war,
aus seinem Gedächtnis getilgt zu haben, so als sei überhaupt
niemandem etwas passiert; doch das, was er persönlich hinnehmen mußte, ließ er über sich mit unglaublicher Verstel-
lung ergehen und war gegenüber seinem Großvater und
dessen engere Umgebung dermaßen unterwürfig, daß er
nicht ganz unschuldig war, wenn man von ihm behauptete,
noch nie habe jemand einen besseren Sklaven und einen
schlechteren Herrn abgegeben. Doch seine grausame, zu jeder Art von Lastern geneigte Natur hatte er nicht einmal zu
jener Zeit in seiner Gewalt, so daß er ganz besessen darauf
war, beim Vollzug der Todesstrafe und auch bei anderen
Strafexekutionen dabei zu sein. Nachts suchte er Kneipen
und Freudenhäuser auf, allerdings durch Perücke und lange
Gewänder unkenntlich gemacht; Feuer und Flamme war er
für Theaterstücke mit Tanz und Gesang. Tiberius ließ dies
freilich gern zu, wenn dadurch nur sein unbändiger Charakter etwas ruhiger würde. Denn der alte Mann hatte ihn
scharfsinnig und vollkommen durchschaut; so hat er mehr
als einmal voraussehend bemerkt, Gaius lebe zu seinem und
aller Untergang, er erziehe dem römischen Volk eine Natter,
dem Erdkreis aber einen Phaethon.

Nicht viel später heiratete er Iunia Claudilla, die Tochter
des M. Silanus, eines Mannes aus einer sehr vornehmen Familie. Dann wurde er an Stelle seines Bruders Drusus zum
Augur ernannt; doch noch vor Antritt dieser Stellung machte man ihn zum Oberpriester, weil er doch in ausnehmen-
dem Maße seine Vaterliebe und seine gute Veranlagung un-

ter Beweis gestellt habe. Damals stand der Hof ganz verlassen und ohne alle Schutztruppen da, Sejan wurde zu der Zeit als Staatsfeind beargwöhnt, und kurz darauf hat man ihm auch den Untergang bereitet; so nährte man allmählich in ihm die Hoffnung, er werde der Nachfolger auf dem Thron sein. Um sich in dieser Hinsicht noch mehr Zuversicht einzuflößen, verführte er, nachdem Iunia bei einer Geburt gestorben war, Ennia Naevia, die Frau des Macro, der damals den Oberbefehl über die Praetorianerkohorten hatte, zum Ehebruch und versprach ihr die Heirat, wenn er sich der Herrschaft bemächtigt hätte. Dies bekräftigte er durch seinen Eid und seine Unterschrift. Mit ihrer Hilfe wurden er und Macro enge Freunde; jetzt ging er daran, Tiberius zu vergiften, wie einige behaupten; obwohl Tiberius noch atmete, befahl er, ihm den Ring vom Finger zu ziehen und, als es den Anschein hatte, als wolle er ihn nicht hergeben, ein Kissen auf ihn zu werfen; er drückte ihm sogar eigenhändig die Kehle zu. Ein Freigelassener schrie wegen der Abscheulichkeit dieser Tat laut auf; er wurde unverzüglich ans Kreuz geschlagen. Dies entspricht sicher der Wahrheit; denn es gibt einige Gewährsleute dafür, daß er später selbst mindestens bekannt habe, daß er einmal daran gedacht habe, seinen Vater umzubringen, wenn er auch nicht die Ausführung des Mordes einräumt. Denn wenn er auf seine Sohnestreue zu sprechen gekommen sei, habe er sich ständig gerühmt, er sei mit einem Dolch bewaffnet in das Schlafzimmer des Tiberius gegangen, als dieser schlief, um den Tod seiner Mutter und seiner Brüder zu rächen; doch das Mitleid habe ihn gepackt, und er habe den Dolch fallen gelassen und habe kehrtgemacht. Obwohl Tiberius das ganze mitbekommen habe, habe er nicht gewagt, eine Untersuchung anzustellen und ihn zu bestrafen.

So kam Caligula an die Macht, und das römische Volk, oder soll ich sagen, die ganze Menschheit, bekam das erfüllt, was man sich gewünscht hatte. Er schien der Kaiser zu sein, den sich der größte Teil der Menschen in den Provinzen und der Soldaten sehnlichst gewünscht hatte, hatten die meisten ihn doch noch als kleines Kind kennengelernt; das gleiche gilt für das gesamte Volk in Rom, denn dort erinnerte man sich an seinen Vater Germanicus und hatte Mitleid mit der Familie, die fast ins Elend gestürzt war. Als er von Misenum aufbrach, schritt er, obwohl er doch Trauerkleider trug und dem Tiberius das letzte Geleit gab, zwischen Altären, Opfertieren und brennenden Fackeln doch in einem sehr dicht gedrängten und äußerst gut gelaunten Zug von Leuten, die ihm entgegenkamen. Diese redeten ihn mit Namen, die voll günstiger Vorbedeutung waren, an, nannten ihn »ihren Stern, ihr Hühnchen, ihr Püppchen, ihren Sohn«. Er hatte gerade die Stadt betreten, da übertrug man ihm auch schon unter der Zustimmung des gesamten Senats und der Menge, die in die Kurie eingedrungen war, die volle Verfügungsgewalt und Entscheidungsbefugnis in allem; das Testament des Tiberius hatte seine Rechtskraft verloren; der nämlich hatte seinen anderen Enkel, der noch die Knabentoga trug, ihm zum Miterben bestimmt. Das Volk freute sich so sehr, daß in den nächsten, nicht einmal mehr ganz vollen Monaten mehr als einhundertundsechzigtausend Opfertiere getötet worden sein sollen, wie überliefert wird.

Als er ein paar Tage später auf die Inseln vor der Küste Kampaniens übersetzte, legte man Gelübde für seine Rückkehr ab. Nicht einmal die kleinste Gelegenheit ließ man sich entgehen, offen zu zeigen, wie sehr man doch um sein Wohlergehen besorgt war. Als er einmal erkrankte, verbrachten alle die Nächte in der Nähe des Kaiserpalastes. Es fanden sich Leute, die feierlich gelobten, für die Genesung des Kranken in Waffen bis aufs Blut zu kämpfen, und auch solche, die in einem öffentlichen Anschlag ihr Leben für das

seine anboten. Zu der ungeheuren Zuneigung, die ihm die
Bürger entgegenbrachten, kam noch eine bemerkenswerte
Beliebtheit, deren er sich auch bei Ausländern erfreute. So
suchte der Partherkönig Artabanus, der aus seinem Haß auf
Tiberius und seiner Verachtung nie einen Hehl gemacht hatte, von sich aus die Freundschaft mit ihm; er kam zu einer
Unterredung mit einem konsularischen Legaten, überschritt den Euphrat und bezeugte den römischen Adlern
und Feldzeichen sowie den Bildnissen der Kaiser seine Verehrung.

Er selbst tat das Seine dazu, um die Begeisterung der
Menschen zu entflammen, indem er auf jede Art und Weise
darum bemüht war, ihre Gunst zu gewinnen. Gleich nachdem er auf Tiberius unter reichlich Tränen vor versammeltem Volke die Leichenrede gehalten und ihn unter Prunk
und Pracht beigesetzt hatte, eilte er nach Pandateria und zu
den Pontischen Inseln, um die Asche seiner Mutter und seines Bruders zu überführen; das ganze tat er trotz stürmischen Wetters und damit sich noch deutlicher seine Liebe
zeige. Voller Ehrfurcht ging er zum Grab und bestattete persönlich die Asche in die Urnen. Was nun folgte, inszenierte
er nicht weniger theatralisch: Auf einem Zweiruderer
brachte er die Urnen nach Ostia, am Heck dieses Schiffes
hatte er eine Standarte anbringen lassen; von dort fuhr er ti-
beraufwärts nach Rom; dann trugen die glänzendsten Vertreter des Ritterstandes die Urnen gegen Mittag – zahlrei-
ches Publikum hatte sich eingefunden – auf zwei Bahren ins
Mausoleum. Er machte auch den Anfang mit den Totenfei-
ern, die in jedem Jahr in Zukunft wieder stattfinden sollten;
ferner stiftete er zu Ehren seiner Mutter Circusspiele und einen Wagen, auf dem ihr Bild bei einer feierlichen Prozession
mit herum geführt werden sollte. Und im Gedenken an seinen Vater benannte er den Monat September in Germanicus

um. Dann ließ er in nur einem Senatsbeschluß seiner Großmutter Antonia alle Ehren übertragen, die Livia Augusta jemals besessen hatte. Seinen Onkel Claudius, der bis zu diesem Zeitpunkt nur römischer Ritter gewesen war, nahm er
sich zum Kollegen im Konsulat. Seinen Vetter Tiberius adoptierte er an dem Tag, an dem er die Männertoga anlegte,
und ernannte ihn zum »Führer der Jugend«. Als Ehrung für
seine Schwestern ließ er allen Eidesformeln folgende Worte
hinzusetzen: »Ich werde weder mich noch meine Kinder lieber haben als Gaius und seine Schwestern.« Und auch den
Berichten der Konsuln wurde hinzugefügt: »Zum Heil und
zum Glück von Gaius und seinen Schwestern.«

Aus dem gleichen Motiv, nämlich der Sucht nach Popula-
rität, setzte er Verurteilte und Verbannte wieder in ihre alten
Rechte ein. Alle Verfahren, die noch aus der Regierungszeit
des Vorgängers angängig waren, schlug er nieder. Alle Pro-
tokolle, die etwas mit dem Prozeß seiner Mutter und seiner
Brüder zu tun hatten, ließ er auf dem Forum zusammen-
bringen und verbrennen; kein Denunziant und Zeuge sollte
weiter in Furcht leben müssen. Vorher hatte er mit lauter
Stimme die Götter als Zeugen angerufen, daß er keines der
Papiere gelesen oder auch nur berührt habe. Eine kleine
Schrift, die man ihm aus Sorge um sein Leben hatte geben
wollen, nahm er nicht entgegen; er behauptete nämlich, er
habe sich nichts zuschulden kommen lassen, daß ihn jemand
hassen müsse. Er sagte auch, daß er für Denunzianten keine
Ohren habe. Nur mit Mühe ließ er sich durch Bitten dazu
bringen, die *spintriae,* die Gespielen bei den widernatürli-
chen sexuellen Gelüsten des Tiberius, nicht im Meer zu versenken; also entfernte er sie aus der Stadt. Die Schriften des
Titus Labienus, Cordus Cremutius und Cassius Severus, die
auf Grund eines Senatsbeschlusses aus dem allgemeinen
Verkehr gezogen worden waren, ließ er wieder hervorsu-

chen, in Umlauf bringen und lesen, da es ja gerade in seinem Interesse sei, daß die Nachwelt über alles, was geschehen sei, informiert werde. Bei Augustus war es üblich gewesen, Statistiken über das staatliche Budget allgemein bekannt zu machen, Tiberius aber hatte diese Praxis nicht beibehalten; er hingegen fing wieder damit an, sie zu veröffentlichen. Den Beamten gestand er eine unabhängige Rechtsprechung zu, das Appellationsverfahren an ihn gab es nicht mehr. Die römischen Ritter musterte er streng und sorgfältig, doch mit genügend Behutsamkeit. Ohne Rücksicht wurde denen das Pferd in aller Öffentlichkeit weggenommen, die sich mit einer verwerflichen Handlungsweise oder durch schimpfliches Verhalten einen Makel zugezogen hatten. Wer sich hingegen etwas weniger Schweres hatte zuschulden kommen lassen, den überging er lediglich, wenn er die Namen vorlas. Damit die Arbeit für die Richter eine weniger große Belastung werde, ergänzte er die bereits bestehenden vier Richterabteilungen um eine fünfte. Er versuchte auch, dem Volk das Wahlrecht wiederzugeben, indem er den alten Brauch der Wahlversammlungen wieder aufleben ließ. Die testamentarisch verfügten Legate des Tiberius zahlte er aus, wobei er Redlichkeit und keinerlei Prellerei praktizierte; das tat er, obwohl das Testament des Tiberius für ungültig erklärt worden war. Sogar den letzten Willen der Iulia Augusta erfüllte er; seinerzeit hatte Tiberius das verhindert. Auf die Steuer von einem halben Prozent, die bei Versteigerungen erhoben wurde, verzichtete er zugunsten Italiens. Die Verluste, die Leute durch Brandkatastrophen erlitten hatten, machte er durch Zuschüsse wieder wett. Und wenn er Könige wieder in ihre Herrschaft einsetzte, gab er ihnen gleichzeitig auch die gesamten Steuererträge und die Einnahmen der Zeit, die inzwischen verstrichen war, so erhielt Antiochos von Kommagene hundert Millionen Sesterzen, die man beschlagnahmt hatte. Damit deutlicher wurde, daß Anständigkeit seinen Beifall finde, beschenkte er eine Freigelassene mit achthunderttausend Sesterzen, weil sie nichts zu einem Verbrechen ihres Patrons gesagt hatte, obwohl man sie äußerst schwer gefoltert hatte. Wegen solcher Gesten hat man neben anderen Ehrungen beschlossen, ihm einen goldenen Schild zu schenken, den in jedem Jahr die Priesterkollegien an einem bestimmten Tag auf das Kapitol tragen sollten, wobei ihnen der Senat und Jungen und Mädchen aus vornehmen Häusern das Geleit geben sollten; dabei sollten sie ein Loblied auf die Tugenden des Caligula anstimmen. Es wurde auch beschlossen, den Tag, an dem er die Herrschaft angetreten hatte, »Parilia« zu nennen; das hatte symbolischen Wert, Rom sei nämlich damals noch einmal gegründet worden.

Viermal bekleidete er das Konsulat, das erste Mal vom ersten Juli an für zwei Monate, das zweite Mal vom ersten bis zum dreißigsten Januar, das dritte Mal bis zum Fünfzehnten und das vierte Mal bis zum Siebten desselben Monats. Dabei war er zuletzt in zwei aufeinanderfolgenden Jahren Konsul. Das dritte Konsulat trat er ohne Kollegen in Lugudunum an, nicht, wie einige behaupten, weil er hochmütig oder rücksichtslos gewesen sei, sondern weil er nicht hatte wissen können, daß sein Kollege am ersten Januar gestorben war; denn er war nicht in Rom gewesen. Geldspenden machte er zweimal an das Volk, je dreihundert Sesterzen pro Person, ebensooft gab er für den Senat und die Angehörigen des Ritterstandes ein opulentes Mahl, wozu auch die Frauen und Kinder beider Stände eingeladen waren. Beim letzten Festessen verteilte er auch noch Prunkgewänder an die Herren, die Frauen und Kinder erhielten purpur- und muschelfarbene Binden. Damit das Volk auch in Zukunft mehr Zeit habe, sich zu freuen, verlängerte er die Saturnalien um einen Tag und nannte diesen »Tag der Jugend«.

Er veranstaltete ein paar Gladiatorenspiele, teils im Amphitheater des Taurus, teils in den Saepten. Trupps der erlesensten Faustkämpfer aus Afrika und Kampanien gaben dort ihr Debüt. Nicht immer übernahm er den Vorsitz bei den Schauspielen; manchmal bürdete er diese Funktion einfach Beamten oder Freunden auf. Ständig veranstaltete er Theateraufführungen der unterschiedlichsten Genres und an vielen Orten, einmal sogar bei Nacht; überall in der Stadt hatte man Lichter angezündet. Er ließ auch verschiedene Dinge als Geschenk unter das Volk werfen und an alle Körbe mit Lebensmitteln verteilen. Bei einem solchen Mahl ließ er einem römischen Ritter, der ihm gegenübersaß und etwas zu jovial und unmäßig zulangte, auch seine Portion noch zukommen; einem Senator sandte er aus dem gleichen Anlaß eine Urkunde, durch die er ihn zum außerordentlichen Praetor ernannte. Er veranstaltete auch sehr viele Circusspiele, die von morgens bis abends dauerten; sie wurden einmal durch eine Jagd auf afrikanische Tiere, das andere Mal durch ein Trojaspiel unterbrochen. Veranstaltete er gewisse außergewöhnliche Spiele, wurde der Circus mit Mennig und Berggrün bestreut; dann waren ausschließlich Angehörige aus dem Senatorenstand die Wagenlenker. Er veranstaltete einmal auch aus heiterem Himmel Spiele im Circus, als ein paar Leute von den Balkonen der Nachbarhäuser erklärten, sie hätten Lust dazu; er schaute sich damals vom Haus des Gelotius gerade den Fuhrpark des Circus an.

Außerdem dachte er sich eine neue, unerhörte Art von Schauspiel aus: Er ließ nämlich zwischen Baiae und dem Wehr von Puteoli, das bedeutet über eine Entfernung von fast dreitausendsechshundert Schritt, eine Brücke bauen; dafür zog man von überallher Lastschiffe zusammen, legte sie in einer Doppelreihe vor Anker, legte darüber eine Erdschicht und befestigte sie wie die Via Appia. Auf

dieser Brücke zog er während zweier aufeinanderfolgender
Tage hin und zurück; am ersten Tag saß er zu Pferd; das war
mit Brust und Stirnschmuck herausgeputzt; er trug eine
Krone aus Eichenlaub, einen Lederschild, ein Schwert und
einen goldenen Mantel; am nächsten Tag stand er in der
Tracht eines Wagenlenkers auf einem Zweigespann, dem be-
rühmte Pferde vorgespannt waren. Vor ihm marschierte der
junge Dareus, einer von den Geiseln der Parther; ihn begleiteten ein Trupp Praetorianer und einige Freunde in Reisewagen. Ich weiß, daß sehr viele Leute der Ansicht sind, Gaius
habe sich diese Brücke nur ausgedacht, um Xerxes die Stirn
bieten zu können, der den um etliches engeren Hellespont
überbrückt hatte und dafür sehr bewundert worden war.
Andere sind der Ansicht, er habe den Germanen und Britan-
nen, denen er sich zuwenden wollte, durch die Kunde eines
Bauwerks von riesigen Ausmaßen einen Schrecken einjagen
wollen. Doch als Junge habe ich meinen Großvater erzählen
hören, ihm sei der wahre Grund für den Bau von Bediensteten
verraten worden, die eine Vertrauensstellung bei Hofe
hatten: Der Astrologe Thrasyllos habe Tiberius, als der sich
Sorgen um einen Nachfolger machte und seinem eigenen
Enkel recht zugetan war, versichert, Caius werde genauso-
wenig Kaiser werden, wie er die Bucht von Baiae zu Pferd
überqueren könne.

Auch außerhalb der Stadt Rom veranstaltete er Schauspiele, so auf Sizilien, und zwar in Syrakus Spiele zu Ehren des
Bacchus und in Lugudunum in Gallien Spiele, die sich aus
mehreren Gattungen zusammensetzten. Dort veranstaltete
er auch einen Wettkampf in griechischer und lateinischer Beredsamkeit; bei diesem – so sagt man – hätten die Besiegten
den Siegern die Preise stiften müssen, auch seien sie genötigt
worden, die Lobgesänge auf die Sieger zu komponieren.
Denjenigen, die am meisten Mißfallenskundgebungen da-

vongetragen hatten, habe man befohlen, ihre Machwerke mit der Zunge wie mit einem Schwamm zu tilgen, wenn sie es nicht vorzogen, mit den Stengeln des Gertenkrauts verhauen oder im nächsten Fluß untergetaucht zu werden.

Die Bauten, die unter Tiberius nur halb fertiggestellt worden waren, so der Tempel des Augustus und das Theater des Pompeius, ließ er fertig bauen. Er begann auch mit dem Bau einer Wasserleitung in der Gegend von Tibur und eines Amphitheaters in der Nähe der Saepten; von diesen Unternehmungen führte sein Nachfolger Claudius die erste zu Ende, die andere ließ er fallen. In Syrakus ließ er die infolge von Altersschwäche eingestürzten Stadtmauern und Tempel wieder in Stand setzen. Er hatte sich auch fest vorgenommen, auf Samos die Burg des Polykrates wieder aufzubauen, im Gebiet von Milet das Heiligtum des Apoll von Didyma fertigstellen zu lassen, auf dem Joch der Alpen eine Stadt zu bauen, aber zu allererst in Griechenland den Isthmus zu durchstechen; einen Primipilar hatte er bereits dorthin geschickt, damit er das ganze vermesse.

Bis zu diesem Punkte haben wir sozusagen über den Kaiser Caligula erzählt, in dem, was nun folgt, müssen wir über das Ungeheuer sprechen.

Er hatte bereits mehrere Beinamen angenommen – man nannte ihn nämlich den »Frommen«, den »Sohn des Lagers«, »Vater der Heere« und den »besten und größten Kaiser« –, da hörte er zufällig Könige, die nach Rom gekommen waren, um ihm ihre Ehrbezeugung zu erweisen, sich über die edle Abkunft ihres Geschlechtes streiten, als sie bei ihm zum Mahl geladen waren; da rief er:

»Einer soll der Herrscher, einer der König sein!«

Und es hätte nicht viel gefehlt, und er hätte sich das Diadem aufgesetzt und den Prinzipat in die Herrschaft eines Königs umgewandelt. Doch man erinnerte ihn daran, daß er schon weit über dem Rang von Fürsten und Königen stehe; also begann er, für sich seitdem Würde zu beanspruchen, wie sie einem Gott zusteht. Also gab er den Auftrag, Götterbilder, die besonders verehrt und kunstvoll gearbeitet waren, unter anderem auch das Standbild des Iuppiter aus Olympia, von Griechenland nach Rom zu bringen, diesen dann den Kopf abzunehmen und ihnen den seinen aufzusetzen. Einen Teil des Palastes ließ er bis zum Forum ausweiten; den Tempel von Castor und Pollux ließ er zu dessen Vorhalle umgestalten und stellte sich oft zwischen die göttlichen Brüder; wenn er dann in ihrer Mitte stand, ließ er sich von den Besuchern anbeten. Einige begrüßten ihn sogar als »Iuppiter Latiaris«. Er stiftete auch einen Tempel allein für seine Gottheit, bestellte eigens Priester und ließ sich streng ausgesuchte Opfertiere darbringen. Im Tempel stand ein Bild, das seinem Portrait ähnelte und ihn lebensgroß darstellte; täglich legte man ihm das gleiche Gewand um, das auch er trug. Gerade die reichsten Leute versuchten eines der Priesterämter zu erhalten, indem sie um seine Gunst buhlten und sich gegenseitig durch Höchstgebote überboten. Geopfert wurden Flamingos, Pfaue, Auerhähne, numidische Hühner, Perlhühner und Fasane; jeden Tag wurde eine andere Art geopfert. In Nächten, in denen Luna ihren vollen Umfang erreicht hatte und leuchtete, lud er sie regelmäßig zu Umarmung und Beilager ein; bei Tage plauderte er in einem Vieraugengespräch mit dem Kapitolinischen Iuppiter, einmal flüsterte er ihm etwas ins Ohr und hielt ihm dann seinerseits das Ohr hin, bald unterhielt er sich mit ihm ziemlich laut und es fielen dabei auch beleidigende Worte. Man hörte ihn einmal folgendermaßen drohen:

»Entweder du hebst mich oder ich dich!«

Schließlich habe er sich erweichen lassen – so erklärte er immer wieder – und sei eingeladen worden, mit ihm sein Haus zu teilen; also ließ er über den Tempel des göttlichen Augustus hinweg eine Brücke bauen und den Palast und das Kapitol verbinden. Dann ließ er, um dem Gott noch näher zu sein, auf dem Platz vor dem Kapitol die Fundamente eines neuen Palastes legen.

Er wollte partout nicht, daß man in ihm den Enkel des Agrippa sehe oder von ihm als solchem spreche, denn dieser stammte nicht aus einer vornehmen Familie; und er wurde sogar zornig, wenn man diesen in einer Rede oder in einem Gedicht unter die Vorfahren der Kaiser reihte. Doch ganz stolz behauptete er, seine Mutter sei die Frucht aus einem Inzest des Augustus mit seiner Tochter Iulia. Mit dieser Verleumdung des Augustus gab er sich noch nicht zufrieden; so verbot er auch, die Siege bei Aktium und Sizilien jährlich mit Festen zu feiern, da sie doch dem römischen Volk nur Trauer und großes Unheil gebracht hätten. Seine Urgroßmutter Livia Augusta nannte er immer wieder einen Odysseus im Weiberrock; er war sogar so dreist, ihr in einem Brief an den Senat ihre niedere Abkunft vorzuhalten, da ja ihr Großvater mütterlicherseits in Fundi Gemeinderat gewesen sei, obwohl doch durch offizielle Urkunden feststeht, daß Aufidius Lurco in Rom Ämter bekleidet hat. Er verweigerte seiner Großmutter Antonia ein Vieraugengespräch, als sie darum nachsuchte, es sei denn der Praefekt Macro könne dazukommen; und indem er sie auf solche empörende Weise behandelte und sie spüren ließ, daß er sie satt hatte, beförderte er ihren Tod, bei alledem habe er mit Gift nachgeholfen, wie einige meinen. Als sie verstorben war, erwies er ihr keinerlei Ehre und sah von seinem Speisezimmer aus zu, wie der Scheiterhaufen brannte. Seinen Bruder Tiberius ließ er, ohne daß er etwas ahnte, plötzlich durch einen Militärtribunen, den er gesandt hatte, töten. Und auch seinen Schwiegersohn Silanus trieb er in den Tod; mit einem Rasiermesser schnitt dieser sich die Kehle durch. Gegen beide brachte er auch einiges vor; so soll letzterer ihm, als er bei stürmischer See hinausfahren wollte, nicht gefolgt und in der Stadt zurückgeblieben sein, weil er sich Hoffnungen machte, die Stadt in seine Hand zu bekommen, falls ihm bei dem Unwetter etwas zustoße. Bei Tiberius habe man das Gegengift riechen könne, das er eingenommen hatte, um sich vorbeugend gegen seine Gifte zu schützen. In Wirklichkeit verhielt es sich jedoch so, daß Silanus an Seekrankheit litt und sich den Beschwerlichkeiten einer Seereise nicht aussetzen wollte und Tiberius ein Mittel eingenommen hatte, weil er seinen Husten nicht loswurde und der sich auch noch verschlimmerte. Seinen Onkel Claudius freilich schonte er nur, weil er seinen Spott mit ihm haben wollte.

Mit allen seinen Schwestern trieb er Unzucht und ließ sie bei einer Tischgesellschaft, wenn viele Gäste anwesend waren, abwechselnd alle einmal an seiner Seite Platz nehmen, während seine Gattin an seiner anderen Seite lag. Man glaubt, daß er von den Schwestern Drusilla die Jungfernschaft geraubt hat, als er noch im Knabenalter war, und auch von seiner Großmutter Antonia dabei ertappt wurde, wie er bei ihr lag; sie wurden beide von Antonia erzogen. Später heiratete sie den ehemaligen Konsuln Lucius Cassius Longinus; er nahm sie ihm wieder weg und behandelte sie in aller Öffentlichkeit wie seine rechtmäßig angetraute Gattin. Auch als Erbin seines Vermögens und als Nachfolgerin in der Regentschaft setzte er sie ein, als er erkrankte. Als sie starb, ordnete er den Stillstand der Gerichte an; und es wurde als Verbrechen, auf das die Todesstrafe stand, angesehen, zu lachen, zu baden, mit den Eltern, der Frau oder den Kindern gemeinsam zu speisen. Der Schmerz über den Verlust war ihm unerträglich; so verließ er plötzlich bei Nacht Hals über Kopf die Stadt und eilte nach Kampanien, dann nach Syrakus, dann machte er wieder kehrt und kam schnell nach Hause; er hatte sich den Bart stehen und das Haar wachsen lassen. Seitdem hat er niemals mehr bei sehr gewichtigen Angelegenheiten, selbst nicht einmal mehr vor versammeltem Volk oder vor den Soldaten, einen Eid abgelegt, ohne bei der »Gottheit Drusilla« zu schwören. Seine anderen Schwestern liebte er nicht so leidenschaftlich, noch stellte er sie so heraus; oft überließ er sie einfach seinen Lustknaben zu sexuellen Spielen. So fiel es ihm auch nicht sonderlich schwer, sie in einem Prozeß gegen Aemilius Lepidus zu verurteilen, unter dem Vorwand, daß sie Ehebruch begangen und eingeweiht seien in Anschläge, die man gegen ihn plane; und er veröffentlichte nicht nur die Briefe von allen, die sie eigenhändig geschrieben hatten; er hatte sich in ihren Besitz durch Raffinesse und durch Beischlaf gebracht. Er weihte auch noch drei Schwerter, die für seine Ermordung bereit gelegen hatten, dem Mars Ultor; dabei ließ er auch noch eine Inschrift anbringen.

Ob er Ehen mit mehr Schimpf einging, löste oder weiterführte, ist nicht leicht auszumachen. Als Livia Orestilla und C. Piso heirateten, kam er persönlich zu ihrer Hochzeitsfeier und befahl, sie ihm zuzuführen; nach wenigen Tagen wollte er nichts mehr von ihr wissen; nach zwei Jahren verbannte er sie, weil sie anscheinend den Verkehr mit ihrem früheren Gatten wieder gesucht hatte. Andere überliefern, er habe beim Hochzeitsessen, zu dem man ihn eingeladen hatte, Piso, der ihm gegenüber lag, sagen lassen: »Lege dich ja nicht auf meine Frau!« Und er habe sie gleich von der Tafel mit sich fortgenommen und gleich am nächsten Tag verkündet, er habe sich bei dieser Hochzeit Romulus und Augustus zum Vorbild genommen. Lollia Paulina, die Gattin des

Konsulars C. Memmius, der gerade ein Heer kommandierte, ließ er auf die Bemerkung hin, ihre Großmutter sei einst eine sehr schöne Frau gewesen, sofort aus der Provinz holen; ihr Gatte führte sie ihm zu, und er heiratete sie; nach kurzer Zeit aber löste er die Verbindung und untersagte ihr für alle Zeiten den Verkehr mit einem Mann. Caesonia liebte er innig und etwas beständiger, dabei war sie nicht einmal auffallend schön noch jung, war bereits Mutter von drei Töchtern, die sie mit einem anderen Mann hatte, aber sie war über alle Maßen genußsüchtig und zügellos. Oft zeigte er sie den Soldaten mit Mantel, Schild und Schwert und auf einem Pferd neben sich, Freunden aber zeigte er sie auch nackt. Erst als sie entbunden hatte, hielt er sie des Namens Gemahlin für würdig; noch an demselben Tag erklärte er, daß er ihr Gatte und der Vater des Kindes, das sie geboren hatte, sei. Das Kind erhielt den Namen Iulia Drusilla; er trug es durch die Tempel aller Göttinnen und setzte es Minerva in den Schoß und vertraute ihr sein Gedeihen und seine Ausbildung an. Und er war der Meinung, daß kein Beweis seiner Vaterschaft zuverlässiger sei, als sein wildes Wesen, das es schon damals in einem solchen Ausmaß hatte, daß es mit den Fingern gefährlich auf die Gesichter und Augen der Kinder, die mit ihm spielten, losging. Unerheblich und fade dürfte es wohl sein, jetzt noch hinzuzufügen, wie er Verwandte und Freunde behandelt hat, z. B. Ptolemaios, den Sohn des Königs Iuba, seinen Vetter – er war nämlich auch ein Enkel des M. Antonius, weil er der Sohn von dessen Tochter Selene war – und in besonderem Maße Macro und Ennia, mit deren Hilfe er an die Herrschaft gekommen war: Allen diesen bereitete er ein grausames Ende, statt ihnen auf Grund der verwandtschaftlichen Beziehungen ihr Recht zuzugestehen und ihnen entsprechend ihrer Verdienste dankbar zu sein.

Mit ebenso wenig Ehrerbietung und Milde ging er mit dem Senat um. Einige Senatoren, die höchste Ämter verwaltet hatten, ließ er einige Meilen in der Toga neben seinem Reisewagen herlaufen und, während er speiste, einmal hinter dem Sofa, einmal zu seinen Füßen nur mit einem Lendenschurz bekleidet stehen. Obwohl er andere heimlich hatte umbringen lassen, bestand er darauf, daß sie dennoch weiter im Senat namentlich aufgerufen wurden, als ob sie noch am Leben seien. Ein paar Tage danach gab er vor, sie hätten Selbstmord begangen. Als einmal die Konsuln vergessen hatten, ein Edikt, das seinen Geburtstag betraf, zu erlassen, enthob er sie des Amtes, und der Staat war für drei Tage ohne höchste Beamte. Seinem Quaestor, dessen Name in Zusammenhang mit einer Verschwörung gefallen war, ließ er die Kleider vom Leibe reißen und auspeitschen; den Soldaten wurden seine Kleidungsstücke unter die Füße gelegt, damit sie festeren Halt hätten, wenn sie auf ihn einschlügen.

Ähnlich hochnäsig und gewaltsam ging er auch mit den anderen Ständen um. Als ihn der Lärm derjenigen in seiner Ruhe störte, die mitten in der Nacht im Circus die Freiplätze besetzten, ließ er sie alle mit Stöcken davonjagen. Im Verlauf des Getümmels wurden mehr als zwanzig römische Ritter, ebenso viele Damen der vornehmen Gesellschaft und ungezählte andere zerquetscht. Bei den Theatervorstellungen pflegte er ein Zehntel der Plätze recht früh zu vergeben, so daß auf den Plätzen der Ritter sich auch Leute aus der Hefe des Volkes niederließen; damit wollte er einen Keim für Unfrieden zwischen dem einfachen Volk und dem Ritterstand legen. Manchmal wurden gerade, wenn die Sonne am heißesten schien, bei einem Gladiatorenkampf die Sonnensegel zurückgezogen; dann gab er den Befehl, niemanden hinauszulassen. Dann entfernte man den üblichen

Pomp aus der Arena, und dafür ließ er jetzt abgehalfterte Tiere, ganz billige und altersschwache Gladiatoren und ehrenwerte Familienväter, die aber irgendein körperliches Gebrechen hatten, vorn auf einem Brett auftreten. Manchmal schloß er einfach die Kornspeicher und verordnete dem Volk eine Hungerkur.

Seine grausame Veranlagung zeigte sich besonders in folgendem. Als das Fleisch zur Fütterung der Raubtiere, die für eine Veranstaltung bestimmt waren, nur zu einem recht hohen Preis hätte beschafft werden können, da bestimmte er von den Verurteilten einige dazu, daß sie ihnen zum Fressen vorgeworfen werden sollten. Als er die Gefängnisse der Reihe nach inspizierte, warf er keinen Blick in das Schuldregister der Gefangenen, sondern stellte sich lediglich mitten in der Halle hin und befahl, sie von einem Kahlkopf zum anderen abzuführen. Er forderte die Einlösung des Gelübdes von demjenigen, der für seine Genesung versprochen hatte, als Gladiator aufzutreten; er sah zu, wie er mit dem Schwert kämpfte, und entließ ihn erst nach seinem Sieg und vielen Bitten. Einen anderen, der aus demselben Grund seinen Tod gelobt hatte, übergab er, da er zögerte, Sklaven; diese sollten von ihm, nachdem sie ihn mit heiligen Zweigen und einer Opferbinde geschmückt hatten, die Einlösung des Gelübdes verlangen und ihn durch die Gassen der Stadt treiben, bis er sich vom Wall herabstürzte. Viele ehrenwerte Leute ließ er erst durch das Brandmal ihrer Würde berauben, dann verurteilte er sie zur Arbeit in den Bergwerken, zum Straßenbau oder zum Kampf mit den wilden Tieren, ließ sie wie die wilden Tiere in Käfige sperren, wo sie sich auf allen Vieren bewegen mußten, oder ließ sie mitten durchsägen. Alle ereilte dieses Schicksal nicht, weil sie etwa wegen eines schweren Vergehens verurteilt waren, sondern weil sie sich abfällig über eine Veranstaltung, die er gegeben hatte, geäußert oder weil sie nie bei seinem Schutzgott geschworen hatten. Eltern zwang er, dabei zu sein, wenn ihre Söhne hingerichtet wurden. Als einmal einer sich wegen seines Gesundheitszustandes entschuldigen ließ, schickte er ihm eine Sänfte. Einen anderen lud er gleich vom Schauplatz der Bestrafung weg zum Essen ein und gab sich ganz aufgeräumt, um ihn so zu Heiterkeit und zum Scherzen zu ermuntern. Einen Aufseher über Spiele und Tierhetzen ließ er mehrere Tage hintereinander vor seinen Augen mit Ketten auspeitschen, aber nicht eher töten, bis ihn der Geruch des Gehirns, das schon in Fäulnis übergegangen war, störte. Den Autor einer Atellane ließ er wegen eines winzigen Verses, der einen zweideutigen Witz enthielt, mitten in der Arena des Amphitheaters verbrennen. Einen römischen Ritter, der schon zum Kampf mit den wilden Tieren in der Arena stand, ließ er zurückbringen, als er lauthals schrie, er sei unschuldig; dann ließ er ihm die Zunge abschneiden und ihn zurück in die Arena führen. Als er einmal von jemandem, den er aus dem Exil, das man ihm vor Zeiten auferlegt hatte, zurückgerufen hatte, wissen wollte, was er dort den ganzen Tag über gemacht habe, gab dieser ihm, um sich bei ihm einzuschmeicheln, zur Antwort: »Ich habe immer zu den Göttern gebetet, daß – es ist ja auch so gekommen – Tiberius sterben solle und du Kaiser werden mögest.« Da hatte er die fixe Idee, die Leute, die er verbannt habe, würden auch ihm persönlich den Tod anwünschen; also schickte er Leute auf alle Inseln, damit sie alle Verbannten ohne Ausnahme töteten. Als er einmal einen Senator unbedingt in Stücke reißen lassen wollte, stiftete er Leute an, die auf ihn beim Betreten der Kurie plötzlich zustürmen und ihn einen »Staatsfeind« titulieren sollten, dann sollten sie ihn mit ihren Schreibgriffeln durchbohren und ihn die anderen in Stücke reißen lassen. Und er war nicht eher zufriedengestellt, als bis er gesehen hatte, wie man die Körperteile, Gliedmaßen und Gelenke, und die Eingeweide des Mannes durch die Gassen schleifte und vor ihm aufhäufte. Seine unmenschlichen und schrecklichen Taten ließ er noch schlimmer werden durch die Härte, wie sie in seinen Worten zum Ausdruck kam. Nichts – so sagte er gern – lobe und schätze er an dem, was die Natur ihm mitgegeben habe, mehr als seine, ich gebrauche hier ein Wort, dessen er sich dafür selbst bediente, ἀδιατρεψία, d. h. Schamlosigkeit. Als seine Großmutter Antonia ihn einmal zurechtwies, sagte er zu ihr, als wenn es nicht schon genug gewesen wäre, daß er ihr nicht gehorchte: »Denke daran, daß mir alles, auch gegen alle erlaubt ist!« Als er sich anschickte, seinen Vetter zu ermorden, den er in Verdacht hatte, sich aus Furcht davor, vergiftet zu werden, durch Gegengifte vorbeugend zu schützen, sagte er: »Ein Gegengift gegen den Kaiser?« Seinen Schwestern, die er in die Verbannung geschickt hatte, drohte er, ihm stünden nicht nur Inseln, sondern auch Schwerter zur Verfügung. Als er den Auftrag gegeben hatte, einen Mann im Range eines Praetors, der von Antikyra aus, wohin er sich aus Rücksicht auf seine Gesundheit zurückgezogen hatte, schon oft um die Verlängerung seines Urlaubs nachgesucht hatte, umzubringen, fügte er dem Auftrag noch hinzu, er müsse zur Ader gelassen werden, nachdem ihm nach so langer Zeit die Nieswurz nicht geholfen habe. Wenn er alle zehn Tage seine Unterschrift unter die Liste der Gefangenen, die hingerichtet werden sollten, setzte, pflegte er zu sagen, er bezahle die Rechnung. Als einmal zur gleichen Zeit einige Gallier und Griechen abgeurteilt wurden, rühmte er sich, er habe Gallograecia unterworfen. Er ließ jeden wohlüberlegt nur mit vielen winzigen Stichen bestrafen; dabei befahl er immer wieder, heute ist dies jedermann bekannt: »Triff so, daß er fühlt, daß er stirbt!« Als einmal ein anderer bestraft worden war, als er

bestimmt hatte, weil man die Namen verwechselt hatte, sagte er, auch dieser habe das Gleiche verdient gehabt. Oft vernahm man von ihm den bekannten Vers aus der Tragödie:

> »Sollen sie (mich) doch hassen, wenn sie (mich) nur
> fürchten!«

Oft ging er gegen alle Senatoren ohne Unterschied los, wie
wenn sie Klienten des Sejan und Denunzianten seiner Mutter und seiner Brüder gewesen seien, holte Dokumente hervor, die er angeblich verbrannt hatte; so hatte er jedenfalls
behauptet: Er verteidigte auch die Grausamkeit des Tiberius, denn sie sei unbedingt notwendig gewesen, da er so vielen Anklägern habe glauben müssen. Den Ritterstand machte er ständig herunter, weil er zu sehr den Theateraufführungen und Gladiatorenkämpfen zugetan sei. Weil er auf die
Menge wütend war, die entgegen seinen Interessen eine andere Partei favorisierte, rief er aus: »Hätte doch das römische Volk nur einen einzigen Hals!« Als man den Auftritt
des Straßenräubers Tetrinius verlangte, sagte er, auch die, die
den verlangten, seien ein Tetrinius. Fünf Kämpfer mit dem
Netz, die eine Tunika trugen und in einem Team kämpften,
hatten sich kampflos ebenso vielen Gladiatoren ergeben.
Als man verlangte, daß sie getötet wurden, nahm einer von
ihnen den Dreizack wieder in die Hand und tötete alle Sieger. Dieses Morden beweinte er in einem Edikt, als sei es das
grausamste Töten gewesen, und stieß gegen diejenigen, die
das hätten mit ansehen können, Verwünschungen aus. Er
pflegte sich auch öffentlich darüber zu beklagen, in welchen
Zeiten man doch leben müsse; sie stächen durch keine Kata-
strophen für die Allgemeinheit heraus. Der Prinzipat des
Augustus sei durch die Niederlage des Varus, der des Tiberius durch den Einsturz der Zuschauertribüne bei Fidenae berühmt geworden; seiner Regierungszeit drohe das Verges-

sen, weil alles zu glatt gehe. Und so wünschte er sich immer
wieder Niederlagen der Heere, eine Hungerkatastrophe, eine Pest, Feuersbrünste und ein Erdbeben.

Selbst wenn er sich Entspannung gönnte und ganz mit
Spiel und Essen beschäftigt war, stellte sich bei ihm die
gleiche Grausamkeit in Wort und Tat ein. Während er speiste oder zechte, wurden oft vor seinen Augen peinliche
Verhöre unter Anwendung der Folter durchgeführt, ent-
hauptete ein Soldat, ein Meister im Köpfen, alle, die aus
dem Gefängnis geholt worden waren. Als er in Puteoli die
Brücke einweihte, die er sich selbst ausgedacht hatte, wie
wir bereits erwähnt haben, lud er viele, die sich am Strand
aufhielten, zu sich ein, dann stürzte er sie plötzlich kopfüber ins Meer und ließ einige, die sich an den Steuerrudern
festklammerten, mit Stangen und Rudern ins Meer zurück-
stoßen. In Rom übergab er einen Sklaven, der bei einem öffentlichen Gastmahl eine silberne Platte von einer Liege
entwendet hatte, auf der Stelle dem Henker, daß der ihm
die Hände abhacke und man sie ihm vom Hals herab vor
die Brust hänge; dann sollte er zwischen der Gesellschaft
der Leute, die gerade speisten, herumgeführt werden, wobei man eine Tafel vorantrug, auf der der Grund für die
Strafe zu lesen war. Einen Gladiator aus der Fechtschule,
der sich mit einem Rapier mit ihm schlug und sich zu Boden strecken ließ, ohne daß er etwas dazu getan hatte,
durchbohrte er mit einem eisernen Dolch und lief mit einem Palmenzweig umher, wie das für Sieger üblich war.
Einmal, die Opfertiere standen schon am Altar, kam er angezogen wie ein Opferschlächter und ebenso gerüstet, hob
den Hammer hoch in die Höhe und schlug den Opferste-
cher tot. Bei einem Festessen brach er plötzlich in Lachen
aus; da fragten ihn die Konsuln, die neben ihm lagen,
schöntuend, worüber er denn lache; da sagte er: »Worüber

schon? Es ist doch klar: Ein Wink von mir, und ich könnte euch auf der Stelle die Kehle durchschneiden lassen.« Von den vielen Witzen, die er machte, hier einige: Einmal stellte er sich neben das Iuppiterstandbild und fragte den tragischen Schauspieler Apelles, wer von beiden ihm größer zu sein scheine. Als dieser mit der Antwort auf sich warten ließ, ließ er ihn auspeitschen und lobte wiederholt die Stimme, die selbst dann noch äußerst angenehm klinge, wenn er flehentlich um Gnade winsele. Wenn er seiner Frau oder einem Liebchen den Hals küßte, setzte er hinzu: »So ein schöner Nacken wird vom Rumpf getrennt werden, sobald ich den Befehl dazu gebe.« Ja er brüstete sich oft damit, er werde aus seiner Caesonia schon herausbringen, warum sie ihn so sehr liebe, und wenn er sie auf die Folter spannen müsse.

Caligula wütete gleichermaßen aus Neid und Übelwollen wie aus Hochmut und Grausamkeit gegen beinahe alle Menschen einer jeden Zeit. Die Statuen berühmter Männer, die Augustus vom Kapitol, weil dort kein Platz mehr war, auf das Marsfeld hatte bringen lassen, stürzte er um und zertrümmerte sie so, daß man sie mit den ehemaligen Inschriften nicht wiederherstellen konnte. Er verbot, daß in Zukunft jemandem zu seinen Lebzeiten an irgendeinem Ort eine Statue oder ein Bildnis aufgestellt werde, es sei denn man habe ihn gefragt und er sei der Stifter. Er dachte auch daran, die Gesänge des Homer zu vernichten; er fragte sich nämlich, warum ihm das nicht erlaubt sein solle, was einem Platon erlaubt gewesen sei, der ihn auch aus seinem Staat verbannt hätte, den er geschaffen hatte. Ja, es hätte nicht viel gefehlt, und er hätte die Schriften und Bilder des Vergil und des Titus Livius aus allen Bibliotheken entfernen lassen, indem er an dem einen herumkritelte, er habe kein Talent und sei überhaupt nicht gebildet, an dem anderen, daß er sich in seinem Geschichtswerk zu weitläufig mit Worten ergehe und nachlässig gearbeitet habe. Auch über die Rechtsgelehrten äußerte er sich abfällig und brüstete sich, so als wolle er den gesamten Nutzen ihrer Zunft für nichtig erklären, damit, daß er es, beim Hercules, schon durchsetzen werde, daß sie keine Bescheide mehr ohne ihn geben könnten. Gerade den vornehmsten Familien nahm er die Auszeichnungen ihrer Ahnen weg: Torquatus den Halsreif, Cincinnatus die Haarlocke, Cn. Pompeius den Beinamen »der Große«, der zu diesem alten Geschlecht gehörte. Ptolemaios, von dem ich berichtet habe, hatte er aus seinem Reich nach Rom holen lassen und ihn mit allen Ehren empfangen. Plötzlich ließ er ihn lediglich deshalb umbringen, weil er bemerkt hatte, daß dieser, obwohl doch er der Veranstalter des Spieles war, beim Eintritt ins Amphitheater durch den Glanz seines purpurfarbenen Mantels die Augen aller auf sich gezogen hatte. Wenn ihm Leute mit schönem Haar begegneten, ließ er ihnen den Hinterkopf rasieren und verunstaltete sie auf diese Weise. Ein gewisser Aesius Proculus, dessen Vater Primipilar war, wurde wegen seiner außergewöhnlichen Größe und seiner schönen Gestalt »Colosseros« genannt. Diesen ließ er plötzlich von seinem Platz im Zuschauerraum zerren und in die Arena hinabführen; dort ließ er ihn sich zuerst mit einem Thraker und dann mit einem Schwerbewaffneten messen; beide Male war Aesius Sieger; er ließ keine Zeit verstreichen und befahl, ihn zu fesseln, ihm Lumpen anzuziehen und ihn dann durch alle Gassen zu führen und den Frauen zu zeigen; dann ließ er ihn erdrosseln. Schließlich gab es keinen Menschen, mochte er aus noch so niedrigen Verhältnissen und niedrigem Stand kommen, auf dessen Glück er nicht eifersüchtig war. Der Priesterkönig des Dianaheiligtums am Nemisee war bereits viele Jahre im Amte; deshalb hielt er einen mächtigeren Gegner in Bereitschaft. Als am Tag eines Wagenrennens der Wagenlenker Porius nach erfolgreich gelaufenem Rennen seinem Sklaven die Freiheit schenkte und man ihm etwas zu gewogen Beifall klatschte, eilte er so eilig aus dem Amphitheater, daß er auf den Zipfel seiner Toga trat und kopfüber die Stufen hinabstürzte. Außer sich vor Wut schrie er, das Volk, das doch der Herr der Welt sei, erweise einem Gladiator aus einem ganz unbedeutenden Anlaß größere Ehre als Fürsten, die unter die Götter erhoben seien, oder ihm, der hier stehe.

Er kannte selbst kein Schamgefühl, noch schonte er das der anderen. So sollen er und M. Lepidus, der Pantomime Mnester und einige Geiseln unzüchtig miteinander verkehrt haben. Valerius Catullus, ein junger Mann aus einer konsularischen Familie, schrie es sogar laut hinaus, daß er ihn geschändet habe und sein Körper durch den ständigen Beischlaf ganz geschwächt sei. Sieht man einmal von der Unzucht mit seinen Schwestern und seiner stadtbekannten Liebe zu der Prostituierten Pyrallis ab, so ohne weiteres ließ er auch keine der vornehmeren Damen in Ruhe. Meistens lud er sie mit ihren Ehemännern zum Essen ein; wenn sie dann an ihm vorbeigingen, sah er sie sich genau und bedächtig an, wie Händler es zu tun pflegen, hob auch mit der Hand ihr Gesicht hoch, wenn sie es aus Scham gesenkt hielten. Dann ging er, sooft es ihm beliebte, aus dem Speisezimmer und ließ diejenige, die ihm am meisten gefallen hatte, zu sich kommen; kurz darauf kam sie zurück, man sah noch die frischen Spuren seiner Wollust an ihr; entweder lobte er sie dann vor allen oder machte sie schlecht, indem er ihre körperlichen und sexuellen Vorzüge und Schwächen aufzählte. Einigen Frauen schickte er persönlich im Namen ihrer abwesenden Männer den Scheidebrief und ließ dies auch im Staatsanzeiger bekannt machen.

In seiner Schwelgerei übertraf er alles, was man sich bisher an Verschwendung hatte einfallen lassen. Er erfand eine neue Art von Bädern, die abstrusesten Gerichte und Speisen; er badete z. B. in warmem und kaltem Salböl, schlürfte die wertvollsten Perlen in Essig aufgelöst, setzte seinen Gästen Brote und Speisen mit einer Goldglasur vor, wobei er oft bemerkte, man müsse entweder ein sparsamer Mann oder Kaiser sein. Ja, er warf sogar einige Tage lang vom Dach der Iulischen Basilika nicht gerade wenige Münzen unter das Volk. Er ließ sich auch Schnellsegler bauen, die am Heck mit Edelsteinen geschmückt waren und farbige Segel hatten, sie waren so breit, daß sie Raum hatten für Thermen, Säulengänge und Speisesäle, groß war auch das Angebot an Reb- und Obstbaumsorten. Am Tage speiste er in dieser Umgebung und segelte von Tanz und Musik begleitet an den Küstenstrichen Kampaniens entlang. Wenn es um den Bau von Palästen und Landhäusern ging, stellte er jedes Gebot der Vernunft hintan; ihm ging es vor allem darum, etwas fertigzubringen, von dem man gesagt hatte, daß es unmöglich sei. Deshalb wurden Dämme dort errichtet, wo das Meer besonders gefährlich und tief war; Schluchten wurden dort aus dem Fels geschlagen, wo der hart wie Granit war; Ebenen wurden durch Aufschüttungen zu Bergen gemacht, Gebirge wurden durch das Abtragen der Berge eingeebnet. Und das alles ging unglaublich schnell, da auf Säumigkeit die Todesstrafe stand. Ich will hier aber nicht ins Detail gehen; er brauchte ungeheure Gelder und den gesamten Kronschatz des Tiberius in Höhe von zwei Milliarden siebenhundert Millionen Sesterzen auf, und das in noch nicht einmal einem Jahr.

Die Folge war, daß er vollkommen ohne finanzielle Mittel dastand; also ging er darauf aus, das Geld zusammenzurauben, indem er sich einer bunten Fülle von ausgetüftelten falschen Anklagen, Versteigerungen und Steuern bediente. Er bestritt, daß diejenigen zu Recht das römische Bürgerrecht erworben hätten, deren Vorfahren es für sich und ihre Nachkommen erworben hatten, es sei denn, es seien direkte Söhne, denn als Nachkommen dürfe keiner angesehen werden, der noch entfernter mit diesen verwandt sei. Urkunden, die noch der vergöttlichte Iulius und Augustus ausgestellt hatten und die man hervorholte, fegte er als alt und verfallen vom Tisch. Er beschuldigte Leute, deren Vermögen sich seit der letzten Schätzung aus irgendeinem Grunde vergrößert hatte, damals falsche Angaben gemacht zu haben. Die Testamente von Primipilaren, die seit der Thronbesteigung des Tiberius weder diesen noch ihn als Erben eingesetzt hatten, erklärte er für ungültig, da sie nur von Undank zeugten. Ebenso erklärte er die Testamente derjenigen für ungültig und nicht rechtskräftig, wenn jemand behauptete, sie hätten doch eigentlich erst sterben wollen, nachdem der Kaiser als ihr Erbe bestellt sei. Dadurch hatte er den Leuten Furcht eingejagt; schon setzten ihn sogar Unbekannte neben ihren Freunden und Eltern neben ihren Kindern öffentlich als Erben ein; die pflegte er Spaßvögel zu nennen, wenn sie, nachdem sie ihn zum Erben erklärt hatten, noch weiter lebten; vielen schickte er dann vergiftete Leckerbissen. In solchen Fällen hatte er selbst den Vorsitz bei Gericht; noch bevor er mit der Verhandlung begann, bestimmte er bereits die Summe, auf die man es bringen müßte; erst wenn er es auf diese Summe gebracht hatte, stand er auf und ging. Er duldete nicht einmal die kleinste Verzögerung; einmal verurteilte er über vierzig Leute, die ganz verschiedener Vergehen wegen angeklagt waren, in einem Urteilsspruch und rühmte sich bei Caesonia, als die ihr Schläfchen beendet hatte, was er nicht schon alles geleistet habe, während sie ihren Mittagsschlaf hielt.

Einmal veranstaltete er eine Auktion; dabei ließ er Dinge, die bei allen möglichen Schauspielen zurückgelassen worden waren, unter den Hammer kommen und verkaufen, wobei er allerdings die Preise festsetzte und sie so weit in die Höhe trieb, daß einige Leute, die genötigt worden waren, einiges für Unsummen zu erstehen, sich die Adern aufschnitten, da sie ihr ganzes Vermögen veräußert hatten. Bekannt ist folgender Fall: Aponius Saturninus war auf einer Bank eingeschlafen; da mahnte Caligula den Ausrufer, das häufige Kopfnicken des ehemaligen Praetors doch nicht einfach zu übergehen, der ihm damit doch seinen Zuschlag gebe; es wurde nicht eher mit den Geboten Schluß gemacht, bis ihm, ohne daß er davon etwas mitbekommen hatte, dreizehn Gladiatoren für neun Millionen Sesterzen zugesprochen waren. Als Caligula auch in Gallien die Schmucksachen, den Hausrat, die Sklaven und sogar die Freigelassenen seiner verurteilten Schwestern weit über Wert verkauft hatte, machte ihm der Gewinn den Mund wässerig, und er ließ aus Rom alles, was an Hausrat des alten Hofes noch vorhanden war, dorthin bringen. Für den Transport griff er auf die Mietwagen und die Gespanne der Stampfmühlen zurück, so daß in Rom oft das Brot knapp wurde und etliche von denjenigen, die prozessierten, den Prozeß verloren, weil sie nicht zum Termin da sein konnten, wenn sie von auswärts kamen. Damit er diesen Hausrat loswurde, griff er zu jeder List und zu jedem Lockmittel. Bald schalt er einzelne Herrschaften wegen ihres Geizes; sie sollten sich schon deswegen schämen, daß sie reicher als er seien. Bald tat er so, als bereue er es, daß er es Privatleuten ermögliche, an fürstliche Besitztümer zu kommen. Er hatte erfahren, daß ein reicher Mann aus der Provinz seinen Dienern, die die Gäste zur Tafel luden, zweihunderttausend Sesterzen gezahlt habe, um sich durch diese Betrügerei eine Einladung zum Gastmahl zu verschaffen, und er war gar nicht darüber aufgebracht, daß die Ehre, mit ihm zu speisen, so hoch geschätzt wurde. Diesem Mann, der auch bei der Auktion dagesessen hatte, ließ er am nächsten Tag irgendeine wertlose Kleinigkeit zum Preis von zweihunderttausend Sesterzen überbringen und ihm mitteilen, er dürfe nun beim Kaiser speisen, denn jetzt habe der ihn persönlich geladen.

Neue, unerhörte Steuern ließ er zuerst durch Steuerpächter, dann, weil diese zu hohe Gewinne machten, durch die Centurionen und Tribunen der Praetorianerkohorten eintreiben. Es gab überhaupt nichts an Dingen und Menschen, worauf nicht irgendeine Abgabe lastete. Für Lebensmittel, die in der ganzen Stadt verkauft wurden, wurde ein bestimmter, feststehender Satz gefordert. Bei allen Streitfällen und Prozessen, die irgendwo verhandelt wurden, bekam der Staat ein Vierzigstel der Streitsumme, und es wurde bestraft, wenn man jemandem nachwies, daß er einen Streitfall gütlich beigelegt oder zurückgezogen hatte. Träger hatten ein Achtel ihres Tagesverdienstes abzuführen. Vom Stundenlohn der Prostituierten kassierte der Staat so viel, wie eine Dirne mit einem Beischlaf verdiente. Dieser Gesetzesparagraph wurde noch dadurch ergänzt, daß auch die dem Staat zu diesen Steuern verpflichtet seien, die einmal dem Gewerbe einer Dirne oder eines Kupplers nachgegangen seien, ja sogar Ehefrauen fielen unter das Gesetz. Solche Gesetze wurden nur verkündet, nicht öffentlich angeschlagen; da man nicht wußte, was genau geschrieben stand, kam es zu vielen Übertretungen. Schließlich ließ er das Gesetz öffentlich anschlagen, da das Volk dies energisch verlangte, aber in ganz winzigen Buchstaben und an einem Ort, der dermaßen beengt war, daß es keinem möglich war, das Gesetz abzuschreiben. Und um keine Quelle, Gewinn zu machen, unerprobt zu lassen, errichtete er auf dem Palatin ein Bordell; dort hatte er mehrere kleine Räume abtrennen und einrichten lassen, so wie es der Würde des Ortes angemessen war;

in diesen Räumlichkeiten mußten sich verheiratete Frauen und freigeborenen junge Leute zur Liebe feilbieten. Dann schickte er Ausrufer über alle Foren und in alle Basiliken, die junge und alte Männer animieren sollten, ihre Lüste auszuleben. Denjenigen, die kamen, stellte er Geld gegen Zinsen zur Verfügung, und es standen Leute dabei, die ihre Namen öffentlich aufschrieben, so als seien das die Leute, die halfen, die Einkünfte des Kaisers aufzubessern. Nicht einmal Gewinne aus dem Würfelspiel verachtete er; er machte allerdings mehr Gewinn durch Falschspiel und sogar Meineid. Einmal ließ er einen Mitspieler, der neben ihm saß, seine Partie mitspielen, ging selbst ins Atrium des Hauses; da gab er den Befehl, zwei reiche römische Ritter, die gerade vorbeigingen, zu verhaften und ihr Vermögen einzuziehen. Ganz aufgeräumt ging er zum Spiel zurück und rühmte sich, niemals einen glücklicheren Wurf getan zu haben.

Aber als ihm eine Tochter geboren wurde, klagte er über seine Armut und darüber, daß er nun nicht mehr nur die Lasten eines Kaisers, sondern auch noch die eines Vaters zu bestreiten habe; also nahm er Spenden für den Unterhalt und die Mitgift des Mädchens an. Er gab auch durch Edikt bekannt, daß er am Neujahrstag Geschenke entgegennehmen werde; am ersten Januar stand er dann im Vorraum seines Palastes, um die Spenden entgegenzunehmen, die Angehörige eines jeden Standes, die in Scharen gekommen waren und die Hände und den Bausch der Toga prall gefüllt hatten, vor ihm ausbreiteten. Zuletzt packte ihn ein so unbändiges Verlangen, im Geld zu wühlen, daß er die Goldmünzen auf riesige Haufen an einem ganz freien und weiten Platz verteilen ließ und dann mit nackten Füßen über sie spazieren ging und sich hin und wieder mit dem ganzen Körper darin herumwälzte.

Einmal unternahm er einen Feldzug und versuchte sich

im Kriegswesen, aber das lief nicht nach einem vorher gefaßten Plan ab. Als er nach Mevania gekommen war, um den Hain und den Fluß Clitumnus zu sehen, wurde er daran erinnert, die Zahl der Bataver, die er immer um sich hatte, zu ergänzen; da hatte er den kühnen Gedanken, gegen Germanien zu Felde zu ziehen. Er ließ nicht viel Zeit verstreichen, von überallher wurden Legionen und Hilfstruppen zusammengezogen, überall führte man mit äußerster Strenge Aushebungen durch, Proviant von allem wurde in einem solchen Umfang zusammengebracht, wie noch nie dagewesen. Dann marschierte man los, und das bald in einem solchen Marschtempo, daß die Praetorianerkohorten ihre Feldzeichen auf die Zugtiere packen mußten, das war ganz und gar nicht üblich, und nun hinterher kamen; manchmal ging es aber auch so langsam und gemächlich voran, daß er selbst in einer Sänfte, die von acht Sklaven getragen wurde, reiste und von den Einwohnern der nächsten Städte verlangte, für ihn die Straßen zu fegen und sogar wegen des Staubs mit Wasser zu besprengen.

Als er das Lager erreichte, wollte er sich als energischer und strenger Feldherr präsentieren; also entließ er Offiziere, die Hilfstruppen aus entlegenen Gegenden reichlich spät herangeführt hatten, mit Schimpf und Schande. Und bei der Musterung des Heeres nahm er den meisten Centurionen, die ohnehin bald ausgemustert wurden, und einigen, die nur noch ganz wenige Tage bis zum Ende ihrer Dienstzeit Dienst zu tun hatten, ihren Rang als Primipili. Als Grund dafür führte er ihr hohes Alter und ihre Gebrechlichkeit an. Den übrigen warf er Geldgier vor und beschnitt die Vergünstigungen, die sie sich für die Zeit nach Entlassung aus dem Militärdienst erworben hatten, auf sechstausend Sesterzen. Er konnte nichts weiter als Ergebnis verbuchen, als daß er Adminius, den Sohn des Cynobellinus, des Königs der Bri tanner, der von seinem Vater aus dem Lande gejagt und mit einer Handvoll Leuten zu ihm übergelaufen war, in Gnaden aufgenommen hatte. Nach Rom schickte er großartige Berichte, deren zufolge ihm die gesamte Insel übergeben worden war; seinen Kundschaftern hatte er eingeschärft, mit dem Wagen direkt bis vor das Forum und Rathaus zu fahren und nur im Tempel des Mars und wenn der Senat vollzählig versammelt sei, den Konsuln die Berichte zu übergeben.

Als es ihm schließlich aber an einem Anlaß fehlte, Krieg zu führen, ließ er ein paar Germanen aus seiner Leibwache über den Rhein setzen und sich dort verbergen; nachdem er zu Mittag gegessen hatte, sollten sie ihm ganz aufgeregt melden, der Feind sei da. Daraufhin stürzte er mit seinen Freunden und einem Teil der Praetorianer in den nächsten Wald davon, ließ Bäume fällen und wie Siegeszeichen herrichten; dann kehrte er bei Fackellicht ins Lager zurück. Diejenigen, die ihm nicht gefolgt waren, tadelte er scharf als Angsthasen und Feiglinge; diejenigen aber, die ihm gefolgt waren und am Sieg beteiligt gewesen waren, beschenkte er mit einer neuen Art von Kronen, die jetzt auch anders hießen. Sie waren verziert mit dem Bild von Sonne, Mond und Sternen, und er nannte sie »Aufklärungskronen«. Das nächste Mal ließ er einige Geiseln aus einer Elementarschule holen und schickte sie heimlich voraus; plötzlich verließ er die Tafel, setzte ihnen mit der Reiterei nach, als wenn sie entflohen wären, bekam sie zu fassen und brachte sie in Ketten zurück. Auch bei dieser Posse schoß er über das Maß hinaus. Er nahm wieder bei Tische Platz und forderte die Offiziere, die Meldung machten, daß die Truppe wieder geschlossen angetreten sei, auf, Platz zu nehmen, und zwar so wie sie gerade waren, in ihren Panzern. Er ermahnte sie auch noch mit dem sehr bekannten Vers Vergils, »auszuhalten und ihre Kräfte für glücklichere Tage aufzusparen«.

Während er das veranstaltete, machte er dem Senat und dem Volk, die ja nicht mitgekommen waren, schwerste Vorhaltungen deswegen, weil sie, während der Kaiser Schlachten schlage und sich so großen Gefahren aussetze, ganz ausgelassen Gelage in Saus und Braus feierten, in den Circus und ins Theater gingen und sich auf ihre anmutig gelegenen Feriendomizile zurückzögen. Um diesem Krieg sozusagen ein Ende zu machen, ließ er zuletzt das Heer an der Küste des Ozeans Aufstellung nehmen und Schleuder- und Wurfmaschinen in Stellung bringen, während niemand wußte oder auch nur ahnte, was jetzt losgehen werde. Plötzlich befahl er, Muscheln zu sammeln und sie in Helme und Kleiderfalten zu stecken, wobei er meinte: »Das sind die Beutestücke, die wir dem Ozean abnehmen und die er dem Kapitol und Palatin schuldete.« Als Siegeszeichen ließ er einen sehr hohen Turm errichten, auf dem nachts, wie auf dem Turm von Pharos, Feuer leuchten sollten, um den Schiffen den Weg zu weisen. Jedem Soldaten wurde ein Geschenk von hundert Denaren versprochen; als wenn er damit jedes Beispiel von Freigebigkeit übertroffen hätte, sagte er: »Geht gut gelaunt weg, geht nun als reiche Leute weg!«

Darauf wandte er seine ganze Aufmerksamkeit dem Triumphzug zu. Neben den Gefangenen und zu ihm übergelaufenen Barbaren suchte er sich noch die größten Leute Galliens und die, wie er selbst sagte, »triumphwürdigsten« und auch einige von den Fürsten aus und hob diese für den Festzug auf. Er zwang sie nicht nur, ihr Haar rot zu färben und wachsen zu lassen, sondern sie mußten auch noch Germanisch lernen und barbarische Namen annehmen. Er befahl auch noch, daß die Dreiruderer, mit denen er auf den Ozean hinausgefahren war, zu einem Großteil auf dem Landweg nach Rom gebracht werden sollten. Den Schatzmeistern schrieb er, sie sollten einen Triumph vorbereiten, der möglichst wenig Geld verschlinge, aber doch alle bisherigen überbieten solle; ihnen stünde es ja frei, über das Vermögen von Jedermann zu verfügen.

Bevor er aus der Provinz aufbrach, faßte er noch einen Plan von einer Grausamkeit, man kann es kaum aussprechen. Es sollten nämlich die Legionen, die einst nach dem Tode des Augustus gemeutert hätten, alle niedergemacht werden, weil sie seinen Vater Germanicus, ihren Kommandanten, und ihn selbst, der damals noch ein kleines Kind war, im Lager eingeschlossen hätten. Nur mit Mühe hat man ihn von diesem völlig abwegigen Einfall abbringen können; doch man konnte ihn durch gar nichts davon abbringen, darauf zu bestehen, jeden zehnten Mann töten zu lassen. Und so rief er sie ohne Waffen zu einer Versammlung, sogar die Schwerter hatten sie ablegen müssen, und umzingelte sie mit der Reiterei in voller Rüstung. Doch als er sah, daß den meisten die Prozedur schon verdächtig vorgekommen war und sie sich schon aus dem Staube machten, um ihre Waffen zu holen, falls man eine Gewalttat gegen sie plane, verließ er Hals über Kopf die Versammlung und eilte schnurstracks nach Rom. Seine ganze Grausamkeit bekam jetzt der Senat zu spüren, gegen den er in aller Öffentlichkeit Drohungen aussprach, um so Schluß mit den Gerüchten über sein unehrenhaftes Benehmen zu machen. Er beklagte sich unter anderem darüber, daß man ihn um den verdienten Triumph betrogen habe, obwohl er doch höchstpersönlich kurz vorher noch unter Androhung der Todesstrafe die Anweisung gegeben habe, daß man über ihm gebührende Ehren keinen Antrag stellen solle. Als unterwegs Gesandte des höchsten Gremiums bei ihm vorstellig wurden und ihn baten, sich etwas zu beeilen, da brüllte er sie aus voller Brust an: »Ich werde kommen, ich komme schon, und das da wird mit mir kommen!«, und wiederholt schlug er dabei auf den Knauf seines Schwertes, das er sich umgegürtet hatte. Er verkündete auch, daß er zurückkommen werde, aber nur für die, die wünschten, daß er komme, also für den Ritterstand und das Volk. Denn für den Senat werde er nicht länger Bürger und Kaiser sein. Er untersagte es auch allen Senatoren, ihm entgegenzugehen. Nachdem er auf den Triumph verzichtet oder ihn vielmehr aufgeschoben hatte, zog er an seinem Geburtstag in einem kleinen Triumph in die Stadt ein. Im Laufe der nächsten vier Monate starb er, nachdem er sich herausgenommen hatte, solch Ungeheuerliches zu begehen, und noch weit Schlimmeres plante; so hatte er sich vorgenommen, nach Antium, später nach Alexandria zu ziehen, nachdem er aber vorher noch gerade die Besten beider Stände umgebracht hätte. Daß dem so war, daran scheint niemand zu zweifeln; unter seinen geheimen Papieren fanden sich zwei kleine Bändchen mit verschiedenen Titeln; das eine trug die Aufschrift »Schwert«, das andere »Dolch«. Beide enthielten Namen und Schandflecke derjenigen, die er zum Tode auserkoren hatte. Man stieß auch auf eine große Kiste, die bis oben hin voll war mit den verschiedensten Giften; diese hat Claudius später im Meer versenken lassen, das dadurch verseucht wurde; die Fische starben; die Flut spülte ihre Kadaver an die umliegenden Küsten.

Caligula war außerordentlich groß, sehr bleich, recht korpulent, Nacken und Schenkel hingegen waren sehr zart, Augen und Schläfen lagen tief in einer Höhlung; er hatte eine weite und finstere Stirn, kaum Haare, gar keine in der Gegend des Scheitels, am restlichen Körper war er stark behaart. Deshalb bedeutete es auch Anklage und ein tragisches Ende, auf ihn, wenn er vorüberging, von oben herab zu blicken oder aus irgendeinem Grunde das Wort »Ziege« überhaupt in den Mund zu nehmen. Sein Gesicht aber war von Natur aus schon abstoßend und häßlich; diese Wirkung suchte er absichtlich noch mehr zu betonen, indem er es vor dem Spiegel gänzlich zu einer Schreckensmiene entstellte.

Körperlich und seelisch war er gesundheitlich nicht stabil. Als Junge litt er an Epilepsie, als junger Mann war er mit der Einschränkung fähig, Strapazen zu ertragen, daß es manchmal vorkam, daß er plötzlich abbaute und folglich nicht mehr weitergehen, stehen, kaum noch Kräfte sammeln und sich kaum aufrecht halten konnte. Die schwache seelische Konstitution hatte er auch selbst bemerkt; er dachte auch daran, sich zurückzuziehen und die Krankheit seines Gehirns heilen zu lassen. Man glaubt, seine Gattin Caesonia habe ihm einen Liebestrank verabreicht, der zwar als Heilmittel gedacht gewesen sei, der habe ihn aber erst recht wahnsinnig gemacht. Ganz besonders regte ihn seine Schlaflosigkeit auf. Er schlief nämlich höchstens drei Stunden in der Nacht, und nicht einmal dann schlief er ruhig; Alpträume versetzten ihn in Angst. So soll er unter anderem in einem Traumgesicht gesehen haben, wie er sich einmal mit dem Geist des Meeres unterhielt. Deshalb saß er während eines großen Teils der Nacht bald auf dem Bett, bald lief er endlos durch die langen Säulenhallen, da er es satt hatte, wach im Bett zu liegen. Er pflegte dann immer wieder das Tageslicht anzurufen und darauf zu warten, daß es Tag werde.

Nicht ganz zu Unrecht darf ich es wohl seiner Geisteskrankheit zuschreiben, daß sich in ihm zwei entgegengesetzte charakterliche Schwächen fanden, höchste Dreistigkeit und im Gegensatz dazu Furcht, die das normale Maß weit überschritt. Denn dieser Mann, der die Götter in einem solchen Maße verachtete, pflegte bereits die Augen zu schließen und sein Haupt zu verhüllen, wenn es einmal leise donnerte und kurz blitzte; wenn aber einmal ein stärkeres Gewitter aufzog, stand er sogar von seinem Bett auf und verkroch sich unters Bett. Auf seiner Reise durch Sizilien hatte er sich oft über die Wunderdinge, die sich hier und dort zugetragen haben sollten, lustig gemacht; er aber brach noch in der Nacht von Messana plötzlich Hals über Kopf auf, weil ihm der Rauch aus dem Gipfel des Aetna und sein Rumoren Angst einjagte. Auch gegen die Barbaren stieß er die schlimmsten Drohungen aus; als er aber jenseits des Rheins in einem Reisewagen durch einen Engpaß und mitten im dicht gedrängten Heer vorrückte und jemand bemerkte, das Entsetzen werde ja nicht gerade unerheblich sein, wenn sich plötzlich der Feind zeige, stieg er sofort auf ein Pferd und machte eilends kehrt zurück zu den Brücken; als er diese aber von Troßknechten und Troß verstopft antraf, wollte er nicht abwarten, also ließ er sich auf den Händen und über die Köpfe der Menschen hinweg hinübertragen. Auch als er später von einem Aufstand in Germanien hörte, traf er Vorkehrungen für seine Flucht und ließ auch die Flotten als Hilfsmittel in Bereitschaft versetzen. Ihn ließ lediglich die Tatsache Trost und Ruhe finden, daß ihm mit Sicherheit die überseeischen Provinzen blieben, falls die Sieger den Kamm der Alpen, wie die Kimbern, oder auch die Stadt Rom, wie einst die Senonen, besetzen sollten. Daraus wurde – wie ich glaube – später bei seinen Mördern der Plan geboren, bei den meuternden Soldaten die Lüge zu verbreiten, er habe selbst Hand an sich gelegt, weil ihn die Nachricht von einer verlorenen Schlacht ganz erschreckt habe.

Er war weder so gekleidet noch trug er Schuhwerk, wie es die Vorfahren oder die Bürger taten; ja nicht einmal wie ein Mann, ja überhaupt nicht wie ein Mensch war er immer gekleidet. Oft trat er auch in der Öffentlichkeit in Mänteln, die bunt bestickt und mit Edelsteinen besetzt waren, auf, oft trug er dabei auch Tuniken mit langen Ärmeln und einen Armreif; manchmal kleidete er sich auch in seidene Gewänder und dem Rundkleid der Damen; bald trug er Sandalen oder Kothurne, bald Soldatenstiefel, wie die Späher sie tragen, manchmal auch Damenschuhe. Meistens aber bekam man ihn mit goldenem Bart zu sehen, in der Hand hielt er dann den Blitz, Dreizack oder Heroldsstab, die Epitheta der Götter; man konnte ihn aber auch herausgeputzt wie die Venus zu sehen bekommen. Die Rüstung des Triumphators trug er gewöhnlich auch bereits vor dem Feldzug, manchmal auch den Panzer Alexanders des Großen, den er aus dessen Sarg hatte holen lassen.

Von den freien Künsten wandte er sich am wenigsten der literarischen Bildung zu, am meisten der Beredsamkeit. Er war sehr redegewandt und schlagfertig, besonders wenn er gegen jemanden eine Rede halten mußte. Wenn er zornig war, standen ihm Worte und Gedanken in Hülle und Fülle zu Gebote, auch seine Aussprache und Stimme wurden klarer, so daß er im Taumel der Leidenschaft nicht an ein und demselben Ort stehen bleiben und auch von denjenigen deutlich gehört werden konnte, die weiter weg standen. Wenn er mit der Rede anfing, drohte er, das Schwert zu zükken, das er bei Nacht geschliffen habe. Einen zu weichen und zierlichen Stil verachtete er so sehr, daß er sagte, Seneca, der zu seiner Zeit am meisten Zuspruch hatte, verfasse »reine Prunkreden« und sein Stil sei wie »Sand ohne Kalk«. Er pflegte auch auf erfolgreiche Vorträge von Rednern Entgegnungen zu schreiben, arbeitete Anklage- und Verteidigungsreden für bedeutende Männer aus, die vor dem Senat angeklagt waren, und zwar brachte er sie durch sein Votum in noch größere Schwierigkeiten oder gab ihnen Unterstützung, je nachdem wie ihm das Schreiben gerade von der

Hand gegangen war. Auch der Ritterstand wurde durch Edikt eingeladen, ihm zuzuhören.

Aber er beschäftigte sich mit größtem Interesse auch mit Künsten anderer Art, die vollkommen gegensätzlich waren. Er war Thraker und Wagenlenker, Sänger und Tänzer, kämpfte mit scharfen Waffen, fuhr Wagenrennen, dafür wurde an vielen Orten eine Rennbahn angelegt. Durch seine Freude an Gesang und Tanz ließ er sich so weit hinreißen, daß er nicht einmal bei öffentlichen Schauspielen darauf verzichtete, den Tragöden auf der Bühne mit seiner Stimme zu begleiten und vor dem Publikum die Gesten des Schauspielers nachzuahmen, wie wenn er ihn loben oder verbessern wollte. Aus keinem anderen Grund scheint er an dem Tag, an dem er gestorben ist, eine Nachtfeier angesagt zu haben, als daß er begünstigt durch den Zeitpunkt sein Debüt auf der Bühne geben könne. Er tanzte manchmal sogar nachts. Und einmal ließ er während der zweiten Nachtwache drei ehemalige Konsuln in den Palast kommen; die hatten große Angst und fürchteten schon das Schlimmste, doch er ließ sie auf einem Brettergerüst Platz nehmen, da sprang er plötzlich unter lautem Getöse von Flöten und Taktsohlen in Mantel und Tunika, die bis zu den Knöcheln reichten, hervor, tanzte zur Musik und trat ab. Er, der doch ein gelehriger Schüler in allen anderen Disziplinen war, konnte nicht schwimmen.

Alle, die er aber wirklich mochte, förderte er so, daß es schon übertrieben war. Den Pantomimen Mnester küßte er sogar während der Vorstellungen; falls jemand auch nur das leiseste Geräusch machte, während dieser tanzte, ließ er ihn von seinem Platz fortschleppen und schlug ihn mit der eigenen Hand. Einem römischen Ritter, der Lärm machte, ließ er durch einen Centurio befehlen, ohne Verzug nach Ostia aufzubrechen und von dort einen Brief von ihm an den König Ptolemaios nach Mauretanien zu überbringen, darin stand wörtlich: »Dem Mann, den ich zu dir schicke, tue weder Gutes noch etwas Schlechtes.« Einige Thraker stellte er an die Spitze seiner germanischen Leibwache. Die Bewaffnung der Gladiatoren beschnitt er. Columbus, der zwar gesiegt hatte, aber leicht verwundet worden war, ließ er Gift in die Wunde tun, daß er nach ihm »Columbinum« nannte. So jedenfalls fand man es in der Auflistung von anderen Giften, die von seiner Hand geschrieben war. Der Partei der Grünen war er so sklavisch ergeben, daß er häufig in ihrer Behausung speiste und übernachtete; dem Wagenlenker Eutychus machte er bei einem Gelage zwei Millionen Sesterzen zum Gastgeschenk. Damit sein Pferd Incitatus, das am nächsten Tag im Circus starten sollte, nicht beunruhigt werde, pflegte er durch Soldaten der Nachbarschaft Ruhe zu verordnen. Außer einem Stall aus Marmor, einer Krippe aus Elfenbein, einer purpurnen Decke und Zaumzeug mit Edelsteinen gab er ihm auch noch einen eigenen Palast, Gesinde und Hausrat, damit die Gäste, die man im Namen des Pferdes geladen hatte, auch mit dem gebührenden Luxus empfangen werden könnten. Er soll sogar die Absicht gehabt haben, es zum Konsul zu machen.

So konnte es nicht ausbleiben, daß die meisten gegen diesen rasenden Wüterich etwas unternehmen wollten. Aber die eine und andere Verschwörung flog auf; während andere wegen des Mangels an Gelegenheiten noch zögerten, entwarfen zwei Männer gemeinsam einen Plan und führten ihn durch; das ging nicht, ohne daß die einflußreichsten Freigelassenen und die Praetorianerpraefekten eingeweiht waren. Weil ihre Namen, wenn auch fälschlich, schon einmal in Zusammenhang mit einer gewissen Verschwörung gefallen waren, so als seien sie darin verwickelt gewesen, fühlten sie, daß er sie dennoch verdächtigte und mit seinem Haß verfolgte. Sofort hatte er sie nämlich beiseite führen lassen und gegen sie eine sehr üble Stimmung entfacht und ihnen mit dem gezückten Schwert in der Hand versichert, freiwillig werde er sich umbringen, wenn er ihnen würdig zu sterben scheine. Und seitdem ruhte er nicht, den einen beim anderen anzuschwärzen und alle aufeinander zu hetzen.

Man beschloß, ihn an den Palatinischen Spielen zu überfallen, wenn er am Mittag das Theater verließ. Die Hauptrolle beanspruchte Cassius Chaerea für sich, ein Tribun einer Praetorianerkohorte; ihn pflegte nämlich Caligula bei jeder Gelegenheit als Weichling und als weibisch zu brandmarken und zu verletzen, obwohl er doch bereits älter war. So gab er ihm, wenn er um das Losungswort bat, immer »Priapus« oder »Venus«; wenn er sich aus irgendeinem Grunde bedankte, hielt er ihm seine Hand zum Kuß hin; doch die Art, wie er ihm die Hand entgegenhielt, hatte schon etwas Obszönes.

Darauf daß Caligula ermordet werde, wiesen viele Vorzeichen hin. In Olympia lachte das Standbild des Iuppiter, das, weil es ihm so gefiel, zerlegt und nach Rom geschafft werden sollte, plötzlich so schallend, daß die Gerüste ins Wanken gerieten und die Handwerker davonstoben. Darüber kam ein Mann namens Cassius dorthin, der beteuerte, ihm sei im Traum befohlen worden, Iuppiter einen Stier zu opfern. Im Kapitol von Capua schlug am fünfzehnten März der Blitz ein, in Rom geschah das gleiche mit der Wohnung des Verwalters des Kaiserpalastes. Es gab auch Leute, die daran die Vermutung knüpften, es werde auf die Gefahr hingewiesen, die dem Herrn von seinen Wächtern drohe; das erste Zeichen kündige die Ermordung eines herausragenden Mannes an; eine solche habe ja schon einmal an genau demselben Tag stattgefunden. Auch als Caligula den Astrologen Sulla über sein Horoskop befragte, da sagte er ihm ganz klar, daß er ganz sicher sein könne, daß seine Ermordung schon nahe sei. Auch die beiden Fortuna von Antium mahnten ihn, sich vor Cassius in acht zu nehmen. Deshalb hatte er jemandem den Befehl gegeben, Cassius Longinus, der damals Statthalter von Asien war, zu töten; dabei war ihm entfallen, daß auch Chaerea Cassius genannt wurde. Am Tag, bevor er starb, träumte er, er stehe im Himmel neben dem Thron Iuppiters, dieser habe ihm mit der großen Zehe seines rechten Fußes einen Stoß gegeben und er sei auf die Erde hinabgestürzt. Unter die Vorzeichen rechnete man auch die, die sich durch die Fügung des Schicksals an dem Tag zeigten, an dem er ermordet werden sollte, und zwar kurz bevor dies passierte. Als er ein Opfer darbrachte, bekam er Spritzer vom Blut des Flamingos ab. Und der Pantomime Mnester tanzte in einer Komödie den Part, den einst der Tragöde Neoptolemos in der Aufführung getanzt hatte, bei der Philipp, der König der Makedonen, ermordet worden war. Als in dem Mimus »Laureolus«, in dem der Schauspieler aus einem einstürzenden Haus hervorstürzt und Blut speit, mehrere Darsteller aus der zweiten Besetzung eine Probe ihres Könnens geben wollten und sich zu überbieten suchten, schwamm die Bühne in Blut. Es wurden auch Vorbereitungen für ein Schauspiel bei Nacht getroffen, bei der Begebenheiten aus der Unterwelt durch Ägypter und Äthiopier auf der Bühne umgesetzt werden sollten. Am vierundzwanzigsten Januar ungefähr zur siebten Stunde war er sich nicht schlüssig, ob er sich zum Mittagessen erheben sollte, da er noch gar keinen Appetit verspürte, weil seinen Magen noch das Mahl vom Vortag belastete; schließlich gaben ihm seine Freunde den Rat, doch das Theater zu verlassen. Im Korridor, durch den er gehen mußte, bereiteten sich noch vornehme junge Leute, die man aus Asien hatte kommen lassen, auf ihren Auftritt auf der Bühne vor; um ihnen zuzuschauen und gut zuzureden, blieb er stehen. Hätte der Chef der Truppe nicht gesagt, ihm sei kalt, hätte er sicher umkehren wollen und die Vorstellung sofort beginnen lassen. Von dem, was nun folgte, gibt es zwei Versionen: Die einen berichten, Chaerea habe ihn, als er sich mit den Knaben unterhielt, von hinten am Nacken mit dem Schwert durch mehrere Stiche schwer verletzt, nachdem er zuvor noch die Worte vorausgeschickt habe: »Pack's an!« Als nächster habe Cornelius Sabinus, der andere von der Verschwörergruppe, ein Tribun, ihm von vorne die Brust durchbohrt. Andere berichten, Sabinus habe durch eingeweihte Centurionen die Gruppe entfernen lassen und, wie beim Militär üblich, die Losung verlangt und, als Caligula »Iuppiter« sagte, habe Chaerea ausgerufen: »Hier hast du die Quittung!« Als Caligula sich umdrehte, habe er ihm mit einem Schlag die Kinnlade gespalten. Als er am Boden lag, sich krümmte und schrie, er lebe noch, bereiteten ihm die übrigen mit dreißig Stichen sein Ende. Denn sie hatten die Losung »Noch einmal!« Einige stießen ihm das Schwert sogar durch die Schamteile. Als es zum ersten Mal Lärm gab, eilten gleich die Sänftenträger mit Stangen zu Hilfe, dann auch die germanischen Leibwächter, und töteten einige von den Mördern, sowie auch einige Senatoren, die gar nichts damit zu schaffen hatten.

Caligula wurde neunundzwanzig Jahre alt; Kaiser war er drei Jahre, zehn Monate und acht Tage. Seinen Leichnam brachte man heimlich in die Gärten des Lamia; dort wurde er auf einem in größter Eile errichteten Scheiterhaufen nur halb verbrannt und dann nur oberflächlich mit Rasenstücken abgedeckt. Später ließen seine Schwestern nach ihrer Rückkehr aus der Verbannung die Reste ausgraben, einäschern und beisetzen. Es steht hinreichend fest, daß die Parkwächter durch Schatten so lange nicht zur Ruhe kamen, wie das noch nicht geschehen war. Auch in dem Raum, in dem er umgekommen war, verging keine Nacht ohne Spuk, bis das ganze Haus niederbrannte. Mit ihm starben auch seine Frau Caesonia, die ein Centurio mit dem Schwert niederstach, und seine Tochter, die man gegen eine Wand schleuderte.

Was das damals für Zeiten waren, darüber kann sich jeder, der will, auch aus folgendem ein Urteil bilden: Man wollte nicht sofort glauben, daß Caligula ermordet worden sei, nachdem es bekannt geworden war; man argwöhnte, Caligula selbst habe das Gerücht von seinem Tod erfunden und ausstreuen lassen, um dadurch hinter die Gesinnungen der Leute ihm gegenüber zu kommen. Und auch die Verschwörer hatten niemanden zur Übernahme der Regierung bestimmt. Und der Senat war sich in einem Punkte, nämlich die wiedererlangte Freiheit auch zu behalten, so sehr einig, daß die Konsuln den Senat zuerst nicht ins Rathaus, weil es das Iulische hieß, sondern auf das Kapitol zusammenriefen. Einige waren sogar der Ansicht, als die Reihe, die Meinung zu sagen, an sie kam, man müsse die Erinnerung an die Kaiser tilgen und auch ihre Tempel von Grund auf niederreißen. Es wurde aber ganz besonders darauf geachtet und bemerkt, daß alle Kaiser, die den Vornamen Gaius geführt hatten, durch das Schwert umgekommen seien; und das habe schon damals mit dem begonnen, der zur Zeit Cinnas umgebracht worden war.

*Claudius*

Buch 5

## CLAUDIUS

Den Vater des Kaisers Claudius, Drusus, der ursprünglich
mit Vornamen Decimus, später Nero hieß, hat Livia im dritten Monat nach der Heirat mit Augustus – zu diesem Zeitpunkt war sie bereits schwanger – zur Welt gebracht. Man
munkelte, er sei ein Sohn aus einem ehebrecherischen Verhältnis mit seinem Stiefvater. Eines steht fest, sofort machte
der Vers die Runde:

> »Mit denen es das Glück gut meint, die haben sogar ein
> Dreimonatskind.«

Dieser Drusus hatte als Quaestor und Praetor ein Kommando im Rätischen, danach im Germanischen Krieg; in dieser
Funktion segelte er als erster römischer Feldherr über den
nördlichen Ozean und legte jenseits des Rheins Kanäle an;
diese Arbeit trieb er tätig voran, es war ein gewaltiges Unternehmen. Diese Kanäle führen bis in unsere Zeit noch immer
seinen Namen. Auch hatte er den Feind fast immer vernichtend geschlagen und ihn bis in die tiefsten Einöden getrieben, doch mit seiner Verfolgung hörte er nicht eher auf, bis
dem Sieger die Erscheinung einer Einheimischen von übermenschlicher Größe auf Latein verbot, weiter zu marschieren. Wegen dieser Leistungen erhielt er das Recht auf einen
kleinen Triumph und die Triumphalinsignien. Unmittelbar
nach der Praetur hatte er das Konsulat angetreten und den
Feldzug wieder aufgenommen, da erlag er einer Krankheit
im Sommerlager; dieser Vorfall brachte diesem den Namen
Unglückslager ein. Seinem Leichnam gaben die Honoratio-
ren der Munizipien und Kolonien das Geleit, die Dekurien

der Schreiber eilten ihnen entgegen und übernahmen den Leichnam, um ihn dann nach Rom zu schaffen; auf dem Marsfeld wurde er bestattet. Davon einmal abgesehen, hat das Heer ihm einen Kenotaph errichtet; seitdem marschieren in jedem Jahr an einem festgelegten Termin die Soldaten an diesem vorüber, und die Stämme der Gallier bringen in seiner Nähe ein öffentliches Dankopfer dar. Außerdem ehrte der Senat ihn neben vielen anderen Ehrenbezeugungen durch einen Bogen aus Marmor mit den Siegeszeichen an der Via Appia und den Beinamen Germanicus für ihn selbst und seine Nachkommen. Und man glaubt, daß sein Ruhmesstreben und seine republikanische Gesinnung ebenso stark ausgebildet waren. Denn abgesehen vom Sieg zog er dem Feind auch noch die Waffenrüstung als Beutestück aus und setzte des öfteren den Führern der Germanen unter äußerster Lebensgefahr mit dem ganzen Heere nach. Auch soll er nie einen Hehl daraus gemacht haben, daß er die altbewährte republikanische Verfassung wiederherstellen werde, sobald er dazu in der Lage sei. Daher rührt es meines Erachtens wohl auch, daß einige zu überliefern wagen, er sei dem Augustus verdächtig gewesen, er habe ihn aus der Provinz nach Rom abberufen und ihn, weil er zögerte, vergiften lassen. Das habe ich lediglich erwähnt, um nichts auszulassen, nicht weil ich es für wahr oder wahrscheinlich hielte. Denn Augustus hat ihn auch zu Lebzeiten so sehr lieb gehabt, daß er ihn immer als Miterben seiner Söhne einsetzte, so wie er es im Senat auch einmal öffentlich erklärt hat; und in der Leichenrede vor versammeltem Volk rief er sogar die Götter an, sie möchten seine Caesaren dem Verstorbenen ähnlich machen und ihm selbst später einmal einen so ehrenvollen Tod zuteil werden lassen wie ihm. Und er gab sich nicht damit zufrieden, daß er auf sein Grabmal eine von ihm selbst entworfene Versinschrift hatte einmeißeln lassen, nein er verfaßte sogar noch eine Lebensbeschreibung in Prosaform.

Von Antonia der Jüngeren hatte er zwar mehrere Kinder, doch nur drei überlebten ihn: Germanicus, Livilla und Claudius.

Claudius wurde im Konsulatsjahr des Iullus Antonius und Fabius Africanus am ersten August in Lyon geboren, genau an dem Tag, an dem man zum ersten Male Augustus dort einen Altar errichtete. Er erhielt den Namen Tiberius Claudius Drusus. Später, als sein älterer Bruder in die Familie der Iulier aufgenommen wurde, fügte er den Beinamen Germanicus hinzu. Als er noch ein ganz kleines Kind war, starb sein Vater; als Knabe und junger Mann wurde er fast ständig von allen möglichen und hartnäckigen Krankheiten heimgesucht, so sehr, daß er geistig und auch körperlich zurückblieb und man ihn nicht einmal, als er älter war, für tauglich hielt, irgendeine öffentliche oder private Aufgabe zu übernehmen. Lange noch, auch nachdem er bereits mündig geworden war, konnte er nicht selbständig Entscheidungen treffen und stand unter der Aufsicht eines Erziehers. Der war ein Barbar und ein ehemaliger Aufseher über die Lasttierknechte; solch einen Mann hatte man ihm mit Absicht an die Seite gestellt, damit er ihn wegen jeder Kleinigkeit möglichst grausam zurechtweise. Es gibt einen Brief, in dem er sich darüber beklagt. Seine schlechte gesundheitliche Verfassung war auch der Grund dafür, daß er bei einem Gladiatorenkampf, den er zusammen mit seinem Bruder zum Gedenken an seinen Vater veranstaltete, in einem Kapuzenmantel den Vorsitz führte, das hatte es noch nie gegeben. Auch am Tag, an dem er volljährig wurde, trug man ihn um Mitternacht in einer Sänfte ohne feierliche Zeremonie auf das Kapitol. Dennoch betrieb er von frühester Jugend an recht intensiv gelehrte Studien und veröffentlichte oft Proben aller seiner Studienfächer. Aber nicht einmal auf diesem Feld konnte er sich etwas Reputation verschaffen oder Aussicht auf Besserung in der Zukunft schaffen.

Seine Mutter Antonia sprach von ihm immer als von einer Mißgeburt eines Menschen, die die Natur nicht vollendet, sondern erst begonnen habe. Und wenn sie jemandem Beschränktheit vorwarf, sagte sie, er sei noch dümmer als ihr Sohn Claudius. Seine Großmutter Augusta sah auf ihn mit der größten Geringschätzung herab und pflegte ihn nur äußerst selten anzusprechen; Kritik übte sie an ihm nur schriftlich mit bitterbösen und wenigen Worten oder durch Dritte. Als seine Schwester Livilla gehört hatte, er werde einmal Kaiser werden, da verwahrte sie sich öffentlich und laut vernehmlich gegen solch ein unangemessenes und unwürdiges Los, das dem römischen Volk zuteil werde. Damit man klarer sieht, wie sein Großonkel Augustus über die beiden Seiten seines Charakters dachte, lasse ich Abschnitte aus seiner Privatkorrespondenz folgen.

»Ich habe mit Tiberius besprochen, wie du es mir aufgetragen hast, meine teure Livia, was dein Enkel Tiberius an den Spielen zu Ehren des Mars tun soll. Wir stimmen darin überein, daß ein für alle Male von uns entschieden werden muß, von welchen Grundsätzen wir uns ihm gegenüber leiten lassen wollen. Denn wenn er gesund und, um es so auszudrükken, ganz gesund ist, warum haben wir dann noch Bedenken, ihn auf denselben Stufen der Karriereleiter vorwärtszubringen, auf denen sein Bruder bereits befördert worden ist?

Wenn wir aber der Meinung sind, ihm fehle etwas und er sei körperlich und außerdem auch noch geistig nicht vollkommen gesund, dann dürfen wir den Menschen, die gewohnt sind, über dergleichen ihre Späße zu machen und zu kichern, gar nicht erst einen Anlaß geben, ihn und auch uns zu verlachen. Wir werden nämlich immer im ungewissen sein, wenn wir darüber nachdenken werden, wann jeweils der Zeitpunkt am geeignetsten ist, wenn von uns nicht vorher geklärt worden ist, ob wir glauben, daß er überhaupt in der Lage ist, Funktionen zu übernehmen, oder nicht. Als Lösung für den Augenblick, worauf deine Frage ja abzielt, können wir uns gut vorstellen, daß er sich an den Spielen zu Ehren des Mars um die Ausrichtung des Mahles für die Priester kümmert, vorausgesetzt, es macht ihm nichts aus, daß ihm der Sohn des Silvanus, mit dem er verwandt ist, hin und wieder einen Tip gibt, damit er nicht etwas tut, was von allen kritisch beäugt und verlacht werden könnte. Daß er den Circusspielen von unserem Tempel aus zuschaut, gefällt uns nicht; denn in die erste Reihe der Zuschauer gesetzt, dürfte er die Blicke der Zuschauer wie ein Magnet auf sich ziehen. Uns paßt auch nicht, daß er während des Latinerfestes auf den Albaner Berg geht oder in Rom sich aufhält. Warum machen wir ihn denn nicht zum Stadtpraefekten, wenn er seinem Bruder auf den Berg folgen kann? Was wir für richtig halten, meine teure Livia, kennst du; wir sind dafür, daß ein für alle Male über die ganz Angelegenheit eine Entscheidung getroffen wird, damit wir nicht immer zwischen Hoffen und Bangen hin und her schwanken. Und wenn du willst, dann kannst du auch unsere liebe Antonia diesen Passus des Briefes einmal lesen lassen.« In einem anderen Brief dagegen äußert er sich wie folgt:

»Ich werde während deiner Abwesenheit den jungen Mann, unseren Tiberius, jeden Tag zum Essen einladen, damit er nicht nur in Gesellschaft seines teuren Sulpicius und Athenodorus speisen muß. Was gäbe ich darum, wenn er sich mit etwas mehr Sorgfalt und weniger unbedacht jemanden zum Freund wählen würde, dessen Bewegung, Haltung und Gang er nachahmen könnte. Der arme Kerl hat kein Glück, denn in wichtigen Angelegenheiten, wenn sein Geist einmal voll bei der Sache ist, zeigt sich ganz klar der Adel seiner See-le.« In gleichem Tenor geht es in einem dritten Brief weiter:

»Dein Enkel Tiberius hat mich beeindruckt, als ich ihn ei-ne Übungsrede halten hörte; mit mir soll's aus sein, meine teure Livia, wenn ich ihm nicht meine Bewunderung zollte. Denn mir leuchtet nicht ein, wie einer, der so undeutlich spricht, so deutlich ausdrücken kann, was der Rede wert ist, wenn er eine Rede hält.«

Es liegt auf der Hand, warum Augustus nach all dem seine Entscheidung getroffen hat: er hat ihn nämlich mit keinem Ehrenamt beschenkt, einmal abgesehen von der Funktion eines Auguralpriesters; in seinem Testament setzte er ihn nur als Erben dritten Grades ein und fast unter den Außen-stehenden, mit einem Sechstel an Anteil, und er beschenkte ihn mit einem Legat, das sich auf maximal achthunderttau-send Sesterze belief.

Als er nach Ämtern verlangte, verlieh ihm sein Onkel Ti-berius die Abzeichen eines Konsuls. Als er aber weiterhin hartnäckig reguläre Ämter forderte, teilte er ihm lediglich folgendes in einem Brief mit: er habe ihm vierzig Goldstük-ke für die Saturnalien und die Sigillarien beigelegt. Da erst gab er die Hoffnung auf eine ehrenvolle Stellung auf und überließ sich ganz dem Nichtstun; so verkroch er sich das eine Mal in seine Gärten und sein Haus vor den Toren der Stadt, ein anderes Mal zog er sich ganz in die Abgeschieden-heit Kampaniens zurück. Haftete ihm schon seit eh und je der Makel an, er sei schwerfällig, so brachte er sich infolge des Umgangs mit den pöbelhaftesten Elementen auch noch in den üblen Ruf, ein Trinker und Spieler zu sein. Obwohl er auf eine solche Art und Weise sein Leben eingerichtet hatte, hat man doch in der Öffentlichkeit es weder an Höflich-keitsbezeugungen noch an achtungsvoller Rücksichtnahme ihm gegenüber fehlen lassen.

Der Ritterstand wählte ihn zweimal zu seinem Patron, als es darum ging, in seinem Namen eine Botschaft zu überbringen; das eine Mal wollte er von den Konsuln das Recht erwirken, den Leichnam des Augustus auf seinen Schultern nach Rom tragen zu dürfen, das zweite Mal, als man denselben Leuten seine Dankbarkeit dafür bekunden wollte, daß man mit Sejan fertig geworden sei. Bei seiner Ankunft im Theater pflegte man sogar aufzustehen und die Mäntel abzulegen. Auch der Senat war der Meinung, man solle ihn außer der Reihe unter die Sodales Augusti, die durch Los bestellt wurden, aufnehmen, und später trat er dafür ein, sein Haus, das er durch einen Brand verloren hatte, auf Staatskosten wieder aufzubauen; auch sollte er das Recht erhalten, seine Meinung zu äußern, wenn die ehemaligen Konsuln befragt wurden. Dieser Beschluß wurde aber wieder rückgängig gemacht; Tiberius entschuldigte diese Entscheidung mit seiner Kränklichkeit und versprach, für die Schäden an seinem Haus großzügig Mittel aus eigener Tasche zur Verfügung zu stellen. Doch als er im Sterben lag, hat er ihn zum Erben dritten Grades mit einem Drittel aus dem Vermögen eingesetzt, ihn mit einem Legat von ungefähr zwei Millionen Sesterzen ausgestattet und ihn auch noch unter seinen übrigen Verwandten ausdrücklich den Heeren, dem Senat und dem römischen Volk empfohlen.

Erst unter Gaius, dem Sohn seines Bruders, der in den ersten Jahren seiner Herrschaft durch alle möglichen Schmeicheleien alle günstig für sich einzunehmen suchte, kam er zu Ämtern; mit ihm zusammen war er zwei Monate lang Konsul; dabei trug es sich zu, daß bei seinem ersten Auftritt auf dem Forum unter Begleitung seiner Rutenträger ein Adler vorbeiflog und sich auf seiner rechten Schulter niedersetzte. Das zweite Mal wurde er durch Losentscheid vier Jahre später Konsul. Manchmal führte er in Vertretung für Gaius auch den Vorsitz bei den Theateraufführungen, wobei ihm das Volk zum Teil begeisternd zurief: »Glück dem Onkel des Kaisers!«, zum Teil: »Glück dem Bruder des Germanicus!« Und doch mußte er mit Verunglimpfungen leben. Denn wenn er ein wenig zu spät zur verabredeten Stunde zum Essen kam, konnte er nur mit Mühe und erst, nachdem er um die ganze Tafel herumgelaufen war, Platz nehmen; und wenn er nach dem Essen eingeschlafen war, was fast an der Tagesordnung war, bewarf man ihn mit Oliven- und Dattelkernen, manchmal wurde er von Possenreißern mit einer Knute oder Peitsche aufgeweckt, so als wolle man ihm einen neckischen Streich spielen. Auch zogen sie ihm, jedesmal wenn er tief schlief, leichte Schuhe über die Hände, damit er sich, wenn er plötzlich aufwachte und sich durch das Gesicht rieb, das Gesicht zerkratze.

Aber nicht einmal Gefahren blieben ihm erspart. Das begann gleich in seinem ersten Konsulat; weil er Statuen für Nero und Drusus, die Brüder des Kaisers, zu säumig in Auftrag gegeben hatte und aufstellen lassen, wäre er beinahe aus diesem Amt entfernt worden. Das andere Mal behelligten ihn Leute, mit denen er gar nichts zu tun hatte, oder sogar jemand aus seiner näheren Umgebung fortwährend mit Anklagen des unterschiedlichsten Inhalts. Als aber die Verschwörung des Lepidus und des Gaetulicus aufgedeckt worden war und er als einer der Gesandten nach Germanien geschickt wurde, um Gaius dazu Glückwünsche zu überbringen, geriet er sogar bei diesem Unterfangen in Lebensgefahr, denn Gaius war aufgebracht und schnaubte vor Wut, daß man gerade seinen Onkel zu ihm geschickt habe, so als ob man einen Jungen auf den rechten Weg bringen wolle; seine Reaktion war so heftig, daß es Leute gibt, die überliefern, er habe ihn sogar in der Kleidung, die er bei seiner Ankunft trug, kopfüber in den Fluß geworfen. Und seitdem

hat er immer als letzter der ehemaligen Konsuln im Senat
seine Meinung gesagt, denn man wollte ihn verunglimpfen,
deshalb wurde er am Schluß befragt. Auch eine Untersuchung wegen Testamentsfälschung, seine Unterschrift stand
unter dem Testament, wurde eingeleitet. Zu guter Letzt
zwang man ihn, für seinen Eintritt in ein neues Priesterkol-
legium acht Millionen Sesterzen zu zahlen; das brachte ihn
in eine so enge finanzielle Lage, daß die Praefekten, als er
seine Verpflichtungen, die er gegenüber der Staatskasse eingegangen war, nicht einlösen konnte und nach geltendem
Pfandrecht seine Ansprüche auf seinen Besitz erloschen waren, seinen Besitz öffentlich durch Anschlag zum Verkauf
stellten. Als er mit diesen und ähnlichen Dingen den größten Teil seines Lebens zugebracht hatte, kam er in seinem
fünfzigsten Lebensjahr durch einen Zufall, der schon sehr
merkwürdig war, an die Macht. Er wurde wie auch die anderen von den Leuten, die Gaius nach dem Leben trachteten,
nicht zu diesem vorgelassen, denn sie wiesen unter dem Vorwand, er wünsche ungestört zu sein, seine nähere Umgebung ab; also hatte er sich in einen Pavillon, den man Her-
maeum nannte, zurückgezogen; aber kurz darauf ließ ihn
das Gerücht von der Ermordung des Gaius hochschrecken,
und er kroch hervor auf eine nahe Terrasse und hielt sich
hinter den Vorhängen, die man vor die Türen gezogen hatte,
verborgen. Wie es der Zufall wollte, lief ein gemeiner Soldat
an ihm, der sich verborgen hielt, vorüber; dessen Blick fiel
auf seine Füße, und er wollte unbedingt wissen, wer das
wohl sei; er erkannte ihn, zog ihn zwischen den Vorhängen
hervor und begrüßte ihn, der aus Furcht vor diesem Soldaten auf die Knie gefallen war, als Kaiser. Der brachte ihn von
dort zu seinen Kameraden, die noch unschlüssig waren und
nichts anderes zu Wege brachten, als Äußerungen ihres Un-
willens von sich zu geben. Die setzten ihn in eine Sänfte und

trugen ihn abwechselnd auf ihren Schultern, ihre Bediensteten waren davongelaufen, ins Lager; er machte ein trauriges Gesicht und zitterte vor Angst, so daß die Menge, der sie begegneten, Mitleid mit ihm hatte, wie mit einem, der unschuldig zur Bestrafung geschleift wird; das nahmen sie nämlich auch von ihm an. Hinter den Palisaden sammelte er sich wieder und verbrachte die Nacht zwischen den Wachtposten; augenblicklich war seine Hoffnung beträchtlich geringer als seine Beherztheit. Denn die Konsuln hatten zusammen mit dem Senat und den Stadtkohorten das Forum und das Kapitol besetzt, um die allgemeine Freiheit wiederherzustellen. Als ihn persönlich die Volkstribunen in die Kurie riefen, damit er ihnen rate, was jetzt das Richtige sei, antwortete er, er werde gezwungen, im Lager zu bleiben. Doch am folgenden Tag ließ er es zu, daß die Truppen auf ihn den Eid ablegten, denn der Senat war zu zögerlich bei der Umsetzung dessen, was man begonnen hatte, denn man war auch der Sache überdrüssig, und so war es zu erheblichen Meinungsverschiedenheiten gekommen, und die Volksmenge, die ihn umstellt hielt, forderte bereits einen, der das Heft in die Hand nahm, und nannte diesen auch mit Namen; er gab auch das Versprechen, an jeden einzelnen fünfzehntausend Sesterzen zu zahlen. Als erster Kaiser hat er sich die Soldaten durch ein Geldgeschenk zur Treue verpflichtet.

Nachdem seine Position als Herrscher nicht mehr zu erschüttern war, hielt er nichts für dringlicher, als die zwei Tage, an denen man über die Änderung der republikanischen Verfassung hin und her beratschlagt hatte, aus der Erinnerung zu tilgen. Deshalb ordnete er für alles, was in diesen zwei Tagen gesagt und getan worden war, eine Generalamnestie an und gewährte sie auch; lediglich ein paar Tribune und Centurione aus dem Kreis der Verschwörer gegen Gaius wurden aus dem Wege geräumt, einmal weil er damit

ein abschreckendes Beispiel statuieren wollte, zweitens weil
er erfahren hatte, daß man auch seine Beseitigung gefordert
hatte. Danach wandte er sich seinen Pflichten gegen seine
Vorfahren zu, den Schwur beim Namen des Augustus bestimmte er als das Nonplusultra, nichts war für ihn heiliger
und nichts kam häufiger vor. Seiner Großmutter Livia ließ
er göttliche Ehren und beim Circusumzug einen von Elefanten gezogenen Wagen, so wie Augustus einen besaß, zuerkennen; für seine Eltern ließ er öffentliche Totenopfer zele-
brieren, und darüber hinaus wurden noch weitere Ehren beschlossen, so sollten jährlich am Geburtstag seines Vaters
ihm zu Ehren Circusspiele stattfinden, seine Mutter erhielt
einen Wagen zuerkannt, auf dem ihr Bildnis durch den Circus geleitet werden sollte, und den Beinamen Augusta verliehen, den sie zu Lebzeiten abgelehnt hatte. Um die Erinnerung an seinen Bruder lebendig zu halten – er ließ keine Gelegenheit verstreichen, sie zu feiern –, führte er bei den Spielen in Neapel sogar seine Komödie in griechischer Sprache
auf und teilte ihr, entsprechend dem Urteil der Richter, den
Siegespreis zu. Nicht einmal den Marcus Antonius ließ er
ohne ehrenvolle Auszeichnung und ohne wohltuende Erwähnung; einst hatte er auf dem Wege einer Verordnung klar
dargetan, daß er um so dringender darum bitte, daß man den
Geburtstag seines Vaters Drusus festlich begehe, weil auch
der seines Großvaters Antonius auf denselben Tag falle. Für
Tiberius ließ er nahe dem Pompeiustheater einen Bogen aus
Marmor errichten, den ihm einst der Senat zuerkannt, dann
aber nicht ausgeführt hatte. Auch wenn er die Erlasse des
Gaius allesamt für ungültig erklären ließ, verbot er dennoch,
seinen Todestag unter die Festtage aufzunehmen, und das
obwohl doch mit diesem Tag seine Regierungszeit begann.

  Zurückhaltend hingegen war er, wenn es darum ging, die
eigene Würde zu mehren, und als leutseliger Herrscher

führte er auch den Imperator-Titel nicht als Vornamen; Ehrungen, die zu hoch waren, lehnte er ab, und über die Verlobung seiner Tochter und den Tag, an dem sein Enkel geboren wurde, verlor er weiter kein Wort und feierte beides nur im Kreise seiner nächsten Umgebung. Keinen Verbannten rief er zurück, wenn ihn dazu der Senat nicht ermächtigt hatte. Daß ihm erlaubt sei, in Begleitung des Kommandanten seiner Leibgarde und der Militärtribune die Kurie zu betreten, und das, was die Prokuratoren in Streitfällen entschieden, rechtskräftig sei, verlangte er bittweise. Das Recht, auf seinen eigenen Ländereien Markttage abzuhalten, erbat er sich von den Konsuln. Bei den Untersuchungen der Beamten war einer von den Ratgebern häufig anwesend. Und wenn eben diese Leute Schauspiele veranstalteten, erhob er sich und erwies ihnen zusammen mit dem übrigen Publikum durch Beifallsrufe und Klatschen seine Ehrerbietung. Als die Volkstribune an ihn herantraten, entschuldigte er sich vorn auf dem Tribunal bei ihnen, daß er sie nur stehend anhören könne, weil das Gedränge zu groß sei. Durch dieses Verhalten machte er sich in kurzer Zeit rundum so beliebt, daß das Volk auf die Nachricht, er sei auf seiner Reise nach Ostia einem hinterhältigen Anschlag zum Opfer gefallen, in große Bestürzung geriet und nicht eher damit aufhörte, auf das Heer als Verräter und den Senat wie den Mörder mit schrecklichen Verfluchungen loszugehen, bis der eine oder andere und schließlich eine ganze Reihe Zeugen von den Beamten auf der Rednertribüne präsentiert wurden und versicherten, daß er wohlauf und auf dem Wege nach Rom sei.

Und dennoch war er auf Dauer auch von Anschlägen betroffen, ja er wurde von Einzelpersonen und von einer verschworenen Clique, schließlich sogar in einem Bürgerkrieg angegriffen. Man griff mitten in der Nacht ganz nahe bei seinem Schlafzimmer einen Mann aus dem Volk auf, der mit ei-

nem Dolch bewaffnet war; auch zwei Angehörige des Ritterstandes wurden entdeckt, wie sie ihm mit Dolch und
Jagdmesser in aller Öffentlichkeit auflauerten; der eine
wollte auf ihn beim Verlassen des Theaters, der andere beim
Opfern am Tempel des Mars losgehen. Und es wurden Um-
sturzpläne geschmiedet von Gallus Asinius und Statilius
Corvinus, den Enkeln der Redner Pollio und Messala, dabei
hatten sie sich eine ganze Reihe seiner eigenen Freigelassenen und Sklaven zu Helfershelfern gemacht. Den Bürgerkrieg setzte Furius Camillus Scribonianus, der Statthalter
von Dalmatien, ins Werk; aber es brauchte nur fünf Tage,
und er wurde von den Soldaten, die die Fahne gewechselt
hatten, gebremst; ein Wunderzeichen hatte sie ihre Handlungsweise bereuen lassen: Nachdem sie den Befehl erhalten
hatten, sich zum neuen Kaiser auf den Weg zu machen,
konnten sie wegen eines Zufalls und weil es die Götter so gefügt hatten, ihre Adler weder schmücken noch ihre Feldzeichen aus dem Boden ziehen und von der Stelle bewegen.

Außer seinem früheren Konsulat hat er noch vier weitere
bekleidet; zwei von diesen folgten unmittelbar nacheinander, dann ließ er zwischen dem nächsten und übernächsten
jeweils drei Jahre verstreichen, das letzte hat er nur für sechs,
die übrigen nur zwei Monate ausgeübt, das dritte hat er an
Stelle eines verstorbenen Konsuls angetreten, das war für einen Kaiser ganz ungewohnt. Recht hat er als Konsul und
auch dann, wenn er das Amt nicht bekleidete, mit großem
Engagement gesprochen, sogar an seinen eigenen Ehrenta-
gen wie auch an denen seiner Verwandten, manchmal sogar
auch an Tagen, die seit alters her Festtage waren, und an solchen, die von böser Vorbedeutung waren. Nicht immer ist er
dem Buchstaben des Gesetzes gefolgt; die Strafen fielen
vielmehr hart oder milde aus, je nachdem wie es ihm recht
und billig schien, nämlich so wie ihn der jeweilige Fall be-

rührte. Denn er ließ sogar für solche Leute den Prozeß wieder aufnehmen, die bei privaten Richtern den Prozeß verloren hatten, weil sie zu hohe Forderungen gestellt hatten; hatte er Leute eines schwereren Vergehens überführt, lag sein Strafmaß über dem, was das Gesetz vorsah, sie wurden verurteilt, in der Arena mit den wilden Tieren zu kämpfen. Wenn er zu Gericht saß und auch wenn er das Urteil fällte, kann man sich nur wundern, von welch einer Unbeständigkeit seine innere Haltung war; das eine Mal war er voller Umsicht und Scharfsinnigkeit, manchmal unüberlegt und kopflos, manchmal läppisch und eher wie einer, der seinen Verstand verloren hat. Wenn er die Dekurien der Richter für den laufenden Geschäftsgang revidierte, ließ er den, der erklärt hatte, er stehe als Richter zur Verfügung, dabei aber damit zurückgehalten hatte, daß er auf Grund des Dreikinderrechts beurlaubt sei, nicht als Richter zu, denn er sei ja versessen darauf zu richten. Als in einem anderen Fall ein Richter von seinen Gegnern in einem privatrechtlichen Streitfall angeklagt worden war und erklärte, der Streitfall gehöre nicht vor das kaiserliche Gericht, sondern vor ein gewöhnliches Gericht, zwang ihn Claudius, augenblicklich vor ihm zu prozessieren, damit er in eigener Sache den Beweis dafür gebe, wie gerecht er als Richter in einer fremden Angelegenheit entscheiden werde. Eine Frau, die ihren Sohn nicht anerkennen wollte, es waren Zweifel an der Zuverlässigkeit der Beweise, die beide Seiten beigebracht hatten, angebracht, brachte er dazu, zu gestehen, indem er ihr befahl, den jungen Mann zu heiraten. Wenn eine Partei nicht erschienen war, entschied er, ohne die geringsten Umstände zu machen, zugunsten der Anwesenden, ohne einen Unterschied darin zu machen, ob jemand aus eigener Schuld oder wegen zwingender Umstände nicht vor Gericht erschienen sei. Als jemand lauthals verlangte, einem Fälscher sollten die

Hände abgehackt werden, schickte er sofort nach dem Henker mit Schwert und Henkersbank. Jemand war angeklagt, sich als Ausländer das römische Bürgerrecht angemaßt zu haben; da entbrannte unter den Verteidigern ein Streit um nichts, nämlich darum, ob der Angeklagte sich in der Toga oder im Mantel vor Gericht verantworten solle. So als wolle er zeigen, daß die Gerechtigkeit unwandelbar sei, befahl er, er solle sich öfter umziehen, je nachdem, ob er gerade Angeklagter sei oder verteidigt werde. Man glaubt sogar, er habe in einem Prozeß folgendes Urteil vom Blatt her verkündet: er entscheide zugunsten der Leute, die die Wahrheit gesagt hätten. Dieses Vorgehen war der erste Schritt dahin, daß er dermaßen gering angesehen wurde, daß man ihm in aller Öffentlichkeit mit Gleichgültigkeit begegnete. Um einen Zeugen, der von Claudius aus der Provinz geladen worden war, zu entschuldigen, sagte jemand, der Zeuge könne nicht anwesend sein, dabei aber hielt er lange mit dem Grund dafür zurück; erst nach langem Nachfragen sagte er: »Er ist verstorben, glaube ich, das war ihm doch erlaubt.« Ein anderer bedankte sich dafür, daß er erlaube, daß ein Angeklagter verteidigt werde, und fügte hinzu: »Das ist doch eigentlich selbstverständlich.« Ich habe wiederholt von älteren Leuten folgendes gehört, es sei an der Tagesordnung gewesen, daß die Anwälte seine Geduld über die Maßen strapazierten, daß sie ihn beim Verlassen des Gerichts nicht nur laut zurückriefen, sondern ihn auch noch beim Zipfel seiner Toga zurückhielten, manchmal auch seinen Fuß packten und ihn nicht gehen ließen. Auch über das braucht sich niemand zu wundern: es zog einmal einer von den Griechen vor Gericht, da entfiel ihm folgende Äußerung: »Auch du bist ein alter Tor!« Ein römischer Ritter war einmal angeklagt wegen seines unzüchtigen Verhaltens gegenüber Frauen, die Anklage war falsch und von seinen Gegnern, die

nichts gegen ihn in der Hand hatten, aufgebracht worden;
daran und an dem, was sich dann zutrug, gibt es keinen
Zweifel: als er sah, daß man Huren gegen ihn aufbot und sie
in den Zeugenstand rief, schleuderte er den Griffel und die
Papiere, die er gerade in der Hand hatte, unter schweren Vorwürfen von Dummheit und Grausamkeit dem Claudius so ins Gesicht, daß er ihn recht schwer an der Wange
verletzte.

Er übernahm auch die Zensur; seit Plancus und Paulus
hatte es lange Zeit keinen Zensor mehr gegeben; aber auch in
diesem Amt war er ungerecht und wankelmütig und unberechenbar. Bei der Musterung der Ritter ließ er einen jungen
Mann, der keinen Funken Anstand besaß, dessen Vater aber
versicherte, er sei ein Ausbund an Tugendhaftigkeit, ohne einen Tadel davonkommen, wobei er anmerkte, er habe seinen
eigenen Zensor. Einen anderen, der dafür berühmt war, daß
er manche Frau zur Unzucht und zum Ehebruch verführt
hatte, ließ er lediglich mit der Ermahnung davonkommen,
sich seinen jugendlichen Ausschweifungen seltener oder
doch mindestens mit mehr Vorsicht hinzugeben; er setzte
hinzu: »Warum weiß ich nämlich, wer gerade deine Freundin
ist?« Auch als einmal Freunde sich für jemanden verwende-
ten und er die Rüge, die er dem Namen des betreffenden hinzugesetzt hatte, wieder ausgestrichen hatte, sagte er: »Doch
man soll sehen können, daß korrigiert worden ist.« Einen
Mann, der sehr angesehenen war und in der Provinz Griechenland eine hohe Stellung innehatte, aber kein Wort Latein sprach, strich er nicht nur aus der Liste der Richter, sondern nahm ihm auch noch das Bürgerrecht. Er wollte es
nämlich nicht zulassen, daß jemand in einer anderen Sprache
als seiner, so gut er es eben vermochte, Rechenschaft über
sein Leben ablege, dabei ließ er auch keinen Patron zu. Und
er rügte viele – die hatten erst gar nicht damit gerechnet,

und auch der Grund war vollkommen neu –, sie hätten Italien ohne sein Wissen und ohne Urlaubsgesuch verlassen. Einer erhielt eine Rüge auch deswegen, weil er in der Provinz den König begleitet habe, wobei er sich auf den Fall des Rabirius Postumus berief, gegen den zur Zeit der Vorfahren ein Verfahren wegen Hochverrats eingeleitet worden war; er war nämlich Ptolemaios nach Alexandria gefolgt, um sein Geld zu retten, das er diesem geliehen hatte. Er versuchte noch mehr Leuten eine Rüge zu erteilen, fand aber fast nur rechtschaffene, denn die Leute, die belastendes Material herbeischaffen sollten, waren arg nachlässig, und er war ein noch viel größerer Schandkerl. Allen, denen er vorwarf, daß sie unverheiratet, kinder- und mittellos seien, gelang es nachzuweisen, daß sie verheiratet, Väter und betuchte Leute waren. Ein Mann, den man beschuldigte, er habe sich mit dem Schwert umbringen wollen, hat sogar seine Kleider ausgezogen und so den Nachweis erbracht, daß sein Körper keine Verletzung aufweise. Auch folgendes, was noch wert ist anzumerken, soll sich während seiner Zensur abgespielt haben: er ließ einen Streitwagen, der mit viel Aufwand hergestellt worden war und der an den Sigillarien zum Verkauf stand, aufkaufen und vor aller Augen zertrümmern. An einem einzigen Tag erließ er zwanzig Edikte, darunter auch die beiden folgenden; in dem einen riet er, bei dem reichlichen Ertrag der Weinernte die Fässer ordentlich zu verpichen; in dem anderen erinnerte er daran, daß gegen einen Schlangenbiß nichts so gut helfe wie der Saft der Eibe.

Nur einen einzigen Feldzug unternahm er, und der war nicht von Bedeutung. Der Senat hatte ihm daraufhin die Triumphabzeichen zuerkannt, er aber hielt diesen Titel für zu gering für die kaiserliche Majestät und wollte mit einem vollgültigen Triumph geehrt werden; um diesen zu erhalten, erhielt bei der Wahl des Betätigungsfeldes Britannien ganz

besonders den Vorzug; es hatte nämlich seit dem vergött-
lichten Iulius keiner mehr die Insel angegriffen, und gerade
zu diesem Zeitpunkt waren dort Unruhen ausgebrochen,
weil einige Überläufer nicht ausgeliefert worden waren. Als
er dorthin von Ostia aus in See stach, wäre sein Schiff beinahe zweimal bei einem stürmischen Nordwest in den Fluten
versunken, das eine Mal vor Ligurien, das andere Mal ganz
nahe bei den Stoechadischen Inseln. Deshalb legte er die
Strecke von Marseille bis Gesoriacum in einem Fußmarsch
zurück und setzte von dort nach Britannien über; ohne eine
Schlacht und ohne einen Tropfen Blut zu vergießen, brachte
er die Insel dazu, innerhalb weniger Tage zu kapitulieren.
Sechs Monate nachdem er in See gestochen war, kehrte er
nach Rom zurück und hielt einen Triumphzug unter größter
Pracht und Prunk. Er gestattete nicht nur den Statthaltern
der Provinzen, sondern auch einigen Verbannten zu diesem
Schauspiel in die Stadt zu kommen. Zwischen den von den
Feinden erbeuteten Rüstungen befestigte er eine Schiffskro-
ne am Giebel seines Hauses auf dem Palatin gleich neben der
Bürgerkrone; daran sah jeder, daß er über den Ozean gesetzt und ihn sozusagen bezwungen habe. Seinem Triumphwagen folgte seine Gattin Messalina in einer Karosse; es
folgten auch die Leute, die sich in dem besagten Krieg Triumphabzeichen erworben hatten; aber alle mußten zu Fuß
und in der Toga praetexta folgen, nur M. Crassus Frugi folgte auf einem Pferd, das mit Stirn- und Brustschmuck verziert war, und in einem Gewand, das mit eingestickten Pal-
menzweigen geziert war, weil ihm zum zweiten Mal diese
Ehre zuteil geworden war.

Die Stadt und ihre Versorgung mit Lebensmitteln ließ er
sich immer ganz besonders angelegen sein. Als im Aemilia-
nischen Viertel ein Brand immer wieder aufloderte, verbrachte er zwei Nächte im Gebäude, wo die Stimmen ausge-

zählt wurden, und ließ, als man nicht genug Trupps von Soldaten und Dienern zur Verfügung hatte, durch die Beamten aus allen Stadtvierteln das Volk zu Hilfe rufen; dann stellte er Körbe voller Geld hin und rief auf, zu Hilfe zu kommen; jedem gab er für seine Hilfeleistung den angemessenen Lohn bar auf die Hand. Als aber wegen der anhaltenden schlechten Ernten die Getreidevorräte recht knapp wurden, wurde er einmal von einem Volkshaufen mitten auf dem Forum am Weitergehen gehindert und mit Schimpfworten und gleichzeitig mit Brocken von Brot so massiv angegriffen, daß er nur mit knapper Not und nur durch eine Hintertür in den Palast entkommen konnte; da sann er auf Mittel und Wege, auch für die Dauer des Winters Lebensmittel in die Stadt zu schaffen. Denn er stellte auch den Kaufleuten lukrativen Gewinn in Aussicht, da garantiert war, daß er für den Verlust aufkam, sollten einem die Stürme übel mitgespielt haben, und denjenigen, die Schiffe für den Handel bauen ließen, stellte er große Privilegien entsprechend der Rechtsstellung eines jeden in Aussicht: Bürgern die Befreiung von der Lex Papia Poppaea, Leuten latinischen Rechts das Vollbürgerrecht, Frauen das Vierkinderrecht; diese Verordnungen haben bis heute noch ihre Gültigkeit behalten.

Er hat eher große und zweckdienliche als viele Bauten errichten lassen; aber wohl am bedeutendsten waren die folgenden: der Aquädukt, den Caligula begonnen hatte, ferner der Abflußkanal des Fuciner Sees und der Hafen von Ostia; er ließ diese bauen, obwohl er wußte, daß der eine Bau von Augustus den Marsern, die ihm deswegen mit ihren Bitten ständig in den Ohren gelegen hatten, abgelehnt worden war und der andere Bau vom göttlichen Iulius mehr als einmal geplant und schließlich wegen Schwierigkeiten aufgegeben worden war. Die eiskalten und wasserreichen Quellen der Aqua Claudia, von denen die eine »Die Blaue«, die andere

»Curtius« und »Albudignus« heißt, leitete er zur gleichen
Zeit wie den Anio novus in einem Aquädukt aus Stein in die
Stadt und ihr Wasser in ganz viele, reichgeschmückte Was-
serbecken. Die Arbeiten am Fuciner See nahm er in Angriff,
weil er sich davon gleichermaßen materiellen Gewinn als
auch Ruhm versprach, da einige Leute die Zusage machten,
auf eigene Kosten das Wasser abzulassen, wenn ihnen als
Gegenleistung das trockengelegte Gebiet überlassen werde.
Auf eine Strecke von viereinhalb Kilometer mußte teils der
Berg durchstochen, teils gesprengt werden; der Kanal wurde nur mit Mühe fertiggestellt und zwar nach elf Jahren, obwohl ständig dreißigtausend Leute ohne Unterbrechung am
Werke waren. Den Hafen von Ostia baute er, und zwar ließ
er von rechts und links zwei Dämme herumlegen und bei
der Hafeneinfahrt, dort ist der Grund schon reichlich tief,
eine Bastion vorbauen. Damit dafür ein um so sichereres
Fundament gelegt sei, ließ er vorher das Schiff versenken,
auf dem ein großer Obelisk aus Ägypten herantransportiert
worden war; darauf rammte er Pfeiler hinein und errichtete
darauf nach dem Beispiel des Pharos von Alexandria einen
sehr hohen Turm, damit die Schiffe nach dessen Feuern bei
Nacht ihren Kurs ausrichten könnten.

Recht häufig machte er an das Volk Spenden. Auch mehrere prächtige Schauspiele veranstaltete er, nicht nur solche,
die üblich waren, und auch nicht an den gewohnten Plätzen,
sondern er dachte sich neue aus und nahm die Spiele aus
längst vergangenen Zeiten wieder zurück ins Programm.
Außerdem fanden sie an Plätzen statt, wo noch keiner vor
ihm Spiele veranstaltet hatte. Die Spiele anläßlich der Einweihung des Pompeiustheaters, das halb niedergebrannt
war und das er hatte wiederaufbauen lassen, ließ er von einem Tribunal in der Orchestra aus beginnen, nachdem er
zuvor bei den höher gelegenen Tempeln ein Bitt- und Dank-

opfer dargebracht hatte und mitten durch den Zuschauerraum herabgestiegen war, während alle schweigend auf ihren Plätzen sitzen geblieben waren. Er hielt auch die Säkularspiele ab, wobei er so tat, als habe Augustus sie vor der Zeit veranstaltet und sie nicht für den rechten Zeitpunkt aufgespart, obwohl er selbst in seinem Geschichtswerk schreibt, diese Spiele hätten eine Zeitlang nicht stattgefunden, dann habe Augustus mit größter Sorgfalt die Jahre nachgerechnet und so wieder den richtigen kalendarischen Termin ermittelt. Deshalb gab es auch Gelächter beim Ruf des Herolds, der so, wie es üblich war, zu den Spielen einlud, die niemand gesehen habe noch jemals sehen würde; waren doch noch Leute am Leben, die sie einst gesehen hatten, und sollten doch auch noch einige von den Schauspielern, die damals aufgetreten waren, jetzt wieder auf der Bühne stehen. Circusspiele veranstaltete er häufig auch auf dem Vatikan, manchmal ließ er nach fünf Rennen eine Jagd dazwischenschieben. Sogar den Circus Maximus ließ er mit marmornen Schranken und vergoldeten Zielsäulen verschönern, beides war bis dahin aus Tuffstein und Holz gewesen; dann ließ er den Senatoren eigene Sitzreihen zuweisen, bisher hatte man ohne Unterscheidung der Stände gesessen und die Spiele verfolgt. Neben Wagenrennen mit vier Pferden veranstaltete er auch noch ein Trojaspiel und eine Tierhetze auf afrikanische Tiere, die eine Schwadron Reiter von den Praetorianern erlegte, angeführt von ihren Tribunen, ja sogar ihr Praefekt befehligte sie höchstpersönlich. Außerdem ließ er auch thessalische Reiter auftreten; diese jagten wilde Stiere von einem Ende des Circus bis zum anderen, waren diese dann ermüdet, sprangen sie auf sie und zogen sie an den Hörnern zu Boden.

Gladiatorenspiele veranstaltete er an verschiedenen Orten, dabei stand vielerlei auf dem Programm: jedes Jahr eines im Lager der Praetorianer ohne Jagd und großen Aufwand, eines auf dem Gelände für die Wahlen, vollständig, so wie man es eigentlich erwarten konnte. Am selben Ort ein außerordentliches und kurzes, was nur wenige Tage dauerte, dafür bürgerte er die Bezeichnung »Sportula« ein, weil er bei der ersten Bekanntmachung einer solchen Veranstaltung gesagt hatte, er lade das Volk gleichsam spontan zu einem kleinen Essen ohne große Vorbereitungen ein. Bei dieser Art von Schauspiel zeigte er sich so leutselig und locker wie sonst nie; genauso wie das Volk zählte er laut an den Fingern der vorgestreckten linken Hand die den Siegern auszuzahlenden Goldstücke ab und animierte die Zuschauer, heiter zu sein, indem er sie dazu aufforderte und sie bat, sie immer wieder »meine Herren« nannte und manchmal auch frostige und weithergeholte Witze einfließen ließ. Hier nun ein Beispiel eines solchen Scherzes: als das Publikum den Auftritt des Palumbus forderte, sagte er ihm diesen zu, sobald er gefangen sei. Die folgende Bemerkung war allerdings sehr heilsam und angebracht: Als er unter tosendem Beifall aller Zuschauer einem Wagenlenker, für den seine vier Söhne inständig um Gnade baten, das Rapier gewährte, ließ er sofort eine Tafel herumtragen, worauf er das Volk daran erinnerte, wie nötig es sei, Kinder großzuziehen, die, man sehe es ja in diesem Fall, auch einem Gladiator Stütze und Hilfe sein könnten. Auf dem Marsfeld ließ er auch die Eroberung und Plünderung einer Stadt so ähnlich, wie sie sich im Krieg abspielt, und die Unterwerfung der Könige Britanniens veranstalten, wobei er selbst im roten Feldherrnmantel den Vorsitz führte. Ja, er veranstaltete sogar, bevor man den Fuciner See abließ, eine Seeschlacht. Aber als er den Kämpfern an Bord, die ihm entgegenbrüllten: »Heil dir, Imperator, die, die ihren Tod vor Augen haben, grüßen dich!« antwortete: »Oder auch nicht«, und keiner nach diesem Wort mehr kämpfen wollte, weil man annahm, man sei begnadigt worden, da war er sich lange Zeit nicht im klaren darüber, ob er allen mit Feuer und Schwert den Garaus machen solle. Schließlich sprang er von seinem Sitz hoch und rannte, natürlich in seinem häßlichen, wackelnden Gang, am Rand des Sees entlang und trieb sie zum Kampf an, wobei er teils Drohungen aussprach, teils sie auch nur ermahnte. Bei diesem Schauspiel stießen die sizilische und rhodische Flotte zusammen, jede war zwölf Dreiruderer stark, und ein silberner Triton, der mitten aus dem See mittels einer technischen Vorrichtung aufgetaucht war, blies auf seinem Horn zum Angriff.

Im Bereich der religiösen, zivilen und militärischen Bräuche, ebenso betreffs des Zustands aller Stände nahm er in Rom und auch vor den Toren der Stadt entweder Verbesserungen vor, rief alte Gebräuche wieder ins Leben oder führte auch neue ein. Wenn die Priester mittels ihrer Kollegien Wahlen zu ihrer Ergänzung durchführten, benannte er niemanden, ohne nicht vorher den Eid abgelegt zu haben. Er sah mit aller Sorgfalt darauf, daß der Praetor sofort, wenn in Rom die Erde gebebt hatte, die Volksversammlung einberief und Gerichtsferien verkündete und daß, wenn ein unheilverkündender Vogel auf dem Kapitol gesehen worden war, ein öffentliches Gebet abgehalten werde, wobei er selbst in seiner Eigenschaft als Oberpriester von der Rednertribüne herab dem Volk die Gebetsformel vorsprach; ausgeschlossen war die Masse der Handwerker und Sklaven.

Waren bisher die Sitzungsperioden des Gerichts über die Winter- und Sommermonate verteilt gewesen, so rückte Claudius diese Zeiten, wo man zu Gericht saß, zusammen. War es bisher das übliche Verfahren gewesen, die Entscheidung in Fideikommißangelegenheiten nur für die Dauer eines Jahres und dann auch nur an Beamte in Rom zu übertragen, so übertrug er diese ohne zeitliche Befristung und auch an Personen, die in den Provinzen Amtsgewalt hatten. Der Kaiser Tiberius war von der Annahme ausgegangen, Sechzigjährige könnten keine Kinder mehr zeugen, und hatte deshalb der Lex Papia Poppaea einen Paragraphen hinzugefügt, dieser verlor unter Claudius seine Gültigkeit. Er setzte fest, daß die Konsuln – das war sonst nicht üblich gewesen – für die Waisen Vormünder bestellen sollten und daß diejenigen, die Beamte in einer Provinz aus ihrem Amtsbereich ausgewiesen hatten, auch aus Rom und Italien verbannt werden sollten. Einige Leute internierte er auf eine ganz neue Art, indem er ihnen verbot, die Stadt Rom weiter als bis zum dritten Meilenstein zu verlassen.

Wenn es darum ging, eine bedeutendere Angelegenheit in der Kurie zu verhandeln, nahm er regelmäßig auf der Tribunenbank mitten zwischen den Sitzen der Konsuln Platz. Es war üblich gewesen, beim Senat um Urlaub zu ersuchen, das machte er zur Chefsache. Die Abzeichen der Konsuln verlieh Claudius auch an Prokuratoren mit einem Gehalt von zweihunderttausend Sesterzen. Lehnte jemand die Würde eines Senators ab, nahm er ihm auch seine Ritterwürde. Hatte er beim Amtsantritt noch fest versichert, er werde niemanden zum Senator ernennen, wenn er nicht der Urenkel eines römischen Bürgers sei, so verlieh er später sogar dem Sohn eines Freigelassenen den breiten Streifen, allerdings unter der Bedingung, daß er sich zuerst von einem römischen Ritter adoptieren lasse. Doch auch bei diesem Verfahren fürchtete er Kritik, also erklärte er, auch der Zensor Appius Caecus, der Erzahnherr seines Geschlechts, habe Söhne von Freigelassenen in den Senat aufgenommen; dabei wußte er nicht, daß zu Zeiten des Appius und auch noch beträchtliche Zeit später eben nicht diejenigen »Freigelassene« genannt wurden, die aus der Sklaverei freigelassen worden waren, sondern die Söhne, die als Freigeborene gezeugt worden waren. Dem Kollegium der Quaestoren erlegte er anstelle der Pflasterung der Straßen die Ausrichtung eines Gladiatorenkampfes auf; es verlor seine Zuständigkeit für Ostia und Gallia Cisalpina und erhielt dafür die Aufsicht über das Aerarium Saturni zurück, die in der Zwischenzeit die Praetoren oder, wie auch in unseren Tagen, die ehemaligen Praetoren übernommen hatten.

Die Triumphabzeichen verlieh er Silanus, dem Verlobten seiner Tochter, obwohl der noch nicht erwachsen war; in den Genuß dieser Auszeichnung kamen aber ältere Personen in so großer Zahl und so leicht, daß es sogar einen Brief gibt, in dem die Legionen in aller Namen darum ersuchen, den konsularischen Statthaltern gleichzeitig mit dem Truppenkommando auch die Triumphabzeichen zu verleihen, damit sie gar nicht erst einen Anlaß, Krieg zu führen, mit allen Mitteln suchen müßten. Aulus Plautius erkannte er auch einen kleinen Triumph zu und ging ihm, als er die Stadt betrat, entgegen und schritt auf dem Weg zum Kapitol und von dort zurück an seiner Seite. Gabinius Secundus gestattete er, für seinen Sieg über den germanischen Stamm der Cauchen sich den Beinamen Cauchius zuzulegen.

Folgende Laufbahnordnung für Ritter im Militärdienst schuf er: nach einer Kohorte sollte ein Ritter eine Reiterabteilung kommandieren, danach sollte er in die Stellung eines Legionstribunen weiterrücken. Er führte neue Soldstufen ein und so etwas wie Dienst auf dem Papier, man spricht von einer Abteilung der Leute, die überzählig waren; dort taten Leute Dienst, ohne anwesend zu sein und nur dem Titel nach. In einem Beschluß des Senats ließ er sogar Soldaten verbieten, zur Begrüßung das Haus eines Senators zu betreten. Freigelassenen, die sich so verhielten, als seien sie römische Ritter, konfiszierte er ihr Vermögen, solche, die sich undankbar zeigten und über die sich ihre Patrone beklagten, erklärte er wieder zu Sklaven, und ihren Anwälten teilte er mit, er werde nicht mehr die Appellationsinstanz für sie gegen ihre eigenen Freigelassenen sein. Als gewisse Leute Sklaven, die krank und dem Ende nahe waren, auf der Insel des Äskulap aussetzten, weil es ihnen zuwider ging, diesen zu helfen, setzte er fest, daß alle, die man aussetze, freie Leute seien und nicht wieder unter die Gewalt ihres Herrn kämen, sollten sie wieder zu Kräften kommen; sollte aber einer es vorziehen, einen Sklaven zu töten als ihn auszusetzen, werde der wie ein Mörder belangt. Reisende warnte er in einem Edikt, durch die Städte Italiens anders als entweder zu Fuß oder im Tragsessel oder in der Sänfte zu reisen. In Puteoli und Ostia stationierte er je eine Kohorte, die die Aufgabe hatte, Feuersbrünste zu verhindern.

Leuten vom Rechtsstand eines Ausländers verbot er, sich römische Namen, Geschlechternamen versteht sich, zuzulegen. Diejenigen, die sich das römische Bürgerrecht anmaßten, ließ er auf dem Gelände am Esquilin mit dem Beil hinrichten. Die Provinzen Achaia und Makedonien, die Tiberius in seine Verwaltung übernommen hatte, gab er an den Senat zurück. Den Lykiern nahm er wegen ihrer inneren Streitereien, die geeignet waren, den Untergang herbeizuführen, ihre Freiheit; die Rhodier erhielten ihre Freiheit zurück, weil sie ihre alten Vergehen bereuten. Den Bewohnern von Troja als den Ahnherren des römischen Volkes erließ er die Tributzahlungen für alle Zeiten; vorher hatte er einen alten Brief in griechischer Sprache vorgelesen, in welchem Senat und Volk von Rom dem König Seleukos erst dann Freundschaft und ein Bündnis versprachen, wenn er ihre Blutsverwandten in Troja von jeglichen Abgaben befreie. Die Juden, die sich von Chrestos ständig zu Unruhen anstiften ließen, vertrieb er aus Rom. Den Gesandten der Germa-

nen erlaubte er auf der Orchestra zu sitzen; dazu hatte er
sich durch ihre Unbefangenheit und ihre Beherztheit hinreißen lassen, denn als sie bemerkt hatten, daß Parther und Ar-
menier dort saßen, wo auch die Senatoren ihre Plätze hatten,
waren auch sie, obwohl sie dorthin geleitet worden waren,
wo das Volk saß, einfach mir nichts dir nichts zu diesen Plätzen hingegangen. Als Erklärung sagten sie, sie stünden diesen Leuten an Tapferkeit und Rechtsstellung in nichts nach.
Die religiösen Gebräuche der Druiden mit ihrem grauenvol-
len, barbarischen Charakter verbot er bei den Galliern ganz
und gar; an ihnen teilzunehmen war zur Zeit des Augustus
nur römischen Bürgern untersagt gewesen. Den Eleusinischen Mysterienkult hingegen versuchte er sogar von Attika
nach Rom zu holen; auf seine Veranlassung hin sollte auch
auf Sizilien der Tempel der Venus vom Eryx, der aus Altersschwäche zusammengestürzt war, aus der Kasse des römischen Volkes wieder aufgebaut werden. Mit Königen schloß
er Bündnisse auf dem Forum, dabei opferte er ein Schwein
und sprach die alte Gebetsformel der Fetialen. Während seiner gesamten Regierungszeit, zumindest während eines
großen Teils davon, traf er solche und andere Maßnahmen
weniger nach seinen persönlichen Entscheidungen als vielmehr nach dem Gutdünken seiner Frauen und Freigelassenen; er war in den meisten Fällen bei allen Gelegenheiten ein
solcher Herrscher, wie er ihnen ins Konzept paßte und wie
sie ihn haben wollten.

Bereits als ganz junger Mann war er zweimal verlobt gewesen: das eine Mal mit Aemilia Lepida, der Urenkelin des
Augustus, das zweite Mal mit Livia Medullina, die mit Beinamen auch Camilla hieß, weil sie aus dem alten Geschlecht
des Diktators Camillus stammte. Von seiner ersten Verlobten trennte er sich, weil ihre Eltern Augustus beleidigt hatten, da war sie noch Jungfrau; seine zweite Braut verlor er

genau an dem Tag, der für die Hochzeit festgesetzt worden
war, auf Grund einer Krankheit. Dann heiratete er Plautia
Urgulanilla, deren Vater einen Triumph gefeiert hatte, und
später Aelia Paetina, deren Vater ein Konsul gewesen war.
Von beiden ließ er sich scheiden, von Paetina wegen nur ge-
ringfügiger Ungereimtheiten, von Urgulanilla deswegen,
weil man ihr Ausschweifungen zum Vorwurf machte und sie
im Verdacht stand, einen Menschen ermordet zu haben.
Nach diesen wurde Valeria Messalina, die Tochter seines
Vetters Barbatus Messala, seine Frau. Als er aber erfahren
hatte, daß sie neben anderen entehrenden Schandtaten auch
noch den C. Silius geheiratet hatte und unter Anwesenheit
der Auguren ein Ehevertrag über die Mitgift besiegelt worden war, ließ er sie hinrichten und versicherte in einer Versammlung vor den Praetorianern, er werde, da ihm die Ehen
schlecht bekommen seien, Junggeselle bleiben und werde
zulassen, daß sie ihn eigenhändig erstächen, wenn er das
nicht für alle Zeiten bleibe. Aber er konnte es nicht lassen,
sofort wieder über die Bedingungen des Zusammenlebens
zu verhandeln, sogar mit Paetina, die er einst verstoßen hatte, und Lollia Paulina, die mit C. Caesar verheiratet gewesen
war. Aber Agrippina, die Tochter seines Bruders Germanicus, machte ihn durch ihre Reize ganz in sich verliebt, sie
durfte ihn ja anstandslos küssen und hatte Gelegenheiten,
ihm schön zu tun; und so kam es, daß er in der nächsten Senatssitzung Leute angestiftet hatte, die Meinung zu vertreten, man müsse ihn zwingen, diese Frau zu heiraten, da es
für den Staat von größter Wichtigkeit sei, und man solle allen anderen erlauben, solche Ehen einzugehen, die bis dahin
als Inzest gegolten hatten. Kaum einen Tag später vollzog er
die Hochzeit. Es fand sich aber niemand, der seinem Beispiel folgen wollte, ausgenommen ein Freigelassener und
ein Primipilar, an dessen Hochzeitsfeier er sogar persönlich

in Begleitung von Agrippina teilnahm. Von seinen drei Frauen hatte er folgende Kinder: von Urgulanilla Drusus und Claudia, von Paetina die Antonia, von Messalina die Octavia und einen Sohn, dem er ursprünglich den Beinamen Germanicus, später Britannicus gegeben hat. Drusus verlor er, da war dieser fast noch ein Kind; er hatte im Spiel eine Birne in die Höhe geworfen und mit dem offenen Mund aufgefangen, er erstickte; nur ein paar Tage zuvor hatte er ihn mit einer Tochter des Sejan verlobt. Um so mehr wundere ich mich darüber, daß es Leute gibt, die überliefern, er sei von Sejan hinterrücks ermordet worden. Obwohl Claudia, die sein Freigelassener Boter gezeugt hatte, im fünften Monat vor der Scheidung geboren wurde und er sie anfangs wie sein Kind aufgezogen hatte, ließ er sie schließlich doch vor der Tür der Mutter aussetzen, und zwar ließ er sie nackt auf den Boden legen. Antonia gab er Cn. Pompeius Magnus, dann dem Faustus Sulla, beides junge Männer aus sehr vornehmer Familie, Octavia seinem Stiefsohn Nero zur Frau, nachdem sie vorher mit Silanus verlobt gewesen war. Britannicus kam am zwanzigsten Tag seiner Regierung auf die Welt; er empfahl ihn in seinem zweiten Konsulat, damals war er noch ein kleiner Wicht, dem Militär, indem er ihn vor versammelter Mannschaft auf seinen Händen trug, und auch beständig dem Volke, indem er ihn bei Schauspielen auf den Schoß oder vor sich nahm, und geleitete ihn unter glückverheißenden Wünschen zusammen mit der Menge derjenigen, die laut ihren Beifall bekundeten. Von seinen Schwiegersöhnen adoptierte er Nero, gegen Pompeius und auch gegen Silanus hatte er nicht nur etwas, sondern er ließ sie sogar aus dem Weg räumen.

Von seinen Freigelassenen schätzte er ganz besonders den Eunuchen Posides, den er sogar bei seinem Triumph über Britannien wie die im Kriege erprobten Männer mit einem

Lanzenschaft beschenkte. Nicht weniger hoch im Kurs stand bei ihm Felix, der es bis zum Kohorten- und Schwadronskommandanten und zum Statthalter der Provinz Iudaea brachte; er war der Ehemann von drei Königinnen; da gab es noch Harpokras, dem er erlaubte, sich durch die Stadt in einer Sänfte tragen zu lassen und Schauspiele wie ein Inhaber eines öffentlichen Amtes zu veranstalten. Und noch höher als diese war Polybios, sein Kultusminister, aufgestiegen, er pflegte oft zwischen den beiden Konsuln zu schreiten. Aber vor allen anderen achtete er Narcissus, seinen Sekretär, und Pallas, seinen Finanzminister, hoch; ihnen ließ er sogar durch Senatsbeschluß nicht nur riesige Belohnungen, sondern auch noch die Abzeichen eines Quaestors und eines Praetors als Auszeichnung bereitwillig zuerkennen. Außerdem ließ er zu, daß sie so viel zusammenbrachten und rafften, daß man, als er sich einmal über die leeren Staatskassen beklagte, ganz gescheit bemerkte, er könne nur so im Gelde schwimmen, wenn ihn seine zwei Freigelassenen als Miteigentümer aufnähmen. Wie ich schon festgestellt habe, war Claudius diesen Leuten und seinen Frauen ganz ergeben, er agierte nicht als Fürst, sondern als ein Diener. Sei es, daß es für jeden einzelnen dieser Leute von Vorteil war oder daß einer sich sogar darum bemühte oder daß er gerade darauf Lust hatte, Claudius beschenkte sie reichlich mit Posten, Legatenstellen, gewährte ihnen Amnestie und Bestrafungen mit dem Tode, und zwar wußte er meistens davon nichts Genaues. Ich will auch gar nicht erst im einzelnen hier aufzählen, was zu unbedeutend ist, wie die Geschenke, die er zurückrief, die Urteile, die er aufhob, die untergeschobenen oder auch ganz öffentlich abgeänderten kaiserlichen Schreiben, in denen Ämter vergeben wurden; hier nur dieses: Den Appius Silanus, den Schwiegervater seiner Tochter, und die beiden Iulias, eine war die Tochter des Drusus, die andere die des Germanicus, ließ er auf Grund einer Anschuldigung, die auf schwachen Füßen stand, und ohne daß sie sich verteidigen konnten, töten; genauso erging es Cn. Pompeius, dem Mann seiner älteren, und L. Silanus, dem Verlobten seiner jüngeren Tochter. Diese fanden folgendes Ende: Pompeius wurde erdolcht, als er mit einem geliebten Jüngelchen im Bett lag, Silanus wurde am neunundzwanzigsten Dezember gezwungen, seinen Verzicht auf die Übernahme der Praetur zu erklären und am ersten Tag des neuen Jahres aus dem Leben zu scheiden, genau an dem Tag, an welchem Claudius und Agrippina geheiratet hatten. Er machte sich überhaupt nichts daraus, fünfunddreißig Senatoren und mehr als dreihundert römische Ritter hinrichten zu lassen, so daß er, als ein Centurio die Rückmeldung von der Hinrichtung eines Mannes vom Rang eines gewesenen Konsuls machte und sagte, der Befehl sei ausgeführt, leugnete, irgend etwas befohlen zu haben; trotzdem billigte er, was geschehen war, da seine Freigelassenen versicherten, die Soldaten hätten ihre Pflicht getan, weil sie von sich aus vorgeprescht seien, um für ihren Feldherrn Rache zu nehmen. Dem folgenden geht jede Glaubwürdigkeit ab: Er soll bei der Ehe, die Messalina mit ihrem Hausfreund Silius eingegangen war, sogar selbst den Ehevertrag unterzeichnet haben; dazu habe man ihn durch die Behauptung gebracht, alles geschehe nur zum Schein und aus der Absicht heraus, eine Gefahr, die ihm gewisse unheilvolle Wunderzeichen für die nächste Zukunft in Aussicht gestellt hätten, von ihm abzuwenden und auf jemand anderen zu übertragen.

Seiner äußeren Erscheinung fehlte es keineswegs an Autorität und Würde, weder wenn er stand, noch wenn er saß, ganz besonders deutlich wurde das, wenn er sich hingelegt hatte; denn er war vom Körperbau her hochgewachsen, dabei aber nicht schmal, er hatte ein schönes Gesicht, schöne Haare und einen feisten Nacken; aber wenn er einherging, da ließen ihn seine weniger kräftigen Kniegelenke im Stich, und wenn er etwas scherzend oder in vollem Ernst tat, da tat einiges seinem ehrenwerten Äußeren Abbruch: sein unanständiges Lachen; wenn er zornig war, war er regelrecht entstellt, vor dem aufgerissenen Mund stand Schaum, seine Nase lief, außerdem stotterte er, sein Kopf zitterte ohnehin schon dauernd, erst recht bei jeder noch so kleinen Tätigkeit. In dem Maße, wie er einst an schweren Krankheiten gelitten hatte, erfreute er sich als Kaiser einer guten Gesundheit, sieht man einmal von seinen Magenschmerzen ab; er sagte, er habe sogar daran gedacht, Selbstmord zu begehen, so plagten ihn diese.

Er gab große, regelmäßige Gelage, fast immer an besonders weiten, geräumigen Plätzen, so daß meistens sechshundert Gäste gleichzeitig bei Tische lagen. Er veranstaltete sogar ein Gelage, während der Fuciner See abgelassen wurde, und wäre beinahe ertrunken, da es eine Überschwemmung gab, als das Wasser sich mit Druck ergoß. Bei jedem Essen waren auch seine Kinder in Begleitung vornehmer Jungen und Mädchen dabei; sie saßen dann bei den Kopfstützen der Liegen, wie es eine alte Sitte wollte, und speisten. Einen Gast, von dem man annahm, er habe am Vortag einen goldenen Becher mitgehen lassen, lud er am folgenden Tag wieder ein, setzte ihm aber nur einen solchen aus Ton vor. Er soll auch daran gedacht haben, per Edikt zu erlauben, während eines Gastmahls Blähungen leise und auch mit Geräusch herauszulassen; denn er hatte erfahren, jemand sei gefährlich erkrankt, weil er aus Scham Blähungen zurückgehalten hatte.

Egal, was die Uhr sagte und wo er sich gerade aufhielt, zu essen und zu trinken konnte er nicht genug bekommen. Als er einmal auf dem Forum des Augustus zu Gericht saß, stieg ihm der Geruch des Essens in die Nase, das im nahen Marstempel für die Salier zubereitet wurde, also verließ er seinen Richterstuhl, begab sich zu den Priestern hinauf und legte sich mit ihnen zusammen zu Tisch. Nie erhob er sich von der Tafel, bevor er sich nicht bis oben hin vollgestopft hatte, und so hat man ihm, wenn er auf dem Rücken lag und mit offenem Munde schlief, eine Feder in den Rachen geführt, damit er seinen Magen entlasten konnte. Er fand immer nur ganz wenig Zeit zu schlafen. Denn vor Mitternacht lag er meistens wach da, so daß er manchmal bei Gerichtsverhandlungen einnickte und von den Anwälten, die absichtlich ihre Stimme erhoben, kaum wachzukriegen war. Er war sexbesessen bezüglich Frauen, sexuelle Kontakte zu Männern pflegte er überhaupt nicht zu haben. Er war ein eifriger Würfelspieler; über diese Kunst veröffentlichte er sogar ein Buch; selbst bei der Fahrt mit dem Wagen pflegte er zu spielen, Wagen und Spielbrett waren folglich so eingerichtet, daß das Spiel nicht beeinträchtigt wurde.

Von Natur aus neigte er zu Brutalität und Blutrünstigkeit, das zeigte sich in großen und ganz unbedeutenden Dingen. Verhöre auf der Folter und Bestrafungen von Mördern pflegte er auf der Stelle vollziehen und in seinem Beisein vollstrecken zu lassen. Als er einmal wünschte, in Tibur bei einer Hinrichtung nach alter Art zusehen zu dürfen, und die Verbrecher bereits an den Pfahl gebunden waren, aber kein Henker da war, ließ er einen aus Rom herbeiholen und wartete beharrlich auf ihn bis zum Abend. Bei allen Gladiatorenspielen, ganz gleich ob er oder ein anderer der Veranstalter war, ließ er sogar die töten, die zufällig zu Fall gekommen waren, ganz gern die Netzkämpfer, um ihr Gesicht zu sehen, wenn sie ihr Leben aushauchten. Als sich einmal ein Kampfpaar gegenseitig erstochen hatte, befahl er, ihm unverzüglich aus ihren beiden Schwertern kleine Messerchen für den alltäglichen Gebrauch zu machen. An den Tierkämpfen und an den Vorstellungen in der Mittagspause hatte er so viel Freude, daß er in aller Frühe zum Schauspiel ging und mittags, wenn das Volk essen gegangen war, sitzen blieb und außer denjenigen, die zum Kampf bestimmt waren, aus einem geringfügigen Anlaß, der ihm gerade in den Sinn gekommen war, noch ein paar andere auftreten ließ, so sogar einige von den Handwerkern und Dienern und andere dergleichen, wenn ein Automat, eine Maschine oder etwas in dieser Art nicht recht funktioniert hatte. Er schickte auch einen seiner Nomenclatoren in den Kampf, so wie er war, in der Toga.

Aber alle seine Eigenschaften wurden überboten durch seine Ängstlichkeit und sein Mißtrauen. Obwohl er, wir haben es bereits oben angesprochen, in den ersten Tagen nach dem Regierungsantritt eine gewaltige Leutseligkeit zur Schau stellte, wagte er es nicht, zu Gastmählern zu gehen, es sei denn, Leibwächter mit Lanzen schirmten ihn ab und Soldaten walteten als Diener; nicht einmal einem Kranken stattete er einen Besuch ab, wenn nicht vorher das Schlafzimmer durchsucht und die Kissen und Decken sehr sorgfältig abgetastet und ausgeschüttelt worden waren. Und ansonsten ließ er stets neben die Leute, die ihm ihre Aufwartung machten, Diener treten, die bei diesen eine Leibesvisitation vornahmen; da wurde niemand ausgenommen, und man prüfte peinlich genau. Allerdings verzichtete er nach langer Zeit dann endlich doch darauf, daß Frauen, Knaben, die noch die Toga praetexta trugen, und Mädchen durchsucht wurden und daß den Begleitern und Sekretären der Besucher die Etuis mit den Schreibrohren und Metallgriffeln weggenommen wurden. Als Camillus damals, als er Unruhe im Innern schürte, ihn in einem Brief, der voll von Be-

schimpfungen, Drohungen und Frechheiten war, aufforderte, als Kaiser zurückzutreten und ein beschauliches Leben
als Privatmann zu führen, denn er hatte keinen Zweifel daran, daß man ihn auch ohne Krieg in Schrecken versetzen
könne, da war er unschlüssig, ob er ihm nicht nachgeben
solle; also holte er Rat bei den führenden Männern des Staates ein. Allein die Tatsache, daß ihm unüberlegt einige Anschläge hinterbracht worden waren, jagte ihm so große
Angst ein, daß er nahe davor stand, die Herrschaft niederzulegen. Als jemand mit einem Dolch, ich habe oben bereits
davon berichtet, beim Opfern ganz in seiner Nähe aufgegriffen wurde, ließ er den Senat eilig durch Herolde zusam-
menrufen und bedauerte unter Tränen und lautem Klagen
seine Lage, nämlich daß er nirgends sich sicher fühlen könne; und lange ließ er sich in der Öffentlichkeit nicht sehen.
Sogar von Messalina, für die er Feuer und Flamme war,
trennte er sich, nicht so sehr, weil er über ihre Unverschämt-
heiten entrüstet war, als vielmehr deshalb, weil er fürchtete,
von ihr drohe ihm Gefahr, denn er meinte, sie wolle ihrem
Geliebten Silius die Herrschaft verschaffen. Das war auch
die Zeit, als er in einer häßlichen Art und Weise ängstlich hin
und her lief und Zuflucht im Lager der Praetorianer suchte;
auf dem ganzen Weg erkundigte er sich nach nichts anderem
als danach, ob sein Thron auch noch fest stehe. Kein Verdacht war so geringfügig, kein Denunziant so unbedeutend,
daß er ihn nicht doch zu größerer Umsicht und Rachsucht
trieb, wenn er erst einmal vor Unruhe angefangen hatte,
ganz wenig zu zweifeln. Bei der morgendlichen Begrüßung
hat ihn einer von den Prozeßbeteiligten beiseite geführt und
ihm versichert, er habe im Traum gesehen, daß er von jemand ganz bestimmtem umgebracht werde. Dann zeigte er
wenig später, so als habe er den Mörder erkannt, auf seinen
Prozeßgegner, als der gerade sein Gesuch an Claudius über-

gab: Sofort hat man diesen, als sei er auf frischer Tat ertappt worden, zur Hinrichtung geschleppt. Ebenso soll man dem Appius Silanus den Untergang bereitet haben: Messalina und Narcissus hatten sich verschworen, ihn aus dem Weg zu räumen, deshalb hatten sie die Rollen folgendermaßen verteilt: Der eine stürzte noch vor Tagesanfang wie jemand, den der Schlag getroffen hat, ins Schlafzimmer seines Patrons und versicherte, er habe geträumt, diesem sei von Appius Gewalt angetan worden; Messalina tat ganz erstaunt und erzählte, auch ihr erscheine bereits seit einigen Nächten dasselbe Traumgesicht. Und nicht viel später wurde – ganz wie man verabredet hatte – gemeldet, Appius sei im Anmarsch; dem war tags zuvor aufgetragen worden, sich zu diesem Zeitpunkt einzufinden; so bewahrheitete sich sozusagen der Traum völlig. Er ließ ihn auf der Stelle herbeirufen und hinrichten. Und Claudius zögerte am folgenden Tag nicht, dem Senat den Ablauf der Ereignisse zu schildern und seinem Freigelassenen dafür zu danken, daß er sogar im Schlafe über sein Wohl wache. Daß er leicht heftig reagierte und zu Jähzorn neigte, das wußte er selbst; für beides entschuldigte er sich in einem Edikt, und dabei unterschied er zwischen beidem; er versprach, die eine Veranlagung werde man auf jeden Fall nur kurz und ohne Schaden hinnehmen müssen, die andere werde nie ungerechtfertigt sein. Die Einwohner von Ostia tadelte er sehr, weil sie ihm, als er vom Meer aus in die Tibermündung einfuhr, keine Boote entgegengesandt hatten; er ging mit seinen bitteren Vorwürfen so weit, daß er ihnen schrieb, sie hätten ihn in seiner Würde herabgesetzt; plötzlich verzieh er ihnen fast in der Art eines Menschen, der sich entschuldigt. Einige, die sich in der Öffentlichkeit zu einem recht ungünstigen Zeitpunkt an ihn wandten, stieß er eigenhändig zurück. Ebenso schickte er den Schreiber eines Quaestors und auch einen Praetor, der im Senat saß, ohne sie anzuhören und obwohl sie unschuldig waren, in die Verbannung, den Ersteren, weil er, als Claudius noch Privatmann war, gegen ihn zu feindselig aufgetreten war, den Letzten, weil er als Aedil die Pächter seiner Landgüter, die trotz Verbots gekochte Speisen verkauften, bestraft und den Verwalter, der dagegen eingeschritten war, mit der Geißel geschlagen hatte. Das war auch der Grund, warum er den Aedilen die Kontrolle über die Garküchenbesitzer entzog.

Nicht einmal seine Dummheit überging er mit Schweigen; er habe sich absichtlich dumm gestellt, solange Caligula an der Macht war, denn anders hätte er ihm nicht entrinnen und auf den Posten, den er jetzt bekleide, nicht gelangen können; das versicherte er in einigen kurzen Reden. Doch er hat nicht zu überzeugen vermocht, denn es dauerte nicht lange, und ein Buch erschien mit dem Titel »Aufstand der Dummköpfe«; in diesem Buch geht es darum, daß niemand Dummheit vorgibt.

Neben anderen Dingen haben sich die Menschen über seine Vergeßlichkeit und seine Unüberlegtheit gewundert, oder um es mit den griechischen Begriffen zu sagen, über seine μετεωρίαν und ἀβλεψίαν. So erkundigte er sich nach der Ermordung der Messalina, kurz nachdem er sich zu Tische gelegt hatte, warum seine Gattin nicht komme. Viele von denjenigen, die er zum Tode verurteilt hatte, ließ er gleich am nächsten Tag zur Beratung und auch zum Würfelspiel bitten und, als hätten sie zu lange auf sich warten lassen, wie Schlafmützen durch einen Boten schelten. Als er davor stand, Agrippina zu heiraten, was sich nicht schickte, hörte er nicht damit auf, von ihr als seiner Tochter, seinem Zögling, dem Kind, was auf seinem Schoß geboren und erzogen worden sei, zu sprechen. Als er im Begriff stand, Nero zu adoptieren, ließ er, als werde er zu wenig getadelt, weil er seinen Stiefsohn adoptiere, obwohl sein eigener Sohn doch bereits erwachsen sei, es unaufhörlich alle wissen, daß noch nie jemand durch Adoption Mitglied der Familie der Claudier geworden sei.

Häufig zeigte er sich dermaßen nachlässig in seiner Ausdrucksweise und ließ sein Gegenüber so außer acht, daß man glaubte, er sei sich weder bewußt, noch verschwende er einen Gedanken daran, wer er sei noch bei wem er sich gerade befinde oder wann und wo er spreche. Wenn über Metzger und Weinhändler debattiert wurde, rief er laut in der Kurie aus: »Ich bitte euch, wer kann denn ohne ein Stückchen Fleisch leben?« Dann schilderte er das reichhaltige Angebot der alten Weinschenken, von wo er einst sogar selbst seinen Wein zu holen pflegte. Unter den Gründen, warum er einem Bewerber um die Quaestur seine Unterstützung zukommen lasse, führte er unter anderem an, daß dessen Vater ihm, als er krank war, rechtzeitig einen kühlen Schluck Wasser zu trinken gegeben habe. Als eine Zeugin in den Senat geführt wurde, sagte er: »Das ist eine Freigelassene meiner Mutter, die sich um deren Äußeres gekümmert hat, mich aber hat sie immer als ihren Patron angesehen. Das sage ich nur deswegen, weil es in meinem Hause immer noch Leute gibt, die mich nicht für ihren Patron halten.« Als vor seinem Tribunal Abgeordnete der Stadt Ostia im Auftrag der Gemeinde in einer bestimmten Sache vorstellig wurden, bekam er einen Wutanfall und brüllte, er habe überhaupt keinen Grund, warum er ihnen einen Gefallen tun solle. Wenn überhaupt einer, dann sei er doch frei in seinen Entscheidungen. Er hatte zum Beispiel folgende Redewendungen, die man von ihm aber auch täglich und zu jeder Stunde und bei allen Gelegenheiten hörte: »Was? Ich bin in deinen Augen ein Telegenius?« und »Rede ruhig, aber rühre mich nicht an!« Und vieles in dieser Art war sogar für Privatleute unangebracht, erst recht schickte es sich nicht für einen Kaiser, der doch durchaus beredt und gebildet war, ja sogar sich ganz und mit Verbissenheit den freien Künsten verschrieben hatte.

Als er ein junger Mann war, ermunterte ihn T. Livius, Geschichte zu schreiben, und so packte er es an, Sulpicius Flavus ging ihm dabei sogar zur Hand. Und als er zum ersten Mal vor einer großen Zuhörerschaft auftrat, konnte er kaum zu Ende lesen, da die Zuhörerschaft durch seine eigene Schuld mehrfach das Interesse verlor. Denn als gleich zu Beginn des Vortrags mehrere Bänke auf Grund der Fettleibigkeit eines Zuhörers zu Bruch gegangen waren, brach er in ein solches Gelächter aus, daß er sich nicht einmal, als die Unruhe sich gelegt hatte, fassen konnte, ja sogar unmittelbar nach der Unterbrechung sich öfter an das, was geschehen war, erinnerte und wiederum in schallendes Gelächter ausbrach. Auch als Kaiser schrieb er sehr viel und ließ es häufig durch einen Vorleser vortragen. Sein Geschichtswerk begann unmittelbar nach der Ermordung des Diktators Caesar, ging dann zu den Ereignissen der jüngeren Vergangenheit über und setzte genau da ein, als der Bürgerkrieg beigelegt war; denn er merkte, daß es für ihn nicht möglich sein könne, unbefangen und wahrheitsgetreu über das, was diesem Datum voranging, zu berichten; seine Mutter und auch seine Großmutter hatten ihn gerade in dieser Hinsicht bereits scharf getadelt. Über den ersten Zeitabschnitt hinterließ er zwei Bücher, über den zweiten einundvierzig. Er schrieb auch seine Autobiographie, acht Bände stark; sie zeichnete sich eher dadurch aus, daß sie viel dummes Geschwätz enthielt, als daß sie nicht geschmackvoll war. Und auch seine »Verteidigung Ciceros gegen die Bücher des Asinius Gallus« zeigt hinreichend, daß er ein gebildeter Mann war. Drei neue Buchstaben hat er auch noch erfunden und

sie ergänzend zu der Zahl der bisherigen Buchstaben hinzugefügt, so als seien sie unentbehrlich. Als er noch Privatmann war, hatte er über das Alphabet ein Buch geschrieben;
später als Kaiser setzte er ohne Schwierigkeiten durch, daß
diese Buchstaben ganz wie die herkömmlichen in Gebrauch
kamen. Diese Schriftzeichen finden sich in den meisten Büchern, den Hofnachrichten und auf Inschriften an Gebäu-
den.

Mit nicht geringerem Fleiß betrieb er seine Griechisch-
studien und bekannte bei jeder Gelegenheit seine Liebe zu
dieser Sprache und ihre Vortrefflichkeit. Zu einem Barbaren, der auf griechisch und lateinisch sprach, sagte er: »Da
du unsere beiden Sprachen beherrschst...« Und als er Griechenland den Senatoren empfahl, sagte er, ihm sei diese Provinz besonders lieb, weil man miteinander Studien austauschen könne. Und oft antwortete er im Senat den Gesandten
in einer fließend gehaltenen Rede. Häufig hat er sich sogar
vor Gericht der Verse von Homer bedient. Wenn er an einem
Feind oder Verschwörer Rache genommen hatte, gab er jedesmal dem wachhabenden Tribunen, wenn er von ihm wie
üblich das Losungswort verlangte, den folgenden Vers:

»Abzuwehren den Mann, der mich hohnsprechend
beleidigt.«

Schließlich schrieb er auch Geschichtswerke auf griechisch,
eines über die Tyrrhener in zwanzig, eines über die Kartha-
ger in acht Bänden. Dies führte zu einem Ergänzungsbau am
alten Museion in Alexandria, der seinen Namen trug. Er
richtete es so ein, daß in jedem Jahr in dem einen Gebäude
die Bände »Tyrrhenische Geschichte« und im anderen die
»Karthagische Geschichte« an festgesetzten Tagen wie in einem Hörsaal vorgelesen wurden, und zwar in vollem Umfang, von je einem Vorleser, im Wechsel der Themen.

Gegen Ende seines Lebens hatte er klar zu erkennen gegeben, daß er die Ehe mit Agrippina und die Adoption des Nero bereue; weil er ja Freigelassene darüber sprechen und die
Verhandlung loben hörte, in der er am Vortag eine Frau, die
des Ehebruchs beschuldigt wurde, verurteilt hatte, da war
von seiner Seite zu hören, ihm sei auch persönlich im Buche
des Schicksals angekündigt, alle seine Ehefrauen seien nicht
keusch, aber blieben nicht ungestraft. Und als gleich darauf
ihm Britannicus entgegenkam, umarmte er ihn recht fest
und ermahnte ihn, erwachsen zu werden und von ihm seine
Rechtfertigung für sein Tun entgegenzunehmen. Folgenden
griechischen Satz gab er ihm auch noch mit auf den Weg:
»Derjenige, der dich verwundet hat, wird dich auch gesund
machen.« Als er einmal entschlossen war, dem noch zu jungen und noch zarten Britannicus die Toga zu verleihen, da es
seine Statur ja zulasse, fügte er hinzu: »Damit das römische
Volk endlich einen echten Kaiser hat.« Nicht lange danach
faßte er auch sein Testament ab und ließ alle Beamten mit ihren Unterschriften gegenzeichnen. Bevor er dabei noch weiter voranschreiten konnte, kam ihm Agrippina zuvor, welche neben diesen Schritten auch noch durch ihr schlechtes
Gewissen und gleichermaßen durch die Ankläger ihrer zahlreichen Verbrechen in die Enge getrieben wurde.

Und zwar hat man ihn mit Gift aus dem Wege geräumt,
darin sind sich alle einig. Aber wo und von wem ihm das
Gift verabreicht worden ist, darüber gehen die Meinungen
auseinander. Einige überliefern, man habe ihm das Gift
durch seinen Vorkoster, den Eunuchen Halotus, unter das
Essen mischen lassen, als er mit den Priestern auf der Burg
speiste; andere lassen die Tat Agrippina persönlich ausführen, die ihm bei einem Gastmahl bei ihm zu Hause einen
vergifteten Pilz vorgesetzt habe; für Pilzgerichte gab er alles
her. Auch über das, was nun folgte, gibt es ganz entgegenge-

setzte Nachrichten. Viele sagen, er sei sofort, nachdem er von dem Gift gekostet habe, verstummt, schreckliche Schmerzen hätten ihn die ganze Nacht gequält, und kurz vor Tagesanbruch sei er dann verschieden. Einige sagen, er sei zuerst eingeschlafen, dann sei ihm die Speise hochgekommen, und er habe alles erbrochen, und man habe ihm noch einmal Gift verabreicht; dabei weiß man nicht sicher, ob es einem Getreidebrei beigemischt worden ist, als man den völlig Erschöpften wieder auf die Beine bringen mußte, indem man ihm etwas zu essen gab, oder mit einem Klistier eingespritzt wurde, damit ihm, der seinen Magen überladen hatte und jetzt darunter litt, angeblich noch geholfen werde, seinen Magen auf diese Art zu entleeren. Sein Ableben hat man geheimgehalten, bis alles geregelt war, was seinen Nachfolger betraf. Und so wurden auch wie für einen Kranken Gelübde getan und Komödianten in den Palast geholt, weil man den Anschein erwecken wollte, er habe danach verlangt. Er starb am dreizehnten Oktober unter den Konsuln Asinius Marcellus und Acilius Aviola in seinem vierundsechzigsten Lebensjahr, im vierzehnten Jahr seiner Regentschaft. Bestattet wurde er in dem für die Kaiser üblichen prachtvollen Rahmen, und er wurde unter die Götter erhoben. Von dieser Ehrung nahm Nero Abstand und schaffte sie schließlich ganz ab, später hat sie Vespasian wieder aufgegriffen. Angekündigt wurde sein Tod besonders durch diese Vorzeichen: Es war ein Haarstern aufgetaucht, den man Komet nennt, ein Blitz war in das Grabmal von Drusus, seinem Vater, eingefahren, hinzu kam, daß im selben Jahr auf jeder Stufe des Cursus honorum die meisten Beamten gestorben waren. Aber es hat den Anschein, daß er selbst genau darum wußte und nicht verheimlicht hat, daß die letzte Zeit seines Lebens angebrochen war; darauf deutet einiges hin: Denn als er die Konsuln designierte, bestätigte er niemanden in seinem Amt über den Monat hinaus, in dem er starb. Und in der letzten Senatssitzung, an der er teilnahm, mahnte er seine Kinder häufig zur Eintracht und pries den Senatoren eindringlich das Alter von beiden an. Und in seiner letzten Gerichtsverhandlung sagte er mehr als einmal vom Tribunal herab, er habe nun das Ende seiner Tage erreicht, doch die, die das hörten, haben diese Ankündigung als unheilvoll weit weggewiesen.

*Nero*

# Buch 6

## NERO

Aus dem Geschlecht der Domitier haben es zwei Familien zu Berühmtheit gebracht, die Calvini und die Ahenobarbi. Die Ahenobarbi leiten ihren Ursprung und auch ihren Beinamen von L. Domitius her. Als dieser einmal von der Feldarbeit nach Hause ging, sollen ihm zwei junge Männer, Zwillinge von erhabener Gestalt, begegnet sein und ihm aufgetragen haben, er solle Senat und Volk den Sieg vermelden, über den man bis dahin noch nichts Zuverlässiges wußte. Um ihre Erhabenheit unter Beweis zu stellen, streichelten sie ihm über seine Wangen, und sein schwarzes Haar verfärbte sich rötlich, fast kupferfarben. Dieses auffallende Merkmal zeigten auch seine Nachkommen; nicht wenige von ihnen hatten auch einen roten Bart. Siebenmal sind sie Konsuln gewesen, zweimal haben sie einen Triumph gefeiert, zweimal waren sie Zensor; sogar unter die Patrizier wurden sie aufgenommen; dennoch hielten alle an demselben Beinamen fest. Sie legten sich nicht einmal andere Vornamen als Gnaeus und Lucius zu. Wie sie diese Vornamen wechselten, ist interessant: Einmal erhielten drei Personen hintereinander denselben Vornamen, ein anderes Mal wechselte man den Vornamen, und jeder erhielt einen anderen Vornamen. Uns ist bekannt, daß der erste, zweite und dritte Sohn aus der Familie der Ahenobarbi Lucius, die nächsten drei hingegen Gnaeus genannt wurden; die anderen hießen dann einmal Lucius, einmal Gnaeus, indem man jetzt jedesmal den Vornamen wechselte. Ich halte es für wichtig, daß man einige aus der Familie etwas näher kennenlernt, dann dürfte es um so leichter deutlich werden, daß Nero zwar aus der Art geschlagen ist, was die Tugenden seiner Vorfahren anbelangt, daß andererseits in ihm doch ihre Laster wieder voll durchschlugen, so als habe er sie allesamt vererbt bekommen. Ich will also ein wenig weiter in die Vergangenheit zurückgehen. Sein Ururgroßvater Cn. Domitius war als Volkstribun mit den Priestern das ein oder andere Mal zusammengestoßen. Weil sie hingegangen waren und nicht ihn, sondern einen anderen an die Stelle seines Vaters in ihr Kollegium gewählt hatten, nahm er den Priesterkollegien ihr Recht, frei werdende Stellen durch Wahl neu zu besetzen, und gab es dem Volk. In seinem Konsulat errang er einen Sieg über die Allobroger und Arverner; daraufhin ritt er auf einem Elefanten durch die Provinz, wobei ihm ein Trupp Soldaten das Geleit gab, als ob man einen Triumph feiere. Von ihm sagte der Redner Licinius Crassus, es dürfe einen nicht wundern, daß er einen kupferfarbenen Bart habe, er habe ja auch eine dreiste Stirn und ein Herz gefühllos wie Blei. Sein Sohn hat als Praetor den C. Caesar, als dessen Konsulatsjahr abgelaufen war, zu einer Untersuchung vor den Senat geladen; er war der Ansicht, dieser habe entgegen den Vorzeichen und den Gesetzen das Amt innegehabt. Später versuchte er als Konsul, Caesar von seinem Kommando über die Heere in Gallien zurückzuholen; zu dessen Nachfolger hatte ihn die Caesar feindliche Clique im Senat ernannt. Doch gleich zu Beginn des Bürgerkrieges geriet er bei Corfinium in seine Gewalt. Nach seiner Freilassung reiste er nach Massilia, wo er den Einwohnern, die eine Belagerung in große Bedrängnis brachte, Mut einflößte; doch dann ließ er sie hilflos alleine stehen und fiel schließlich in der Schlacht bei Pharsalos. Er war zu wenig charakterfest und zu hart. Als er sich einmal in einer ausweglosen Situation befunden hatte, wollte er sich aus Ängstlichkeit umbringen, doch dann schreckte er so sehr davor zurück, daß es ihn reute, Gift genommen zu haben, und er es wieder ausspuckte; seinem Arzt schenkte er die Freiheit, weil er diese Reaktion bei ihm schon vorausgesehen hatte und ihm wohlwissend ein weniger schädliches Gift gemischt hatte. Als Cn. Pompeius um Rat fragte, was mit denen geschehen solle, die sich unparteiisch verhalten und sich keiner Partei angeschlossen hätten, da ist er als einziger der Meinung gewesen, man solle sie unter die Feinde rechnen.

Er hinterließ einen Sohn, den man – das steht unzweifelhaft fest – von allen Mitgliedern seines Geschlechts am höchsten schätzen sollte. Er war einer von denen, die darin eingeweiht waren, daß Caesar ermordet werden sollte, und wurde, obwohl er unschuldig war, nach dem Pedischen Gesetz verurteilt. Er flüchtete sich zu Cassius und Brutus, mit denen ihn eine nahe Verwandtschaft verband. Nachdem sie beide umgekommen waren, behielt er den Oberbefehl über die Flotte, der ihm zuvor übertragen worden war, in der Hand, erhöhte ihre Stärke, und erst als seine Partei auf breiter Front am Boden zerstört war, ergab er sich freiwillig M. Antonius; das hat man ihm wie ein außerordentliches Verdienst angerechnet. Er wurde als einziger von all denjenigen, die nach demselben Gesetz verurteilt worden waren, in die Heimat zurückberufen und durchlief hintereinander die höchsten Ämter. Als später der Bürgerkrieg von neuem ausbrach, war er bei demselben Antonius Unterfeldherr; ihm wurde von den Leuten, die sich der Kleopatra schämten, das Oberkommando angetragen, und er hat weder gewagt, dieses anzunehmen noch dieses entschlossen zurückzuweisen, weil er plötzlich erkrankte. Er ging zu Augustus über und starb wenige Tage später; dabei blieb es nicht aus, daß auch seine weiße Weste ein paar Schmutzflecken bekam. Antonius ließ nämlich verlauten, er sei nur deswegen zu Augustus übergelaufen, weil er sich nach seiner Geliebten Servilia Nais gesehnt habe.

Dieser Mann war der Vater des Domitius, den Augustus in seinem Testament zum Testamentsvollstrecker bestimmt hatte; darauf hat man später allgemein hingewiesen. In seiner Jugend war er nicht weniger durch seine Geschicklichkeit beim Wagenlenken als durch die Triumphabzeichen aus dem Germanenkrieg berühmt. Er war freilich anmaßend, verschwenderisch und grausam. Den Zensor L. Plancus zwang er als Aedil, ihm auf der Straße auszuweichen. Als Praetor und Konsul ließ er römische Ritter und ehrbare Frauen im Theater bei einem Possenspiel öffentlich auftreten. Tierhetzen veranstaltete er im Circus und in allen Vierteln der Stadt, und auch einen Gladiatorenkampf gab er. Dabei kam es zu solchen Grausamkeiten, daß Augustus nicht umhin konnte, Domitius durch ein Edikt Schranken zu setzen, nachdem er ihn unter vier Augen vergeblich zurechtgewiesen hatte. Mit Antonia der Älteren hatte er einen Sohn, den Vater Neros; dessen Lebensweise war vollkommen verabscheuenswert, insofern als er – damals war er im Gefolge des jungen C. Caesar bei dessen Zug in den Orient – einen seiner Freigelassenen tötete, weil der sich geweigert hatte, so viel zu trinken, wie er ihm befohlen hatte, und deswegen aus dem Stab der Freunde verbannt worden war und sich auch nach dieser Entgleisung nicht ein bißchen mehr zusammennahm. Ja, in einem Dorf an der Via Appia gab er plötzlich seinem Gespann die Peitsche und zermalmte einen Jungen, und das mit voller Absicht. In Rom schlug er mitten auf dem Forum einem Ritter, der ihn zu freimütig schalt, ein Auge aus. Er war ein Mann von solcher Unredlichkeit, daß er nicht nur die Bankiers um den Betrag für die aufgekauften Werte, sondern während seiner Praetur auch die Wagenlenker um ihren Siegespreis betrog. Deswegen hat sogar seine Schwester ihn scherzhaft aufs Korn genommen ⟨...⟩, und es kam zu Klagen der Mäzene der Renngesellschaften. Des-

halb gab er die Verordnung heraus, daß in Zukunft die Preis-
gelder sofort bar ausgezahlt werden mußten. Auch wegen
Majestätsbeleidigung, Ehebruchs und des Inzests mit seiner
Schwester Lepida wurde er angeklagt, kurz bevor Tiberius
starb. Als sich die Verhältnisse änderten, konnte er sich so
gerade noch retten. Er starb in Pyrgi an der Wassersucht. Er
hatte einen Sohn, Nero, mit Agrippina, der Tochter des Germanicus.

Nero wurde am fünfzehnten Dezember in Antium geboren, im neunten Monat nachdem Tiberius gestorben war;
genau in diesem Moment ging die Sonne auf, das heißt doch
wohl, daß er eher als die Erde von ihren Strahlen berührt
wurde. Seine Geburtsstunde war für viele Anlaß, sofort
zahlreiche grauenvolle Prophezeiungen abzugeben; da ist u.
a. auch die Äußerung seines Vaters Domitius; als Freunde
ihm gratulierten, bemerkte dieser, er und Agrippina hätten
nichts anderes als ein Scheusal und ein Übel für den Staat in
die Welt setzen können. Am Tag der Reinigung gab es einen
augenscheinlichen Hinweis darauf, daß er nur Unheil bringen werde. Als nämlich den C. Caesar seine Schwester bat,
dem Kind nach seinem Belieben einen Namen zu geben, da
sah dieser seinen Onkel Claudius an, der später als Kaiser
den Nero adoptierte. Dann sagte er, er gebe ihm dessen Namen. Aber das hatte er nicht ernst gemeint, sondern nur im
Scherz dahingesagt; auch Agrippina wollte davon nichts
wissen, weil zu dieser Zeit Claudius zum Gespött am Hof
geworden war.

Nero war drei Jahre alt, als er seinen Vater verlor. Der hatte ihm ein Drittel seines Vermögens vererbt; nicht einmal
das bekam er ohne Abstriche, da sich sein Miterbe Gaius das
gesamte Vermögen angeeignet hatte. Als bald darauf auch
noch seine Mutter in die Verbannung geschickt wurde, hätte
er fast mittellos und wie ein ganz armer Teufel dagestanden,

doch seine Tante Lepida zog ihn bei sich auf unter der Aufsicht von zwei Erziehern, einem Tänzer und einem Friseur. Aber als Claudius an die Herrschaft gekommen war, kam er nicht nur in den Besitz des väterlichen Vermögens, sondern zu noch größerem Reichtum aus der Erbschaft, die ihm sein Stiefvater Crispus Passienus vermacht hatte. Als seine Mutter aus der Verbannung zurückgerufen wurde und ihre alte Stellung wiedererlangt hatte, sorgte sie durch ihren weitreichenden Einfluß dafür, daß er eine so bedeutende Stellung einnahm, daß allgemein bekannt wurde, Messalina, die Gattin des Claudius, habe Leute geschickt, die ihn, während er gerade Mittagsschlaf hielt, erwürgen sollten, da er ein Rivale für Britannicus sei. Diese Geschichte erhielt noch eine Ausschmückung: Diese Leute seien vor Schreck Hals über Kopf davongelaufen, als eine Schlange aus dem Polster hervorgekrochen sei. Die Geschichte geht auf folgende Begebenheit zurück: In seinem Bett hatte man unter dem Kopfkissen einmal eine Schlangenhaut gefunden. Diese ließ er mit einem goldenen Armband einfassen, da es seine Mutter so wollte; lange trug er das Armband an seinem rechten Arm. Als er es schließlich leid war, immer wieder an seine Mutter erinnert zu werden, warf er das Armband weg. Vergeblich suchte er später danach, als es ihm so schlecht ging, daß er nach jedem Strohhalm griff.

Er war noch ein Kind, noch nicht einmal im jugendlichen Alter, als er im Circus am Trojaspiel teilnahm; dabei stand er voll seinen Mann und erntete Beifall. Als er elf Jahre alt war, wurde er von Claudius adoptiert; zu Annaeus Seneca, der damals bereits Senator war, wurde er in die Ausbildung gegeben. Man erzählt, in der darauffolgenden Nacht habe Seneca geträumt, er sei der Lehrer eines C. Caesar. Es brauchte nicht lange, und Nero ließ den Traum Wirklichkeit werden, denn er gab, wann immer er konnte, Beweise davon, wie grausam er von Natur aus war. Nach seiner Adoption hatte ihn sein Bruder Britannicus, wie er es zuvor immer getan hatte, mit Ahenobarbus begrüßt; und so kam es, daß er versuchte, ihn bei seinem Vater als untergeschobenes Kind hinzustellen. Als seine Tante Lepida angeklagt wurde, trat er als Zeuge auf und stürzte sie durch seine Aussage ins Verderben, nur um seiner Mutter einen Gefallen zu tun, die versuchte, der Angeklagten hart zuzusetzen.

Als er auf dem Forum für mündig erklärt wurde, stellte er dem Volk eine Getreidespende, den Soldaten ein Geldgeschenk in Aussicht, den Praetorianern befahl er, eine Parade abzuhalten, wobei er eigenhändig den Schild vorantrug. Darauf hielt er im Senat seinem Vater eine Dankrede. Als dieser Konsul war, hatte er nämlich vor ihm für die Einwohner von Bononia in lateinischer und für die Rhodier und die Einwohner von Ilion in griechischer Sprache sein Plädoyer gehalten. Recht sprach er zum ersten Male am Latinerfest als Stadtpraefekt. Von den berühmtesten Anwälten wurde er nicht nur mit Routinefällen, wie es eigentlich üblich war, und unbedeutenden, sondern mit sehr schwierigen und auch noch zahlreichen Klagen betraut, als wenn sie in einen Wettstreit getreten seien, und dies, obwohl Claudius das untersagt hatte. Kurz darauf heiratete er Octavia und veranstaltete für das Wohlergehen des Claudius Spiele und eine Tierhetze.

Als bekannt wurde, daß Claudius gestorben sei, trat der Siebzehnjährige zwischen der sechsten und siebten Stunde vor die Palastwache hin; denn der ganze Tag hatte etwas Unheilvolles, und so schien kein anderer Zeitpunkt günstiger für die Übernahme der Herrschaft. Auf den ersten Stufen der Treppe zum Palast begrüßte man ihn als Imperator und brachte ihn in einer Sänfte ins Lager der Praetorianer; dort hielt er flugs eine Rede an die Soldaten und wurde dann in die Kurie gebracht. Von dort brach er erst gegen Abend auf. Man hatte ihn mit Ehren ohne Maß überschüttet; nur den Titel »Vater des Vaterlandes« hatte er mit Blick auf sein Alter abgelehnt.

Das erste, was er nach der Regierungsübernahme tat, war, ein Verhalten zu demonstrieren, wie es für einen Sohn geziemend war: er veranstaltete für Claudius ein Begräbnis mit Prunk und Pracht, hielt die Leichenrede und erhob ihn unter die Götter. Dem Gedenken an seinen Vater Claudius erwies er die höchsten Ehren. Seiner Mutter überließ er die Leitung aller öffentlichen und privaten Angelegenheiten. Am ersten Tag seiner Regierung gab er dem wachhabenden Offizier auch als Losungswort »Die allerbeste Mutter«; danach ließ er sich häufig zusammen mit ihr in einer Sänfte durch die Straßen Roms tragen. In die Bürgerliste von Antium ließ er auch Veteranen der Praetorianergarde sich einschreiben, verlegte dorthin auch die reichsten von den ehemaligen Primipili, und so gründete er in Antium eine Kolonie. Er ließ dort auch noch einen Hafen anlegen, dabei scheute er bei dessen Ausstattung keine Kosten.

Um seine Grundeinstellung noch eindeutiger zu demonstrieren, legte er das Bekenntnis ab, er werde ganz nach den Regeln des Augustus regieren; und er ließ keine Gelegenheit aus, seine Freigebigkeit und Milde, ja sogar seine Leutseligkeit zu beweisen. Steuern, die zu drückend waren, hob er entweder ganz auf oder setzte ihre Höhe herab. Belohnungen für Informanten nach dem Papischen Gesetz betrugen fortan nur noch ein Viertel. An das Volk verteilte er pro Kopf vierhundert Sesterzen; Senatoren, die aus den angesehensten Familien stammten, aber ohne Vermögen dastanden, erhielten eine jährliche Summe zuerkannt, und zwar fünfhunderttausend Sesterzen. Ferner wurde die monatliche Getreideration kostenlos an die Praetorianerkohorten ausgegeben. Als man ihm zusetzte, das Todesurteil eines Verurteilten zu unterschreiben, weil es so üblich war, bemerkte er: »Jetzt wollte ich, ich hätte nie schreiben gelernt!« Angehörige aller Stände begrüßte er allmählich sogar aus dem Gedächtnis heraus. Dem Senat, der ihm seinen Dank abstatten wollte, antwortete er: »Erst wenn ich es verdient habe.« Bei seinen Übungen auf dem Marsfeld durfte auch das Volk hinzukommen, und Redeübungen betrieb er oft vor Publikum. Er las auch Gedichte vor, und das nicht nur zu Hause, sondern auch im Theater; er begeisterte alle so sehr, daß man für ihn wegen einer solchen Lesung ein Dankfest beschloß und die Verse, die er aus Gedichten rezitiert hatte, in goldenen Buchstaben dem Iuppiter Capitolinus weihte.

Schauspiele gab er sehr viele, dabei wechselte er zwischen den Gattungen: Iuvenalien, Circusspiele, Theaterstücke und Gladiatorenkämpfe. Bei den Iuvenalien ließ er sogar ehemalige Konsuln von hohem Alter und alte ehrbare Frauen auftreten. Bei den Circusspielen erhielt der Ritterstand Sitze zugewiesen, die von denen der übrigen getrennt waren, sogar Viergespanne aus Kamelen schickte er ins Rennen. Er wollte, daß Spiele, die veranstaltet wurden, damit das Reich ewigen Bestand habe, die größten genannt wurden. Etliche Männer und Frauen aus beiden Ständen übernahmen Rollen bei diesen Veranstaltungen. Ein stadtbekannter römischer Ritter setzte sich auf einen Elefanten und lief dann ein Drahtseil herab. Von Afranius wurde die römische Komödie »Der Brand« aufgeführt; dabei hatte man den Schauspielern erlaubt, sich aus dem brennenden Haus den Hausrat zu greifen und zu behalten. Während der Veranstaltungstage wurde sogar alles Mögliche als Geschenk an das Publikum verteilt: jeden Tag tausend Vögel aller Arten, verschiedene Lebensmittel, Getreidemarken, Kleidungsstücke,

Gold, Silber, Edelsteine, Perlen, Gemälde, Sklaven, Zugtiere und sogar gezähmte Tiere, zuletzt auch noch Schiffe, Inseln, Ländereien. Diese Spiele sah er sich von einem erhöhten Platz des Proscaeniums aus an. In der Gegend des Marsfeldes hatte er binnen einem Jahr ein Amphitheater aus Holz
erbauen lassen; bei dem Gladiatorenkampf, der dort stattfand, ließ er niemanden töten, nicht einmal einen von denen,
die eines Vergehens für schuldig befunden worden waren.
Er ließ auch vierhundert Senatoren und sechshundert römische Ritter im Kampf auftreten, einige lebten in soliden Ver-
mögensverhältnissen und hatten einen untadeligen Ruf;
Männer aus genau denselben Ständen töteten auch Tiere und
übernahmen verschiedene Dienste in der Arena. Er veranstaltete auch eine Seeschlacht in Wasser aus dem Meer, darin
schwammen Meeresungeheuer. Ferner führte eine Gruppe
junger Leute einige Waffentänze auf; nach ihrer Darbietung
überreichte er jedem von ihnen die Urkunde über die Verleihung des römischen Bürgerrechts. Unter den Waffentänzen
wurde auch ein Stück aufgeführt, in dem ein Stier Pasiphae,
die sich in dem hölzernen Modell einer Kuh verborgen hielt,
begattete; viele von den Zuschauern nahmen das jedenfalls
an. Ikaros stürzte gleich bei seinem ersten Flugversuch neben der Loge Neros ab, und der bekam sogar Blutspritzer
ab. Es kam nämlich ganz selten vor, daß Nero den Vorsitz
führte, übrigens tat er dies in liegender Haltung; anfangs
verfolgte er das Geschehen durch kleine Sehschlitze, später
ließ er den Balkon ganz öffnen.

Er veranstaltete auch als erster von allen in Rom einen
Wettkampf, der alle fünf Jahre stattfand und wie bei den
Griechen aus drei Disziplinen bestand: einer musischen, einer athletischen und einer Disziplin zu Pferde. Dieser Wettkampf erhielt den Namen Neronia. Er stiftete auch Thermen und ein Gymnasium, dazu lieferte er den Senatoren

und der Ritterschaft das Öl. Bei jedem der Wettkämpfe hatten Kampfrichter den Vorsitz, und zwar wurden ehemalige Konsuln durch Los dazu bestellt; sie verfolgten das ganze vom Sitz des Praetors aus. Dann stieg er auf die Orchestra und zu den Senatoren herab und wurde mit dem Siegeskranz für römische Rede- und Dichtkunst ausgezeichnet; darum hatten Koryphäen gewetteifert, sie alle aber hatten einstimmig ihm die Auszeichnung zuerkannt. Dafür, daß ihm die Richter auch noch den Siegespreis für das Kitharaspiel überbrachten, zollte er ihnen Respekt und befahl, den Kranz zur Statue des Augustus zu bringen. Beim gymnischen Wettkampf, den er in den Saepten veranstaltete, ließ er sich während eines Rindsopfers mit großem Gepränge seinen ersten Bart abnehmen und ihn in eine goldene Büchse legen, die mit sehr kostbaren Perlen besetzt war; dann stiftete er sie als Weihgeschenk dem Tempel des Iuppiter auf dem Kapitol. Zu dem Wettkampf der Athleten lud er auch die Vestalischen Jungfrauen ein, weil auch in Olympia den Priesterinnen der Ceres die Teilnahme als Zuschauer erlaubt ist.

Ich darf wohl mit einigem Recht unter die von ihm veranstalteten Schauspiele auch den Einzug des Tiridates in die Stadt rechnen. Den König von Armenien hatte er durch große Versprechungen bewogen nach Rom zu kommen; da er ihn aber an dem Tag, den er eigens durch ein Edikt hatte festlegen lassen, dem Volke nicht präsentieren konnte, weil zu trübes Wetter herrschte, verschob er die Darbietung und inszenierte seinen Auftritt, als die äußeren Umstände dafür äußerst günstig waren. Er ließ Kohorten in voller Rüstung rund um die Tempel am Forum aufmarschieren, dann nahm er im Ornat des Triumphators neben den Rostra auf dem kurulischen Stuhl Platz mitten zwischen den Feldzeichen und Standarten. Zuerst schritt der über eine Rampe von unten zu ihm nach oben, er ließ ihn vor sich auf die Knie fallen und hob ihn dann mit seiner Rechten wieder auf und begrüßte ihn mit einem Kuß, dann nahm er ihm, während er seine Bitten vortrug, die Tiara vom Haupte und setzte ihm ein Diadem auf. Die Worte des Bittstellers übersetzte ein ehemaliger Praetor und teilte sie auch dem Volke mit. Von dort brachte man ihn ins Theater, er fiel noch einmal vor ihm auf die Knie und flehte ihn an, und Nero ließ ihn zu seiner Rechten Platz nehmen. Deswegen begrüßte man ihn als Imperator; seinen Lorbeerkranz ließ er in den Tempel auf dem Kapitol bringen, beide Pforten des Ianusbogens schloß er, als wäre gar kein Krieg mehr im Gange.

Konsul war er viermal: das erste Mal für zwei Monate, das zweite und letzte Mal sechs Monate, das dritte Mal vier Monate lang; die beiden mittleren Konsulate hatte er in zwei aufeinanderfolgenden Jahren inne, die übrigen Konsulate übernahm er dagegen erst, nachdem ein Jahr verstrichen war. Als Richter teilte er den Klägern nie am gleichen Tage und dann auch nur schriftlich gut überlegt sein Urteil mit. Ein Gerichtsverfahren lief bei ihm immer folgendermaßen ab: Klagereden an einem Stück ließ er nicht zu; abwechselnd äußerten sich die Parteien einzeln zu jedem Punkt. Wenn er sich zur Beratung zurückzog, beratschlagte er keinen strittigen Punkt gemeinsam mit den Beisitzern und erörterte auch nichts mündlich mit ihnen, sondern ließ jeden von ihnen seine Meinung aufschreiben und las sie dann, ohne ein Wort zu sagen, und ganz für sich. Das Urteil pflegte er nach seinem Gutdünken zu fällen, doch es schien, als basiere es auf der Meinung von mehreren.

Lange ließ er Söhne von Freigelassenen nicht in die Reihen des Senats aufrücken; wer von diesen unter seinen Vorgängern aufgestiegen war, dem versagte er die Übernahme von Ämtern. Amtsbewerber, die überzählig waren, tröstete er mit dem Kommando über eine Legion darüber hinweg, daß sie hingehalten wurden und noch warten mußten. Das Konsulat vergab er meistens nur für die Dauer von sechs Monaten. Als einer der beiden amtierenden Konsuln um den ersten Januar herum gestorben war, ließ er niemanden nachrücken. So brachte er seine Mißbilligung über das Beispiel, das in der Vergangenheit Caninius Rebilus als Konsul für einen Tag gegeben hatte, zum Ausdruck. Die Abzeichen des Triumphators verlieh er sogar Leuten vom Rang eines Quaestors und einigen Vertretern aus dem Ritterstand, und das durchaus nicht nur wegen Leistungen im Felde. Über gewisse Angelegenheiten arbeitete er Reden aus und sandte sie an den Senat; meistens ließ er sie dann von einem Konsuln verlesen, indem er den Praetor überging, in dessen Kompetenz dies eigentlich gefallen wäre. Die Gebäude der Stadt sollten einen neuen Grundriß erhalten, hatte er sich ausgedacht, und zwar sollten vor den Miet- und Privathäusern Säulengänge gebaut werden, von deren Dächern aus Brände leichter bekämpft werden könnten. Deren Bau finanzierte er aus eigener Tasche. Er hatte sich sogar einmal überlegt, die Stadtmauern bis nach Ostia vorzubauen und das Meer von dort mit Hilfe eines Kanals in die Altstadt zu leiten.

Während seiner Regierung ging man gegen vieles mit strengen Strafen und Zurechtweisungen vor, und vieles wurde neu geregelt: Aufwendungen für Luxus unterlagen restriktiven Vorschriften; öffentliche Mahlzeiten wurden zur Verteilung von Lebensmittelrationen; es erging ein Verbot, in Garküchen Gekochtes zu verkaufen, ausgenommen waren Hülsenfrüchte und Gemüse, während bis dahin Speisen aller Art angeboten wurden. Ganz schwer setzte man den Christen mit Martern zu; dieser Menschenschlag hing einem neuartigen und schädlichen Aberglauben an. Verboten wurden auch die Belustigungen der Rennfahrer, die sich das Recht anmaßten, sich überall herumzutreiben und dabei

die Leute zu hintergehen und zu bestehlen; das hatte sich so
eingebürgert, weil man es hatte geschehen lassen. Pantomime und ihr Anhang wurden zur gleichen Zeit in die Verbannung geschickt. Damals ersann man zum ersten Male Vorkehrungen, um Tastamentsfälschern das Handwerk zu legen: es sollten nur noch gelochte Tafeln gesiegelt werden,
nachdem vorher ein dreifacher Faden durch die Löcher gezogen worden war. Es wurde auch verfügt, daß bei Testamenten die beiden ersten Wachstafeln nur den Namen des
Erblassers tragen sollten und sonst nichts, so sollten sie die
Zeugen zur Unterschrift vorgelegt bekommen; ferner, daß
jemand, der für jemand anderen das Testament nieder-
schrieb, sich selbst kein Legat zuschreiben dürfe. Ferner
sollten Prozessierende demjenigen, der sie vor Gericht vertreten hatte, eine feststehende und angemessene. Summe,
den Richtern aber überhaupt nichts zahlen müssen; dafür
stehe die Staatskasse ein. Die Zuständigkeiten der Gerichte
wurden neu geordnet; so wurden Steuerprozesse von der
Staatskasse an das Forum und an das Rekuperatorengericht
übertragen, und alle Berufungen gegen die richterlichen Urteile gingen an den Senat.

Er hatte niemals vor, das Reich noch weiter über seine
Grenzen auszudehnen, noch versprach er sich etwas davon;
er hat sogar daran gedacht, das Heer aus Britannien abzuzie-
hen. Nur weil er fürchtete, das könne so aussehen, als wolle
er den Ruhm seines Vaters schmälern, ließ er diese Überlegung fallen. Zu Provinzen machte er nur das Königreich
Pontus, als Polemon es ihm abtrat, und noch das Reich des
Cottius in den Alpen, als dieser verstarb.

Im ganzen unternahm er nur zwei Reisen, die eine nach
Alexandria, die andere nach Griechenland. Doch von der
Reise nach Alexandria nahm er noch am Tag des Aufbruchs
Abstand infolge der Unruhe, die in ihm seine abergläubische

Scheu und dazu noch das Risiko des Unternehmens verursacht hatten. Er hatte nämlich noch einmal einen Besuch bei allen Tempeln gemacht und sich im Heiligtum der Vesta niedergesetzt; als er aufstand, blieb er als erstes mit einem Zipfel seiner Toga hängen, dann wurde es so dunkel, daß er um sich herum überhaupt nichts mehr differenziert wahrnehmen konnte. In Griechenland ging er daran, den Isthmus zu durchstechen; als die Praetorianer angetreten waren, feuerte er sie an, ans Werk zu gehen, und ließ mit der Tuba das Startzeichen geben; dann machte er den ersten Spatenstich, schaufelte die Erde in einen Korb und trug diesen auf seinen Schultern weg. Er bereitete auch einen Heereszug an die Kaspische Pforte vor; dazu hatte er aus Rekruten aus Italien, die alle sechs Fuß groß waren, eine neue Legion zusammengestellt, die er die Phalanx Alexanders des Großen nannte.

Das, was teils überhaupt keinen Tadel, teils sogar ausgesprochen große Anerkennung verdient, habe ich in einem Kapitel zusammengefaßt, um es klar von seinen Schandtaten und Verbrechen zu trennen, über die ich ab jetzt etwas sagen werde.

Wie er in seiner Jugend eine Ausbildung in einer Reihe von Disziplinen erhielt, so auch in der Musik; er war gerade an die Macht gekommen, da ließ er sofort den Kitharasänger Terpnos, der zur damaligen Zeit in großem Ansehen stand, neben anderen Künstlern an seinen Hof kommen. Tag für Tag saß er bis spät in die Nacht neben ihm und hörte seinem Gesang zu; nachdem das eine Zeit so gegangen war, begann er auch selbst, diese Kunst zu studieren und sich darin zu üben. Nichts von all dem ließ er aus, was die großen Künstler in diesem Fach tun, um bei Stimme zu bleiben oder das Stimmvolumen zu erhöhen. Er legte sich auf den Rücken und legte eine Bleiplatte auf die Brust, mit Hilfe von Klistieren und durch Erbrechen entleerte er den Körper und ließ die Finger von Obst und Speisen, die seiner Stimme schaden würden. Schließlich schmeichelte er sich wegen des Fortschrittes, den er machte, wenn auch seine Stimme schwach und dumpf geblieben war, und es drängte ihn unbändig, auf der Bühne sein Debüt zu geben. Und so zitierte er unter Freunden und Bekannten häufig das griechische Sprichwort, Musik im stillen Kämmerlein habe keinen Wert. Zum ersten Mal trat er in Neapel auf. Nicht einmal daß ein Erdbeben das Theater erzittern ließ, ließ ihn seinen Gesang abbrechen; das Stück, was er begonnen hatte, brachte er zu Ende. Dort trat er noch öfter als Sänger auf, und zwar mehrere Tage hintereinander. Auch gönnte er seiner Stimme nur wenig Zeit, sich zu erholen. Da er das Alleinsein nicht ertragen konnte, begab er sich von den Bädern ins Theater hinüber und speiste mitten auf der Orchestra vor vollen Zuschauerreihen. Dann versprach er auf Griechisch, er werde aus voller Brust ein Liedchen trällern, wenn er die Kehle mit einem kleinen Schluck gespült habe. Ganz hingerissen war er davon, daß die Alexandriner im Takt Beifall klatschten; diese waren von der eben angekommenen Handelsflotte alle nach Neapel hineingeströmt; er ließ noch mehr aus Alexandria kommen. Und dennoch war er weiterhin eifrig darum bemüht, junge Leute aus dem Ritterstand und mehr als fünftausend kernige junge Plebejer auszuwählen, die, in verschiedene Gruppen aufgeteilt, die Arten des Klatschens lernen – man nannte das Summen, Klatschen mit hohler und flacher Hand – und ihn, wenn er sang, tüchtig unterstützen sollten. Diese Leute stachen durch ihr stark pomadisiertes Haar und ihre exquisite Garderobe hervor, hatten aber ihren Ring von der Linken abgestreift. Ihre Anführer steckten vierhunderttausend Sesterzen ein.

Da er großen Wert darauf legte, auch in Rom als Sänger aufzutreten, verlegte er den ursprünglichen Termin der Neronischen Spiele vor; allen, die laut verlangten, seine göttliche Stimme zu hören, antwortete er, er werde ihnen wunschgemäß in seinen Gärten die Gelegenheit dazu geben, aber als die Bitten des Volkes auch noch von seiten der Abteilung der Praetorianergarde, die gerade zu dem Zeitpunkt auf Wache war, unterstützt wurden, versprach er, er werde liebend gerne auftreten. Unverzüglich ließ er seinen Namen in die Liste der Kitharöden eintragen, die ihren Auftritt zugesagt hatten, warf mit den anderen sein Los in die Urne und trat auf, als die Reihe an ihn kam, zusammen mit den Praetorianerpraefekten, die seine Leier trugen, es folgten die Militärtribune, und dicht bei ihm waren seine vertrautesten Freunde. Sobald er an seinem Platz stand und die Fingerübungen beendet hatte, ließ er durch den ehemaligen Konsul Cluvius Rufus bekanntgeben, er werde die »Niobe« singen, und er sang in einem fort bis fast zur zehnten Stunde; die Siegerehrung und das, was vom Wettkampf noch ausstand, verschob er auf das nächste Jahr, damit er noch häufiger eine Gelegenheit habe, als Sänger aufzutreten. Weil ihm die Zeit bis dahin zu langsam vorbeizugehen schien, zögerte er nicht, immer wieder öffentlich aufzutreten. Er überlegte auch, ob er nicht bei Veranstaltungen, die aus der Tasche der Bürger bestritten wurden, zusammen mit den Schauspielern auftreten solle; ein Praetor hatte ihm nämlich eine Million Sesterze für einen solchen Auftritt geboten. Er trat auch in Tragödien in der Maske von Heroen und Göttern, aber auch in der von Heroinen und Göttinnen, auf; die Masken trugen seine Züge und die der Frau, die gerade seine Geliebte war. Unter anderem trat er in »Die Niederkunft der Kanake«, »Der Muttermörder Orest«, »Der geblendete Ödipus« und »Der rasende Hercules« als Sänger auf. Es geht das Gerücht, daß bei dieser Aufführung folgendes passiert sei: ein unerfahrener Rekrut habe am Bühneneingang Wache gestanden und gesehen, wie der Kaiser geschminkt und frisiert und in Ketten gelegt wurde, wie es die Szene verlangte; da sei er herbeigeeilt, um ihm zu Hilfe zu kommen.

In ganz besonderem Maße begeisterte er sich von frühester Jugend für Pferde, und er brachte meistens sein Gespräch auf die Wagenrennen im Circus, selbst wenn man es ihm untersagt hatte. Als er einmal unter seinen Mitschülern stand und darüber klagte, daß ein Wagenlenker von den Grünen mitgeschleift worden sei, erhielt er von seinem Lehrer einen Tadel; da log er sich heraus, indem er sagte, er habe über Hektor gesprochen. Zu Anfang seiner Regierung spielte er täglich auf dem Spielbrett mit Viergespannen aus Elfenbein und reiste zu jeder auch noch so kleinen Veranstaltung im Circus vom Lande her an; zuerst tat er das ganz heimlich, später war nichts mehr mit Geheimhalten, so daß niemand mehr daran zu zweifeln brauchte, daß er an einem solchen Termin auf jeden Fall da sei. Er machte auch keinen Hehl daraus, daß er beabsichtige, mehr Siegespalmen auszusetzen. Das war auch der Grund, warum sich ein Rennen jetzt bis spät in den Tag hinein zog, denn die Rennen waren immer mehr geworden; ja selbst die Mäzene der Mannschaften geruhten ihre Truppe nur dann antreten zu lassen, wenn das Rennen einen ganzen Tag ging. Bald wollte er immer öfter selbst Rennen fahren und auch gesehen werden. Seine ersten Probefahrten legte er in den Gärten vor Sklaven und dem einfachen Volk ab, dann hatte er im Circus Maximus seinen ersten großen Auftritt vor dem breiten Publikum. Ein Freigelassener ließ ein Tuch an der Stelle fallen, an der es sonst Beamte taten. Er gab sich aber nicht damit zufrieden, in Rom sein Können unter Beweis gestellt zu haben; er machte sich auch auf nach Griechenland, wie wir bereits erwähnt haben. Dazu hat ihn ganz besonders folgendes bewogen: Die Städte, in denen seit eh und je musische Wettkämpfe

veranstaltet wurden, hatten es sich zur Gewohnheit gemacht, alle Kränze für den Gesang zur Kithara ihm zu
schicken. Er nahm diese so dankbar entgegen, daß er die Gesandten, die diese überbracht hatten, nicht nur als erste zu
sich vorließ, sondern sie sogar bei einem Essen im engsten
Kreise am Tisch Platz nehmen ließ. Einige von ihnen baten
darum, er möge doch nach dem Mahl eine Partie singen; er
wurde so stürmisch aufgenommen, daß er sagte, nur die
Griechen verstünden zuzuhören, und nur sie seien auch seiner Kunst würdig. Seine Abreise zog er nicht lange hinaus.
Und sobald er nach Kassiope übergesetzt hatte, hat er gleich
am Altar des Iuppiter Cassius mit dem Gesang begonnen
und machte sich dann daran, alle Austragungsorte der Sän-
gerwettstreite aufzusuchen.

Denn er gab auch den Befehl, alle Wettstreite, die sonst zu
ganz anderen Zeiten stattfanden, in einem Jahr zusammenzulegen; einige sind auch zweimal gefeiert worden. Und er
veranstaltete sogar in Olympia ganz gegen das Herkommen
einen musischen Wettstreit. Während er sich ganz diesen
Auftritten hingab, sollte ihn überhaupt nichts davon abbringen können, und so antwortete er seinem Freigelassenen
Helius, als der ihn daran erinnerte, daß die Geschäfte in
Rom seine Anwesenheit dringend erforderlich machten,
folgendes: »Mag es im Augenblick dein Ratschlag und
Wunsch sein, daß ich schnell zurückkomme, so müßtest du
mir doch eigentlich raten und wünschen, daß ich eines Nero
würdig zurückkehre.«

Während er sang, war es nicht einmal dann erlaubt, das
Theater zu verlassen, wenn ein zwingender Grund vorlag.
Und so sollen sogar einige Frauen Kinder zur Welt gebracht
haben, und viele, die es leid waren, ihm noch weiter zuzuhören und Beifall zu spenden, sollen, da die Tore nach draußen
verriegelt waren, entweder heimlich von der Mauer ge-

sprungen sein oder sich tot gestellt und sich zu Grabe haben
tragen lassen. Wie er gezittert hat und wie angst und bange
ihm bei seinen Auftritten war, wie sehr er darum bemüht
war, es seinen Mitstreitern gleichzutun, und was für eine
Angst er vor den Preisrichtern hatte, kann man sich kaum
vorstellen. Seinen Gegnern begegnete er, als hätten sie alle
völlig gleiche Startbedingungen, mit großer Ehrerbietung
und suchte sie für sich einzunehmen. Doch es war an der Tagesordnung, daß er sie insgeheim herabsetzte, manchmal
ging er mit Schimpfworten auf sie los, wenn er ihnen über
den Weg lief; wer Meister seines Faches war, den versuchte
er sogar zu bestechen. Bevor er begann, wandte er sich an
die Preisrichter mit äußerster Ehrerbietung, er habe alles getan, was notwendig gewesen sei, doch über Erfolg oder
Mißerfolg entscheide allein Fortuna. Ihre Schuldigkeit sei es
nun, als weise und gelehrte Männer Zufälligkeiten auszu-
schließen. Wenn sie ihm zusprachen, er solle guten Mutes
sein, trat er bereits gelassener ab. Aber nicht einmal jetzt war
er ohne Unruhe und legte die Schweigsamkeit und Zurück-
haltung einiger Leute als üble Laune und Böswilligkeit aus
und sagte, sie seien ihm verdächtig. Wenn er mit den anderen
den Wettstreit austrug, beachtete er aber so die formellen
Regeln, daß er es niemals wagte auszuspucken und sich sogar selbst mit dem Arm den Schweiß von der Stirn wischte;
und auch als ihm während des Auftritts in einer Tragödie
einmal das Zepter aus der Hand fiel, hob er es schnell wieder
auf und schwitzte Blut und Wasser, daß er wegen eines Ver-
stoßes vom Wettstreit disqualifiziert werde; er fand erst wieder Haltung, als der Schauspieler schwor, daß das Publikum
während seiner Begeisterungsstürme und beim Applaus davon nichts mitbekommen habe. Er gab auch immer persönlich bekannt, daß er gesiegt habe. Das war auch der Grund,
daß er überall beim Heroldswettbewerb mitmachte. Damit

aber auch nirgendwo etwas an einen anderen Sieger der heiligen Wettkämpfe erinnere oder eine Spur davon übrigblieb, gab er den Befehl, die Statuen und Büsten aller Sieger umzustürzen, sie mit einem Haken wegzuschleifen und in die Latrinen zu werfen. An vielen Orten nahm er an den Wagenrennen teil, in Olympia lenkte er sogar ein Zehnergespann; obwohl er genau das an König Mithridates in einem von ihm selbst komponierten Gedicht getadelt hatte. Aber er wurde aus dem Wagen geschleudert, und man half ihm wieder hinauf; als er das Rennen aber nicht durchstehen konnte, gab er vor Erreichen des Ziels auf. Das änderte nichts daran, daß er den Siegerkranz erhielt. Als er schließlich aus der Provinz abreiste, schenkte er der gesamten Provinz die Freiheit, die Preisrichter erhielten in diesem Augenblick das römische Bürgerrecht und ein großes Geldgeschenk. Diese Wohltaten verkündete er am Tag der Isthmischen Spiele höchstpersönlich mitten im Stadion.

Aus Griechenland zurückgekehrt, hielt er auf weißen Pferden seinen Einzug in Neapel, denn dort hatte er seinen ersten Auftritt als Künstler gehabt; dabei wurde ein Stück der Stadtmauer eingerissen, wie das üblich ist, wenn Sieger der heiligen Wettkämpfe heimkehren. Ähnlich lief sein Einzug in Antium, in Albanum und schließlich in Rom ab. In Rom aber zog er sogar auf dem Wagen ein, auf dem einst Augustus als Triumphator gestanden hatte; er trug ein purpurfarbenes Gewand und einen mit goldenen Sternen verzierten Mantel, auf dem Kopf trug er den Siegerkranz aus Olympia, in der rechten Hand hielt er den von den Pythischen Spielen, ihm voran zog der Festzug mit den übrigen Kränzen und den Tafeln, auf denen die Orte, an denen er gewonnen hatte, die Namen der Gegner und die Titel der Gesänge und der Stücke standen. Seinem Wagen folgten wie bei einem richtigen Triumphzug die Claqueure und brüllten, sie seien die Begleiter des Augustus und die Soldaten seines Triumphzuges. Von dort nahm der Zug seinen Weg durch den Circus Maximus, zuvor hatte man einen Bogen zum Einsturz gebracht, über das Velabrum und Forum zum Palatin und zum Tempel des Apollo. Überall schlachtete man unterwegs Opfertiere und besprengte die Wege mit Safran. Mit Vögeln, Bändern und Süßigkeiten wurde er überschüttet. Seine heiligen Siegerkränze legte er in seinen Schlafräumen rings um die Betten, ebenso ließ er die Statuen aufstellen, die ihn als einen Sänger, der zur Kithara singt, darstellten. Mit diesem Bild ließ er auch Münzen prägen. Nach diesen Erfolgen dachte er gar nicht daran, in seinen eifrigen Bemühungen auch nur ein bißchen kürzer zu treten; das ging so weit, daß er nicht einmal zu den Soldaten sprach; wenn er anwesend war, ließ er seine Ansprache von einem anderen halten. Wenn er etwas tat, sei es nun, daß es ernste Dinge waren, sei es, daß er Spaß machte, immer stand ein Gesangslehrer dabei, der ihn daran erinnern sollte, daß er ja seine Atemwege schone und ein Tuch vor den Mund halte. Vielen Leuten hat er wohl seine Freundschaft angeboten oder seine Feindschaft erklärt, je nachdem, wie viel oder wie wenig Beifall sie ihm im einzelnen gespendet hatten.

Wollust, Hemmungslosigkeit, Verschwendungssucht, Habgier und Grausamkeit legte er am Anfang jedenfalls vereinzelt und im verborgenen an den Tag, und zwar so, als seien es noch Jugendsünden. Doch damals hätte es jedem ohne Zweifel klar sein müssen, daß es sich hierbei um Charakterfehler handle und nicht um ein falsches Verhalten infolge des Alters. Gerade war es dunkel geworden, da zog er sich schon eine Mütze oder Kappe über und ging in Kneipen, trieb sich in allen Vierteln herum und trieb seine Späße, doch dabei hatten regelmäßig andere das Nachsehen. So hatte er es sich zur Gewohnheit gemacht, Leute, die von einem

Essen kamen, zu verprügeln und sie, wenn sie sich zur Wehr setzten, zu verwunden und in die Kloaken zu werfen. Auch Läden pflegte er aufzubrechen und auszurauben. Zu Hause hatte er einen Markt eingerichtet, wo man den Gewinn aus der gemachten Beute und den Anteil von dem, was eine Versteigerung brachte, durchbringen konnte. Oft nahm er bei solchen Raufereien das Risiko in Kauf, ein Auge oder auch sein Leben zu verlieren. Von einem Mann aus dem Senatorenstand, dessen Frau er unsittlich berührt hatte, wurde er fast zu Tode geprügelt. Darum wagte er sich nach diesem Vorfall zu solch später Stunde nicht mehr unter die Leute, ohne daß ihm Militärtribune in genügendem Abstand und inkognito folgten. Auch bei Tag ließ er sich nur noch in einer Sänfte ins Theater tragen, ohne sich dem Volk zu zeigen; er mischte auch bei den Tumulten der Pantomimen vom höher gelegenen Teil des Proszeniums als erster Mann mit und auch als Zuschauer. Und als es einmal zu einem Handgemenge kam und man mit Steinen und Teilen der Sitzbänke aufeinander losging, warf er sogar eigenhändig viele Gegenstände ins Publikum und verwundete sogar einen Praetor am Kopf. Aber allmählich gewannen seine schlechten Charakteranlagen die Oberhand; Späße und Heimlichtuerei gab er auf; er gab sich keine Mühe mehr, sich zu verstellen. Er ging vielmehr zu noch größeren Schandtaten über.

Sein Mahl dehnte er vom Mittag bis um Mitternacht aus; recht oft erfrischte er sich durch warme, im Sommer durch eiskalte Bäder. Er speiste manchmal auch vor Publikum, und zwar in der mit Schranken umgebenen Naumachie, auf dem Marsfeld oder im Circus Maximus, während ihn Dirnen aus der ganzen Stadt und syrische Flötenspielerinnen bedienten. Sooft er den Tiber hinab nach Ostia segelte oder am Golf von Baiae vorbeisegelte, waren an den Küsten und Ufern entlang Gasthäuser eröffnet worden, und Leckerbissen vom Feinsten wurden hergerichtet, vornehme Damen machten die Wirtin und boten sich als Gespielinnen an und luden ihn bald hier, bald dort ein anzulegen. Er pflegte sich auch bei seinen Freunden zum Essen anzusagen; für einen seiner Freunde beliefen sich die Kosten für ein Mahl, bei welchem seidener Kopfschmuck an die Gäste verteilt wurde, auf vierhunderttausend Sesterzen, einem anderen kam der Blumenschmuck noch weit teurer.

Er verging sich nicht nur an freigeborenen Knaben und schlief nicht nur mit verheirateten Frauen, auch der Vestalischen Jungfrau Rubria tat er Gewalt an. Es hätte nicht viel gefehlt, und er hätte die Freigelassene Acte zu seiner rechtmäßigen Ehefrau gemacht, nachdem er einige ehemalige Konsuln dazu angestiftet hatte, den Meineid zu schwören, sie stamme aus einem königlichen Geschlecht. Den jungen Sporus ließ er entmannen und versuchte sogar, ihm die natürlichen Merkmale einer Frau zu verleihen; er gab ihm eine Mitgift, er mußte den feuerroten Schleier umlegen, dann vollzog er mit allen Feierlichkeiten die Hochzeitszeremonie mit vielen Gästen, geleitete ihn in seinen Palast und verkehrte mit ihm wie mit seiner Frau. Es gibt da noch jene geistreiche, witzige Bemerkung von jemandem, daß es um die Menschheit doch ganz gut hätte stehen können, wenn der Vater Domitius auch eine solche Frau gehabt hätte. Diesen Sporus kleidete er ganz wie eine Kaiserin und ließ ihn in der Sänfte tragen; er war bei den Gerichtstagen und Märkten in Griechenland und auch später in Rom bei den Sigillarien in seiner Nähe, er küßte ihn immer wieder innig. Es zweifelt auch niemand daran, daß er versessen gewesen sei, mit seiner Mutter zu verkehren; deren Widersacher hätten ihn nur dadurch davor zurückschrecken lassen, daß sie ihm klarmachten, daß diese übermütige und unbeherrschte Frau gerade durch eine solche Gunstbezeugung mehr Macht be-

komme, als ihm lieb sein könne. Daran bestand jedenfalls
kein Zweifel mehr, seitdem er eine Dirne unter seine Liebchen aufgenommen hatte, die angeblich der Agrippina äußerst ähnlich war. Man behauptet auch, er habe immer,
wenn er mit seiner Mutter in einer Sänfte fuhr, großes Verlangen nach Verkehr mit ihr verspürt, und die Flecken an
seiner Kleidung hätten dies verraten.

Seine Keuschheit bot er dermaßen öffentlich feil, daß es
fast keinen Körperteil mehr gab, der nicht besudelt gewesen
wäre; so kam er zuletzt auf die Idee, ein neuartiges Spiel zu
spielen, nämlich sich ein Tierfell überzuziehen, aus einem
Käfig zu stürzen und über die Schamteile von Männern und
Frauen, die man an Pfählen festgebunden hatte, herzufallen;
hatte er sich zur Genüge ausgetobt, ließ er sich von seinem
Freigelassenen Doryphorus niederstoßen. Mit ihm ver-
mählte er sich auch, so wie Sporus ihn zum Manne genommen hatte, dabei ahmte er das Geschrei und Stöhnen von
jungen Frauen nach, die ertragen, genommen zu werden.
Von einigen habe ich erfahren, daß er der festen Überzeugung gewesen sei, kein Mensch sei keusch oder an irgendeinem Körperteil rein; die meisten Menschen wüßten sich nur
zu verstellen und ihre geheimen Wünsche schlau zu verbergen. Allen, die sich bei ihm zu ihren schmutzigen Neigun-
gen bekannten, habe er deshalb auch alle anderen Fehler verziehen.

Er glaubte, daß Reichtum und Geld für nichts anderes da
sei, als mit vollen Händen ausgegeben zu werden; ganz arm-
selige Pfennigfuchser waren seiner Meinung nach die Leute,
die streng nach einem Ausgabenbuch ihr Geld ausgäben,
diejenigen hingegen verstünden zu leben und ihren Reichtum prächtig zu entfalten, die ihn verschwendeten und
durchbrächten. Seinen Onkel Gaius lobte und bewunderte
er aus keinem Grunde mehr als deswegen, weil er die unge-

heuren Mittel, die ihm Tiberius hinterlassen hatte, binnen kurzer Zeit vertan hatte. Das war auch ein Grund, warum er kein Maß und Ziel beim Verschenken und Verprassen kannte. Für Tiridates verausgabte er, das scheint man kaum glauben zu können, pro Tag achthunderttausend Sesterzen und ließ ihm auch noch über hunderttausend Sesterzen zukommen, als er abreiste. Den Kitharöden Menekrates und den Murmillo Spiculus beschenkte er mit einem Vermögen und Häusern, wie sie Männer erhielten, denen die Ehrenzeichen eines Triumphes zuerkannt worden waren. Den Wucherer Paneros, die »Meerkatze«, den er sogar mit Gütern in der Stadt und auf dem Land reichlich ausgestattet hatte, bestattete er mit einem Leichenbegängnis, das fast eines Königs würdig gewesen wäre. Kein Kleidungsstück trug er zweimal. Beim Würfelspiel spielte er um vierhunderttausend Sesterzen pro Auge. Wenn er angeln ging, nahm er ein Netz aus Gold, das darüber hinaus noch aus purpur- und scharlachroten Fäden geknüpft war. In den Quellen steht, er sei niemals mit weniger als tausend Kutschen auf eine Reise gegangen; die Maultiere bekamen goldene Schuhe angezogen, die Maultiertreiber kleidete er in Wolle aus Canusium, ein Trupp Mazaker und Läufer waren um ihn, die alle Armspangen und Brustschmuck trugen.

Doch bei nichts anderem war er verschwenderischer als beim Bauen; er erbaute einen Palast vom Palatin bis zum Esquilin; zuerst nannte er ihn »Durchgangshaus«, später, als ihn ein Brand vollkommen zerstört und er ihn wieder aufgebaut hatte, »Goldenes Haus«. Über seine Ausmaße und seine prachtvolle Ausstattung mag es hinreichen, wenn ich folgendes anführe: Seine Vorhalle hatte solche Ausmaße, daß in ihr eine riesige Statue von einhundertzwanzig Fuß Höhe stehen konnte, die seine Züge trug. Der Bau hatte eine so große Weite, daß er an drei Seiten Säulengänge von tausend

Schritt hatte. Es gab da noch einen See, so groß wie ein Meer, der von Bauwerken umsäumt war, die den Anschein von Städten erweckten; dazu kamen noch verschiedene Ländereien mit Feldern, Weinpflanzungen, Weiden und Wäldern, bevölkert von einer Menge Haus- und Wildtiere jeder Art. In den übrigen Räumlichkeiten war alles mit Gold überzogen, mit Edelsteinen und Perlmutter verziert. Die Speisezimmer hatten Kassettendecken, deren Platten beweglich waren, so daß man von oben Blumen streuen konnte; die Platten hatten auch feine Röhren, um von oben Öle versprengen zu können. Der Hauptspeisesaal war rund; sein Kuppeldach wurde unablässig Tag und Nacht herumgeführt, ganz nach Art des Weltalls. In den Bädern floß Wasser aus dem Meer und den Quellen des Albula. Als die Arbeiten an diesem Palast beendet waren und Nero ihn einweihte, sprach er nur insoweit seine Anerkennung aus, daß er bemerkte, jetzt endlich fange er an, wie ein Mensch zu wohnen.

Außerdem begann er ein Bassin zu bauen, das sich von Misenum bis zum Averner See erstreckte, das überdacht und an allen Seiten von Säulengängen umgeben war. In dieses Becken sollten sämtliche warmen Quellen aus Baiae abgeleitet werden. Auch startete er den Bau eines Kanals vom Averner See bis hinauf nach Ostia, damit man dorthin mit dem Schiff und dennoch nicht übers Meer reisen könne; er sollte eine Länge von einhundertsechzig Meilen haben, er sollte so breit sein, daß Fünfruderer, die sich begegneten, aneinander vorbeifahren konnten. Um diese Unternehmen auch zu Ende bringen zu können, hatte er befohlen, Gefangene, die man irgendwo inhaftiert hatte, nach Italien zu schaffen und Leute, die eines Verbrechens überführt waren, nur noch zu Zwangsarbeit zu verurteilen.

Zu solch wahnwitzigen Ausgaben hatte ihn neben der Zuversicht bezüglich seiner Stellung als Herrscher auch eine

plötzlich auftretende Hoffnung getrieben, er werde unermeßliche und verborgene Schätze finden; zurückzuführen
ist dies auf eine Entdeckung eines römischen Ritters, der
ihm zusagte – und darauf könne er sich ganz verlassen –, daß
die Schatullen mit den aufbewahrten Kleinodien und Gel-
dern, welche die Königin Dido bei ihrer Flucht aus Tyros
mitgenommen habe, in Afrika in Höhlen von riesigem Ausmaß versteckt seien und ausgegraben werden könnten,
wenn man nur ein ganz klein wenig Mühe investiere. Aber
als er sich in seiner Hoffnung getäuscht sah, erkannte, daß er
den Schatz abschreiben konnte und auch so schon erschöpft
und bar jeder Mittel war, so daß er sogar den Sold der Soldaten und die Vergünstigungen der Veteranen auf unbestimm-
te Zeit aussetzen mußte, da richtete er sein ganzes Sinnen
und Trachten auf Lug und Trug und Räubereien.

Vor allem führte er ein, daß aus dem Vermögen verstorbe-
ner Freigelassener, die ohne ersichtlichen Grund den Namen von Familien geführt hatten, mit denen er verwandt
war, zehn von zwölf Teilen statt der Hälfte für ihn eingezogen werden sollten. Ferner sollten die Vermächtnisse von
Personen, die sich dem Kaiser gegenüber undankbar gezeigt
hatten, der Staatskasse zufallen; und es sollten die Rechts-
kundigen nicht straflos davonkommen, die solche Vermächtnisse niedergeschrieben oder aufgesetzt hätten. Dann
sollten auch alle Handlungen und Worte, wenn sich dafür
nur ein Denunziant fände, unter das Gesetz über Majestätsbeleidigung fallen. Er forderte auch die Geldsummen für die
Siegeskränze zurück, die ihm zu irgendeinem Zeitpunkt die
Städte bei den Wettkämpfen verliehen hatten. Und als er
auch noch verboten hatte, violette und purpurne Farben zu
verwenden und jemanden unter der Hand ausgesandt hatte,
der am Tag des Wochenmarktes ganz wenige Unzen davon
verkaufen sollte, ließ er die Buden der Händler allesamt ver-

riegeln. Ja, er soll sogar während eines Gesangvortrages seine Beamten, unter deren Kompetenz solches fiel, auf eine
Frau aufmerksam gemacht haben, die ihm aufgefallen war,
da sie während der Veranstaltung die verbotene Purpurfarbe
trug; auf der Stelle wurde sie ergriffen und fortgebracht,
nicht nur ihres Gewandes, sondern auch ihres Vermögens
ging sie verlustig. Keinem übertrug er ein Amt, ohne hinzuzusetzen: »Du weißt, was ich dringend nötig habe!« und:
»Nun wollen wir darauf hinarbeiten, daß keiner mehr auch
nur irgend etwas besitzt.« Zuletzt ließ er auch noch aus
mehreren Tempeln die Weihgeschenke herausholen und die
goldenen und silbernen Götterbilder einschmelzen; unter
ihnen befanden sich auch die Götterbilder der Penaten, die
später Galba erneuern ließ.

Gleich mit Claudius fing er an, nahe Verwandte und andere Leute umzubringen; wenn er auch nicht der Anstifter bei
dessen Ermordung war, so war er doch zumindest Mitwisser; daß er daraus keinen Hehl machte, sieht man daran, daß
er später die Pilze, in denen Claudius das Gift verabreicht
worden war, als Speise der Götter besonders zu loben pflegte, entsprechend einem griechischen Sprichwort. Feststeht,
daß er dem Toten mit allen möglichen Schmähungen in Wort
und Tat hart zusetzte, bald hielt er ihm seine Dummheit,
bald seine Grausamkeit vor. Er trieb nämlich immer wieder
seinen Scherz, indem er die erste Silbe von *morari* dehnte,
wenn er feststellte, Claudius verweile nicht mehr unter den
Menschen. Viele seiner Verfügungen und Beschlüsse erklärte er für ungültig, so als habe sie jemand getroffen, der vollkommen irre gewesen sei. Schließlich achtete er darauf, daß
dessen Grabhügel nur mit einer niedrigen und auch noch
schnell hingesetzten Mauer aus Lehm eingefaßt wurde.

Er machte sich auch daran, Britannicus zu vergiften; dabei waren für ihn seine Eifersucht auf dessen Stimme, die

weit wohlklingender als seine war, wie auch die Furcht davor, er könne einmal durch die Erinnerung, die man an seinen Vater hatte, in der Gunst der Menschen weit besser als er
dastehen, gleichermaßen ausschlaggebend. Das Gift hatte er
von einer gewissen Lucusta, einer weitbekannten Giftmi-
scherin; als aber die Wirkung weitaus langsamer als erwartet
war, lediglich der Magen war etwas durcheinandergebracht,
ließ er die Frau holen und verprügelte sie eigenhändig, erhob den Vorwurf, sie habe ihm statt Gift ein Heilmittel gegeben; diese brachte als Entschuldigung vor, sie habe ihm
weniger verabreicht, damit kein Verdacht eines Verbrechens
aufkomme; sie sagte: »Allerdings fürchte ich das Iulische
Gesetz.« Und er zwang sie, vor seinen Augen in seinem
Schlafzimmer das Gift zu brauen, was am raschesten und
dazu noch tödlich wirkte. Dann testete er das Gebräu an einem Ziegenbock. Als der erst nach fünf Stunden verendete,
ließ er es ein zweites Mal und noch öfter aufkochen, dann
warf er es einem Ferkel vor. Das hauchte auf der Stelle sein
Leben aus; dann ließ er das Gift in den Speisesaal bringen
und Britannicus verabreichen, der gerade mit ihm zusammen speiste. Und als dieser gleich beim ersten Schluck zu-
sammenbrach, log er den Gästen vor, er werde von einem
Epilepsieanfall geschüttelt, das komme öfter einmal vor. Am
folgenden Tag ließ er ihn Hals über Kopf, es regnete auch
noch in Strömen, wie einen einfachen Mann beisetzen. Lucusta gewährte er dafür, daß sie ihm zur Hand gegangen
war, Straffreiheit und großen Grundbesitz, aber auch Schüler schickte er zu ihr.

   Seiner Mutter, die das, was er tat und sagte, mit recht bit-
terem Tadel verfolgte und ihn zurechtwies, machte er anfangs nur insoweit das Leben schwer, daß er das Volk seinen
Unwillen darüber, daß er von seinem Amt zurücktreten und
sich nach Rhodos zurückziehen werde, auf sie abladen ließ.

Bald nahm er ihr alle Vorrechte und ihre Macht, die Praeto-
rianer-Wache und die germanische Leibwache ließ er abtreten, dann vertrieb er sie aus seiner näheren Umgebung und
aus dem Palast. Es machte ihm auch gar nichts aus, ihr übel
mitzuspielen. Er hat Leute gedungen, die ihr, wenn sie sich
in Rom aufhielt, mit Prozessen Angst machen sollten und,
wenn sie sich auf dem Land zu entspannen suchte, zu Lande
und zu Wasser vorbeifahren und sie dadurch, daß sie ihr
manchen Spott an den Kopf warfen und witzelten, aus ihrer
Ruhe bringen sollten. Drohungen von ihrer Seite und ihre
Heftigkeit versetzten ihn in Schrecken, und so faßte er den
Entschluß, sie zu töten. Dreimal versuchte er sie zu vergiften, mußte aber erfahren, daß sie sich durch Gegenmittel zu
schützen wußte; schließlich ließ er eine Decke so herrichten, daß Teile davon, von einem Mechanismus aus der Ver-
ankerung gelöst, auf sie herabfallen sollten, während sie
schlief. Dieser Plan wurde aber von denen, die darin eingeweiht waren, nicht genug geheimgehalten; da entwarf er ein
Schiff, das leicht auseinanderbrach; auf ihm sollte sie entweder bei einem Schiffbruch oder beim Einsturz ihrer Koje
ums Leben kommen. Er tat so, als wolle er sich mit ihr wieder aussöhnen, schrieb ihr die liebenswürdigsten Briefe, in
denen er sie nach Baiae einlud, damit sie dort mit ihm das
fünftägige Minervafest feiere. Die Kapitäne erhielten den
Auftrag, den Schnellsegler, mit dem sie gekommen war,
durch einen Zusammenstoß, der so aussehen sollte, als sei er
zufällig passiert, fahruntüchtig zu machen. Das Gelage zog
er hin, und als sie nach Bauli aufbrechen wollte, bot er ihr an
Stelle des beschädigten Schiffes das Schiff an, das man – wie
dargestellt – hergerichtet hatte. Gut aufgelegt gab er ihr das
Geleit und küßte, als sie auseinandergingen, auch noch ihren Busen. Während er wartete, wie das, was er ins Laufen
gebracht hatte, ausgehe, brachte er die verbleibende Zeit

wach zu und lief vor großer Angst hin und her. Aber als er vollkommen widersprüchliche Nachrichten erhielt und erfuhr, daß sie durch Schwimmen davongekommen sei, gab er, da er sich nicht anders zu helfen wußte, den Befehl, ihren Freigelassenen L. Agernus, der freudig meldete, daß sie wohlauf sei und daß sie keinen Kratzer abbekommen habe, zu ergreifen und ins Gefängnis zu werfen, als sei er als sein Mörder gedungen worden; zuvor hatte er unbemerkt einen Dolch ganz in seine Nähe hingeworfen. Seine Mutter befahl er zu töten, und zwar so, als habe sie sich durch Selbstmord dem, was noch kommen werde, nachdem man ihrem Verbrechen auf die Schliche gekommen war, entziehen wollen. Diese Nachrichten werden noch durch gräßlichere ergänzt und zwar von Gewährsleuten, die zuverlässig sind: er sei herbeigeeilt, um den Leichnam der Getöteten zu sehen, habe ihre Gliedmaßen untersuchend betastet, die einen bemängelt, andere gelobt, mittlerweile habe er Durst bekommen und getrunken. Doch konnte er weder jetzt noch irgendwann später das Bewußtsein, ein Verbrechen begangen zu haben, aushalten, obwohl Soldaten, Senat und Volk ihn durch ihre Glück- und Segenswünsche zu beruhigen suchten. Oft hat er offen eingestanden, das Traumbild seiner Mutter, die Furien mit ihren Peitschen und brennenden Fakkeln trieben ihn um. Ja, er ließ sogar die Magier ein Opfer darbringen und versuchte auf diese Weise, den Geist der Toten zu erwecken und zu erweichen. Als er eine Reise durch Griechenland unternahm, wagte er es auch nicht, an den Eleusinischen Mysterien teilzunehmen, von denen Menschen, die gegen die Götter gefrevelt haben, und auch solche, die gegen die Menschen ein Verbrechen begangen haben, ausgeschlossen werden, wie der Herold verkündet.

Dem Mord an seiner Mutter ließ er die Ermordung seiner Tante unmittelbar folgen. Als er die Tante, die auf Grund einer Verstopfung krank im Bett lag, besuchte und sie ihm mit der Hand durch die zarten Härchen seines sprossenden Bartes fuhr, wie das ältere Herrschaften als Liebkosung gerne tun, soll sie durch die Fügung des Schicksals gesagt haben: »Wenn ich den erhalten habe, will ich sterben.« Da wandte er sich an die Leute, die um ihn standen, und sagte, wie wenn er einen Scherz machen wolle, er werde den Bart sofort abnehmen lassen. Und den Ärzten gab er die Weisung, der Kranken etwas mehr von den Abführmitteln zu verabreichen. Sie war noch nicht tot, und schon setzte er sich in den Besitz ihres Vermögens; ihr Testament hatte er unterschlagen, damit ihm nichts abgehe.

Außer mit Octavia war er später noch mit zwei Frauen verheiratet, einmal mit Poppaea Sabina, der Tochter eines Quaestors, vorher war sie mit einem Mann aus dem Ritterstand verheiratet gewesen, nach ihr mit Statilia Messalina, einer Urenkelin des Taurus, der zweimal Konsul gewesen war und einen Triumph gefeiert hatte. Um diese ganz für sich zu haben, ließ er ihren Mann, den Konsul Atticus Vestinus, sogar als Amtsträger umbringen. Schnell war er des Zusammenlebens mit Octavia überdrüssig; als Freunde ihn deswegen scharf tadelten, gab er ihnen zur Antwort, sie müsse sich mit dem Titel »Gattin« zufriedengeben. Er hatte schon oft daran gedacht, sie zu erdrosseln, es aber nie getan, dann ließ er sich von ihr scheiden, weil sie angeblich unfruchtbar war, aber das Volk hieß die Scheidung nicht gut und sparte nicht mit laut erhobenen Vorwürfen. Er tat dann noch ein übriges: er verbannte sie, schließlich ließ er sie unter dem Vorwurf, sie habe ihn mehrfach betrogen, umbringen; dieser Vorwurf war schamlos und dazu auch noch falsch. So stiftete er, als alle beim peinlichen Verhör sagten, es sei nicht so, wie Nero behaupte, seinen Erzieher Anicetus dazu an anzuzeigen, daß er sie unter einem Vorwand sanft berührt habe, und er gestand, daß er sie entehrt habe. Einundzwanzig Tage ließ er nach der Scheidung von Octavia verstreichen, dann heiratete er Poppaea, die er einzigartig liebte. Und dennoch hat er auch sie getötet, und zwar mit einem Fußtritt; denn sie hatte ihm laut Vorwürfe gemacht, daß er so spät von den Rennen zurückkehre, obwohl sie schwanger und krank sei. Von ihr hatte er eine Tochter, Claudia Augusta, doch verlor er diese noch als Säugling.

Kein Verwandtschaftsgrad konnte ihn davon abhalten, einen seiner Verwandten auf verbrecherische Weise auszuschalten. So ließ er Antonia, die Tochter des Claudius, töten, als sie sich weigerte, ihn nach dem Tod der Poppaea zu heiraten; er gab vor, sie sei einer der Drahtzieher einer Verschwörung. Ähnlich erging es auch anderen, die irgendwie mit ihm verschwägert oder verwandt waren. Einer von ihnen war der junge Aulus Plautius, den er noch mit Gewalt besudelt hatte, bevor er ihn umbringen ließ. Er sagte: »Jetzt soll meine Mutter hingehen und meinen Nachfolger herzen und küssen!« Er verbreitete überall, er sei der Geliebte seiner Mutter gewesen und habe sich infolgedessen Hoffnung auf den Thron gemacht. Seinen Stiefsohn Rufrius Crispinus, den Sohn der Poppaea, ließ er, als er noch ein kleines Kind war, von seinen eigenen Sklaven im Meer ertränken, während er fischte; er soll nämlich Feldherr und Kaiser gespielt haben. Tuscus, den Sohn seiner Amme, schickte er in die Verbannung, weil er als Statthalter von Ägypten in den Bädern gebadet hatte, die für seine Ankunft gebaut worden waren. Seinen Lehrer Seneca trieb er zum Selbstmord; daran änderte auch nichts, daß er diesem, wenn er ihn gebeten hatte, ihn gehen zu lassen, und ihm angeboten hatte, auf seinen Besitz zu verzichten, hoch und heilig geschworen hatte, er hege ganz grundlos Argwohn, eher werde er selbst zugrunde gehen als ihm schaden. Burrus, dem Praefekten seiner

Garde, hatte er ein Mittel gegen seine Kehlkopferkankung versprochen, schickte ihm aber Gift. Seine reichen und alt gewordenen Freigelassenen, die ihm vor Zeiten bei seiner Adoption und später bei der Übernahme der Herrschaft förderlich und auch seine Ratgeber gewesen waren, schaltete er dadurch aus, daß er den einen Gift in die Speisen, den anderen in die Getränke tat.

Und er wütete mit nicht geringerer Grausamkeit gegen Leute außerhalb seiner Familie und gegen Fremde. Nun traf es sich, daß sich ein Komet mehrere Nächte hindurch am Himmel zeigte; in Volkskreisen galt sein Erscheinen als ein Wink darauf, daß den Herrschenden ihr Ende bevorstehe. Das machte ihm Angst, und der Astrologe Balbillus ließ ihn wissen, daß Könige in einem solchen Fall stets so verfahren seien, eine andere erlauchte Persönlichkeit als Sühnopfer darzubringen und solche Zeichen so von sich selbst auf die Häupter der Aristokratie abzuwälzen; also bestimmte er, daß die gesamte Aristokratie ihr Leben lassen solle. Ja, er erhielt sogar noch eine weit größere Unterstützung und sozusagen eine Rechtfertigung dadurch, daß zwei Verschwörungen aufgedeckt wurden; die frühere und bedeutendere wurde in Rom angestiftet und ist auch dort aufgedeckt worden, es war die Pisonische, die spätere in Benevent, es war die des Vinicianus. Die Verschwörer wurden in dreifachen Ketten vor Gericht geführt, wobei einige von sich aus ihr Vergehen eingestanden, einige es sich sogar als Verdienst anrechneten, indem sie sagten, man könne ihm durch nichts anderes helfen als dadurch, daß man ihn töte, ihm, der durch alle möglichen Schandtaten entehrt sei. Die Kinder der Verurteilten wurden aus der Stadt gejagt und allmählich durch Gift umgebracht oder dadurch, daß sie vor Hunger starben. Feststeht, daß er einige samt ihren Lehrern und Dienern bei ein und demselben Mittagessen hat töten lassen, andere daran hinderte, sich das, was sie täglich zum Leben brauchten, zu verdienen.

Seitdem hat er vollkommen wahl- und maßlos jeden Beliebigen aus jedem nur denkbaren Grund aus dem Wege räumen lassen. Ich möchte aber nur über ein paar Fälle berichten: Salvidienus Orfitus wurde vorgeworfen, daß er drei Räume seines Hauses am Forum an auswärtige Gesandtschaften als Quartier vermietet hatte, Cassius Longinus, einem Rechtsgelehrten und dazu erblindeten Mann, daß er die Bilder des Caesarmörders C. Cassius im alten Stammbaum seines Geschlechtes belassen hatte, dem Paetus Thrasea, daß er immer mit einer mürrischen Miene, so wie ein Schulmeister herumlaufe. Hatte man den Befehl, sich das Leben zu nehmen, erhalten, so räumte er dem Betreffenden höchstens ein paar Stunden Zeit ein. Und damit man nicht etwas fand, den Selbstmord hinauszuschieben, schickte er immer gleich Ärzte mit, die sich um diejenigen, die zögerlich waren, kümmerten: so nämlich nannte man es, wenn man die Adern aufschnitt, um den Tod herbeizuführen. Man meint sogar, es sei sein großer Wunsch gewesen, einem gewissen Vielfraß aus Ägypten, der es sich zur Gewohnheit gemacht hatte, auf blutigem Fleisch und auf allem, was man ihm gab, herumzukauen, lebende Menschen vorzuwerfen, daß er sie in Stücke reiße und verzehre. Solche – wie er meinte – Erfolge entzogen ihm den Boden unter den Füßen und ließen ihn sich aufblähen, so daß er sich hinreißen ließ zu behaupten, noch kein Kaiser habe gewußt, was er sich alles erlauben könne. Oft erging er sich in vielen Andeutungen, die keinen Zweifel mehr offen ließen, daß er nicht einmal die Senatoren, die noch übrig geblieben seien, schonen werde, ja er werde diesen Stand irgendwann ganz aus dem Staatswesen vertilgen und römische Ritter und Freigelassene mit der Verwaltung der Provinzen und dem Kommando der Heere betrauen. Es steht auf jeden Fall fest, daß er – sei es, daß er an-

kam, sei es, daß er abreiste – keinen Senator mit einem Kuß
bedachte, nicht einmal zurückgegrüßt hat er. Als er die Arbeiten am Isthmus feierlich eröffnete, sprach er laut vor einer zahlreich erschienenen Menschenmenge den Segens-
wunsch, daß das Unternehmen für ihn und das römische
Volk einen guten Verlauf nehmen möge, wobei er es vermied, den Senat mit einem Wort zu erwähnen.

Aber nicht einmal das Volk oder die Mauern seiner Vater-
stadt blieben von ihm verschont. Als einmal jemand in einem leutseligen Gespräch den griechischen Vers zitierte:

> »Wenn ich tot bin, da soll sich doch ruhig Erde mit Feuer
> mischen!«

entgegnete er: »Ganz im Gegenteil, das soll noch zu meinen
Lebzeiten passieren!« Und genau das brachte er dann auch
wirklich zustande. Er gab nämlich vor, die Schäbigkeit der
alten Gebäude und die engen und gewundenen Gäßchen er-
regten sein Mißfallen; also ließ er die Stadt in Brand stecken.
Das konnte jeder mitbekommen: eine ganze Reihe ehemaliger Konsuln ertappten seine Kammerdiener mit Pechkrän-
zen und Fackeln auf ihrem Grund und Boden, wagten aber
nicht, sie anzurühren. Einige Speicher in der Gegend seines
Goldenen Hauses, auf deren Baugrund er ganz besonders
spekuliert hatte, wurden mit Kriegsgerät zum Einsturz gebracht und dann erst in Brand gesetzt, denn ihr Mauerwerk
bestand aus Stein. Sechs Tage und Nächte hindurch wütete
diese Feuersbrunst; dem Volk blieb nichts anderes übrig, als
in Grabdenkmälern und bei den Grabhügeln Zuflucht zu
suchen. Damals brannten außer unzähligen Mietshäusern
auch die Häuser altehrwürdiger Feldherren nieder, die mit
den erbeuteten Rüstungen der Feinde noch geschmückt gewesen waren, und dazu noch die Tempel der Götter, die
noch von den Königen und später in den Kriegen gegen

Karthago und Gallien gelobt und geweiht worden waren, und alles Mögliche, was sehenswert und einer Erwähnung wert war und die vergangenen Zeiten überdauert hatte. Er schaute sich diesen Brand aus der Ferne, vom Palast des Maecenas aus an; nach seinen eigenen Worten machte ihn die Schönheit des Brandes glücklich, und er trug in seinem Bühnenkostüm, so wie jeder ihn kannte, einen Gesang über die Eroberung Trojas vor. Um sich aber aus alledem noch einen möglichst großen Beute- und Gewinnanteil zu sichern, versprach er, kostenlos Leichen und Schutt abtransportieren zu lassen, und erlaubte niemandem, das, was von seinem Besitz noch übriggeblieben war, zu betreten. Provinzen und Privatleute steuerten aus ihrem Vermögen Mittel nicht nur freiwillig bei, sondern wurden dazu auch mit Nachdruck aufgefordert; damit brachte er sie fast an den Bettelstab. Zu den Schäden und Schandtaten, die in so erheblichem Maße vom Princeps ausgingen, kamen auch noch schlimme Schicksalsschläge: eine Pest, bei der in einem einzigen Herbst dreißigtausend Begräbnisse in die Bücher der Libitina Niederschlag fanden; die Niederlage in Britannien, in deren Verlauf zwei bedeutende Städte zerstört wurden und ein großes Blutbad unter den römischen Bürgern und Bundesgenossen angerichtet wurde; die gewaltige Schlappe im Orient, wo Legionen in Armenien unters Joch geschickt wurden und Syrien nur mit Mühe behauptet werden konnte. In dieser Situation nimmt es schon wunder und ist wohl besonders bemerkenswert: nichts hat er mit mehr Geduld ertragen als Schmähreden und Spottrufe der Bürger, und gegen niemanden war er milder als gegen die, die ihm durch Witze und Spottlieder hart zusetzten. Viele solcher Bemerkungen wurden auf Griechisch und auf Latein öffentlich hingekritzelt oder auf andere Weise unters Volk gebracht, wie auch die folgenden Zeilen:

»Nero, Orest, Alkmeon: alles Muttermörder!
Eine neue Meinungsäußerung: Nero tötete seine eigene
Mutter!«

»Wer bestreitet, daß Nero kommt aus dem großen Stamm
des Aeneas?
beseitigt hat dieser seine Mutter, hochgehoben jener
seinen Vater.
Unser Mann spannt die Leier, der Parther die Enden
seines Bogens,
Unser Herrscher wird ein Sänger sein, jener der
treffsichere Apoll.
Rom wird ein Haus werden: Wandert aus, Römer, nach Veji,
wenn nicht auch noch Veji dieses Haus da einnimmt.«

Aber er ließ nicht nach den Urhebern forschen; er verhinderte auch, daß einige Leute, die Denunzianten beim Senat
angezeigt hatten, allzu schwer bestraft wurden. Als Nero
einmal an Isidor, einem Kyniker, vorbeiging, hatte der ihn in
aller Öffentlichkeit mit lauter Stimme heftig zurechtgewiesen, er könne zwar gut das Unglück des Nauplios besingen,
was er aber Gutes zu leisten vermöge, bringe er schlecht ein.
Und ein Schauspieler bei den Atellanen hatte in einem ganz
bestimmten Gesang das

»Lebe wohl, Vater! Lebe wohl, Mutter!«

auch noch durch Bewegungen illustriert, indem er einen
Trinkenden wie Schwimmenden darstellte, womit er auf den
Tod des Claudius und der Agrippina anspielte. In seinem
letzten Vers:

»Der Orcus zieht euch schon an den Füßen!«

zielte er durch eine Geste auf den Senat. Dem Schauspieler
und dem Philosophen geschah weiter nichts, als daß Nero

sie aus der Stadt und aus Italien auswies; das kann man sich
vielleicht damit erklären, daß er generell üble Nachreden einer Beachtung nicht wert hielt, oder damit, daß er die Menschen nicht noch mehr herausfordern wollte, indem er eingestand, daß er über dergleichen grollte.

Einen solchen Herrscher hatte die Welt nicht ganz vierzehn Jahre lang ertragen, dann endlich war Schluß damit.
Den ersten Schritt dahin taten die Gallier unter Führung des
Iulius Vindex; er verwaltete damals diese Provinz als Propraetor.

Astrologen hatten einst Nero vorausgesagt, daß er irgendwann einmal den Thron verlieren werde; daher rührt
auch jene Äußerung, die in aller Munde war: »Die Kunst
wird uns ernähren.« Er suchte natürlich nach einer überzeu-
genderen Entschuldigung für sein Kitharaspiel, das ihm als
Kaiser angenehm, für ihn als Privatmann lebensnotwendig
war. Doch hatten ihm einige auch geweissagt, er werde allei-
niger Herr über den Orient werden, wenn er abgesetzt sei;
einige verhießen ihm ausdrücklich das Königreich von Jerusalem, mehrere verhießen ihm, es werde für ihn alles wieder
so gut werden wie vorher. Dieser Aussicht war er recht zugetan. Als er Britannien und Armenien verloren und beide
wiedergewonnen hatte, war er der Meinung, nun habe er
nichts Schlimmes mehr von seiten des Schicksals zu befürchten. Als er in Delphi das Orakel des Apoll befragte und
von ihm vernahm, er solle sich vor dem dreiundsiebzigsten
Jahr in acht nehmen, verstand er das so, als werde er dann
erst sterben, und brachte es gar nicht erst mit dem Alter Galbas in Verbindung; das machte ihn so zuversichtlich, daß er
sich nicht nur Hoffnungen auf ein hohes Alter, sondern
auch auf ein ewig anhaltendes und einzigartiges Glück
machte. Als er bei einem Schiffbruch große Kostbarkeiten
verlor, hatte er folglich auch keine Bedenken, im Kreis sei-

ner Freunde zu erklären, die Fische würden ihm diese schon zurückbringen.

In Neapel erhielt er Nachricht vom Aufstand der gallischen Provinzen, genau an dem Tag, an dem er seine Mutter ermordet hatte. Die Nachricht nahm er so gelassen und unbekümmert auf, daß er sogar den Anschein erweckte, er freue sich darüber, allein deswegen, weil er nun Gelegenheit erhielt, diese sehr reichen Provinzen nach Kriegsrecht auszuplündern. Und sofort machte er sich auf den Weg ins Gymnasium und schaute den Athleten zu, wie sie kämpften, dabei ließ er sich in seinem Eifer ganz mitreißen. Zur Zeit des Abendessens wurde er durch einen Brief alarmierendsten Inhalts gestört; doch ließ ihn dies nur insoweit in Zorn geraten, daß er den Abtrünnigen schlimme Zeiten androhte. Kurzum, er entschloß sich, während der nächsten acht Tage niemandem ein Antwortschreiben zu schicken, niemandem irgendwelche Anweisungen zu geben oder etwas zu befehlen; die Angelegenheit brachte er dadurch in Vergessenheit, daß er nichts tat. Erst die zahlreichen Edikte des Vindex, die ihn in seiner Ehre verletzten, haben ihn aufgerüttelt, einen Brief an den Senat zu schreiben, in dem er ihn auffordert, das ihm und dem Staat zugefügte Unrecht zu ahnden. Seine Abwesenheit entschuldigte er damit, daß er heiser sei. Nichts schmerzte ihn so sehr wie die Tatsache, daß er ihn einen schlechten Kitharasänger gescholten und statt Nero mit Ahenobarbus angeredet hatte. Und er ließ alle wissen, daß er seinen Familiennamen wieder annehmen werde, den man ihm vorhielt, als sei es etwas Ehrenrühriges, zuvor aber werde er den Adoptivnamen ablegen. Die anderen Beleidigungen tat er als aus der Luft gegriffen ab und brauchte nur einen Beweis dafür, daß sie falsch waren, daß man ihm vorwerfe, von einer Kunst nichts zu verstehen, die er sich so angelegen hatte sein lassen wie nichts anderes und in der er es doch zur Perfektion gebracht habe. Wiederholt stellte er an einzelne die Frage, ob sie jemanden kannten, der besser als er sei. Es erreichte ihn eine drängende Botschaft nach der anderen, so daß er voller Angst nach Rom zurückkehrte. Auf dem Weg dorthin half ihm ein unbedeutendes Vorzeichen leicht zur Besinnung. Sein Blick fiel nämlich auf ein Denkmal, in das ein gallischer Soldat eingemeißelt war, der von einem römischen Reiter überwältigt worden war und an den Haaren fortgeschleppt wurde; bei diesem Anblick sprang er vor Freude in die Höhe und sagte dem Himmel Dank. Und nicht einmal damals wandte er sich öffentlich an den Senat oder das Volk; er ließ vielmehr einige der führenden Männer zu sich in den Palast vorladen, beriet sich hastig mit ihnen, um ihnen dann den Rest des Tages Wasserorgeln eines neuen, noch nie dagewesenen Typs vorzuführen; er zeigte ihnen jede einzelne und erging sich in Erklärungen über ihren Mechanismus und die Schwierigkeiten bei ihrer Bedienung; er versicherte ihnen, er werde sie in Kürze alle im Theater vorführen, »wenn es Vindex genehm sei«.

Als er dann auch noch erfuhr, daß Galba und die spanischen Provinzen abgefallen seien, fiel er in Ohnmacht und lag lange da, ohne einen Ton von sich zu geben, fast wie ein Toter. Als er wieder zur Besinnung kam, zerriß er sein Gewand, schlug sich vor den Kopf und verkündete, es sei um ihn geschehen. Seine Amme versuchte ihm gut zuzureden, indem sie ihn daran erinnerte, daß Ähnliches bereits anderen Herrschern zugestoßen sei. Ihr gab er zur Antwort, im Vergleich mit ihnen erleide er Unerhörtes, was bisher noch keiner erfahren habe, er verliere noch zu Lebzeiten den Thron. Dennnoch gab er nichts von dem Luxus, so wie er ihn gewohnt war, und von seinem Faulenzerleben auf oder machte ein paar Abstriche; nein im Gegenteil, als er aus den Provinzen eine günstige Nachricht erhielt, parodierte er während eines Essens in Saus und Braus die Anführer der Meuterer auf witzige und ausgelassene Weise, diese Stückchen sind allgemein bekannt gewesen, und setzte sie auch noch pantomimisch um. Als er heimlich ins Theater gebracht worden war, ließ er einem Schauspieler, der beim Publikum ankam, die Nachricht zukommen, er nutze aus, daß er durch andere Dinge in Beschlag genommen sei.

Der Aufstand war gerade losgebrochen, da soll er auch schon viele entsetzliche Aktionen geplant haben, die aber alle keineswegs in Widerspruch zu seiner Veranlagung standen. So sandte er den Befehlshabern des Heeres und den Verwaltern der Provinzen heimlich ihre Nachfolger und Mörder, da sie ja alle Verschwörer und ein und derselben Ansicht seien. Alle Leute, die verbannt waren, ganz gleich wo, und alle Gallier, die in Rom lebten, sollten niedergestochen werden; erstere, damit sie sich nicht den Abtrünnigen anschlössen, die anderen, weil sie doch Mitwisser und Sympathisanten ihrer Landsleute seien. Gallien sollte den Heeren zur Plünderung überlassen, der gesamte Senat bei Gastmählern vergiftet werden. Zu seinem Plan gehörte auch, Rom in Brand zu stecken und wilde Tiere auf das Volk loszulassen, um so die Rettungsmaßnahmen zu erschweren. Davon nahm er aber nicht so sehr Abstand, weil er es verwerflich fand, als vielmehr deswegen, weil er Zweifel hatte, daß er es fertigbringen werde. Auch war er der Ansicht, daß ein Feldzug notwendig sei; deshalb enthob er die Konsuln vorzeitig ihres Amtes und übernahm allein beider Posten, angeblich weil es der Wille des Schicksals sei, daß die gallischen Provinzen nur von einem Konsul besiegt werden könnten. Als er sich in Amt und Würden befand, versicherte er, als er gestützt auf die Schultern seiner engsten Vertrauten nach dem Essen das Speisezimmer verließ, er werde, sobald er einen Fuß in die Provinz gesetzt habe, unbewaffnet vor die Soldaten hintreten und nichts weiter tun, als zu weinen. Habe er die Abtrünnigen dazu gebracht, daß sie ihre Handlungsweise bereuten, werde er am folgenden Tag fröhlich unter Fröhlichen die Siegeslieder singen, an deren Komposition er sich jetzt schon machen müsse.

Als er daran ging, seinen Feldzug vorzubereiten, galt seine erste Sorge der Auswahl der Transportmittel, auf denen alles, was für die Schauspielerei notwendig war, befördert werden sollte, und den Mätressen, die er mit sich nehmen wollte; sie sollten einen Männerhaarschnitt erhalten und wie Amazonen mit Streitaxt und Schild ausgestattet werden. Dann rief er die Bürger der städtischen Bezirke zum Fahneneid auf. Als sich keiner meldete, der tauglich war, legte er den Sklavenbesitzern die Stellung einer festgesetzten Zahl von Sklaven auf; aus dem Gesinde, was ein jeder insgesamt aufgeboten hatte, nahm er nur die Tauglichsten, nicht einmal bei Hausverwaltern und Sekretären machte er eine Ausnahme. Er erließ sogar den Befehl, daß die Angehörigen aller Stände einen Teil ihres Vermögens abtreten mußten; darüber hinaus mußten die Mieter von Privat- und Mietshäusern eine Jahresmiete in die Staatskasse abführen. Er forderte nur frisch geprägte Münzen, von feinstem Silber und reinstem Gold und zeigte sich dabei so pedantisch und krittelig, daß die meisten Leute ganz offen jeden Beitrag verweigerten und einstimmig forderten, er solle lieber von den Denunzianten den Lohn zurückfordern, den diese erhalten hatten. Als er auch noch aus der Knappheit an Getreide Profit machte, wurde er immer mehr verhaßt. Einmal ereignete sich nämlich folgender Vorfall: Während der allgemeinen Hungersnot wurde ein Schiff aus Alexandria gemeldet, das Sand für die Ringer im kaiserlichen Palast bringe.

So hatte er sich allen verhaßt gemacht, und es blieb nicht aus, daß er sich alle möglichen Schmähungen gefallen lassen mußte. Auf den Scheitel seiner Statue legte man eine Locke, auch eine Inschrift auf griechisch lag dabei: Jetzt erst sei der Wettkampf da, und er solle doch endlich abtreten. Einer anderen Statue legte man einen Ledersack um den Hals und versah sie mit den Zeilen: »Warum ich? Was kann ich dafür? Du bist derjenige, der sich den Sack verdient hat.« Auch auf den Säulen fand man Gekritzeltes: »Sogar die Hähne hat er mit seinem Gesang aufgeweckt.« Von nun an taten viele Leute nachts so, als hätten sie Streit mit ihren Sklaven und verlangten immer wieder nach einem Vindex.

Dazu versetzten ihn auch noch ganz eindeutige Vorzeichen in Schrecken, sowohl alt vertraute als auch neue, die er in seinen Träumen, bei der Vogelschau und anderen weissageträchtigen Zeichen erhielt. Niemals hatten ihn vorher Träume heimgesucht; erst nachdem er seine Mutter ermordet hatte, sah er, während er schlief, ein Schiff, das er persönlich befehligte, dabei war ihm aber das Steuerruder aus den Händen gerissen worden. In einem anderen Traum wurde er von seiner Gattin Octavia in die schwärzeste Dunkelheit gezogen; einmal wurde er von einem Schwarm geflügelter Ameisen bedeckt; einmal umzingelten ihn die Statuen der unterworfenen Völker, die man beim Theater des Pompeius aufgestellt hatte, und ließen ihn keinen Schritt weitergehen. Sein asturisches Lieblingspferd sah er sich in seiner hinteren Körperpartie in einen Affen verwandeln, nur der Kopf blieb so, wie er war, und gab ein wohltönendes Wiehern von sich. Aus dem Mausoleum, die Türen hatten sich wie von selbst geöffnet, vernahm er eine Stimme, die ihn beim Namen rief. Am ersten Januar stürzten die Laren, die man bereits festlich geschmückt hatte, bereits während der Vorbereitungen zum Opfer um. Als er die Auspizien anstellte, überreichte ihm Sporus einen Ring zum Geschenk; der Juwelier hatte in den Stein den Raub der Proserpina eingeschliffen. Nun sollte mit den Gelübden für den Princeps begonnen werden, die Angehörigen der Stände waren bereits zahlreich versammelt, da fand man die Schlüssel zum Kapitol nicht gleich. Als im Senat der Passus seiner Rede, in der er über Vindex herzog, vorgelesen wurde, in dem es hieß, die Frevler würden bestraft und schon bald das ihnen gebührende Ende nehmen, da riefen alle zusammen: »Du wirst es schon dahin bringen, Augustus!« Man hatte auch bemerkt, daß er bei seinem letzten öffentlichen Auftritt den Part des »Verbannten Oedipus« gesungen und bei dem folgenden Vers Schluß gemacht hatte:

»Es fordern Gattin, Mutter, Vater meinen Tod.«

Inzwischen traf auch noch die Nachricht vom Abfall der übrigen Heere ein. Die Depesche wurde ihm beim Mittagessen ausgehändigt; er zerriß sie in kleine Stücke, stieß den Tisch um und schmetterte zwei Becher zu Boden, aus denen er am liebsten trank und die er die »Homerischen« nannte, weil auf ihnen Szenen aus den homerischen Gesängen eingraviert waren. Lucusta mußte ihm Gift bringen, er tat es in ein goldenes Döschen und begab sich in die Gärten des Servilius. Von dort schickte er die treuesten seiner Freigelassenen nach Ostia voraus, damit sie die Flotte fertig zum Auslaufen machten; dann suchte er die Tribunen und Hauptleute der Praetorianergarde zu bewegen, daß sie ihn auf seiner Flucht begleiteten. Doch zum Teil kehrten sie ihm den Rücken zu, teils sagten sie ein klares Nein, einer aber legte sogar los:

»Ist denn der Tod ein so großes Unglück?«

Da ging er in Gedanken seine Möglichkeiten durch: sollte er sich in aller Demut an die Parther oder an Galba wenden oder in Schwarz vor das Volk treten und es von der Rednertribüne durch eine mitleiderregende, rührende Rede nach allen Regeln der Kunst bitten, ihm das, was doch vergangen war, zu verzeihen, und sollte er die Leute nicht umstimmen können, ob er sie dann nicht bitten solle, ihm doch wenigstens die Statthalterschaft von Ägypten zu geben. Später hat man in einer Kapsel seine Rede gefunden, die er betreffs des letzten Punktes abgefaßt hatte. Man glaubt aber, er habe davon Abstand genommen, weil er fürchtete, die Menge habe ihn in Stücke gerissen, bevor er noch das Forum erreicht habe.

Folglich verschob er weitere Überlegungen auf den nächsten Tag; um Mitternacht wurde er aufgeschreckt; als er erfuhr, daß die wachhabende Praetorianerkohorte ihren Posten verlassen hatte, sprang er aus dem Bett und schickte nach seinen Freunden aus; als er von keinem eine Antwort erhielt, machte er sich mit wenigen Begleitern zu den Wohnungen jedes einzelnen auf. Aber er fand alle Türen verschlossen, keiner gab Antwort; also machte er kehrt in sein Schlafzimmer; seine Leibwächter hatten sich bereits auf und davon gemacht, sogar die Bettdecken hatten sie sich unter den Nagel gerissen, und auch das Döschen mit dem Gift war weg. Und auf der Stelle ließ er nach dem Murmillo Spiculus oder einem anderen beliebigen Gladiator forschen, durch dessen Hand er sterben könne; als sich niemand fand, sagte er: »Soll das heißen, ich habe weder Freund noch Feind?« Und schon stürmte er nach draußen, als wolle er sich in den Tiber stürzen. Doch er besann sich wieder und sehnte sich nach irgendeinem geheimen Versteck, um wieder einen klaren Gedanken fassen zu können; da bekam er von seinem Freigelassenen Phaon dessen Landgut vor der Stadt angeboten, das zwischen der Via Salaria und Via Nomentana beim vierten Meilenstein lag. Nero schlüpfte, so wie er war, barfüßig und nur mit der Tunika bekleidet, in einen verblichenen Mantel, setzte eine Kopfbedeckung auf, hielt sich ein

Taschentuch vor das Gesicht und stieg aufs Pferd; nur vier
Leute begleiteten ihn, einer von ihnen war Sporus. Ein Erdbeben und ein Blitz, der in ihre Richtung aufleuchtete, machten ihm gleich wieder Angst, und schon vernahm er aus dem
Lager, das in der Nähe lag, das Geschrei von Soldaten, die
ihm Unglück, Galba Glück anwünschten. Er hörte auch, wie
einer von den Reisenden, die ihnen begegneten, sagte: »Die
sind hinter Nero her!« Ein anderer wollte wissen: »Was hört
man in der Stadt denn über Nero?« Aber sein Pferd witterte
den Geruch einer Leiche, die auf der Straße lag, und scheute;
da fiel ihm das Taschentuch herunter, und er wurde von einem ausgedienten Soldaten der Praetorianergarde erkannt
und gegrüßt. Als sie zu einem Seitenweg kamen, verzichtete
man auf die Pferde und gelangte durch Gebüsch und Dornengestrüpp über einen Pfad durchs Röhricht mit Mühe
und auch nur, indem man Kleider unter seinen Füßen aus-
breitete, zur Rückwand des Hauses. Dort empfahl ihm der
besagte Phaon, sich fürs erste in einer Sandgrube zu verstek-
ken; er lehnte es aber ab, noch zu Lebzeiten unter die Erde
zu gehen; so mußte er nur eine Weile warten, bis man einen
geheimen Zugang zur Villa gegraben hatte, und aus einer
Pfütze, die sich dort unten fand, schöpfte er mit der Hand
Wasser, um zu trinken zu haben. »Das ist Neros abgekoch-
tes Wasser«, sagte er. Dann kroch er in seinem von den Dor-
nen zerrissenen Mantel durch das Gestrüpp, das über den
Weg rankte, zwängte sich auf allen Vieren durch ein enges
Loch, das man geschaufelt hatte, und gelangte in eine Kammer, die neben dem Hauptgebäude lag, ließ sich auf eine
Matratze fallen, die man leidlich als Bett hergerichtet hatte,
indem man einen alten Mantel darübergebreitet hatte. Als
sich bei ihm Hunger und wiederum Durst meldeten, bot
man ihm zumindest einfaches Brot an, das er aber zu-
rückwies, vom lauwarmem Wasser trank er hingegen in

großen Zügen. Als dann auch noch einer nach dem anderen
in ihn drang, er solle sich doch der drohenden Schmach so
schnell wie möglich entziehen, befahl er, nachdem man an
seinem Körper Maß genommen hatte, vor seinen Augen eine Grube auszuheben und gleichzeitig Marmorbrocken zu-
sammenzubringen, sofern man welche auftreiben könne,
sowie Wasser und Holz bereitzustellen, um bald seinem
Leichnam die letzte Ehre zu erweisen. Bei jeder Anweisung
weinte er und sagte immer wieder: »Was für ein Künstler
geht mit mir zugrunde!«

Während sich das noch hinzog, überbrachte ein Kurier
für Phaon ein Handschreiben; er riß es ihm aus den Händen
und las, daß der Senat ihn zum Staatsfeind erklärt habe und
nach ihm gefahndet werde, damit man an ihm die Strafe vollziehen könne, die die Vorfahren in einem solchen Fall stets
angewandt hätten. Er fragte, wie diese Bestrafung denn aus-
sehe. Als er erfuhr, der Betreffende werde nackt mit dem
Hals in eine Gabel gesteckt und sein Körper zu Tode ge-
peitscht, versetzte ihn das in Schrecken; da ergriff er hastig
zwei Dolche, die er mitgenommen hatte, und prüfte, ob sie
scharf genug seien, steckte sie unter der Begründung wieder
ein, die Stunde, in der sich sein Schicksal erfülle, sei noch
nicht gekommen. Bald fing er an, in Sporus zu dringen, die
Totenklage anzustimmen, bald bat er darum, es möge ihm
doch einer beim Selbstmord zur Hand gehen, indem er es
ihm vormache. Manchmal schalt er sich wegen seiner Kraft-
losigkeit mit folgenden Worten: »Mein Leben ist doch nur
noch eine einzige Schmach und Schande! – Das ziemt sich
nicht für einen Nero, nein, wirklich nicht! – In einer solchen
Lage muß man besonnen sein! – Nun mach schon, rapple
dich auf!« Und schon kamen Reiter näher, die den Befehl erhalten hatten, ihn lebend nach Rom zu schleppen. Als er das
mitbekam, gab er voller Angst den folgenden Vers von sich:

»Donnernd schallt mir zu Ohren der Hufschlag eilender
Rosse.«

und stieß sich den Dolch in die Kehle, wobei ihm sein Sekretär Epaphroditos zur Hand ging. Er war noch halb lebendig,
als der Centurio herbeistürzte und seinen Mantel auf die
Wunde preßte, um mindestens so zu tun, als sei er gekommen, um ihm zu helfen. Er sagte zu ihm nur noch: »Zu
spät!« und »Das ist Treue!« Und mit diesen Worten starb er;
die Augen traten ihm hervor und erstarrten; den Leuten, die
ihn anschauten, lief es kalt den Rücken herunter, und sie er-
schauderten. Er hatte seine Begleiter um nichts vordringli-
cher und inständiger gebeten als darum, daß sie es nicht zulassen sollten, daß man ihm den Kopf abschlage. Sie sollten
dafür sorgen, daß er noch im Besitz aller Gliedmaßen verbrannt werde. Das gestattete Icelus, ein Freigelassener Galbas, den man zu Beginn der Erhebung ins Gefängnis geworfen und erst kurz vorher herausgeholt hatte.
   Die Kosten für Neros Beerdigung beliefen sich auf zweihunderttausend Sesterzen. Man hüllte ihn in weiße, gold-
durchwirkte Decken, die er am ersten Januar umgelegt hatte. Seine Gebeine bestatteten Egloge und Alexandria, seine
Ammen, zusammen mit Acte, seiner Mätresse, im Familien-
grab der Domitier, das man vom Marsfeld aus oben auf den
Gartenhügeln sehen kann. In diesem Grabmahl steht ein
Sarkophag aus Porphyr, darüber ein Altar aus Carraramar-
mor, beides eingefaßt mit thasischem Stein.
   Nero war von fast mittelgroßer Figur, sein Körper war
voller Flecken und stank, sein Haar war hellblond, seine
Gesichtszüge waren eher schön als fein, seine Augen blau
und recht kurzsichtig, er hatte einen feisten Nacken, einen
vorstehenden Bauch und ganz dünne Beine. Er war so gesund, wie man es sich nur wünschen kann: Denn obwohl er

in Saus und Braus daraufloslebte, ist er in vierzehn Jahren überhaupt nur dreimal krank gewesen, und auch damals hat er weder den Weingenuß noch eine andere vertraute Gewohnheit aufgegeben. Für sein Äußeres und seine Kleidung hätte er sich gewaltig schämen müssen: sein Haar, das er stets gestuft und gelockt trug, ließ er auf seiner Reise durch Griechenland sogar bis in den Nacken wachsen. In der Öffentlichkeit zeigte er sich meist in einem Hauskleid mit einem Tuch, das er um den Hals geschlungen hatte, ohne Gürtel und Schuhe.

In seiner Jugend hat er sich mit fast allen freien Künsten befaßt. Doch von der Philosophie hielt ihn seine Mutter fern, indem sie ihm zu beherzigen gab, daß sie unzweckmäßig für jemanden sei, der für den Thron bestimmt sei. Von der Lektüre der alten Redner hielt ihn sein Lehrer Seneca fern, damit er weiterhin sein Bewunderer bleibe. Und so wurde die Dichtkunst zu seinem Metier, gern und ohne Mühe verfaßte er selbst Gedichte; er gab nicht, wie einige glauben, Gedichte, die andere geschrieben hatten, als seine eigenen heraus. Mir selbst sind Schreibtafeln und Hefte in die Hände gekommen, in denen einige allgemein bekannte Verse in seiner Schrift standen, so daß es doch leicht zu erkennen ist, daß er diese nicht irgendwo abgeschrieben hat oder sich von jemandem diktieren ließ und sie so zu Papier brachte, sondern daß sie aus der Feder eines Mannes stammen, der genau überlegt und aus seinem schöpferischen Talent heraus niederschreibt. Ja, in diesen Unterlagen ist vieles getilgt, durchgestrichen und überschrieben. Sein Interesse an Malerei und Bildhauerei war nicht gerade unbedeutend.

Am meisten legte er sich ins Zeug, um den Beifall der Menge zu erhaschen. Eifersüchtig war er auf alle, die es irgendwie verstanden, das Volk für sich einzunehmen. Es machte die Ansicht die Runde, daß er sich nach seinen Triumphen auf der Bühne bei der nächsten Olympiade so weit herablassen werde, als einer der Athleten zu kämpfen. Er trainierte nämlich Tag für Tag im Ringkampf, und bei den gymnischen Wettkämpfen in ganz Griechenland hatte er stets zugeschaut, wie es die Kampfrichter tun: Er saß im Ring auf dem Boden nahe bei den Kämpfern, und wenn die beiden, die kämpften, etwas zu weit nach außen gerieten, zog er sie mit eigener Hand wieder in die Mitte. Noch etwas hatte er sich fest vorgenommen: Mit Apollo konnte er sich im Gesang, mit dem Sonnengott im Wagenrennen messen, das war ja die Meinung der Leute; also wollte er die Taten des Hercules nachahmen. Man sagt, er habe bereits einen Löwen abrichten lassen, den er dann nackt in der Arena des Amphitheaters vor dem Publikum entweder mit einer Keule erschlagen oder durch Umschlingen mit den Armen erwürgen wollte.

Gegen Ende seines Lebens hatte er öffentlich gelobt, er wolle, falls ihm die Herrschaft erhalten bleibe, bei den Spielen, die zur Feier seines Sieges veranstaltet würden, auch als Wasserorgel- und Flötenspieler, als Dudelsackbläser und am letzten Veranstaltungstag als Tänzer auftreten, und zwar werde er die Rolle des Turnus nach Vergil tanzen. Einige berichten sogar, er habe den Schauspieler Paris, weil er in ihm einen ernstzunehmenden Konkurrenten gesehen habe, umbringen lassen. Ihn beherrschte ein Verlangen nach Unsterblichkeit und ewigem Ruhm, aber sein Weg, diese zu erlangen, war nicht wohl überlegt. So nahm er vielen Dingen und Orten ihre alten Bezeichnungen und benannte sie nach seinem Namen um; den Monat April z. B. nannte er Neroneus; fest vorgenommen hatte er sich auch noch, daß Rom den Namen Neropolis erhalten solle.

Götterkulte verachtete er sein ganzes Leben lang, außer einen einzigen, den der Syrischen Göttin. Doch bald empfand er auch gegen diese eine solche Verachtung, daß er ihr Götterbild mit Urin besudelte. Inzwischen hielt ihn ein anderer Aberglaube in seinen Fängen, es war der einzige, an dem er zäh festhielt. Ihm hatte ein unbekannter Mann aus dem Volk eine kleine Statuette eines Mädchens, damit sie ihn vor Verschwörungen warne, zum Geschenk gemacht. Prompt wurde eine Verschwörung entdeckt; also verehrte er diese Figur als seine höchste Gottheit und opferte ihr dreimal am Tag, das hat er für alle Zeiten so gehalten. Er wollte auch, daß man von ihm glaubte, daß er durch ihre Eingebung im voraus wisse, was sein werde. Wenige Monate, bevor er starb, widmete er sich auch noch der Eingeweideschau, doch erlangte er beim Opfern nie günstige Vorzeichen.

Er starb in seinem zweiunddreißigsten Lebensjahr, an dem Tag, an dem er einst Octavia ermordet hatte. Und die Freude über seinen Tod war so groß, daß das Volk mit Freiheitsmützen auf dem Kopf durch die ganze Stadt lief. Und doch gab es Leute, die sein Grab noch lange Zeit mit Frühlings- und Sommerblumen schmückten und bald Statuen, die ihn im Amtsgewand darstellten, auf der Rednertribüne aufstellten, bald seine Edikte bekanntmachten, so als lebe er noch oder werde in Kürze zum großen Verderben seiner Feinde wiederkommen. Als der Partherkönig Vologaeses eine Gesandtschaft an den Senat schickte, um einen Bündnisvertrag zu erneuern, äußerte er von ganzer Seele die Bitte, das Andenken Neros zu pflegen. Und überhaupt, als zwanzig Jahre später, ich war damals ein junger Mann, jemand, dessen Herkunft im Dunkeln lag, auftrat und von sich behauptete, er sei Nero, da hatte dieser Name für die Parther etwas so Einnehmendes, daß sie diesen Nero gewaltig unterstützten und ihn nur mit Mühe den Römern überstellten.

*Galba*

Buch 7

## GALBA · OTHO · VITELLIUS

### GALBA

Mit Nero starb das Geschlecht der Kaiser aus, die sich auf
Caesar zurückführten: dies trat nicht überraschend ein,
denn durch eine ganze Reihe von Vorzeichen, aber ganz besonders durch zwei, die an Deutlichkeit nichts vermissen
ließen, hätte man dies wissen können. Als Livia gleich nach
der Hochzeit mit Augustus ihr Landgut bei Veji besuchte,
flog ein Adler an ihr vorüber mit einem weißen Huhn, das
einen Lorbeerzweig im Schnabel hielt, und ließ es, so wie er
es geraubt hatte, in ihren Schoß fallen. Sie entschloß sich,
das Federvieh aufziehen und den Zweig einpflanzen zu lassen; später brütete es so zahlreiche Küken aus, daß die Villa
heute noch »Zu den Hühnern« heißt, und aus dem Zweig
wurde ein solcher Lorbeerstrauch, daß die Kaiser, wenn sie
dabei waren, als Triumphatoren einzuziehen, dort die Lor-
beerzweige pflücken gingen. Es bürgerte sich ein, daß die
Triumphatoren dort gleich wieder neue Lorbeersträucher
pflanzten. Und man hat beobachtet, daß um die Zeit, wenn
einer von ihnen sterben sollte, der von ihm gepflanzte Baum
alle Kraft verlor. So auch im letzten Lebensjahr des Nero; ja
sogar der ganze Wald vertrocknete bis auf die letzte Wurzel,
und alle Hühner gingen dort ein. Und es schlug ein Blitz im
Tempel der Kaiser ein, in diesem Moment fielen alle Köpfe
von den Statuen, Augustus wurde sogar sein Zepter aus den
Händen gerissen.

Auf Nero folgte Galba; er war überhaupt nicht mit dem
Kaiserhaus verwandt, aber ein Mann aus dem Hochadel,

daran gibt es überhaupt keinen Zweifel; er stammte aus einer großen und alten Familie. Das brachte es mit sich, daß er auf den Inschriften am Sockel seiner Statuen immer hinzusetzte, er sei der Urenkel des Quintus Catulus Capitolinus; als er Kaiser geworden war, stellte er gleich vorne im Atrium seinen Stammbaum auf, in dem er von seiten seines Vaters seinen Ursprung auf Iuppiter, von seiten seiner Mutter auf Pasiphae, die Gattin des Minos, zurückführte.

Die Ahnenbilder und die Inschriften des gesamten Geschlechts aufzuführen, würde zu weitläufig sein; ich will also nur kurz auf seine Familie zu sprechen kommen. Es ist noch nicht geklärt, wer als erster der Sulpicier den Beinamen Galba geführt hat und warum oder wie er sich den verschafft hat. Einige sind der Ansicht, der Grund sei der gewesen, daß er eine Stadt in Spanien, die man lange ohne Erfolg belagert hatte, wohl mit Fackeln, die mit Galbanum bestrichen waren, in Brand gesetzt hat. Andere meinen, der Grund sei der gewesen, daß er bei einer langwierigen Erkrankung ständig ein *galbeum* benutzte, also eine Binde, in die man Heilmittel eingewickelt hatte. Einige sagen, seinen Namen habe er erhalten, weil er sehr dick gewesen sei, die Gallier haben dafür den Ausdruck *galba*. Oder aus dem gegenteiligen Grund, weil er so mager gewesen sei wie die Tiere, die auf Wintereichen geboren werden und *galbae* heißen. Die Familie machte Servius Galba, ein ehemaliger Konsul, bekannt, der auch der beredteste Mann seiner Zeit war; er habe, wie man überliefert, unmittelbar nach seiner Praetur Spanien als Statthalter verwaltet; damals habe er nicht zu seinem Wort gestanden und dreißigtausend Lusitanier abschlachten lassen, das sei der Anlaß für den Beginn des Viriatischen Krieges gewesen. Sein Enkel wurde bei der Kandidatur um das Konsulat zurückgeschlagen, deswegen wurde er zu einem Feind des Iulius Caesar, dessen Stabsoffizier er in Gallien gewesen

war, er verschwor sich mit Cassius und Brutus; deswegen
wurde er nach dem Pedischen Gesetz verurteilt. Dieser ist
der Vorfahre des Großvaters und Vaters des Kaisers Galba:
Der Großvater war berühmter durch seine wissenschaftlichen Tätigkeiten als durch den Rang im Staatsdienst; denn
über die Praetur ist er im Cursus honorum nicht hinausge-
kommen. Er veröffentlichte ein facettenreiches und mit
Akribie gearbeitetes Geschichtswerk. Sein Vater ist Konsul
gewesen; obwohl er körperlich klein geraten war und auch
noch einen Buckel hatte und auch nur über eine mäßige Fähigkeit verfügte, sich auszudrücken, führte er emsig Prozesse. Verheiratet war er mit Mummia Achaica, einer Enkelin
des Catulus und einer Urenkelin des L. Mummius, der Korinth zerstört hatte; ferner mit der steinreichen und schönen
Livia Ocellina; doch glaubt man, daß sie ihn wegen seiner
adligen Herkunft haben wollte und die Initiative von ihr
ausgegangen sei; sie soll sich noch mehr um ihn bemüht haben, nachdem er vor ihr, die immer wieder in ihn drang, seine Kleider abgelegt und ihr, da sie allein waren, ein körperliches Gebrechen entdeckt hatte, um nicht den Anschein zu
erwecken, er wolle sie, da sie ja davon nichts wissen konnte,
hintergehen. Von Achaica hatte er zwei Kinder, Gaius und
Servius. Gaius, der Ältere von beiden, brachte sein Vermögen durch und verließ dann die Stadt; als Tiberius ihm daraufhin verwehrte, bei der Vergabe des Statthalterpostens in
der Provinz zu kandidieren, obwohl er in dem Jahr an der
Reihe gewesen wäre, beging er Selbstmord.

Der Kaiser Servius Galba ist am vierundzwanzigsten Dezember geboren worden, in dem Jahr, als M. Valerius Messala und Cn. Lentulus Konsuln waren, in einer Villa, die in der
Nähe von Tarracina auf der Kuppe eines Hügels liegt, dort,
wo es links ab geht, wenn man nach Fundi will. Er wurde
von seiner Stiefmutter Livia adoptiert und nahm den Na-

men Livius und als Beinamen Ocella an; auch einen anderen Vornamen hatte er angenommen. Denn statt Servius nannte er sich bis zum Tag, an dem er Kaiser wurde, Lucius. Es ist bekannt, daß Augustus seine zarten Wangen gestreichelt und zu ihm, er war damals noch ein kleiner Junge und begrüßte ihn zusammen mit anderen seines Alters, gesagt hat: »Auch du, mein Kind, wirst von unserer Herrschaft kosten.« Aber auch Tiberius sagte, als er erfahren hatte, daß Galba einst Kaiser sein werde, dann sei er allerdings bereits ein alter Mann: »Soll er doch leben, ich habe nichts dagegen, wenn es uns überhaupt nicht mehr tangiert!« Sein Großvater brachte gerade ein Sühnopfer wegen eines Blitzes dar, da riß ihm ein Adler die Eingeweide aus den Händen und schaffte sie auf eine Eiche, die voller Eicheln hing; da erhielt auch er die Antwort, seiner Familie werde prophezeit, daß sie es bis zur höchsten Herrschaft bringen werde, das aber werde erst spät sein. Dafür hatte er nur eine spöttische Bemerkung übrig: »Freilich, wenn eine Mauleselin gefohlt hat.« Später, als Galba gerade probierte, die Machtverhältnisse vollkommen umzustürzen, bestärkte ihn in seinem Vorhaben nichts mehr als die Geburt einer Mauleselin; während dies die anderen zurückschrecken ließ, als sei es ein unheilvolles Vorzeichen, nahm er es als einziger als ein Vorzeichen, das ihm Glück und Erfolg prophezeie, denn er erinnerte sich des Opfers und der Bemerkung seines Großvaters.

Als er die Männertoga erhalten hatte, träumte er, Fortuna stehe erschöpft draußen vor der Tür und sage zu ihm, sie werde Beute desjenigen, der gerade vorbeikomme, wenn er sie nicht auf der Stelle bei sich aufnehme. Als er aufwachte und die Tür zum Atrium öffnete, fand er bei der Schwelle eine eherne Figur der Göttin, etwas über eine Elle groß. Diese Figur brachte er in seinem Schoß nach Tusculum, wo er sich immer während der Sommermonate aufhielt; ein Teil des Hauses war ihr heiliger Bezirk, dort bezeigte er ihr seither seine Verehrung dadurch, daß er ihr jeden Monat Opfer darbrachte und einmal im Jahr bei ihr die Nacht durchwachte.

Obwohl er noch nicht im gesetzten Alter war, behielt er doch fest und beharrlich die alte Sitte der Gemeinschaft bei, die aus der Mode gekommen war und die man nur noch in seinem Hause pflegte, daß sich nämlich zweimal am Tage die Freigelassenen und Sklaven alle versammelten, um ihm dann einzeln am Morgen einen guten Tag zu wünschen und am Abend gute Nacht zu sagen. Neben den freien Künsten schenkte er auch der Rechtswissenschaft seine Aufmerksamkeit. Er sorgte auch für Nachkommen. Aber nach dem Verlust seiner Gattin Lepida und der beiden Söhne, die er mit ihr hatte, blieb er ohne Frau, und selbst wenn sich eine Heiratspartie anbot, konnte man ihn davon nicht mehr abbringen, nicht einmal durch den Antrag von seiten der Agrippina, die durch den Tod des Domitius Witwe geworden war; sie hat sich dem damals noch verheirateten und noch nicht verwitweten Galba auf jede nur denkbare Weise so angetragen, daß die Mutter der Lepida bei einer Damengesellschaft sich mit ihr zankte und sie tadelte und sogar auf sie einschlug.

Er verehrte vor allen anderen Livia Augusta, deren Gunst ihm auch noch zu ihren Lebzeiten weitreichenden Einfluß gab; als sie verstorben war, wäre er durch ihr Testament beinahe ein vermögender Mann geworden. Sie hatte ihn nämlich mit fünfzig Millionen Sesterzen zum Haupterben von allen gemacht, die sie im Testament bedacht hatte. Weil die Summe aber nur in Zahlen und nicht in Worten geschrieben war, setzte ihr Erbe Tiberius das Legat auf fünfhunderttausend Sesterzen herab; nicht einmal die hat er erhalten.

Mit seiner politischen Laufbahn begann er vor der Zeit, die das Gesetz vorsah. Als Praetor veranstaltete er die Floralienspiele; dabei präsentierte er dem Publikum eine Nummer, die ganz neu war: Elefanten, die als Seiltänzer auftraten. Unmittelbar nach der Praetur wurde er fast für ein Jahr Statthalter der Provinz Aquitanien. Darauf war er sechs Monate ordentlicher Konsul. Es traf sich, daß er in diesem Amt der Nachfolger von Lucius Domitius, dem Vater Neros, war; ihm selbst folgte Salvius Otho, der Vater des Otho, nach. Dies war wie ein Hinweis auf das, was später eintreten werde; war er doch der Kaiser, der von den Söhnen dieser beiden umrahmt wurde.

Von Gaius Caesar wurde er als Statthalter in Obergermanien an die Stelle des Gaetulicus eingesetzt. Einen Tag, nachdem er bei den Legionen angekommen war, gab er das Kommando aus, die Soldaten hätten die Hände unter ihren Mänteln zusammenzuhalten, weil sie zufällig bei einem festlichen Schauspiel Beifall geklatscht hatten. Auf der Stelle machte im Lager der Vers die Runde:

»Lerne, Soldat, dich wie ein Soldat zu verhalten: Galba ist da, nicht Gaetulicus!«

Mit gleicher Strenge untersagte er, um Urlaub nachzusuchen. Ältere Soldaten und Rekruten machte er durch ständige Arbeit hart; den Barbarenstämmen, die bereits bis nach Gallien vorgedrungen waren, zeigte er zur rechten Zeit ihre Schranken. Als Gaius vor Ort war, fanden er und das Heer solche Anerkennung, daß unter den unzähligen, aus allen Provinzen zusammengezogenen Truppen keine ehrenvoller belobigt und mit größeren Belohnungen ausgezeichnet wurde. Er tat sich persönlich noch ganz besonders dadurch hervor, daß er ein Manöver mit dem Schild in der Hand leitete und dann auch noch neben dem Wagen des Kaisers zwanzigtausend Schritt herlief.

Als die Nachricht von der Ermordung des Gaius eintraf und viele ihm zusetzten, er möge die günstige Gelegenheit nutzen, zog er es vor, ruhig zu bleiben. Genau das war es, warum er dem Claudius äußerst angenehm war und er ihn unter seine engsten Freunde aufgenommen hat; er hat ihn so sehr geachtet, daß er den Termin für einen Feldzug nach Britannien verschob, weil es ihm plötzlich gesundheitlich schlecht, nicht einmal allzu schlecht ging. Als Prokonsul verwaltete er zwei Jahre lang Afrika; die Wahl war auf ihn gefallen, ohne daß er sich einem Losverfahren hatte stellen müssen; er sollte nämlich in der Provinz wieder Ruhe und Ordnung herstellen; Bürgerkrieg und Angriffe der Barbaren hatten sie nämlich unruhig werden lassen. Dadurch daß er auf große Strenge und Gerechtigkeit auch im Kleinen bedacht war, schuf er dort Ordnung. Einem Soldaten wurde vorgeworfen, er habe auf einem Feldzug – es fehlte an allen Ecken und Enden an genügend Getreide – einen Scheffel Weizen, der von seiner Ration übriggeblieben war, für hundert Denare verkauft; da verbot er, daß ihm von irgendeiner Seite Hilfe zukomme, wenn er so weit sei, daß er nichts mehr zu essen habe. Und er ist verhungert. Als er zu Gericht saß und untersucht werden mußte, wer Eigentümer eines Lasttieres sei, und von beiden Parteien nur unzulängliche Beweise und Zeugen beigebracht wurden und deshalb die Wahrheit nur schwer zu finden war, verkündete er folgenden Beschluß: Das Tier solle zu der Wasserstelle geführt werden, an der es immer getränkt werde; um seinen Kopf solle man ein Tuch binden, das man ihm an der Wasserstelle abnehmen möge; es solle demjenigen gehören, zu dem es gehe, wenn es getrunken habe.

Seine Leistungen damals in Afrika und vor einiger Zeit in Germanien brachten Galba die Triumphabzeichen ein, auch wurde er Priester in drei Gremien; er wurde also in das Kollegium der Fünfzehnmänner, in die Bruderschaft der Titier und der Augustalen aufgenommen. Und seitdem führte er fast bis zur Hälfte der Regierungszeit des Nero meist ein Leben in Zurückgezogenheit. Selbst wenn er einmal im Wagen eine Reise antrat, nahm er in einem zweiten Wagen eine Million Sesterze in Gold mit, bis ihm – er hielt sich gerade in Fundi auf – die Provinz Hispania Tarraconensis übertragen wurde. Als er in der Provinz ankam, brachte er ein Opfer dar. Da passierte es, daß in einem öffentlichen Tempel das Haar des jungen Opferdieners, der das Weihrauchkästchen hielt, plötzlich ganz ergraute. Einige Leute deuteten das so, daß damit auf einen bevorstehenden Regierungswechsel hingedeutet werde, es werde einem jungen ein alter Mann, also er selbst dem Nero nachfolgen. Kurz darauf schlug ein Blitz in einen See in Kantabrien ein, und man fand darin zwölf Beile, ganz eindeutig ein Hinweis auf die höchste Gewalt.

Acht Jahre lang verwaltete Galba die Provinz, ließ dabei aber keine klare Linie erkennen. Anfangs war er streng und energisch und schoß bei der Ahndung von Vergehen weit über das Ziel hinaus. Einem Geldwechsler, der sich bei seinen Geldgeschäften Gaunereien erlaubt hatte, ließ er zum Beispiel die Hände abhacken und sie auf seinen Wechseltisch nageln, und einen Vormund ließ er ans Kreuz schlagen, weil er sein Mündel, dem er zum Beierben bestimmt war, vergiftet hatte. Als der sich auf die Gesetze berief und den Beweis erbrachte, daß er römischer Bürger sei, gab Galba den Befehl, um ihm die Strafe doch etwas zu erleichtern, indem er ihm einen gewissen Trost und etwas Ehre zukommen ließ, das Kreuz auszutauschen und für ihn eines aufzustellen, das viel höher war als das der anderen und das man geweißt hatte. Allmählich wurde er nachlässiger und träger, um Nero nicht irgendeine Handhabe gegen ihn zu geben und, wie er zu sagen pflegte, weil niemand wegen seines Nichttuns zur Rechenschaft gezogen werden könne.

In Neukarthago hielt er Gerichtstag, da erfuhr er durch den Statthalter von Aquitanien, der ihn dringend um Hilfstruppen bat, daß in Gallien ein Aufstand tobe. Darüber hinaus hatte ihn auch noch ein Brief des Vindex erreicht, in dem dieser ihn aufforderte, sich zum Erretter und Führer der Menschheit zu machen. Er zögerte nicht lange und nahm teils aus Furcht, teils weil er sich etwas davon versprach, den Vorschlag an. Er hatte nämlich auch Befehle des Nero, die der heimlich an seine Prokuratoren gesandt hatte und in denen er befahl, ihn zu töten, abgefangen. Auch wurde er in seinen Überlegungen bestärkt durch sehr günstige Auspizien und Vorzeichen, darüber hinaus noch durch die Weissagung einer ehrenwerten Jungfrau; weit mehr bestärkte ihn noch folgendes: In Clunia hatte ein Priester des Iuppiter auf die Mahnung durch ein Traumgesicht hin genau dieselben Sprüche aus dem Heiligtum hervorgeholt, die vor zweihundert Jahren fast genauso von einem weissagenden Mädchen verkündet worden waren. Der Kern dieser Sprüche war der, daß aus Spanien einst der Fürst und der Herr der Welt kommen werde.

Also bestieg Galba, angeblich um sich einer Freilassung zuzuwenden, das Tribunal. Vor sich hatte er so viele Bilder von Leuten, die von Nero verurteilt und umgebracht worden waren, ausstellen lassen, so viele er hatte auftreiben können, und neben ihm stand ein Junge aus vornehmem Hause, den er nur deswegen von der nächstgelegenen Baleareninsel hatte herbeiholen lassen, dorthin war er nämlich verbannt worden. Dann beklagte er die augenblicklichen Zustände; als man ihn als Kaiser begrüßte, erklärte er sich lediglich zum Beauftragten des Senats und des römischen Volkes. Dann kündigte er den Stillstand der Gerichte an und hob aus der Bevölkerung der Provinz Legionen und Hilfstruppen aus, um so sein altes Heer von einer Legion, zwei Alen und drei Kohorten zu verstärken. Aus dem Kreis der Vornehmen, die sich durch Klugheit und Alter hervortaten, bildete er so etwas wie einen Senat; ihnen sollten wichtige Angelegenheiten jedesmal, wenn es nötig schien, zur Beurteilung vorgelegt werden. Er wählte auch junge Leute aus dem Ritterstand aus, die den goldenen Ring weiterhin tragen durften und »Freiwillige« hießen; sie sollten an Stelle der gewöhnlichen Soldaten vor seinem Schlafgemach Wache stehen. Auch ließ er in den Provinzen Edikte verbreiten, in denen er jeden anging, im Großen und im Kleinen mit ihm zusammenzuarbeiten und die gemeinsame Sache mit allen Kräften zu unterstützen.

Fast zur selben Zeit hat man bei den Schanzarbeiten um die Stadt, die er sich zum Hauptquartier gewählt hatte, einen Ring gefunden, der auf alte Weise gefertigt war; in dessen Edelstein war die Siegesgöttin mit einem Siegesmal eingeschliffen. Und gleich darauf lief in Dertosa ein Schiff aus Alexandria mit einer Waffenladung an Bord ein; es war kein Steuermann, kein Matrose und auch kein Passagier an Bord, so daß es für niemanden einen Zweifel daran gab, daß man nach Recht und Billigkeit in einen Krieg ziehe, der auch noch von den Göttern wohlwollend begleitet werde. Da schien plötzlich wie aus heiterem Himmel fast alles wieder aus dem Ruder zu laufen. Eine von den beiden Alen bereute anscheinend den Bruch des Fahneneides und versuchte, als er sich dem Lager näherte, sich von ihm loszusagen; nur mit Mühe ließ sie sich wieder in die Pflicht nehmen. Beinahe wäre er noch von Sklaven, die ein Freigelassener Neros für einen Anschlag ausgebildet und ihm dann zum Geschenk gemacht hatte, umgebracht worden, als er sich durch ein enges Gäßchen ins Bad begab. Das wäre ihnen auch gelungen, wenn sie sich nicht gegenseitig ermahnt hätten, die Gelegenheit nicht zu verpassen; also mußten sie sich die Frage gefallen lassen, von welcher Gelegenheit sie denn sprächen. Unter der Folter wurde ihnen ihr Geständnis erpreßt. Die Lage war schon schwierig genug, da passierte es auch noch, daß Vindex starb; das brachte ihn ganz und gar aus der Fassung. Und da er schon alles für verloren gab, hätte nicht viel gefehlt, und er hätte Selbstmord begangen. Dann aber erreichten ihn Nachrichten aus Rom, aus denen er erfuhr, daß Nero getötet und alle auf ihn den Eid geleistet hätten. Also legte er den Titel eines Statthalters ab und nahm den eines Kaisers an. Dann machte er sich auf den Weg nach Rom; den Feldherrnmantel hatte er sich umgelegt; vom Hals herab hing ihm vor der Brust ein Dolch. Die Toga legte er erst wieder an, als er alle, die auf einen Umsturz aus waren, mundtot gemacht hatte, so in Rom den Praetorianerpraefekten Nymphidius Sabinus, in Germanien Fonteius Capito, in Afrika Clodius Macer, die letzten beiden waren Statthalter der besagten Provinzen.

Ihm war der Ruf von Grausamkeit und gleichermaßen von Geiz vorausgeeilt; denn er hatte einige Städte in Spanien und Gallien, die sich ihm erst nach längerem Zögern angeschlossen hatten, sogar damit bestraft, daß er ihre Mauern schleifen ließ und die hohen Beamten, die ihnen vorstanden, und die Prokuratoren mitsamt ihren Frauen und Kindern hatte hinrichten lassen. Auch hatte er befohlen, daß ein goldener Kranz des Iuppiter, der ihm von den Einwohnern von Tarragona geschenkt worden war, eingeschmolzen werde; der Kranz war fünfzehn Pfund schwer gewesen; drei Unzen, die am Gewicht fehlten, ließ er noch eintreiben. Dieser Ruf wurde bestätigt und noch überboten, als er in die Stadt einzog. Als er nämlich die Matrosen, die Nero von einfachen Ruderern zu richtigen Soldaten gemacht hatte, zwingen wollte, in ihren alten Rang zurückzukehren, weigerten diese sich und verlangten recht hartnäckig Adler und Feldzeichen; da ließ er nicht nur die Kavallerie in diese hineinsprengen und sie auseinandertreiben, sondern auch noch jeden zehnten Mann hinrichten. Ebenso löste er die germanische Kohorte auf, die einst von den Kaisern als Leibgarde aufgestellt und mehr als einmal ihre absolute Treue unter Beweis gestellt hatte; er schickte sie ohne Entschädigung zurück in ihre Heimat, mit der fadenscheinigen Begründung, sie sei dem Cn. Dolabella, bei dessen Gärten sie ihr Quartier bezogen hatte, mehr zugetan als ihm. Um seinen Spott zu haben, erzählte man sich sogar folgendes – es bleibt dahingestellt, ob dies der Wahrheit entspricht oder nicht –: Als eine Mahlzeit, die etwas zu üppig war, aufgetragen wurde, soll er einen Seufzer getan haben; als ihm der ordentliche Verwalter auch noch eine Aufstellung der Kosten vorlegte, soll er ihm eine Schüssel mit Hülsenfrüchten für seine Dienstbeflissenheit und Sorgfalt überreicht haben. Dem Flötenspieler Canus, der ihm besonders gefallen hatte, soll er fünf Denare geschenkt haben; diese habe er persönlich aus seiner Privatschatulle hervorgeholt.

Das war auch der Grund dafür, daß man über seine Ankunft nicht gerade außer sich vor Freude war; dies wurde gleich bei der nächsten Theateraufführung deutlich; als nämlich bei einer Aufführung einer Atellane das sehr bekannte Lied angestimmt wurde:

»Es kommt Onesimus von seinem Landgut,«

da stimmten alle Zuschauer im Chor in den Rest des Liedes ein und wiederholten es ein und das andere Mal; immer wieder setzten sie mit diesem Vers ein. Allerdings hatte er das Wohlwollen der Leute noch mehr auf seiner Seite und genoß auch noch größeres Ansehen, als er es zur Herrschaft gebracht hatte, als dann, als er sie ausübte, obwohl er auch viele Male Beweise dafür gab, daß er ein herausragender Kaiser sein konnte. Aber er konnte sich damit keineswegs so be-

liebt machen, wie er sich durch andere Taten verhaßt machte.

Drei Personen beherrschten ihn nach ihrem Belieben;
diese wohnten mit ihm zusammen im Palast und wichen
keinen Moment von seiner Seite; im Volksmund hießen sie
schon seine Pädagogen. Es handelte sich um folgende Leute:
Einmal war da T. Vinius, sein Legat in Spanien, ein Mann
von grenzenloser Habgier; dann Cornelius Laco, er hatte es
vom Beisitzer bei Gericht zum Praetorianerpraefekten gebracht, ein Mann von unerträglicher Anmaßung und Beschränktheit. Als Dritten im Bunde gab es den Freigelassenen Icelus; es war noch nicht allzulange her, da hatte er den
goldenen Ritterring und den Beinamen Marcianus als Auszeichnung erhalten, und jetzt wartete er bereits auf die
höchste ritterliche Würde. Von diesen Leuten, die – mit den
unterschiedlichsten Charakterschwächen behaftet – ihr Un-
wesen trieben, ließ er sich dermaßen mißbrauchen und gab
sich so in ihre Hand, daß er sich kaum selbst treu bleiben
konnte; bald war er streng und zu knauserig, bald zu freizü-
gig und zu verschwenderisch, als es zu einem erwählten Kaiser und einem Mann seines Alters paßte.

Bei einigen angesehenen Persönlichkeiten der beiden
Stände genügte der geringste Verdacht, und sie wurden von
ihm, ohne daß er sie angehört hatte, verurteilt. Das römische
Bürgerrecht verlieh er selten, das Dreikinderrecht gerade
ein- oder zweimal und dann auch nur für eine bestimmte,
von vornherein begrenzte Zeitspanne. Als die Richter ihn
darum ersuchten, ihnen noch eine sechste Kammer zuzubil-
ligen, erteilte er ihnen nicht nur eine abschlägige Antwort,
sondern nahm ihnen auch noch das von Claudius gewährte
Privileg, im Winter und zum Jahresanfang nicht zu Sitzun-
gen geladen zu werden. Man glaubte auch, er wolle die Ämter der Senatoren und Ritter auf zwei Jahre begrenzen und

nur solchen Leuten übertragen, die sie gar nicht haben wollten und sie ablehnten. Die Schenkungen Neros ließ er durch
fünfzig römische Ritter wieder zurückfordern oder eintreiben, lediglich ein Zehntel durften die Betroffenen behalten;
sollten Schauspieler oder Fechter ihr Geschenk bereits verkauft haben, so sollte es denjenigen weggenommen werden,
die es gekauft hatten, wenn jene den Erlös bereits aufgebraucht hatten und nicht mehr in der Lage waren, die Geschenke in bar auszulösen. Andererseits ließ er zu, daß bei
seiner nächsten Umgebung und seinen Freigelassenen alles
für Geld zu haben war und nach Gunst verschenkt wurde,
wie z. B. Steuern, Befreiung von Abgabenleistungen, daß
Unschuldige bestraft wurden und Schuldige ungestraft da-
vonkamen. Ja, sogar als das Volk die Hinrichtung des Halotus und Tigellinus verlangte, ließ er diese beiden als einzige
der Spione Neros ungeschoren davonkommen, obwohl gerade sie die schlimmsten gewesen waren; doch damit nicht
genug, den Halotus zeichnete er sogar mit einer besonders
angesehenen Prokuratorenstelle aus; er stellte sich sogar vor
Tigellinus und fuhr in einem Edikt das Volk wegen seiner
Grausamkeit an.

Dadurch machte er sich bei fast allen Ständen verhaßt;
aber ganz besonders stark loderte der Haß bei den Soldaten
auf. Denn ihre Offiziere hatten ihnen, als sie auf Galba, der
noch gar nicht anwesend war, den Treueid leisteten, ein größeres Geldgeschenk versprochen, als es sonst üblich war;
doch er hielt diese Zusage nicht ein und prahlte wiederholt
damit, daß er Soldaten auszuheben und nicht zu kaufen
pflege. Deshalb hat er sie jedenfalls alle, ganz gleich wo sie
stationiert waren, gegen sich aufgebracht. Übrigens hat er
auch die Praetorianer eingeschüchtert und empörend behandelt und dadurch in Harnisch gebracht; er entließ wiederholt einen Großteil von ihnen, weil sie seinen Verdacht

erregt hatten und mit Nymphidius gemeinsame Sache machten. Ganz besonders aber murrte das Heer in Obergermanien auf, weil es sich um den Lohn für seine Dienste, die es im Kampf gegen die Gallier und Vindex geleistet hatte, betrogen sah. Also wagten sie es als erste, den Gehorsam aufzukündigen; sie weigerten sich auch, am ersten Januar den Treueid auf jemand anderen abzulegen als auf den Senat. Auf der Stelle faßten sie den Entschluß, eine Gesandtschaft mit folgender Botschaft an die Praetorianer zu schicken: Der in Spanien gewählte Kaiser passe ihnen nicht; sie möchten selbst jemanden wählen, der bei allen Heeren Beifall finden könnte.

Als ihm dies gemeldet wurde, glaubte er, man schätze ihn weniger wegen seines Alters als vielmehr wegen seiner Kinderlosigkeit gering; also nahm er plötzlich Piso Frugi Licinianus, einen vortrefflichen jungen Mann aus vornehmem Hause, der ihm schon seit längerem sehr gut gefallen und den er schon immer in seinem Testament als Erbe seines Vermögens und seines Namens eingesetzt hatte, einfach aus dem Auflauf der Leute, die zur morgendlichen Begrüßung gekommen waren, beiseite und nannte ihn seinen Sohn. Anschließend führte er ihn ins Lager und adoptierte ihn vor versammelter Mannschaft. Nicht einmal in diesem Moment verlor er auch nur ein Wort über ein Geldgeschenk. Um so mehr spielte er damit dem M. Salvius Otho in die Hand, in den nächsten sechs Tagen nach der Adoption das, wozu er bereits einen Anlauf unternommen hatte, auch auszuführen.

Bereits seit seinem Regierungsantritt hatten immer wieder eindeutige Vorzeichen ihm sein Ende, so wie es dann auch eintrat, angekündigt. Als er auf dem Weg nach Rom war, hatten alle Städte links und rechts seiner Reiseroute Opfertiere geschlachtet; ein Stier scheute beim Schlag mit dem Beil, riß seine Fesseln entzwei und raste auf den Wagen

Galbas zu, sprang mit den Vorderbeinen hinauf und be-
spritzte Galba von Kopf bis Fuß mit Blut. Als er vom Wagen
herabstieg, hätte ihn beinahe ein Soldat der Ordonnanz, ge-
schoben von der Menge, mit seiner Lanze verwundet. Auch
als er in Rom und anschließend in den Palast einzog, empfing
ihn ein Erdbeben und ein Geräusch, das sich so anhörte, als
brülle ein Stier. Es folgten noch eine Reihe anderer Vorzeichen, die noch eindeutiger waren. Er hatte ein mit Perlen und
Edelsteinen besetztes Halsband von seinen Kleinodien beiseite gelegt, um das Schmuckstück seiner Fortuna in Tusculum umzulegen. Plötzlich muß er wohl gemeint haben, das
Schmuckstück sei eher eines erhabeneren Platzes würdig, also weihte er es der Kapitolinischen Venus. In der folgenden
Nacht erschien ihm Fortuna im Traum, und es war ihm, als
beklage sie sich darüber, daß man sie des Geschenkes beraubt
habe, das für sie bestimmt gewesen sei. Auch schien es so, als
drohe sie damit, jetzt auch ihm das zu entreißen, was sie ihm
gegeben habe. Das versetzte ihn in Angst und Schrecken; also verließ er gleich bei Tagesanbruch das Haus und eilte nach
Tusculum, um durch ein Sühnopfer das Geträumte abzuwenden; er hatte Leute vorausgeschickt, die alles für das Opfer herrichten sollten. Er fand aber nichts vor als erkaltete
Asche auf dem Altar und daneben einen alten Mann in einem
schwarzen Gewand, der in einem Gefäß aus Glas Weihrauch
und in einem Becher aus Ton ungemischten Wein hielt. Man
hat auch beobachtet, daß ihm am ersten Januar beim Opfer
der Kranz vom Kopf fiel und die Hühner davonflogen, als er
die Auspizien einholte. Am Tage der Adoption wollte er zu
den Soldaten sprechen; da hatten seine Diener vergessen, für
ihn einen Feldstuhl vorne auf das Tribunal hinzustellen, so
wie sie es sonst immer getan hatten, und im Senat hatte man
seinen Amtsstuhl verkehrt herum hingestellt. Kurz bevor er
ermordet wurde, mahnte ihn beim Opfer der Eingeweide-

schauer mehr als einmal, er solle sich vorsehen, Gefahr sei im Verzuge, die Mörder seien ganz in seiner Nähe.

Kurz darauf erfuhr er, daß Otho das Lager in seiner Gewalt habe. Die meisten gaben ihm den Rat, sich möglichst bald dorthin zu begeben, denn durch sein Ansehen und seine bloße Anwesenheit könne er schon sehr viel ausrichten. Er aber beschloß, nichts weiter zu tun, als im Palast zu bleiben und sich durch Verstärkung der Legionssoldaten abzuschirmen, die an vielen Orten und weit voneinander entfernt Quartier bezogen hatten. Eine Schutzweste aus Leinen zog er sich dennoch über, obwohl er sich nichts vormachte, daß sie gegen so viele Dolche kaum etwas nützen werde. Doch durch falsche Gerüchte, die die Verschwörer absichtlich ausgestreut hatten, um ihn dazu zu bringen, den Palast zu verlassen, ließ er sich auf die Straße locken. Wenige versicherten aufs Geratewohl, die Sache sei erledigt, die Aufständischen überwältigt und die anderen kämen in hellen Scharen, ihn zu beglückwünschen und ihn ihres uneingeschränkten Gehorsams zu versichern. Um diesen entgegenzugehen, trat er mit so viel Selbstvertrauen vor die Tür, daß er einem Soldaten, der sich rühmte, Otho getötet zu haben, zur Antwort gab: »Wer hat dir den Befehl dazu gegeben?« Und weiter lief er, bis er zum Forum kam. Dort trieben Reiter, die den Auftrag erhalten hatten, ihn zu töten, die Zivilbevölkerung auseinander; als sie ihn aber von ferne sahen, hielten sie kurz inne. Dann aber gaben sie den Pferden die Sporen und stießen ihn, den seine Leute im Stich gelassen hatten, nieder.

Einige überliefern, er habe beim ersten Getümmel ausgerufen: »Was macht ihr, Kameraden? Ich bin doch einer von euch, und ihr seid meine Leute!« Auch habe er ein Geldgeschenk versprochen. Die Mehrheit aber berichtet, er habe ihnen seine Kehle dargeboten und sie angetrieben, sie sollten es doch tun und zustoßen, wenn sie dies nun einmal für richtig hielten. Erst recht sei aber verwunderlich gewesen, daß keiner der Anwesenden den Versuch unternommen habe, ihm zu Hilfe zu kommen, und alle Truppen, die herbeigerufen wurden, den Befehl nicht weiter beachteten; nur eine Abteilung der Germanen machte da eine Ausnahme. Die eilten ihm wegen seines Großmuts, den er ihnen gegenüber erst kürzlich bewiesen hatte, zu Hilfe; Galba hatte sie mit großem Aufwand pflegen lassen, als sie krank und schwach waren. Doch sie kamen zu spät; da sie sich zu wenig auskannten, hatten sie einen Umweg gemacht und waren dadurch nicht schnell genug vorangekommen.

Man hat ihm am Curtiussee die Kehle durchgeschnitten und so liegen lassen, wie er war, bis ein gewöhnlicher Soldat vom Getreidefassen zurückkam, seine Last ablegte und ihm den Kopf abtrennte. Und da er ihn nicht am Haar fassen konnte, legte er ihn in den Bausch seiner Toga, steckte ihm einen Daumen in den Mund und lieferte ihn so bei Otho ab. Der schenkte den Kopf den Marketendern und Troßknechten, die ihn auf eine Lanze steckten und ums Lager trugen, wobei sie ihren Spaß hatten; immer wieder brüllten sie: »Galba, Liebesgott, genieße dein Alter!« Ganz besonders hatte sie zu solch frechem Scherz folgendes gereizt: Vor wenigen Tagen war allgemein bekannt geworden, daß er jemandem, der seine Gestalt als noch in voller Blüte stehend und jugendfrisch gelobt hatte, erwidert habe:

»Noch habe ich die Stärke der Jugend.«

Von diesen kaufte ein Freigelassener des Patrobius Neronianus für hundert Goldstücke den Kopf und warf ihn an der Stelle weg, wo auf Befehl Galbas sein Patron hingerichtet worden war. Spät erst bestattete sein Haushofmeister Argivus das Haupt und auch den Rumpf in dessen Privatgärten an der Via Aurelia.

Galba war durchschnittlich groß gewesen, hatte einen ganz kahlen Kopf, blaue Augen und eine gekrümmte Nase. Hände und Füße waren von der Gicht so verkrümmt, daß er keine Schuhe tragen, keine Schriftstücke entrollen oder nur halten konnte. An der rechten Seite hatte er auch noch einen Fleischauswuchs, der so sehr hervorstand, daß er nur mit Mühe durch Binden zusammengehalten werden konnte.

Wie berichtet wird, war er ein großer Esser, der im Winter sogar vor Tagesanbruch etwas zu sich zu nehmen pflegte. Zum Hauptmahl wurde aber so reichlich aufgetragen, daß er die auf die Hände der Dienerschaft gehäuften Reste herumtragen und an die Aufwartenden verteilen ließ. Er war in Liebesdingen mehr dem männlichen Geschlecht zugetan, und zwar nur sehr kräftigen und erwachsenen Männern. Man erzählt sich, er habe in Spanien Icelus, einen seiner alten Bettgenossen, nicht nur sehr innig geküßt, als er ihm die Nachricht von Neros Dahinscheiden brachte, sondern er habe ihn gebeten, sich auf der Stelle die Haare auszupfen zu lassen, und ihn beiseite geführt.

Galba starb im dreiundsiebzigsten Lebensjahr, im siebten Monat seiner Regierung. Sobald es dem Senat für angebracht erschienen war, hatte er den Beschluß gefaßt, ihn mit einer Statue zu ehren, die auf einer mit Schiffsschnäbeln geschmückten Säule und dort auf dem Forum stand, wo er ermordet worden war. Doch Vespasian erklärte diesen Beschluß für ungültig, weil er vermutete, von Spanien aus habe Galba heimlich Mörder gegen ihn nach Iudaea gesandt.

*Otho*

# OTHO

Die Vorfahren Othos stammen aus Ferentium; es ist eine alte und angesehene Familie und dazu eine der ersten Etruriens. Der Großvater, M. Salvius Otho, kam väterlicherseits aus dem Ritterstand, mütterlicherseits kam er aus einfachen Verhältnissen, wobei ungewiß ist, ob seine Mutter eine Freigeborene war; durch die Gunst der Livia Augusta, in deren Haus er aufgewachsen war, wurde er in den Senatorenstand erhoben; in seiner Karriere hat er es aber nicht weiter als bis zum Praetor gebracht.

Der Vater, L. Otho, stammte mütterlicherseits aus einer sehr berühmten Familie, die verwandtschaftliche Beziehungen zu vielen großen Häusern hatte; er war dem Tiberius so lieb und hatte vom Äußeren her sehr große Ähnlichkeit mit diesem, daß viele glaubten, er sei dessen Sohn. Er nahm es mit der Verwaltung seiner städtischen Ämter, seines Prokonsulats in Afrika und außerordentlicher Kommandostellen äußerst genau. In Illyrien hat er sogar nicht davor zurückgeschreckt, einige Soldaten hinrichten zu lassen; sie hatten nämlich bereut, sich dem Aufstand des Camillus angeschlossen zu haben, und ihre Kommandeure, als seien sie die Rädelsführer bei der Verschwörung gegen Claudius gewesen, getötet. Das ließ er vor dem Hauptquartier geschehen, wobei er persönlich zugegen war; das Ganze ließ er zu, obwohl er genau wußte, daß sie gerade wegen dieser Leistung von Claudius befördert worden waren. Mehrte dieses Vorgehen auch seinen Ruhm, so bedeutete es andererseits, daß er beim Kaiser in der Gunst sank. Doch diese gewann er schnell zurück, da er den hinterlistig geplanten Anschlag eines römischen Ritters aufdeckte, der die Ermordung des Claudius vorbereitete; das hatte er durch Sklaven, die das

ausplauderten, erfahren. Denn der Senat ehrte ihn damit,
daß er ihm eine Statue auf dem Palatin aufstellen ließ, was
ganz selten vorkam, und Claudius nahm ihn unter die Patrizier auf; bei diesem Anlaß war er über ihn des Lobes voll
und sagte unter anderem folgendes: »Das ist ein Mann; ich
kann mir nicht einmal wünschen, daß meine Kinder besser
als er sind.« Von Albia Terentia, einer Frau aus sehr vornehmer Familie, hatte er zwei Söhne, den L. Titianus und einen
jüngeren, Marcus, der den gleichen Beinamen wie er führte.
Sie schenkte ihm auch noch eine Tochter, die er, kaum daß
sie ins heiratsfähige Alter gekommen war, dem Drusus, dem
Sohn des Germanicus, versprach.

Der Kaiser Otho wurde am achtundzwanzigsten April
im Konsulatsjahr des Camillus Arruntius und Domitius
Ahenobarbus geboren. Von frühester Jugend an war er verschwenderisch und frech, und zwar so sehr, daß er oft von
seinem Vater mit der Knute verhauen wurde. Er soll auch
gerne nachts unterwegs gewesen sein; liefen ihm dann
schwächliche und angetrunkene Leute über den Weg, packte er sie, spannte einen Mantel auf und schleuderte sie in
die Luft. Als dann sein Vater verstorben war, tat er so, als
sei er in eine Freigelassene, die bei Hofe große Gunst genoß, verliebt, damit er erfolgreicher zum Ziel komme; dabei handelte es sich um ein altes, abgeklappertes Weib. Sie
sorgte dafür, daß er sich bei Nero einschmeicheln konnte;
so gelang es ihm leicht, einer seiner engsten Freunde zu
werden, denn beide waren vom Charakter her gleich. Wie
einige berichten, trug auch ihr gegenseitiger unzüchtiger
Umgang dazu bei. Und er hatte so großen Einfluß, daß er
nicht zauderte, einen ehemaligen Konsul, der bereits wegen Erpressung verurteilt war, in den Senat einzuführen,
um ihm die Gelegenheit zu geben, ihm dafür Dank abzu-
statten, noch bevor er seine vollständige Rehabilitierung

durchgesetzt hatte; für diese Leistung hatte er sich eine riesige Geldsumme ausbedungen. An allen Beratungen im großen wie im kleinen Kreis nahm er teil; an dem Tag, den Nero als Termin für die Ermordung seiner Mutter festgesetzt hatte, gab er für beide, damit auch ja kein Verdacht auf ihn falle, ein Essen, bei dem ausgesprochen gute Laune herrschte. Er war es auch, der Poppaea Sabina, die damals Neros Geliebte war – er hatte sie ihrem Gatten weggenommen und ihm in der Zwischenzeit anvertraut, er war mit ihr zum Schein eine Ehe eingegangen – bei sich aufnahm. Es genügte ihm nicht, sie verführt zu haben, er verliebte sich so sehr in sie, daß er nicht einmal Nero als Rivalen so einfach hinnehmen wollte. Doch man glaubt wenigstens, er habe nicht nur die Leute, die geschickt worden waren, sie zu holen, nicht empfangen, sondern er habe Nero persönlich einmal draußen vor der Tür stehen lassen; dem habe seine Mischung von Drohungen und Bitten auch nichts genützt, und vergeblich habe er sie, die er bei ihm sicher untergebracht wußte, zurückgefordert. Deshalb wurde die Ehe annulliert und Galba als Statthalter nach Lusitanien geschickt. Das schien hinreichend, damit nicht durch eine härtere Bestrafung die ganze Komödie allgemein bekannt werde; dennoch brachte sie folgendes Distichon in die Öffentlichkeit:

»Ihr wollt wissen, warum Otho mit erlogener Ehre ins Exil geschickt wurde?
Es war so, daß er mittlerweile Ehebruch mit seiner eigenen Frau beging.«

Die Provinz verwaltete er im Range eines Quaestors zehn Jahre lang; dabei zeigte er sich in einzigartiger Weise gerecht und uneigennützig. Als sich ihm endlich die Gelegenheit bot, Rache zu nehmen, war er der erste, der sich dem Unternehmen des Galba anschloß. Genau in diesem Augenblick machte er sich große Hoffnung auf den Thron, das war bedingt durch die augenblickliche allgemeine Lage, doch die Tatsache, daß der Astrologe Seleukos ihn in seiner Hoffnung bekräftigt hatte, war weit ausschlaggebender. Der war es auch gewesen, der ihm vor einiger Zeit versichert hatte, er werde Nero überleben; jetzt war er völlig unvermutet von sich aus gekommen, um sein Versprechen zu wiederholen, allerdings werde er jetzt schon bald an die Macht kommen. Also ließ er nichts aus, um sich gegen jedermann willfährig zu zeigen und ihn zu umwerben. Jedesmal wenn er den Kaiser bei sich zum Essen empfing, verteilte er an jeden Mann der Kohorte, die Wache stand, Goldstücke; ebenso verpflichtete er sich die anderen Soldaten auf andere Weise. Als jemand mit seinem Nachbarn um ein Stück Grund und Boden in Streit lag, wurde er sogar zum Schiedsmann bestellt. Da kaufte er für jenen die ganze Parzelle auf und gab sie ihm zu freiem Besitz, so daß es kaum noch jemanden gab, der nicht nur der Meinung war, sondern sie auch frei heraus sagte, nämlich daß er der einzige sei, der als Nachfolger auf den Thron in Frage komme. Er hatte auch gehofft, daß Galba ihn adoptieren werde, er rechnete damit jeden Tag. Doch als man ihm Piso vorgezogen hatte, ließ er die Hoffnung sinken; so verlegte er sich nun auf eine gewaltsame Lösung, dazu drängte ihn neben dem Gefühl der tiefen Kränkung auch sein riesiger Schuldenberg. Denn er machte keinen Hehl daraus, daß er nur als Kaiser eine Zukunft habe und es für ihn unwichtig sei, ob er in der Schlacht von Feindeshand falle oder auf dem Forum seinen Gläubigern in die Hände falle. Wenige Tage zuvor hatte er aus einem Sklaven des Kaisers eine Million Sesterzen herausgepreßt, weil er ihm eine Verwalterstelle verschafft hatte. Diese Summe war das Startkapital für ein so gewaltiges Unterfangen. Zuerst vertraute er fünf Leibwächtern seinen Plan an, dann weiteren zehn;

denn jeder der ersten hatte zwei mitgebracht. Jedem zahlte er zehntausend Sesterzen auf die Hand und versprach weitere fünfzigtausend. Sie trugen dazu bei, daß noch andere aufgewiegelt wurden, aber es waren nicht sehr viele; man war fest davon überzeugt, daß mehr dabei sein würden, wenn es soweit sei, daß man losschlage. Er hatte vor, gleich im Anschluß an die Adoption sich des Lagers zu bemächtigen und über Galba, während er noch im Palast speiste, herzufallen. Doch dem stand entgegen, daß man auf die Kohorte Rücksicht nehmen mußte, die zu diesem Zeitpunkt Dienst tat; sie sollte nicht noch mehr an Haß zu tragen haben, weil sie es auch gewesen war, die damals auf Posten gestanden hatte, als Gaius getötet und Nero im Stich gelassen worden war. Man ließ auch noch einige Zeit wegen religiöser Bedenken und Seleukos verstreichen.

Also setzte er den Termin fest und wies die Verschworenen darauf hin, ihn auf dem Forum vor dem Saturntempel beim goldenen Meilenstein zu erwarten; frühmorgens ging er Galba begrüßen und wurde wie üblich mit einem Kuß empfangen, war auch dabei, als er opferte, und hörte, was der Opferschauer voraussagte. Dann meldete ein Freigelassener die Ankunft der Architekten, das war das vereinbarte Zeichen; also brach er auf, angeblich um ein Haus, das zum Verkauf stand, zu besichtigen, und stürzte aus einem Tor auf der Rückseite des Palastes zum Treffpunkt. Andere sagen, er habe sich mit Fieber herausgeredet und denjenigen, die in seiner Nähe standen, aufgetragen, dies als Entschuldigungsgrund anzuführen, falls man nach ihm frage. Dann verbarg er sich in einer Frauensänfte und ließ sich geschwind zum Lager tragen; als den Trägern die Kräfte ausgingen, stieg er aus und lief zu Fuß weiter, dabei ging ein Schuh auf, und er mußte stehenbleiben, bis er schließlich, um die Zeit zu verkürzen, von seinen Begleitern auf die Schultern genommen und als Kaiser begrüßt wurde. Während man ihm alles Glück wünschte und die Schwerter gezückt hielt, gelangte er in diesem Spalier hinunter zum Hauptquartier. Alle, die ihm über den Weg liefen, schlossen sich ihm an, als seien sie Mitverschworene und an der Aktion beteiligt. Dann sandte er Leute aus mit dem Auftrag, Galba und Piso zu ermorden. Um die Soldaten durch Versprechungen auf seine Seite zu bringen, beschränkte er sich darauf, vor versammelter Mannschaft zu bekräftigen, daß er lediglich das für sich haben wolle, was sie ihm übrigließen.

Dann betrat er, als der Tag schon zu Ende ging, den Senat und hielt eine kurze Rede: Man habe ihn sozusagen von der Straße geholt und ihn genötigt, die Regierung zu übernehmen; er werde diese ausüben, weil es der einhellige Wille aller sei. Dann eilte er zum Palast. Neben den Schmeicheleien derjenigen, die ihn beglückwünschten und ihm den Hof machten, kam noch hinzu, daß die Hefe des Volkes ihn Nero nannte; er ließ nicht erkennen, daß ihm dieser Name nicht behage, im Gegenteil, er setzte, wie einige berichten, den Ernennungsschreiben und den ersten Briefen an einige Provinzstatthalter seinem Namen den Beinamen Nero hinzu. Jedenfalls ließ er auch Neros Bilder und Statuen wieder aufstellen, auch dessen Prokuratoren und Freigelassene erhielten ihre ehemaligen Posten wieder. Seine erste Amtshandlung war die Bewilligung eines Kredits in Höhe von fünfzig Millionen zur Fertigstellung des Goldenen Hauses.

Er soll in der ersten Nacht durch einen Traum erschreckt worden sein und schwer geseufzt haben; als man zu seinem Bett lief, habe man ihn am Boden vor dem Bett liegend vorgefunden; er habe dann alle möglichen Sühneopfer dargebracht und so versucht, sich die Manen Galbas geneigt zu machen; ihn hatte er nämlich im Traum gesehen, wie er ihn ganz durcheinander brachte und aus dem Bett stieß. Am folgenden Tag sei er, als beim Auslegen der Opfer ein Unwetter losbrach, schwer gestürzt und habe immer wieder gemurmelt:

»Was brauchte ich auch die lange Flöte?«

Zur selben Zeit aber hatten die in Germanien stationierten Heere auf Vitellius ihren Eid abgelegt. Als er davon erfuhr, stellte er den Antrag, der Senat müsse eine Gesandtschaft entsenden, welche sie darüber belehren solle, daß bereits ein Kaiser gewählt sei, und ihnen Ruhe und Eintracht anraten solle. Andererseits bot er sich unter Vermittlung von Unterhändlern und auch in Briefen dem Vitellius als Mitregenten und Schwiegersohn an. Aber die Zeichen standen zweifelsohne auf Krieg, und die Feldherren und Truppen, die Vitellius vorausgeschickt hatte, rückten bereits näher heran; da erfuhr er, wie ergeben und treu die Praetorianer zu ihm hielten, da diese fast den gesamten höchsten Stand getötet hätten. Er hatte sich nämlich entschlossen, die Soldaten der Flotte Waffen an Bord bringen und mit den Schiffen fortschaffen zu lassen. Als sie diese bei Nacht aus dem Lager holten, da argwöhnten einige, dahinter stecke eine Falle, und entfachten einen Aufstand. Und plötzlich liefen alle, ohne daß ein Bestimmter die Führung übernommen hätte, zum Palast und verlangten, daß man den Senat aus dem Wege räume; nachdem sie einige der Tribunen, die sie aufzuhalten versuchten, weggestoßen und getötet hatten, fragten sie, wo in aller Welt denn der Kaiser stecke, und drangen, blutbespritzt wie sie waren, bis in sein Speisezimmer vor und setzten ihrem Treiben erst ein Ende, als er sich ihnen gezeigt hatte.

Unverdrossen, doch etwas zu eilig startete er den Feldzug; er kümmerte sich nicht einmal um religiöse Obliegenheiten, waren doch die Heiligen Schilde zwar durch die Straßen Roms getragen worden, man hatte sie aber noch nicht zurück in den Tempel gebracht, was seit alters her als ein unglückverheißendes Zeichen gilt, das Ganze war an dem Tag geschehen, an dem die Priester der Göttermutter ihre Trauergesänge und Wehklagen anzustimmen beginnen, hinzukamen noch Vorzeichen, die Unglück verhießen. Denn ein Opfertier, das man dem Pluto dargebracht hatte, versprach einen guten Ausgang, während gerade bei einem solchen Opfer Eingeweide, die das Gegenteil in Aussicht stellen, bevorzugt werden. Als er aus der Stadt ausrücken wollte, wurde er gleich vom Tiber, der über die Ufer trat, aufgehalten, und beim zwanzigsten Meilenstein wurde ihm der Weg durch eingestürzte Häuser versperrt. Mit ähnlicher Unbesonnenheit beschloß er, obwohl es für jeden klar war, daß man den Krieg hinziehen müsse, da der Feind durch Hunger und die Enge der örtlichen Gegebenheiten in Schwierigkeiten war, möglichst bald eine Entscheidungsschlacht zu suchen. Es mag sein, daß er ständige Anspannung nicht mehr ertragen konnte oder hoffte, noch vor der Ankunft des Vitellius die Hauptmacht vernichtend schlagen zu können. Vielleicht war er nicht imstande, den Soldaten, denen es in den Fingern juckte zu kämpfen und die den Kampf lauthals forderten, sich entgegenzustellen. Er nahm an keiner Schlacht mehr teil; vielmehr verweilte er in Brixellum.

Zwar siegte er in drei, freilich unerheblichen Schlachten am Fuß der Alpen, in der Gegend von Placentia und »Bei Castor«, wie der Ortsname lautet. In der letzten und bedeutendsten Schlacht bei Betriacum schlug man ihn mit einer List; er hatte sich Hoffnung auf eine Unterredung gemacht, die Soldaten bereits aus dem Lager führen lassen, gleichsam um zu demonstrieren, daß man um Frieden verhandeln wolle, da mußte man ganz unerwartet und genau in dem Moment, wo die Begrüßung stattfinden sollte, kämpfen. Und auf der Stelle faßte er den Entschluß zu sterben; viele vermuten, und das nicht ganz ohne Grund, daß er dazu mehr entschlossen war, weil er sich schämte, die Herrschaft bei einer so gewaltigen Gefahr für den Staat und die Menschen zu behalten, als deswegen, weil er alle Hoffnung aufgegeben hatte oder den Truppen mißtraute. War es doch im Augenblick tatsächlich so, daß alle Truppen, die er bei sich behalten hatte, um eine günstig sich darbietende Gelegenheit nutzen zu können, unversehrt geblieben waren. Andere stießen aus Dalmatien, Pannonien und Mösien noch zu ihnen; nicht einmal die besiegten Legionen waren so hart mitgenommen, daß sie nicht jede Gefahr spontan und, wenn es sein mußte, sogar allein auf sich genommen hätten, um die Schande wettzumachen.

An diesem Krieg hat mein Vater, Suetonius Laetus, teilgenommen, er war Tribun aus dem Ritterstand bei der dreizehnten Legion. Später hat er häufig erzählt, Otho habe auch als Privatmann Bürgerkriege dermaßen verabscheut, daß er zusammenfuhr, als jemand während des Essens an den Tod des Cassius und Brutus erinnerte. Er hätte es auch nicht zum Zusammenstoß mit Galba kommen lassen, hätte er nicht darauf gesetzt, daß die ganze Angelegenheit ohne Krieg zu regeln sei. Damals sei er durch das Beispiel eines gemeinen Soldaten dahin gekommen, das Leben gering zu schätzen; als dieser nämlich die Nachricht von der Niederlage des Heeres brachte und niemand ihm glauben wollte und er von seiten seiner Kameraden der Lüge und Feigheit beschuldigt wurde, als wenn er sich aus dem Schlachtgetümmel einfach auf und davon gemacht hätte, stürzte er sich vor seinen Füßen in sein Schwert. Als er das mit ansehen mußte, habe er, wie mein Vater sagte, ausgerufen, nicht länger werde er so beherzte und so hoch verdiente Männer in Gefahr bringen.

Also redete er seinem Bruder, seinem Neffen und jedem

seiner Freunde ernstlich zu, jeder solle nach Möglichkeit auf seine eigene Rettung bedacht sein, umarmte sie und gab ihnen einen Kuß, dann entließ er sie alle, zog sich zurück und schrieb, als er allein war, zwei Briefe, einen an seine Schwester, der sie trösten sollte, und an Messalina, die Witwe Neros, die er hatte zur Frau nehmen wollen; darin empfahl er ihr seine Überreste und sein Gedenken. Dann verbrannte er alle seine Briefe, damit durch sie niemand beim Sieger in Gefahr gebracht werde oder jemand Schaden nehmen könne. Er verteilte auch das Geld, das er noch in der Schatulle hatte, an seine Dienerschaft. Somit hatte er alle Vorbereitungen zum Sterben abgeschlossen und war bereit für den Tod. Währenddessen entstand eine Unruhe, und er bemerkte, daß man diejenigen, die sich anschickten, die Waffen niederzulegen und das Lager zu verlassen, aufgriff, als seien sie Deserteure, und festhielt. Da sagte er: »Also gut, verlängern wir unser Leben noch um die kommende Nacht!« Das waren exakt seine Worte. Er verbot, jemandem Gewalt anzutun. Bis ganz spät in die Nacht hinein standen die Türen seines Schlafzimmers offen; jeder erhielt so, wenn er wollte, die Möglichkeit, ihn aufzusuchen. Er löschte den Durst mit einem Schluck eiskalten Wassers, dann packte er zwei Dolche und prüfte ihre Schärfe; nachdem er einen unter sein Kopfkissen gelegt hatte, schlief er bei geschlossenen Türen sehr fest. Erst am frühen Morgen wachte er auf und durchbohrte sich mit einem Stoß unterhalb der linken Brust. Gleich als man Stöhnen vernahm, stürzte man ins Zimmer. Bald bedeckte er die Wunde, bald legte er sie frei, so starb er. Schnell wurde er beigesetzt, denn so hatte er es verfügt; das war in seinem achtunddreißigsten Lebensjahr und am fünfundneunzigsten Tag seiner Regierung.

Eine solche Beherztheit des Otho stimmte überhaupt nicht mit seinem Körper oder der Art, wie er sich stets gab, überein. Er soll nämlich recht klein, schlecht zu Fuß und krummbeinig gewesen sein, aber fast so eitel wie die Frauen; er habe sich nämlich die Körperhaare auszupfen lassen und, da sein Haupthaar sehr licht war, eine Perücke fertigen und so befestigen lassen, daß niemand es bemerken konnte. Ja, er soll sich sogar täglich das Gesicht rasiert und mit feuchtem Brot abgerieben haben; das habe er getan, seit sich die ersten Barthaare gezeigt hätten, damit er nie einen Bart bekomme. Er soll auch häufig an den religiösen Feiern für Isis im leinenen, von der Religion vorgeschriebenen Gewand ganz öffentlich teilgenommen haben. Ich glaube, daß dies dazu beigetragen hat, daß sein Tod, der so gar nicht zu dem paßte, wie er gelebt hatte, so viel Staunen hervorrief. Viele der anwesenden Soldaten haben reichlich Tränen vergossen und Hände und Füße Othos, wie er so dalag, geküßt; sie priesen ihn als einen sehr tapferen Mann und einmaligen Kaiser; auf der Stelle, nicht weit weg von Othos Scheiterhaufen, gaben sie sich sofort den Tod. Auch viele der Soldaten, die nicht dabei waren, eilten, als sie die Nachricht erhielten, vor Schmerz zu den Waffen und kämpften miteinander, bis sie sich gegenseitig getötet hatten. Kurzum, ein Großteil der Menschen, die ihn zu Lebzeiten aufs schlimmste verflucht hatten, lobten ihn, nachdem er tot war, über alle Maßen; das ging so weit, daß man überall sogar hören konnte, er habe Galba nicht in erster Linie umgebracht, um an die Herrschaft zu kommen, sondern vielmehr deswegen, weil er den Staat und die Freiheit wiederherstellen wollte.

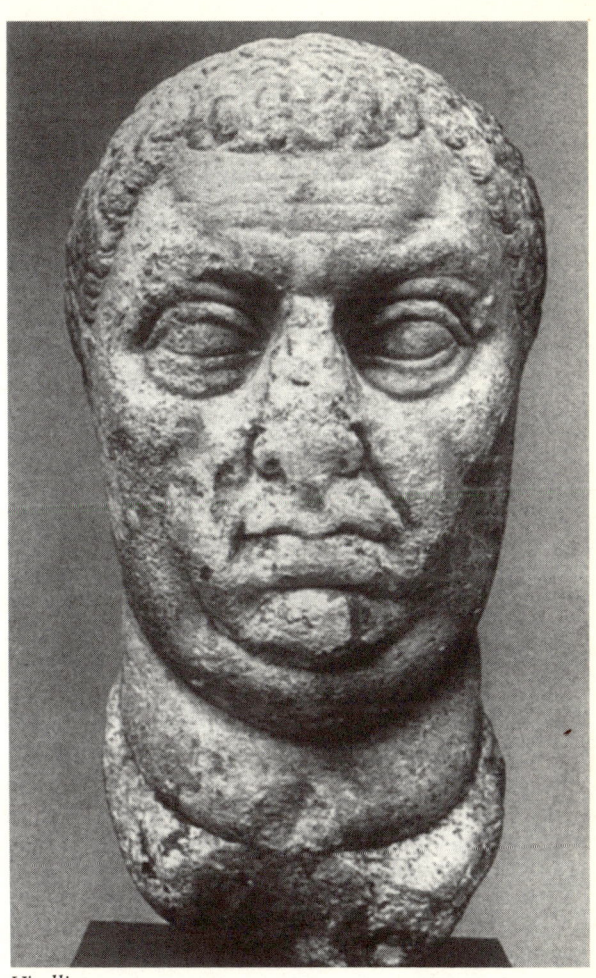

*Vitellius*

# VITELLIUS

Über die Herkunft der Vitellier erhalten wir aus der Überlieferung einmal diese, einmal jene Nachricht, auf jeden Fall
sind die Nachrichten widersprüchlich. Die einen sagen, das
Geschlecht der Vitellier sei alt und vornehm, die anderen dagegen meinen, es sei neu und seine Geschichte liege im Verborgenen und dazu komme es auch noch aus ärmlichen Verhältnissen. Ich wäre der Meinung, daß diese Unklarheit auf
die Schmeichler des Kaisers Vitellius und diejenigen, die
ihm Schlechtes wollten, zurückgeht, gäbe es da nicht schon
weit früher über die Familienverhältnisse ein breites Spektrum an Nachrichten. Es gibt eine Schrift des Q. Elogius an
einen Quintus Vitellius, einen Quaestor unter dem göttlichen Augustus, in welcher zu lesen steht, die Vitellier führten ihren Ursprung zurück auf Faunus, einen König der
Aborigines, und Vitellia, die in vielen Gegenden wie eine
Gottheit verehrt werde, und wären die Herren ganz Latiums
gewesen. Der letzte Nachkomme dieses Geschlechts sei aus
dem Sabinerlande nach Rom gezogen und dort unter die Patrizier aufgenommen worden. Deutliche Hinweise auf dieses Geschlecht hätten lange Zeit bestanden: die Via Vitellia
vom Ianiculum bis hin zum Meer, ebenso eine Kolonie gleichen Namens; einst hätten sie ausdrücklich darauf bestanden, diese gegen die Aequiculi mit Verbänden ihres Geschlechts zu verteidigen. Als zur Zeit des Samnitenkrieges
eine Besatzung nach Apulien gesandt wurde, hätten einige
von den Vitelliern in Nuceria ihre Zelte aufgeschlagen; es sei
eine lange Zeit verstrichen, dann seien ihre Nachkommen
wieder nach Rom gezogen und hätten dort die Rückkehr in
den Senatorenstand verlangt. Dagegen führen aber mehrere
Gewährsmänner an, der Ahnherr des Geschlechts sei ein

Freigelassener gewesen. Cassius Severus, er findet Unterstützung durch andere, berichtet, der Ahnherr sei nur ein Flickschuster gewesen, dessen Sohn es zu einem beträchtlichen Vermögen durch den Ankauf beschlagnahmter Güter und als Agent des Staates gebracht habe; mit einer Dirne, der Tochter eines gewissen Antiochus, der eine Backstube betrieben habe, habe er einen Sohn gehabt, der in den Ritterstand aufgestiegen sei. Da diese Nachrichten alle nicht zusammenpassen, überlasse ich es jedem, sich selbst eine Meinung zu bilden. Von dem allen einmal abgesehen, Publius Vitellius, der aus Nuceria stammte, mag er nun aus einer alten Familie stammen oder sich seiner Eltern und Großeltern schämen müssen oder nicht, war auf jeden Fall römischer Ritter und Vermögensverwalter des Augustus, hatte vier Söhne, die es sehr weit gebracht haben und alle denselben Beinamen führten und sich nur durch ihre Vornamen unterschieden, und zwar den Aulus, Quintus, Publius und Lucius. Aulus starb während seines Konsulats, das er mit Domitius, dem Vater des Kaisers Nero, angetreten hatte, er galt im übrigen als ein Mann, der ein Leben in Pracht und Luxus liebte, und war berüchtigt wegen der Üppigkeit seiner Tafeln. Quintus verlor den Rang eines Senators, als Tiberius den Senat von seinen weniger geeigneten Mitgliedern säubern und diese entfernen ließ. Publius war einer der Begleiter des Germanicus, er klagte Cn. Piso, dessen Feind und Mörder, an und erreichte auch, daß er verurteilt wurde; nach seiner Praetur wurde er als einer der Mitverschworenen des Sejan verhaftet und seinem Bruder zur Bewachung übergeben, er schnitt sich mit einem Federmesser die Adern auf. Nicht so sehr weil es ihn reute, daß er aus dem Leben scheiden wollte, als vielmehr weil die Seinen ihn anflehten, ließ er sich verbinden und behandeln; dennoch starb er in der Haft an einer Krankheit. Lucius wurde unmittelbar nach seinem

Konsulat Statthalter Syriens; er bewog Artabanos, den König der Parther, durch die hohe Kunst der Diplomatie nicht
nur dazu, zu ihm zu einer Unterredung zu kommen, sondern sogar dazu, den Feldzeichen der Legionen seine Reverenz zu erweisen. Später bekleidete er zusammen mit dem
Kaiser Claudius auch noch zweimal den Konsulat und die
Zensur. Auch übertrug dieser ihm die Regierungsgeschäfte,
als er infolge des Feldzuges gegen Britannien abwesend war.
Er war ein uneigennütziger und recht fleißiger Mann, stand
aber in einem recht schlechten Ruf, weil er eine Freigelassene liebte, deren Speichel, mit Honig vermischt, er nicht einmal heimlich oder nur selten, sondern täglich und in aller
Öffentlichkeit als Heilmittel gegen sein Hals- und Rachen-
leiden einnahm. Sein Talent, sich einzuschmeicheln, ist
schon verwunderlich; so kam es auch, daß er als erster damit
begann, Gaius Caesar wie einen Gott zu verehren; als er
nämlich aus Syrien zurückkehrte, wagte er es nicht, sich diesem anders zu nähern als mit verhülltem Haupte, dabei
drehte er sich um und warf sich vor ihm zu Boden. Um sich
den Claudius, der seinen Frauen und Freigelassenen vollkommen hörig war, auf alle Fälle geneigt zu machen, bat er
Messalina darum, ihm als Zeichen ihrer höchsten Gunst zu
erlauben, ihr die Schuhe auszuziehen. Den ihr ausgezoge-
nen rechten Schuh trug er ständig zwischen Toga und Tunika
mit sich herum, manchmal küßte er ihn. Er verehrte auch
goldene Bilder des Narcissus und Pallas unter seinen Haus-
göttern. Von ihm stammt auch der bereits bekannte Satz:
»Hoffentlich wirst du sie noch oft feiern!«; damit beglückwünschte er den Claudius, als er die Säkularspiele feierlich
beging. Einen Tag, nachdem er einen Schlaganfall erlitten
hatte, starb er. Er hinterließ zwei Söhne, die er mit Sestilia,
einer äußerst rechtschaffenen und vornehmen Frau, hatte;
er sah noch, wie beide das Konsulat erlangten; beide

wurden in demselben Jahr Konsuln, und zwar für die Dauer des ganzen Jahres, da der Jüngere der Nachfolger des Älteren für die restlichen sechs Monate im Amt wurde. Den Toten ehrte der Senat mit einem Staatsbegräbnis, darüber hinaus mit einer Statue vor der Rednertribüne; sie hatte folgende Inschrift auf dem Sockel: »Von unbeirrbarer Treue gegenüber seinem Kaiser.«

Aulus Vitellius, der Sohn des Lucius, der spätere Kaiser, wurde am vierundzwanzigsten oder nach anderen Gewährsmännern am siebten September im Konsulatsjahr des Drusus Caesar und Norbanus Flaccus geboren. Astrologen hatten ihm ein Horoskop erstellt; das ließ die Eltern dermaßen erschaudern, daß sein Vater immer sehr darum bemüht war, daß man seinem Sohn zu seinen Lebzeiten keine Provinz übertrug; seine Mutter fing sofort zu jammern an, als er das Kommando über eine Legion erhielt und auch als er zum Kaiser ausgerufen wurde. Seine Kindheit und frühe Jugend verbrachte er auf Capri unter den Liebchen des Tiberius, ihm selbst hing für alle Zeiten der Beiname »Spinter« an; man glaubt, daß sein Vater aufgrund der körperlichen Reize des Sohnes eine Karriere starten und es zu etwas bringen konnte. Auch in den Jahren, die dann folgten, hat er sich mit allen möglichen unnatürlichen Schandtaten besudelt; am Hof spielte er infolgedessen eine hervorragende Rolle: er war ein enger Freund des Gaius, weil er für das Wagenlenken Feuer und Flamme war, des Claudius, weil er versessen aufs Würfelspiel war; am beliebtesten aber war er bei Nero genau aus eben denselben Gründen, dann aber auch, weil er sich um ihn ganz außerordentlich verdient gemacht hatte: denn als er bei den Neronischen Spielen den Vorsitz innehatte, hatte Nero, der brennend mit den Kitharöden aufzutreten wünschte, es aber nicht wagte, obwohl alle auf seinen Auftritt versessen waren, das Theater verlassen, er aber holte

ihn zurück, sozusagen als ein Gesandter des Volkes, das darauf bestand, daß er auftrete, und so hatte er ihm einen Auftritt verschafft, den man sich nur wünschen kann.

Und so hat ihn die Güte dreier Kaiser nicht nur in die
höchsten Ämter in der Politik, sondern auch in die bedeutendsten Priesterämter befördert; danach war er Prokonsul
von Afrika und hatte die Oberaufsicht über die öffentlichen
Bauten; beide Aufgaben ging er mit unterschiedlichem Engagement und mit je einer anderen Haltung an. In der Provinz zeigte er sich während der ganzen zwei Jahre einmalig
uneigennützig, denn er war seinem Bruder, der als sein
Nachfolger bestellt worden war, als Legat zur Seite gestellt
worden. Als er aber in der Stadt Ämter bekleidete, da soll er
Weihgeschenke und Schmuckstücke aus den Tempeln unter
der Hand an sich gebracht und einige auch ausgetauscht haben, Gold und Silber soll er durch Zinn und Messing ersetzt
haben.

Verheiratet war er mit Petronia, der Tochter eines ehemaligen Konsuls; mit ihr hatte er einen Sohn, Petronianus, der
auf einem Auge blind war. Ihn hatte seine Mutter unter der
Bedingung als Erben eingesetzt, daß er aus der väterlichen
Gewalt entlassen werde; also erklärte er ihn für mündig und
tötete ihn, so glaubt man jedenfalls, wenig später; er tat noch
ein weiteres, er bezichtigte ihn nämlich des geplanten Vatermordes; das für dieses Verbrechen vorbereitete Gift habe er
selbst getrunken, weil er ein schlechtes Gewissen gehabt habe. Später heiratete er Galeria Fundana, die Tochter eines
Praetors; auch mit ihr hatte er Kinder, einen Jungen und ein
Mädchen. Der Sohn aber hatte einen Sprachfehler und war
fast stumm und konnte kaum ein Wort artikulieren.

Von Galba wurde er wider Erwarten nach Untergermani-
en geschickt. Unterstützung, so glaubt man, habe er hierbei
durch T. Vinius erhalten, der damals sehr einflußreich war

und mit dem er schon längst durch den Umstand befreundet war, daß sie beide die Partei der Blauen bei den Wagenrennen favorisierten. Weil aber Galba der Ansicht war, daß niemand weniger zu fürchten sei als diejenigen, die an nichts anderes als ans Essen dächten, und daß die Vorräte in den Provinzen wohl ausreichen könnten, seinen unersättlichen Schlund zu stopfen, dürfte es doch jedem klar sein, daß er mehr aus Verachtung als aus Gunst für diesen Posten ausgewählt wurde. Es ist hinlänglich bekannt, daß ihm das Reisegeld fehlte, als er abreisen wollte; er hatte so wenig Geld, daß er Frau und Kinder, die er in Rom zurückließ, in einer Mietwohnung unterbringen und sein Haus für den Rest des Jahres vermieten mußte; der Mutter nahm er sogar eine Perle vom Ohr, um sie für die Kosten der Reise zu verpfänden. Die Schar der Gläubiger, die ihm auflauerte und ihn nicht weglassen wollte, unter ihnen waren auch Leute aus Sinuessa und Formiae, deren Steuergelder er unterschlagen hatte, hielt er sich nur dadurch vom Leibe, daß er sie durch einen schikanösen Prozeß erschreckte. Ja, gegen einen Freigelassenen, der etwas zu peinlich das, was er ihm schuldete, zurückverlangte, strengte er einen Prozeß wegen Beleidigung an, weil er ihm einen Tritt mit dem Fuß versetzt habe, und erst als er von ihm fünfzigtausend Sesterzen erpreßt hatte, ließ er die Klage fallen.

Als er ankam, empfing ihn das Heer, das dem Kaiser schlecht gesonnen war und dazu neigte zu putschen, freudig und mit offenen Armen, als wenn er ein Geschenk der Götter sei, er, der Sohn eines dreimaligen Konsuls, der noch unverbraucht, zugänglich und freigebig war. Diese Meinung, die man schon länger von ihm hatte, hatte Vitellius noch durch jüngste Beweise seines Charakters gefördert, indem er auf der ganzen Strecke selbst gemeine Soldaten, die ihm begegneten, küßte und in den Ställen und Quartieren zu

Maultiertreibern und Reisenden über alle Maßen freundlich war; so fragte er sie am Morgen alle einzeln, ob sie schon gefrühstückt hätten, und bewies ihnen durch einen Rülpser, daß er es bereits getan hatte. Nach seinem Einzug ins Lager schlug er keinem, der etwas von ihm wollte, etwas aus, ja er tilgte sogar von sich aus die Bemerkungen über diejenigen, die gebrandmarkt worden waren, den Angeklagten nahm er ihre schmutzige Kleidung weg, Verurteilten erließ er die Strafen. Es war kaum ein Monat vergangen, da war es soweit, daß ihn plötzlich – man achtete nicht auf Tag und Stunde, es war bereits Abend – Soldaten aus seinem Schlafzimmer holten; sie begrüßten ihn, so wie er gerade war, also im Hausgewand, als Kaiser und trugen ihn durch die belebtesten Straßen; er hatte das Schwert des göttlichen Iulius aus der Scheide gezogen und hielt es fest; das hatte man aus dem Heiligtum des Mars geholt; gleich als man ihn beglückwünschte, hatte ihm jemand dieses Schwert entgegengehalten. Er kehrte erst wieder ins Hauptquartier zurück, als sein Speisezimmer durch den Kamin Feuer gefangen hatte und jetzt in hellen Flammen stand. Das hatte alle aus der Fassung gebracht, und man ängstigte sich, als sei es ein Unglück verheißendes Vorzeichen; zu diesen Leuten sagte er: »Seid guten Mutes! Es hat uns geleuchtet.« Das und nicht mehr sagte er zu den Soldaten. Als dann auch das Heer Obergermaniens, das vorher von Galba abgefallen und zum Senat übergelaufen war, mit ihm einverstanden war, nahm er den Beinamen Germanicus, der ihm von allen Seiten angetragen wurde, mit vollem Enthusiasmus an, den Beinamen Augustus wollte er aber noch nicht haben, den Beinamen Caesar wies er für alle Zeiten zurück. Gleich nachdem ihn die Nachricht von Galbas Tod erreicht und er in Germanien für klare Verhältnisse gesorgt hatte, teilte er seine Truppen, um dann die eine Abteilung gegen Otho vorauszuschicken, die

andere selbst hinzuführen. Dem Heer, das er vorausgeschickt hatte, begegnete ein Glück verheißendes Vorzeichen. Und zwar flog plötzlich von rechts ein Adler heran,
umflog die Feldzeichen, um dann dem Heereszug, sobald er
sich in Marsch gesetzt hatte, gemächlich voranzufliegen. Als
er hingegen aufbrach, stürzten die Reiterstandbilder, die
man für ihn überall aufgestellt hatte, zum gleichen Zeitpunkt zusammen, da plötzlich ihre Beine wegbrachen, und
der Lorbeerkranz, den er sich unter peinlicher Beachtung
der religiösen Regeln aufgesetzt hatte, fiel in ein vorbeiflie-
ßendes Gewässer. Später, als er in Vienna vorne auf dem Tribunal Recht sprach, setzte sich ihm ein Hahn auf die Schulter und dann auf den Kopf. Zu diesen Vorzeichen paßte das,
was weiter geschah, voll und ganz; denn durch die kräftige
Unterstützung seiner Legaten konnte er sich in den Besitz
der Herrschaft setzen, nur auf sich allein gestellt konnte er
sie aber nicht behaupten.

Vom Sieg bei Betriacum und dem Tod Othos hörte er, als
er noch in Gallien war; er zögerte nicht einen Augenblick,
ein Edikt genügte ihm, um alle Praetorianerkohorten ohne
jede Ausnahme zu entlassen, denn sie hatten das denkbar
schlechteste Beispiel abgegeben; diese erhielten den Befehl,
ihre Waffen bei den Tribunen abzuliefern. Einhundertzwanzig Personen, die bei Otho Gesuche eingereicht hatten, auf
die er gestoßen war und worin sie eine Belohnung für ihre
Dienste im Zusammenhang mit Galbas Ermordung forderten, ließ er suchen und hinrichten. Kurzum, er hatte vortrefflich und großartig reagiert, so daß man Aussichten hatte, daß er ein ausgezeichneter Kaiser werde, wären in seinen
übrigen Handlungen nicht seine eigentliche Veranlagung
und seine frühere Lebensweise mehr zum Durchbruch gekommen als die Würde eines Kaisers. Hatte er den Marsch
einmal angetreten, zog er nämlich mitten durch die Städte

wie ein Triumphator; für die Flußfahrt benutzte er die luxu-
riösesten Schiffe, die mit bunten Kränzen aller Art geschmückt waren, für Tafelfreuden war ihm kein Aufwand zu
verschwenderisch gewesen. Weder seine Dienerschaft noch
die Soldaten hielten Disziplin, da er ihre Diebstähle und ihre
Frechheit als Scherz abtat. Unzufrieden mit dem Ehren-
mahl, das ihretwegen überall auf Kosten der Gemeinden
veranstaltet wurde, entließen sie ganz nach Belieben Leute
in die Freiheit, peitschten und schlugen auf der Stelle auf
diejenigen ein, die sich ihnen nicht fügten, oft verwundeten
sie diese, manchmal beförderten sie sie gleich ins Jenseits.
Als er die Ebenen betrat, auf denen man gekämpft hatte,
blieben einige aus Abscheu vor dem Verwesungsgeruch der
Leichen fern; ihnen wagte er mit folgenden Worten, die unseren Abscheu hervorrufen, Kraft zuzusprechen, ein Feind,
den man getötet habe, rieche sehr gut, und noch besser rieche ein Mitbürger. Das hielt ihn nicht davon ab, vor aller
Augen ungemischten Wein in großer Menge zu trinken und
in Mengen verteilen zu lassen, damit der entsetzliche Ge-
stank leichter zu ertragen sei. Ebenso sagte er, als er sich den
Stein betrachtete, auf dem in Gedenken an Otho eine Inschrift angebracht war, gleichermaßen verlogen und kühn,
Otho sei eines solchen Mausoleums würdig, und er sandte
den Dolch, mit dem er sich umgebracht hatte, als Weihgeschenk für Mars nach Colonia Agrippinensis. Hoch oben
auf dem Apennin feierte er sogar ein nächtliches Dankfest.
In Rom hielt er unter Fanfarenklängen der Trompeten Einzug; er trug den Feldherrnmantel und hatte sich mit dem
Schwert gegürtet. Um ihn herum waren lauter Feldzeichen
und Fahnen; seine Begleiter erschienen in Kriegsmänteln,
und die Soldaten präsentierten ihre Waffen.

Immer weniger kümmerte er sich in der Folgezeit um
göttliches und menschliches Recht; am Tag der Niederlage

an der Allia übernahm er das Amt des Pontifex Maximus, ließ gleich für die nächsten zehn Jahre im voraus wählen und sich als Konsul auf Lebenszeit bestellen. Damit bei niemandem ein Zweifel aufkomme, wen er sich als Vorbild in der Leitung des Staates ausgesucht habe, veranstaltete er mitten auf dem Marsfeld eine Totenfeier für Nero, bei der die Staatspriester in großer Zahl beteiligt waren, und drang beim Festessen ungeniert in einen Kitharöden, der seinen Beifall gefunden hatte, auch etwas aus dem »Dominicus« vorzutragen; als dieser die Gesänge Neros anstimmte, sprang er als erster wiederholt vom Sitz hoch und klatschte Beifall. Das war der Anfang seiner Regierung. Zu einem Großteil regierte er ganz nach den Ratschlägen und dem Gutdünken gerade der Verächtlichsten unter den Schauspielern und Wagenlenkern, dabei gab ganz besonders sein Freigelassener Asiaticus den Ton an. Ihn hatte er als ganz jungen Mann zu unnatürlicher Liebe mißbraucht, der war aber seiner überdrüssig geworden und davongelaufen; in Puteoli, wo dieser Limonade verkaufte, griff er ihn auf, ließ ihn in Fesseln legen, nahm sie ihm aber gleich wieder ab und hatte ihn wieder als seinen Gespielen. Als er sich später wieder mit seiner Traurigkeit und damit, daß er sich gar nicht bändigen ließ, herumärgern mußte, verkaufte er ihn an einen herumziehenden Fechtmeister. Doch als er gegen Ende eines Gladiatorenkampfes auftreten sollte, ließ er ihn plötzlich entführen; frei ließ er ihn erst, nachdem er das Kommando in der Provinz übernommen hatte. Am ersten Tag seiner Herrschaft beschenkte er ihn während eines Essens mit dem goldenen Ritterring, obwohl er noch am Morgen, als alle für ihn diese Würde erbeten hatten, nicht mit sich hatte reden lassen und sich gegen einen solchen Schandfleck für den Ritterstand entschieden verwahrt hatte.

Ganz besonders stand ihm der Sinn nach Genußsucht
und Grausamkeit. Immer nahm er drei Mahlzeiten, manchmal auch vier über den Tag verteilt zu sich: Frühstück, Mittagessen, Abendessen und ein Gelage; es war für ihn ein
Leichtes, sich allen Essen hinzugeben, da er es sich zur Gewohnheit gemacht hatte, ein Brechmittel einzunehmen. Er
sagte sich an ein und demselben Tag bei mehreren Leuten
zum Essen an, und niemanden kostete der Aufwand für ein
solches Mahl weniger als vierhunderttausend Sesterzen. In
aller Munde war das Essen, das sein Bruder ihm zu Ehren
bei seiner Ankunft in Rom gab; es sollen damals zweitausend exquisite Fische und siebentausend Vögel aufgetragen
worden sein. Auch dieses Essen hat er noch überboten, als er
eine Schüssel weihte, die er »den Schild der Minerva, der Be-
schirmerin der Stadt« nannte, weil sie so riesig war. Darin
wurde die Leber von Papageifischen, das Gehirn von Fasa-
nen und Pfauen, die Milch von Muränen, die seine Kapitäne
und Dreiruderer vom Partherreich bis zur Meerenge von
Gibraltar hatten auftreiben müssen, untereinander gemischt. Er stopfte sich nicht nur unablässig, sondern auch
zu undenklichen Zeiten voll, damit ekelte er jeden an; nicht
einmal beim Opfer oder auf einer Reise beherrschte er sich,
nicht auch noch vor den Altären gleich die Eingeweide und
Stücke des Opferkuchens aus dem Feuer zu holen und in
sich hineinzustopfen und in den Garküchen an den Land-
straßen Gerichte zu verschlingen, die noch dampften oder
vom Vortag übriggeblieben und schon halb aufgegessen waren.

Ja, er neigte dazu, jeden Beliebigen aus jedem beliebigen
Grunde töten und foltern zu lassen. Männer aus dem Adel,
Mitschüler und Altersgenossen, die er durch allerlei
Schmeicheleien nur geködert hatte, enge Verbindung zum
Regenten zu suchen, brachte er um, wobei er listig vorging

und sich verschiedene Todesarten überlegt hatte. Einem tat er sogar eigenhändig Gift in einen Trunk kalten Wassers, nach dem dieser, als er mit Fieber darniederlag, verlangt hatte. Er schonte auch kaum einen von den Bankiers, Gläubigern und Steuerpächtern, die in Rom von ihm einmal die Begleichung seiner Schulden oder unterwegs Zoll verlangt hatten. Als einer von diesen ihm am Morgen seine Aufwartung machen wollte, ließ er ihn gleich dem Henker übergeben, ließ ihn aber sofort zurückholen, da alle seine Milde lobten; also befahl er, ihn vor seinen Augen zu töten; dazu bemerkte er, er wolle seine Augen weiden. Als einmal zwei Söhne für ihren Vater Fürsprache einzulegen suchten, ließ er sie gleich mit diesem zusammen bestrafen. Als ein römischer Ritter, der zur Vollstreckung des Urteils geschleppt wurde, ihm zurief: »Du bist mein Erbe«, zwang er ihn, ihm sein Testament vorzuzeigen; als er las, daß dieser einen Freigelassenen mit ihm zum Erben eingesetzt hatte, ließ er ihm zusammen mit dem Freigelassenen die Kehle durchschneiden. Auch einige Leute aus dem einfachen Volk ließ er nur deswegen umbringen, weil sie frei heraus die Partei der Blauen in Mißkredit gebracht hatten. Er war der Meinung, sie hätten sich dazu erdreistet, weil sie ihn verachteten und sich Hoffnung auf neue Zeiten machten. Niemand hatte ihn gegen sich so aufbringen können wie die Spaßmacher und Astrologen. Wurde jemand von ihnen denunziert, so bestrafte er ihn ausnahmslos mit dem Tode; er war deswegen so verbittert geworden, weil sofort, nachdem er ein Edikt erlassen hatte, nach welchem die Astrologen noch vor Ablauf des ersten Oktober Rom und Italien verlassen mußten, folgende öffentliche Bekanntmachung angeschlagen wurde: »Glück auf! Auch die Chaldäer sagen, daß es noch vor dem besagten Termin keinen Vitellius Germanicus an irgendeinem Flekken mehr geben werde.« Er geriet auch beim Tode sei-

ner Mutter unter Verdacht; man vermutete nämlich, er habe
verboten, der Kranken zu essen zu geben, da eine Frau aus
dem Stamm der Chatten, der er wie einem Orakel Glauben
schenkte, prophezeit hatte, erst dann werde er als Herrscher
fest im Sattel sitzen und sehr lange regieren, wenn er seine
Mutter überlebt habe. Andere berichten, die Mutter habe
selbst von ihrem Sohn Gift erbeten, weil sie mit den Verhältnissen, wie sie augenblicklich waren, und mit denen, die be-
vorstünden, nicht mehr leben konnte; das Gift habe sie ohne
Schwierigkeiten erhalten.

Im achten Monat seiner Regierung fielen von ihm die
Heere in Mösien und Pannonien, von den in Übersee stationierten Heeren das in Iudaea und Syrien ab; diese leisteten
auf Vespasian den Treueid, zum Teil in seiner Abwesenheit,
zum Teil vor ihm persönlich. Um sich wenigstens noch die
Ergebenheit und Gunst der übrigen zu sichern, gab es
nichts, was man von ihm nicht auf Staatskosten und aus seinem eigenen Vermögen geschenkt erhalten konnte, er gab
alles ohne Maß und Ziel. Er rekrutierte sich sogar in der
Hauptstadt ein Heer; dabei wurde vereinbart, daß diejenigen, die sich freiwillig zum Dienst gemeldet hatten, nach
dem Sieg nicht nur entlassen würden, sondern auch noch in
den Genuß der Vorteile von Veteranen nach der regulären
Dienstzeit kommen sollten. Als ihn dann zu Wasser und zu
Lande der Feind hart bedrängte, stellte er ihm zum einen
seinen Bruder mit einer Flotte und einem Trupp Rekruten
und Gladiatoren entgegen, andererseits die Truppen und
Kommandanten von Betriacum. Er wurde auf der ganzen
Linie besiegt oder verraten; dann ließ er sich von Flavius Sabinus, dem Bruder Vespasians, sein Leben und hundert Millionen Sesterzen fest versprechen. Und sofort gab er an den
Stufen zum Palast vor den versammelten Soldaten bekannt,
daß er zurücktrete, habe er doch ohnehin einst die Herr-

schaft nur widerwillig übernommen. Doch als alle laut ihr
Mißfallen darüber vernehmen ließen, gewährte er sich noch
etwas Bedenkzeit und ließ eine Nacht verstreichen; dann
begab er sich, als es gerade hell wurde, in Trauerkleidung
hinab zur Rednerbühne und gab unter Tränen noch einmal
dieselbe Erklärung ab, allerdings las er sie dieses Mal von einem Manuskript ab. Wieder bestürmten ihn Soldaten und
Volk und baten ihn, nicht abzudanken; sie versprachen ihm
um die Wette alle Hilfe, die sie geben könnten. Da faßte er
wieder Mut, fiel plötzlich über Sabinus und die anderen
Anhänger der Flavier, die bereits ganz sorglos geworden
waren, her und trieb sie auf dem Kapitol zusammen und bereitete ihnen ihren Untergang, indem er den Tempel des
Iuppiter Optimus Maximus in Brand setzen ließ; währenddessen saß er zu Tisch und schaute dem Kampf und dem
Feuer vom Palast des Tiberius aus zu. Wenig später bereute
er, was er getan hatte, und suchte die Schuld dafür auf andere abzuwälzen; also berief er eine Versammlung ein, schwor
– auch alle anderen zwang er zu schwören –, daß ihm nichts
wichtiger sei als die öffentliche Ruhe. Dann löste er den
Dolch von seiner Seite, hielt ihn zuerst dem Konsul, dann,
als der ihn nicht haben wollte, den Beamten und schließlich
jedem einzelnen Senator hin; als ihn niemand nahm, ging er
fort, angeblich um ihn im Tempel der Concordia abzulegen.
Als aber einige ihm zuriefen, er selbst sei die Eintracht, kam
er wieder zurück und versicherte, er werde nicht nur den
Dolch behalten, sondern auch den Beinamen Concordia annehmen. Dem Senat riet er, eine Gesandtschaft in Begleitung der Vestalischen Jungfrauen zu entsenden, die um
Frieden oder mindestens um eine Beratungsfrist nachsu-
chen sollten.

Als er am folgenden Tag auf eine Nachricht wartete, wurde durch Kundschafter gemeldet, die Feinde seien im An-

marsch. Sofort verkroch er sich in eine Sänfte und brach heimlich mit nur zwei Begleitern, seinem Bäcker und seinem Koch, auf zum Aventin in das Haus seines Vaters, um von dort nach Kampanien zu fliehen. Als aber bald darauf das vage und unsichere Gerücht aufkam, man sei sozusagen mit den Bitten um Frieden durchgedrungen, ließ er sich zurück in den Palast tragen. Dort fand er alles verlassen vor, und auch die, die ihn begleitet hatten, hatten nichts Eiligeres zu tun als davonzulaufen; er schnallte sich einen mit Gold gepolsterten Gürtel um und flüchtete sich in die Kammer des Pförtners, band vor der Tür den Hund an und verrammelte von innen die Tür mit einem Bett und einer Matratze.

Schon war die feindliche Vorhut in den Palast eingedrungen und ging, da sich ihnen niemand in den Weg stellte, daran, die einzelnen Räume zu durchsuchen, wie das im Krieg immer so geht. Sie zerrten ihn aus seinem Schlupfwinkel heraus und wollten wissen, wer er sei – denn sie kannten ihn ja nicht – und ob er wisse, wo Vitellius stecke. Er log sich durch Lügen heraus. Doch dann erkannte man ihn, und er erging sich in Bitten, ihn, so als habe er einiges zu sagen, was das Leben Vespasians betreffe, festzusetzen, es mochte auch der Kerker sein; schließlich band man ihm die Hände auf den Rücken, legte ihm eine Schlinge um den Hals, zerriß ihm sein Gewand und schleppte ihn halbnackt auf das Forum; auf der ganzen Strecke über die Via Sacra machte man sich mit ihm in Wort und Tat seinen Spaß, und das nicht zu gering; sein Kopf wurde an den Haaren nach hinten gerissen, wie das bei Verbrechern die Regel war, und man hielt ihm die Spitze eines Schwertes unter das Kinn, damit er sein Gesicht sehen lassen mußte und nicht zur Erde senken konnte. Einige bewarfen ihn mit Mist und Kot, andere schimpften ihn einen Brandstifter und Fresser, ein Teil des Pöbels hielt ihm sogar seine körperlichen Gebrechen vor. Er war nämlich sehr hoch aufgeschossen, hatte ein rotes Gesicht, meistens vom übermäßigen Weingenuß, einen fetten Bauch, ein Bein lahmte etwas, seit er einmal von einem Viergespann angefahren worden war, als er Helfer des Gaius beim Wettrennen war. Zuletzt wurde er bei den Gemonien durch lauter kleine Stiche zu Tode gefoltert und nach seinem Tode auch noch mit einem Haken in den Tiber geschleift.

Er stand im siebenundfünfzigsten Lebensjahr, als er zusammen mit seinem Bruder und seinem Sohn starb. Und es bestätigte sich voll und ganz die Deutung derjenigen, die bei dem Vorzeichen, das ihm bei Vienna zuteil geworden war, wir haben das erwähnt, vorausgesagt hatten, daß es nichts anderes bedeute, als daß er einem Mann von gallischer Herkunft in die Hände fallen werde. Er wurde ja von Antonius Primus, einem Feldherrn des Gegners, überwältigt, der in Tolosa geboren war und in seiner Jugend den Beinamen Becco geführt hatte, was »Hahnenschnabel« bedeutet.

*Vespasian*

# Buch 8

## VESPASIAN · TITUS · DOMITIAN

### VESPASIAN

Lange war durch die bewaffnete Revolte dreier Kaiser und deren Ermordung die Herrschaft umstritten und sozusagen schwankend gewesen; da übernahm sie das Geschlecht der Flavier und stellte sie endlich auf eine feste Grundlage. Die Anfänge desselben lagen zwar im dunkeln, und dazu fehlte es ihm noch an Ahnenbildern, aber dennoch sollte das Gemeinwesen sich seiner nicht schämen müssen, wenn auch bekannt ist, daß Domitian für seine Habgier und Grausamkeit zu Recht gebüßt hat.

T. Flavius Petro stammt aus der Landstadt Reate. Während des Bürgerkrieges war er Centurio oder Evocatus auf der Seite des Pompeius gewesen, vom Schlachtfeld von Pharsalos stahl er sich davon und lief nach Hause, wo er, nachdem man ihm verziehen und ihn ehrenhaft entlassen hatte, damit beschäftigt war, die Gelder von Versteigerungen einzutreiben. Sein Sohn, mit dem Beinamen Sabinus, hat nicht gedient, wenn auch einige berichten, er sei Primipilar gewesen, einige, er habe ein Kommando gehabt, bis er aus Gesundheitsgründen vom Fahneneid entbunden worden sei. In der Provinz Asia trieb er als Steuereinnehmer den Vierzigsten ein. Davon zeugen auch heute noch Statuen, die ihm Bürgerschaften aufgestellt haben, mit folgender Basisaufschrift: καλῶς τελωνήσαντι (»Dem rechtschaffenen Zöllner«). Später machte er bei den Helvetiern seinen Reibach mit dem Verleihen von Geld; dort ist er auch gestorben. Er hinterließ seine Gattin Vespasia Polla und zwei ge-

meinsame Kinder. Der ältere Sohn, Sabinus, brachte es bis
zum Stadtpraefekten, der jüngere, Vespasian, bis zum Kaiser. Polla stammte aus einer vornehmen Familie in Nursia.
Zum Vater hatte sie den dreimaligen Militärtribunen und
Lagerpraefekten Vespasius Pollio, zum Bruder einen Senator im Rang eines Praetors. Kommt man von Nursia nach
Spoletium, so liegt beim sechsten Meilenstein auf einer
Bergspitze ferner ein Ort, der Vespasiae heißt; dort stehen
noch einige Denkmäler der Vespasier, ein wichtiger Hinweis
auf Ansehen und Alter der Familie. Ich will nicht leugnen,
daß einige wiederholt erwähnen, daß der Vater des Petro aus
der Transpadana sein Geld mit der Vermietung von Arbei-
tern verdient habe, die jedes Jahr von Umbrien ins Sabinerland ziehen, um landwirtschaftliche Arbeiten zu verrichten;
er habe sich in Reate niedergelassen und dort auch geheiratet. Davon habe ich nicht einmal ein Anzeichen finden können, obwohl ich recht sorgfältig nachgeforscht habe.

Vespasian ist im Sabinerland oberhalb von Reate in einem
nicht allzu großen Dorf namens Falacrinae am Abend des
17. November unter dem Konsulat des Q. Sulpicius Came-
rinus und des C. Poppaeus Sabinus geboren worden, fünf
Jahre vor dem Tod des Augustus. Erzogen wurde er unter
der Leitung von Tertulla, seiner Großmutter väterlicherseits, auf den Landgütern bei Cosa. Deshalb hat er den Ort,
an dem seine Wiege stand, auch noch als Kaiser regelmäßig
aufgesucht, und das Landhaus blieb im Zustand von damals,
damit nämlich der vertraute Anblick fortbestünde. Überdies pflegte er die Erinnerung an seine Großmutter so sehr,
daß er an Feier- und Festtagen darauf beharrte, auch aus ihrem silbernen Becher zu trinken.

Nachdem er die Männertoga angelegt hatte, verschmähte
er noch lange die breitgestreifte Toga, obwohl sein Bruder sie
bereits erlangt hatte. Nur durch seine Mutter konnte er

bewogen werden, dem Bruder darin nicht länger nachzuste-hen. Dazu hat sie ihn zuletzt mehr durch Schelten als durch Bitten oder ihre mütterliche Autorität gebracht, indem sie ihn wiederholt in Schmähreden den Lakaien seines Bruders nannte.

Militärtribun war er in Thrakien. Als Quaestor fielen ihm durch Los Kreta und Kyrene als Provinz zu. Dann bewarb er sich um das Amt des Aedilen und bald darauf auch um die Praetur. Aedil ist er erst nach einer Zurückweisung seiner Bewerbung geworden, und auch dann kam er nur mit knap-per Not auf den sechsten Platz. Praetor wurde er gleich beim ersten Anlauf und war auch unter den Ersten. Um Caligula, dem der Senat verhaßt war, für sich zu gewinnen - ganz gleich auf welche Weise -, forderte er als Praetor für dessen Sieg in Germanien außerordentliche Spiele, ferner beantrag-te er, die Strafe für die Verschwörer dadurch zu verschärfen, daß man sie unbeerdigt liegen lasse. Dem Caligula sagte er zudem vor dem hohen Hause des Senats dafür Dank, daß er ihn für würdig befunden habe, mit ihm zu speisen.

In diesen Jahren heiratete er Flavia Domitilla, die ehema-lige Geliebte des römischen Ritters Statilius Capella aus Sa-brata in Afrika; sie besaß nur das latinische Bürgerrecht. Aber später wurde sie in einem Verfahren vor den Rekupera-toren für freigeboren und zur römischen Bürgerin erklärt. Denn Flavius Liberalis aus Ferenti, der nur der Schreiber ei-nes Quaestors war, trat für sie als Vater ein. Mit ihr hatte Ve-spasian drei Kinder: Titus, Domitian und Domitilla. Er überlebte Gattin und Tochter; beide verlor er, als er noch Privatmann war. Nach dem Tode seiner Gattin lebte er mit seiner einstigen Geliebten Caenis, einer Freigelassenen und Sekretärin der Antonia, in einer eheähnlichen Gemein-schaft, und sie nahm fast den Platz einer rechtmäßigen Gat-tin ein, auch als er Kaiser war.

Als Claudius Kaiser war, machte Narcissus seinen Einfluß geltend, und man schickte Vespasian als Legionslegat nach Germanien; von dort wurde er nach Britannien versetzt, wo er in dreißig Kämpfen mit dem Feind zusammenstieß. Er unterwarf zwei sehr starke Volksstämme, ferner zwanzig Städte und die Insel Vectis, die nahe bei Britannien liegt; teils hatte hierbei der Konsularlegat Aulus Plautus, teils Claudius selbst das Kommando. Deshalb erhielt er die Triumphabzeichen und in kurzer Folge gleich zwei Priesterämter, außerdem machte man ihn für die letzten zwei Monate des Jahres zum Konsul. Die Zeit bis zum Prokonsulat brachte er in Muße und Zurückgezogenheit zu; denn er hatte Angst vor Agrippina, die immer noch bei ihrem Sohn viel bewirken konnte und voller Haß auf seinen Freund Narcissus war, auch noch nach dessen Tod.

Schließlich fiel ihm durchs Los Afrika zu; dies verwaltete er völlig uneigennützig und nicht ohne große Anerkennung für sein Tun zu finden, sieht man einmal davon ab, daß bei einem Aufstand in Hadrumetum Rüben nach ihm geworfen wurden. Jedenfalls kehrte er heim, ohne sich um einen Pfennig bereichert zu haben, so daß er, da fast schon seine Kreditwürdigkeit in Zweifel gezogen wurde, alle seine Güter dem Bruder verpfänden und sich notgedrungen auf Geschäfte in der Art zwielichtiger Händler einlassen mußte, um seine Stellung zu behaupten. Deswegen nannte ihn der Volksmund »Maultiertreiber«. Auch soll er überführt worden sein, einem Jüngling 200 000 Sesterzen abgepreßt zu haben, dem er gegen den Willen des Vaters den breiten Purpurstreifen verschafft hatte; deswegen sollen gegen ihn schwere Vorwürfe erhoben worden sein.

Auf der Griechenlandreise Neros befand er sich unter dessen Begleitern; als er sich, während dieser sang, entweder zu oft entfernte oder, wenn er anwesend war, schnell einschlief, wurde ihm dies sehr übel genommen, und er wurde nicht nur aus dem Gefolge des Kaisers ausgeschlossen, sondern auch von den öffentlichen Empfängen; so zog er sich in eine kleine, abgelegene Stadt zurück, bis ihm, der sich verborgen hielt und immer noch das Schlimmste befürchtete, eine Provinz mit militärischem Kommando angeboten wurde.

Im ganzen Orient war die alte, sich immer noch hartnäckig haltende Meinung verbreitet gewesen, daß man sich nach einem Schicksalsspruch von Iudaea aus zu eben dieser Zeit der Weltherrschaft bemächtigen werde. Dies war über einen römischen Kaiser geweissagt worden, wie es ja der spätere Verlauf der Ereignisse voll und ganz bestätigt hat; die Juden bezogen den Spruch jedoch auf sich und machten einen Aufstand. Sie ermordeten den Statthalter, beraubten ferner den Konsularlegaten von Syrien, als er zu Hilfe eilte, des Legionsadlers und schlugen ihn in die Flucht. Da es, um diesen Aufstand niederzuschlagen, eines größeren Heeres und eines entschlossenen Führers bedurfte, dem man gleichwohl eine so große Aufgabe voll und ganz übertragen konnte, wählte man gerade ihn, weil ja einerseits sein energisches Auftreten erprobt war und man andererseits von ihm keineswegs etwas zu befürchten hatte, da er von niederer Herkunft und sein Name unbedeutend war. Also verstärkte man die Truppen um zwei Legionen, acht Alen und zehn Kohorten und machte den ältesten Sohn zu einem der Legaten. Sobald er seine Provinz betrat, zog er die Aufmerksamkeit auch der Nachbarprovinzen auf sich, und die Disziplin im Lager wurde sofort in Ordnung gebracht; in etliche Gefechte zog er so beherzt, daß er bei der Belagerung eines Kastells von einem Stein am Knie getroffen wurde und etliche Pfeile in seinem Schild staken.

Während sich nach Neros und Galbas Herrschaft Otho und Vitellius um das Prinzipat stritten, machte Vespasian sich Hoffnung auf den Kaiserthron; diese Hoffnung hatte er schon längst auf Grund folgender Vorzeichen gehegt.

Auf dem Landgut der Flavier nahe bei der Stadt trieb eine alte Eiche, die dem Mars geweiht war, bei jeder der drei Geburten der Vespasia am Stammende plötzlich einen Zweig hervor, zweifellos als Zeichen für das Schicksal eines jeden der Kinder: Zuerst war es ein schwacher und schnell verdorrender Zweig, und so überlebte das Mädchen, das sie gebar, das erste Jahr nicht; der zweite Zweig war überaus stark und weit verästelt, er sollte großes Glück voraussagen; der dritte Zweig aber war so groß wie ein Baum. Deshalb soll sein Vater Sabinus, in seiner Meinung noch durch einen Opferschauer bestärkt, seiner Mutter gemeldet haben, ihr sei ein Enkel geboren, der einst Kaiser würde. Sie aber habe nur schallend gelacht und sich gewundert, daß ihr Sohn bereits verblöde, während sie noch aller Sinne mächtig sei.

Später, als C. Caesar darüber aufgebracht war, daß Vespasian als Aedil nicht peinlichst für die Säuberung der Straßen gesorgt habe, und ihm den Bausch der Toga praetexta mit dem von Soldaten zusammengetragenem Kot anfüllen ließ, da gab es Leute, die das so auslegten: Über kurz oder lang werde das mit Füßen getretene und sich selbst überlassene Staatswesen in einem Bürgerkrieg bei ihm Schutz suchen, es werde sich sozusagen in seinen Schoß flüchten.

Einst war er gerade beim Frühstück, da trug ein Hund, der nicht zum Haus gehörte, von der Straßenkreuzung eine Hand herein und legte sie unter den Tisch. Ein andermal, er war wieder beim Essen, stürmte ein Pflugstier, der das Joch abgeworfen hatte, ins Speisezimmer, die Diener ergriffen die Flucht, und er fiel, wie wenn er plötzlich keine Kraft mehr habe, genau Vespasian vor die Füße, während der zu Tische lag, und beugte vor ihm seinen Nacken. Ferner war eine Zypresse auf dem Land, das er von seinem Großvater geerbt hatte, ohne die Einwirkung eines Sturmes entwurzelt worden und umgefallen; am folgenden Tag richtete sie sich wieder auf, und zwar in frischerem Grün und von kräftigerem Wuchs.

Und in Griechenland träumte er, für ihn und seine Familie werde der glückliche Erfolg einsetzen, sobald Nero ein Zahn gezogen worden sei. Und es kam so, daß am folgenden Tag ein Arzt in die Vorhalle hinaustrat und ihm einen Zahn zeigte, den er soeben Nero gezogen hatte.

In Iudaea befragte er das Orakel des Gottes vom Karmel. Die Orakelsprüche machten ihn sehr zuversichtlich, insofern sie zu versprechen schienen, daß ihm das gelingen werde, was er sich in den Kopf setze und plane, mochte es auch noch so Bedeutendes sein. Und Josephus, einer von den vornehmen Gefangenen, versicherte zuversichtlich und sehr entschieden, als man ihn in Fesseln legte, daß er genau von diesem Mann in Kürze befreit werde, dann aber sei er bereits Kaiser. Auch aus der Stadt wurden Vorzeichen gemeldet: Nero sei in den letzten Tagen im Traum eingegeben worden, er solle den Wagen des Iuppiter Optimus Maximus aus seinem Heiligtum ins Haus des Vespasian und von dort in den Circus geleiten. Und kurz darauf, als Galba nach dem Wahlvorgang um sein zweites Konsulat zur Volksversammlung ging, da habe sich die Statue des göttlichen Iulius von selbst nach Osten gedreht. Am Tag der Schlacht bei Betriacum sollen, noch bevor die Schlacht begonnen hatte, zwei Adler vor aller Augen gekämpft haben. Als der eine besiegt war, soll ein dritter von Osten gekommen sein und den Sieger vertrieben haben. Und dennoch hat Vespasian nicht eher etwas unternommen, obwohl seine Anhänger fest entschlossen waren und drängten, bis ihn dazu eine zufällige Gunstbezeugung einiger Leute bewogen hat, die er nicht kannte und die auch nicht aus seiner näheren Umgebung stammten.

Je 2000 Mann von den drei Legionen des in Mösien stationierten Heeres waren Otho zu Hilfe geschickt worden.
Nachdem sie den Marsch angetreten hatten und ihnen die
Nachricht überbracht worden war, daß er besiegt worden sei
und Selbstmord begangen habe, marschierten sie trotzdem
bis Aquileia, weil sie angeblich der unverbürgten Nachricht
zu wenig Glauben schenkten. Dort hatten sie Gelegenheit,
sich auszutoben und alles zum Objekt ihrer Raubgier zu machen. Da sie fürchteten, daß sie nach ihrer Rückkehr Rechenschaft ablegen müßten und bestraft würden, faßten sie
den Entschluß, einen Feldherrn durch Wahl zum Kaiser zu
machen. Denn sie seien nicht weniger gut als das spanische
Heer, welches Galba, oder als die Praetorianerkohorten, die
den Otho, oder als das Heer in Germanien, welches den Vitellius zum Kaiser ausgerufen hatte. Und so wurden die Namen aller Konsularlegaten aufgeschrieben, die es damals irgendwo gab. Weil jeder aus einem anderen Grunde an den
anderen etwas auszusetzen hatte und einige aus der dritten
Legion, die nach dem Tode Neros von Syrien nach Mösien
verlegt worden war, den Vespasian priesen, stimmten alle zu
und schrieben seinen Namen ohne Aufbegehren auf alle Fahnen. Damals wurde diese Erhebung schnell zum Verstum-
men gebracht, indem man einige Abteilungen auf ihre Posten
zurückbeorderte. Übrigens ließ, als diese Tat doch noch bekannt geworden war, Tiberius Alexander, der Praefekt von
Ägypten, als erster seine Legionen den Eid auf Vespasian ablegen, und zwar am 1. Juli. Dieses Datum galt auch später als
der Tag der Thronbesteigung. Als nächstes leistete ihm am
11. Juli sein Heer in Iudaea den Treueid.

Am meisten hat dem Beginnen genützt, daß die Abschrift
eines echten oder auch gefälschten Briefes des verstorbenen
Otho unters Volk gebracht wurde, worin dieser Vespasian
äußerst eindringlich beschwört, ihn zu rächen, und in dem

er ihn bittet, dem Staat zu Hilfe zu kommen. Dem Unternehmen war auch förderlich, daß man das Gerücht ausstreute, der siegreiche Vitellius beabsichtige, die Winterlager der Legionen gänzlich zu verlegen und die germanischen Legionen in den Orient zu beordern, damit der Kriegsdienst gefahrloser und weniger hart sei; außerdem stünden von den Statthaltern der Provinzen Licinius Mucianus und von den Königen der Parther Vologaeses auf der Seite Vespasians. Nachdem sie ihre Rivalität abgelegt hatten, welche sie auf Grund von Eifersüchtelei bis dahin unverhohlen ausgefochten hatten, sagte jener ihm die Unterstützung durch das syrische Heer, dieser die von 40 000 Bogenschützen zu.

Also begann der Bürgerkrieg. Die Kommandanten wurden mit ihren Truppen nach Italien vorausgeschickt, er setzte inzwischen nach Alexandria über, um die Schlüsselpositionen von Ägypten fest im Griff zu haben. Weil er ein Orakel über die Dauerhaftigkeit seiner Herrschaft wollte, betrat er allein den Tempel des Sarapis; alle seine Begleiter hatte er fortgeschickt; die Gottheit machte er sich sehr geneigt. Schließlich wandte er sich zum Gehen, da schien ihm sein Freigelassener Basilides heilige Büschel, Kränze und Opferkuchen zu bringen, so wie es dort üblich war: feststand, daß diesen niemand eingelassen hatte und er schon seit langer Zeit wegen eines Nervenleidens kaum gehen konnte und auch weit weg war. Ja, auf der Stelle traf ein Brief ein, in dem stand, die Truppen des Vitellius seien bei Cremona aufgerieben und er selbst sei in der Stadt aus dem Wege geräumt worden.

Ansehen und, man möchte sagen, eine gewisse Größe fehlten ihm als Kaiser noch, was ja verständlich ist, da er unerwartet und eben erst Herrscher geworden war. Diese Eigenschaften erwarb er sich aber noch. Als er vorn auf dem Tribunal saß, wandte sich aus dem Volk jemand an ihn, der erblindet war, und noch einer, der ein lahmes Bein hatte. Sie baten ihn, ihnen die Hilfe für ihre körperlichen Gebrechen zukommen zu lassen, die ihnen die Gottheit gezeigt hatte, während sie schliefen: er werde das Augenlicht wiedergeben, wenn er die Augen mit dem Speichel seines Mundes bestreiche, die Beine würden wieder kräftig, wenn er nur geruhe, sie mit der Ferse zu berühren. Da er aber kaum darauf vertraute, daß die Prozedur zu irgendeinem Erfolg führen werde, und er deswegen nicht einmal wagte, es zu versuchen, sprachen ihm schließlich seine Freunde gut zu, und er berührte beide öffentlich vor versammeltem Volk; und der Erfolg blieb nicht aus. Zur gleichen Zeit sind in Tegea in Arkadien auf eine Eingebung der Seher hin Gefäße mit alter Kunstarbeit an einem geweihten Ort ausgegraben worden; in diesen befand sich ein Bildnis, das Vespasian recht ähnlich sah.

Aus dieser Position heraus und einen so guten Ruf genießend, kehrte er nach Rom zurück, feierte seinen Triumph über die Juden und fügte seinem letzten Konsulat noch weitere acht hinzu. Er übernahm auch noch die Zensur. Und während seiner gesamten Regierungszeit lag ihm nichts mehr am Herzen, als das nahezu angeschlagene und schwankende Staatswesen zu festigen und ihm förderlich zu sein.

Teils aus Vertrauen auf Grund des Sieges, teils aus Unwillen über ihre Brandmarkung hatten sich die Soldaten zu jeder Art von Zügellosigkeit und Verwegenheit verstiegen. Aber auch Provinzen und freie Bürgerschaften, ja sogar einige Königreiche gingen miteinander in einer Weise um, die alarmierend war. Deshalb entließ er zwar einen Großteil der Soldaten des Vitellius und setzte dem Rest enge Schranken; denjenigen aber, die am Sieg beteiligt gewesen waren, irgendwelche außerordentlichen Geschenke zu bewilligen, davon war er weit entfernt, so daß er ihnen auch die Belohnungen, die ihnen rechtmäßig zustanden, erst spät zahlte. Um keine Gelegenheit, die Zucht und Ordnung zu verbessern, verstreichen zu lassen, wies er einen jungen Mann, der nach Salben duftete, mit einer Bewegung seines Kopfes ab, als dieser sich bei ihm dafür bedanken wollte, daß er eine Praefektur erhalten habe, und fuhr ihn sehr barsch an: »Mir wäre es lieber, du würdest nach Knoblauch stinken«. Die Ernennungsurkunde ließ er einziehen. Als aber die Marinesoldaten, die abwechselnd von Ostia und Puteoli nach Rom gehen müssen, verlangten, er möge ihnen eine Art »Schuhgeld« zusagen, befahl er, als sei es zu wenig, sie ohne Antwort abzuweisen, daß sie in Zukunft stets barfuß laufen sollten; und seitdem rennen sie so hin und her.

Achaia, Lykien, Rhodos, Byzanz und Samos raubte er die Freiheit, auch Kilikia Trachia und Kommagene, die bis dahin Könige regiert hatten, und machte sie zu Provinzen. In Kappadokien erhöhte er die Präsenz der Legionen wegen der ständigen Angriffe barbarischer Völkerschaften und setzte an die Stelle eines römischen Ritters einen ehemaligen Konsul als Statthalter ein.

Die Spuren der Brandkatastrophen vergangener Zeiten und vom Einsturz bedrohte Gebäude verunstalteten die Stadt. Jedem erlaubte er, freie Plätze für sich zu beanspruchen und zu bebauen, wenn die Besitzer es an der nötigen Initiative fehlen ließen. Er selbst nahm den Wiederaufbau des Kapitols in Angriff, legte als erster Hand an, den Schutt wegzuräumen, und schaffte einiges auf seinem Buckel fort. Er ließ 3000 bronzene Tafeln, die zur selben Zeit ein Raub der Flammen geworden waren, wiederherstellen, nachdem Kopien überall ausfindig gemacht worden waren: ein sehr schönes und altes Dokument für die Ausübung von Macht, welches die Senatsbeschlüsse fast seit der Gründung der

Stadt enthielt, ferner die Beschlüsse des Volkes über Bündnisverträge und Verträge anderer Art sowie über Privilegien,
die es irgendeinem eingeräumt hatte. Er ließ auch neue Gebäude errichten: einen Tempel der Pax nahe beim Forum
und einen für den göttlichen Claudius auf dem Mons Caelius, der zwar schon von Agrippina begonnen worden war,
den aber Nero fast bis auf die Grundmauern zerstört hatte.
Überdies ließ er mitten in der Stadt ein Amphitheater bauen,
als er in Erfahrung gebracht hatte, daß schon Augustus sich
das fest vorgenommen hatte.

Er säuberte die höchsten Stände, die durch mancherlei
Ermordungen erschöpft und durch die alte Gleichgültigkeit
entehrt waren; er ergänzte sie, indem er Senat und Ritterschaft abmusterte, die unwürdigsten Elemente entfernte
und gerade die ehrenwertesten Italiker und Provinzialen in
die Reihen des Senats aufnahm. Und damit bekannt sei, daß
sich beide Stände nicht so sehr durch ihr Maß an Freiheit als
vielmehr durch ihren Rang voneinander unterschieden, verkündete er in einem bekannten Prozeß zwischen einem Senator und einem römischen Ritter folgendes Urteil: Gegen
die Senatoren dürften keine Schmähworte ausgestoßen werden, eine Erwiderung auf Beschimpfungen aber sei das
Recht eines jeden Bürgers.

Überall wurden die Listen der Prozesse länger und länger,
denn die alten Verfahren schwebten noch, da die Rechtsprechung unterbrochen war, neue kamen infolge der unruhigen
Zeitumstände hinzu; durch Los wählte er Leute aus, die das,
was im Krieg geraubt worden war, den rechtmäßigen Eigentümern zurückerstatten sollten und die Prozesse, die vor das
Centumviralgericht kommen mußten, für deren Verhandlung dort aber kaum die Zeit hinzureichen schien, gleich
entscheiden und ihre Anzahl immer weiter verringern sollten.

Zügellosigkeit und Verschwendungssucht hatten überhand genommen, da keiner ihnen Einhalt gebot. Auf seine Initiative hin faßte der Senat den Beschluß, daß die Frau, die mit dem Sklaven eines anderen Umgang hatte, als Sklavin gelten solle. Ferner sollten diejenigen, die an die Söhne des Hauses Geld verliehen, niemals das Recht haben, den Kredit zurückzufordern, nicht einmal nach dem Tode des Vaters.

In allen anderen Dingen war er gleich vom Anfang seines Prinzipats an bis zu seinem Ende leutselig und milde; aus seiner ehemaligen Zugehörigkeit zu einem niederen Stand machte er nie einen Hehl und kokettierte sogar häufig damit. Ja, er lachte sogar wider Erwarten gewisse Leute aus, die versuchten, den Ursprung des flavischen Geschlechts auf die Gründer von Reate und einen Begleiter des Hercules, dessen Denkmal an der Via Salaria steht, zurückzuführen. Außerdem war er ganz und gar nicht auf Auszeichnungen aus, so daß er am Tage des Triumphzuges – des Festzuges überdrüssig und durch sein langsames Vorwärtskommen ermüdet – nicht damit zurückhielt, daß er zu Recht gestraft werde, da er als alter Mann auf so unschickliche Weise einen Triumphzug begehrt habe, als wenn er ihn entweder seinen Vorfahren schuldig sei oder ihn jemals für sich erhofft habe. Nicht einmal die tribunizische Gewalt ließ er sich sofort zuerkennen, und die Anrede »Vater des Vaterlandes« gestattete er erst spät. Ja, er hatte, als der Bürgerkrieg noch andauerte, das übliche Verfahren, beim morgendlichen Empfang die Gäste zu durchsuchen, aufgegeben.

Die Offenheit der Freunde im Gespräch, die Anspielungen der Advokaten und die Störrigkeit der Philosophen ertrug er mit größter Gelassenheit. Den Licinius Mucianus, dessen unzüchtiges Treiben bekannt war, der ihm aber – im Vertrauen auf Verdienste um Vespasian – zu wenig Ehrfurcht entgegenbrachte, tadelte er nur heimlich und insofern er, als

er sich bei einem gemeinsamen Freund beklagte, die Schluß-
worte hinzusetzte: »Ich bin doch wenigstens ein Mann«. Er
lobte sogar persönlich den Salvius Liberalis, der es gewagt
hatte, bei der Verteidigung eines reichen Angeklagten zu sagen: »Warum ist es für den Kaiser von Belang, wenn Hip-
parchus hundert Millionen Sesterzen hat?« Als der Kyniker
Demetrios ihm auf einer Reise nach seiner Verurteilung begegnete und es nicht für angemessen hielt, sich zu erheben
noch zu grüßen, sondern, ich weiß nicht warum, ihn anbell-
te, da begnügte er sich, ihn einen Hund zu nennen.

Er trug Beleidigungen und Feindseligkeiten überhaupt
nicht nach, noch rächte er sich dafür; so hat er die Tochter
seines Feindes Vitellius überaus prächtig verheiratet, ihr
auch noch eine Mitgift gegeben und sie gut ausgestattet. Als
er Angst um sein Leben hatte, nachdem er unter Nero vom
Hof verbannt worden war, und fragte, was er tun oder wohin er gehen solle, da hatte jemand aus dem Amt, das die Bewilligung von Audienzen beim Kaiser aussprach, befohlen,
er solle dorthin gehen, wo der Pfeffer wächst; dabei kompli-
mentierte er ihn bereits hinaus. Als dieser ihn später um Ver-
zeihung bat, ließ er sich in seiner Erregung nicht zu mehr
Worten hinreißen, ja er gebrauchte fast gleich viele und dieselben. Ja, ihm war es so zuwider, sich auf Grund irgendeines Verdachtes oder aus Furcht nötigen zu lassen, jemanden
ins Verderben zu stürzen, daß er, trotz der Mahnungen seiner Freunde, sich vor Mettius Pompusianus in acht zu nehmen, weil man allgemein glaubte, dieser sei auf Grund seiner
Nativität zum Kaiser bestimmt, ihn sogar zum Konsul
machte; dabei versicherte er, daß dieser sich zu gegebener
Zeit jener Wohltat erinnern werde.

Man wird kaum jemanden finden, der, ohne Schuld zu haben, bestraft worden ist, es sei denn, es geschah in Vespasians Abwesenheit und ohne sein Wissen oder mit Sicherheit

gegen seinen Willen und weil man ihn hintergangen hatte.
Über Helvidius Priscus, der ihn nach seiner Rückkehr aus
Syrien als einziger nur mit seinem Namen Vespasian begrüßt
und ihn während seiner Praetur in allen Edikten ohne jede
ehrenvolle Erwähnung übergangen hatte, war er erst dann
aufgebracht, als er von ihm in außergewöhnlichen Wortgefechten in Schranken gewiesen worden war. Wenn er ihn
auch zuerst verbannt und dann auch noch befohlen hatte,
ihn zu töten, hielt er es dennoch für wichtig, auch ihn auf jeden Fall zu retten; dazu sandte er Leute aus, die die Henker
zurückrufen sollten. Er hätte ihn auch gerettet, wenn nicht
fälschlich rückgemeldet worden wäre, er sei bereits tot. Er
hat sich übrigens nie über die Hinrichtung eines Menschen
gefreut; selbst wenn die Hinrichtung zu Recht erfolgt war,
vergoß er noch Tränen und ließ einen Seufzer hören.

Das einzige, was man zu Recht mißbilligen kann, ist seine Habgier. Er gab sich nämlich nicht damit zufrieden, die
unter Galba erlassenen Steuern wieder eingeführt, neue
und drückende hinzugefügt, die Tributzahlungen für die
Provinzen erhöht, sie für einige sogar verdoppelt zu haben,
er hatte auch vor aller Welt in Händeln seine Finger, für die
sich selbst ein Privatmann schämen mußte; er kaufte nämlich einiges nur auf, um es später teurer zu veräußern. Er
schreckte nicht einmal davor zurück, Amtsbewerbern Ämter oder Angeklagten, egal ob sie schuldig oder nicht schuldig waren, Freisprüche zu verkaufen. Man glaubt sogar,
daß er darauf sah, gerade die raffgierigsten Prokuratoren
absichtlich auf recht bedeutende Posten zu befördern, um
sie, sobald sie sich bereichert hatten, zu verurteilen. Er soll
gerade diese Leute im allgemeinen wie einen Schwamm gebraucht haben, weil er sie sozusagen, wenn sie trocken waren, tränkte und dann, wenn sie sich vollgesogen hatten,
auspreßte.

Einige berichten, daß er von Natur aus sehr gierig war; dies ist ihm auch von einem alten Ochsentreiber vorgeworfen worden; dieser bat Vespasian demütig, als er die Herrschaft angetreten hatte, ihm die Freiheit zu schenken, ohne dafür etwas zu bezahlen; als Vespasian dies ablehnte, schrie er: »Ein Fuchs ändert seinen Pelz, nicht aber seinen Charakter«. Im Gegensatz dazu gibt es aber auch Leute, die behaupten, zu den Beute- und Raubzügen sei er durch die hohen und dringenden Ausgaben der Staatskasse und den Engpaß in der kaiserlichen Privatkasse gedrängt worden, was er gleich zu Beginn seines Prinzipats an den Tag legte, als er öffentlich erklärte, es seien vierzig Milliarden Sesterzen erforderlich, damit der Staat weiter bestehen könne. Dies scheint auch der Wahrheit näherzukommen, weil er das, was doch auf verwerfliche Weise erworben war, für sehr gute Zwecke gebrauchte. Gegenüber Menschen jeden Standes war er sehr freigebig; er stockte Senatoren das Vermögen auf, mittellose Konsulare unterstützte er mit fünfhunderttausend Sesterzen jährlich, auf dem ganzen Erdkreis ließ er sehr viele Städte, die durch Erdbeben oder Feuersbrünste verwüstet worden waren, weit schöner wiederherstellen; in ganz besonderem Maße unterstützte er Schriftstellertalente und Künstler. Als erster sagte er den lateinischen und griechischen Rhetoriklehrern hunderttausend Sesterzen als Jahresgehalt aus der kaiserlichen Privatkasse zu. Herausragenden Dichtern und ganz besonders Künstlern, dem Restaurator der koischen Venus und dem des Kolosses ließ er ein beachtenswertes Geschenk und ein hohes Honorar zukommen. Auch einem Ingenieur, der versprach, hohe Säulen mit geringem Kostenaufwand auf das Kapitol zu schaffen, bot er eine stattliche Belohnung für den Einfall an. Den Entwurf schickte er zurück und bemerkte gleich obenan, er möge ihm erlauben, den kleinen Mann sich seinen Lebensunterhalt verdienen zu lassen. Bei den Spielen, mit denen die wiederaufgebaute Bühne des Theaters des Marcellus eingeweiht wurde, ließ er auch alte Virtuosen wieder auftreten. Dem Tragöden Apelles zahlte er vierhunderttausend Sesterzen, den Kitharöden Terpnus und Diodorus zweihunderttausend, einigen hunderttausend, einigen das Minimum von vierzigtausend Sesterzen, und außerdem verlieh er ihnen sehr viele goldene Kränze. Aber er gab auch ständig Tischgesellschaften und noch häufiger reguläre und üppige Essen, um die Fleischwarenhändler zu subventionieren. Wie die Männer an den Saturnalien, so erhielten die Frauen am ersten März von ihm Geschenke. Und doch wurde er nicht einmal auf diese Weise die alte üble Nachrede, er sei habgierig, los. Die Einwohner von Alexandria nannten ihn auch weiterhin Kybiosaktes, Beiname eines ihrer Könige von äußerst niedriger und schmutziger Gesinnung. Bei seiner Beerdigung trug der Obermime Favor seine Maske und ahmte, wie es Brauch ist, die Handlungs- und Redeweisen des Lebenden nach; ja, da geschah es, daß er in aller Öffentlichkeit die Prokuratoren fragte, wie teuer denn Leichenbegängnis und Festzug kämen; als er hörte, zehn Millionen Sesterzen, rief er aus, sie sollten ihm hunderttausend Sesterzen geben und ihn ruhig in den Tiber schmeißen.

Er war von mittlerer Größe, seine Gliedmaßen waren untersetzt und fest, sein Gesichtsausdruck war der eines Mannes, der sozusagen dauernd angestrengt ist. Über ihn sagte auf eine nicht plumpe Art einer von den Scherzbolden, wenn auch erst, als Vespasian ihn aufgefordert hatte, auch gegen ihn etwas zu sagen: »Ich werde etwas sagen, wenn du aufgehört hast, den Bauch zu entlasten«. Er konnte mit seiner Gesundheit voll zufrieden sein, obwohl er, um sich zu schützen, nichts weiter tat, als sich selbst den Hals und die übrigen Körperteile vollständig im Ballspielsaal abzutrocknen und jeden Monat eine Diät von einem Tag einzulegen.

An ungefähr folgender Tagesdisposition hielt er fest. Während seiner Regierungszeit wachte er in aller Frühe auf, während es noch Nacht war; dann las er die Briefe und kurzen Berichte aller Beamten durch und ließ schließlich die Freunde zu sich ein. Während man ihm seine Aufwartung machte, zog er sich selbst Schuhe und Oberkleid an. Nach Erledigung aller Angelegenheiten, die angefallen waren, nahm er sich Zeit für eine Ausfahrt und dann für ein Mittagsschläfchen; eine von den Beischläferinnen, von denen er eine ganze Reihe an die Stelle der verstorbenen Caenis eingesetzt hatte, lag dann bei ihm; von seinem Privatgemach ging er ins Bad und ins Speisezimmer. Zu keinem Zeitpunkt sei er zugänglicher und gütiger gewesen, so wird berichtet. Und ganz besonders diese Augenblicke nutzten die Bediensteten, um Bitten vorzutragen.

Und während des Essens und beim Würfelspiel war er aufgeräumt und tat vieles mit einem Scherz ab. Er war nämlich meist zu Späßen aufgelegt, die Ausdrücke waren allerdings kräftig und schmutzig, so daß er nicht einmal vor unzüchtigen Worten haltmachte. Und doch gibt es von ihm einige vortreffliche Witze, wie auch der folgende: Den Konsular Mestrius Florus, von dem er daran erinnert worden war, man müsse wohl eher *plaustrum* statt *plostrum* sagen, begrüßte er am folgenden Tag mit »Flaurus«. Ferner: Er ließ sich von einer Frau im Sturm erobern, da sie sich wohl unsterblich in ihn verliebt hatte; als er der Verführten für den Beischlaf vierhunderttausend Sesterzen geschenkt hatte, gab ihm sein Buchhalter zu bedenken, wie der Betrag in der Bilanz ausgewiesen werden solle. Da sagte er: »Für unsterbliche Liebe zu Vespasian«. Er zitierte auch griechische Verse recht treffend, einmal in bezug auf einen Mann, der eine schlanke Statur und ein enormes Glied hatte:

> »Wandelt er mächtigen Schritts und schwang die erhabene Lanze«.

Zum anderen in bezug auf den Freigelassenen Kerylos, der sich als ganz reicher Mann dem Recht der Staatskasse entziehen wollte und sich deshalb selbst als Freigeborener ausgab, seinen Namen änderte und sich Laches zu nennen begann:

> »O Laches, Laches,
> wenn du gestorben bist, wirst du wieder wie
> ursprünglich Kerylos sein«.

Doch besonders gern riß er seine Witze bei seinem Reichtum, der durch Schimpf und Schande zustande gekommen war, um den Neid durch eine Hänselei zu entkräften und übergehen zu lassen in bitteren Geschmack.

Als ihn einer von seinen treuen Dienern um das Amt des Schatzmeisters für seinen »Bruder« bat, vertröstete er ihn und ließ den Bewerber selbst zu sich rufen. Nachdem er die Summe, die dieser mit seinem Fürsprecher vereinbart hatte, selbst kassiert hatte, setzte er ihn ohne Verzug in das Amt ein. Zu seinem Diener, der bald darauf Einspruch erhob, sagte er: »Suche dir einen anderen (als) Bruder; dieser hier, den du für den deinen hältst, ist meiner«. Als er einmal auf einer Reise argwöhnte, der Maultiertreiber sei nur deswegen abgesessen, um den Maultieren Schuhe überzuziehen, damit einer, der einen Streitfall anhängig hatte, genügend Zeit habe, (sich vorzubereiten,) fragte er, wie teuer das Beschuhen gewesen sei, und hat sich einen Teil des Lohnes ausbedungen. Als ihm einmal sein Sohn Titus vorhielt, daß er auch noch eine Pissoir-Steuer plane, hielt er ihm das Geld aus der ersten Zahlung unter die Nase und wollte wissen, ob er am Geruch Anstoß nehme. Als jener das verneinte, sagte er: »Und doch kommt es vom Urin«. Als ihm Gesandte meldeten, man habe beschlossen, ihm im Namen des Staates für eine nicht gerade kleine Summe eine riesige Statue zu errichten, befahl er ihnen, sie möglichst sofort aufzustellen, hielt ihnen seine hohle Hand hin und sagte: »Der Sockel ist fertig«. Und er machte sogar seine Scherze, wenn er Angst hatte und in höchster Lebensgefahr war. Als sich nämlich plötzlich das Mausoleum öffnete und ein Komet am Himmel auftauchte – zwei unter vielen anderen Vorzeichen –, sagte er, das eine Vorzeichen betreffe die Iunia Calvina aus dem Geschlecht des Augustus, das andere den Partherkönig, der das Haar lang trägt. Auch beim ersten Anfall einer Krankheit sagte er: »Ach, ich glaube, ich werde ein Gott«.

Als er in seinem neunten Konsulat in Kampanien von leichten Fieberanfällen geschüttelt wurde, eilte er ohne Aufenthalt nach Rom zurück, von hier eilte er nach Cutiliae und auf sein Landgut bei Reate, wo er jedes Jahr den Sommer zubrachte. Als er hier den angegriffenen Gesundheitszustand durch den häufigen Gebrauch von kaltem Wasser nicht nur verschlimmerte, sondern auch noch die Gedärme in Mitleidenschaft zog, und er nichtsdestoweniger den Geschäften eines Kaisers – so wie er es gewohnt war – nachging, nämlich auch Gesandtschaften liegend anzuhören, erlitt er dabei einen Durchfall bis zur Erschöpfung, doch er sagte, ein Kaiser müsse im Stehen sterben; und während er sich erhob und aufzustehen versuchte, starb er unter den Händen derer, die ihn aufrichten wollten, am 23. Juni im Alter von 69 Jahren, sieben Monaten und sieben Tagen.

Alle sind in dem Punkt derselben Meinung, daß er sich

wegen seines Horoskops und dem seiner Söhne stets sicher war, so daß er es nach den ständigen Verschwörungen gegen sein Leben wagte, vor dem Senat als feststehend zu behaupten, nur seine Söhne kämen für die Nachfolge in Betracht, sonst niemand. Man sagt auch, er habe einst im Traum mitten im Vorhof seines Palastes eine Waage mit geradestehendem Zünglein stehen sehen, wobei auf der einen Schale Claudius und Nero, auf der anderen er selbst und seine Söhne standen. Und er hat sich nicht getäuscht, da beide Parteien bis auf den Tag genau gleich viele Jahre Kaiser waren.

*Titus*

# TITUS

Titus, er führte das Cognomen des Vaters, war der ausge-
sprochene Liebling des Menschengeschlechts. An ihm fanden sich Begabung, aber auch allmählich erworbene Fähigkeiten in besonders reichem Maß, zudem war er überaus
vom Glück begünstigt, so daß er sich das Wohlwollen aller
erwerben konnte, und dies, was überaus schwierig ist, während seiner Zeit als Kaiser, wohingegen er sich als Privatperson und unter der Regierung seines Vaters sogar Haß zuzog
und sich erst recht öffentlich Vorwürfe mußte machen lassen. Er wurde am 30. Dezember in dem denkwürdigen Jahr,
als Gaius Caligula ermordet wurde, in einem armseligen
Haus nahe dem Septizonium geboren, in einem wahrhaftig
sehr kleinen und finsteren Zimmer; es existiert ja heute
noch, und man kann es besichtigen. Erzogen wurde er bei
Hofe zusammen mit Britannicus; in den gleichen Disziplinen und von denselben Lehrern wie dieser wurde er unterwiesen. Ja, in dieser Zeit habe, so sagt man, ein Metoposko-
pe, den Narcissus, ein Freigelassener des Claudius, eingeladen hatte, damit er sich Britannicus ansehe, äußerst beharrlich versichert, unter keinen Umständen werde Britannicus,
hingegen Titus, der damals dabeistand, werde sicherlich einmal Kaiser. Sie waren aber so sehr vertraut miteinander, daß
auch Titus, der dicht bei ihm zu Tische lag, von dem für Britannicus tödlichen Gifttrank gekostet haben und als Folge
davon für lange Zeit schwer erkrankt sein soll. Später stellte
er ihm in Erinnerung an alle gemeinsamen Erlebnisse auf
dem Palatium eine goldene Statue auf. Ferner weihte er ihm
ein Reiterstandbild aus Elfenbein, das beim Festzug zum
Circus auch heute noch vorneweggetragen wird, und gab
das Geleit. Am jungen Titus fielen sofort die körperlichen

und die geistigen Vorzüge in die Augen, mehr und mehr dann noch mit fortschreitendem Alter: Er war von ausnehmend schöner Gestalt, und diese verlieh ihm nicht weniger Autorität als Anmut, er war sehr stark, allerdings war er nicht von schlanker Statur und hatte ein kleines Bäuchlein. Er hatte ein ausgezeichnetes Gedächtnis und war ein Meister in fast allen Künsten des Krieges, aber auch des Friedens. Er war äußerst geübt im Umgang mit Waffen und ein sehr erfahrener Reiter. Es fiel ihm leicht, sowohl in lateinischer als auch in griechischer Sprache als Redner öffentlich zu sprechen und Gedichte abzufassen, dies ging bis zur Rede aus dem Stegreif. Ja, nicht einmal in der Musik war er ungebildet, da er singen und angenehm und kunstgerecht zur Zither spielen konnte. Von mehreren Seiten habe ich erfahren, daß er auch gewohnt war, in Kurzschrift sehr schnell aufzunehmen, wenn er mit einem Schreibgehilfen im scherzhaften Spiel wetteiferte, und daß er alle Handschriften nachahmen konnte, die er gesehen hatte. Und oft ließ er verlauten, er hätte der größte Fälscher sein können.

Als Militärtribun erwarb er sich sowohl in Germanien als auch in Britannien den Ruf eines sehr fleißigen und nicht minder besonnenen Mannes, denn so lassen ihn eine Reihe Statuen und Bilder und auch Basisaufschriften in beiden Provinzen erscheinen.

Nach dem Kriegsdienst engagierte er sich auf dem Forum, mehr wenn es Ehre einbrachte, als daß er sich dort fleißig zeigte. Genau in diese Phase fiel die Heirat mit Arrecina Tertulla, der Tochter eines römischen Ritters, doch war der einstmals Praefekt der Praetorianerkohorten gewesen. Nach deren Tod trat an ihre Stelle Marcia Furnilla, eine Frau von glänzender Herkunft; von dieser Frau, mit der er eine Tochter hatte, ließ er sich scheiden.

Unmittelbar aus der Quaestur heraus wurde er Legat. Als

solcher unterwarf er Tarichea und Gamala, zwei überaus starke Städte in Iudaea. Als ihm in einer Schlacht das Pferd unter den Schenkeln weggerissen wurde, bestieg er ein anderes, dessen Reiter ganz in der Nähe gekämpft hatte und gefallen war.

Später, als Galba die Macht im Staate hatte, schickte man ihn, um zu gratulieren. Wo auch immer er hinging, zog er die Blicke der Menschen auf sich, so als sei er herbeigerufen worden, um adoptiert zu werden. Aber als er hörte, daß alles wieder im Fluß war, kehrte er von seiner Reise zurück und wurde, als er das Orakel der Venus auf Paphos besuchte, um Rat über die Seereise einzuholen, sogar bestärkt in seiner Hoffnung, einmal Kaiser zu werden.

Kurze Zeit danach ist diese Hoffnung in Erfüllung gegangen, und er wurde zur vollständigen Unterwerfung Iudaeas zurückgelassen. Beim letzten Sturm auf Jerusalem streckte er zwölf Verteidiger mit ebenso vielen Pfeilschüssen nieder und eroberte die Stadt am Geburtstag seiner Tochter. Die Freude der Soldaten und ihre Begeisterung für ihn waren so groß, daß sie ihn an diesem Ehrentag als Imperator begrüßten; als er unmittelbar danach aus der Provinz fortgehen wollte, hielten sie ihn davon ab, wobei sie demütig, ja sogar unter Drohungen verlangten, daß er entweder bei ihnen bleibe oder sie alle zugleich mit sich nehme.

Dadurch kam der Verdacht auf, er habe versucht, vom Vater abzufallen und sich die Herrschaft über den Orient zu verschaffen. Diesen Verdacht vermehrte er, da er nach Alexandria eilte und bei der feierlichen Beisetzung des Apis-Stieres in Memphis ein Diadem trug, wie es der althergebrachte Brauch einer altehrwürdigen Religion verlangte. Es fehlte aber nicht an Leuten, die dies anders auslegten. Und daher eilte er nach Italien. Nachdem er in Regium, dann in Puteoli auf einem Lastschiff gelandet war, begab er sich mit größter

Eile von dort nach Rom und sagte zu seinem Vater, der überrascht war: »Ich bin gekommen, Vater, ich bin gekommen«. Er wollte wohl die Grundlosigkeit der Gerüchte, die über ihn kursierten, deutlich machen. Seit diesem Tag trat er als Teilhaber an der Herrschaft, ja als Mitherrscher auf.

Er feierte mit dem Vater zusammen den Triumph und war mit ihm Zensor, auch im Volkstribunat und in sieben Konsulaten war er sein Kollege. In seine Hände wurde die Besorgung fast aller Amtsgeschäfte gelegt, so daß er im Namen des Vaters selbst Briefe diktierte, auch Edikte verfaßte und im Senat anstelle des Quaestors die Reden verlas; auch die Praetorianerpraefektur übernahm er, die bis zu diesem Zeitpunkt nur von einem römischen Ritter verwaltet worden war. Er verfuhr in diesem Amt ziemlich tyrannisch und grausam, indem er gerade die verdächtigsten Elemente ohne zu zögern verhaften ließ, nachdem er heimlich solche Leute ausgesandt hatte, die in Theatern und Kasernen sozusagen mit öffentlicher Zustimmung auf die Bestrafung eben dieser Leute dringen sollten. Unter ihnen war der Konsular Aulus Caecina. Den lud er zum Essen ein; kaum hatte er das Speisezimmer verlassen, da ließ er ihn erstechen. Allerdings duldete die Entscheidung keinen Aufschub, da er bei ihm ein Dokument mit seiner Handschrift aufgefunden hatte: eine vorbereitete Rede, die vor den Soldaten gehalten werden sollte. In dem Maße, wie er sich durch solche Maßnahmen genug um seine künftige Sicherheit sorgte, im gleichen Maße zog er sich für den Augenblick recht viel Haß zu, so daß kaum einer unter so lauten Buhrufen und mit größerem Widerwillen der Gesamtheit zum Kaiser avancierte.

Außer seiner Grausamkeit beargwöhnte man an ihm auch seinen Hang zur Verschwendung, weil er doch bis Mitternacht gerade mit den extravagantesten seiner Vertrauten die Trinkgelage ausdehnte. Nicht weniger wurde sein Hang zur

Ausschweifung wegen ganzer Scharen von Lustknaben und
Eunuchen und seiner beispiellosen Liebe zur Königin Berenike beargwöhnt, der er sogar die Heirat versprochen haben
soll. Argwohn erregte auch seine Raffgier, weil er bekanntlich bei Gerichtsverhandlungen unter seinem Vater Handel
(mit Freisprüchen) trieb und sich Belohnungen ausbedingt-
te. Ferner glaubten die Leute, er sei ein zweiter Nero, und
das sagten sie auch frei heraus. Doch dieser schlechte Ruf
wandte sich für ihn zum Guten und verkehrte sich in größte
Lobesbezeugungen; man fand an ihm kein Fehl, nein im
Gegenteil, die höchsten charakterlichen Vorzüge.

Er veranstaltete Gelage, die eher angenehm als ausschwei-
fend waren. Als Ratgeber wählte er die, mit denen auch die
Kaiser nach ihm einverstanden waren und die sie vor allen anderen heranzogen, da diese für sie selbst als auch für den Staat
unentbehrlich waren. Berenike schickte er sofort aus Rom
fort, unfreiwillig und auch gegen ihren Willen. Obwohl einige von seinen allerliebsten Bübchen so kunstfertige Tänzer
waren, daß sie bald anerkannte Stars auf der Bühne waren,
unterließ er es nicht nur, sie freizügiger zu fördern, sondern
sie bei einem öffentlichen Auftritt überhaupt anzuschauen.

Keinem Bürger nahm er etwas weg; von fremdem Eigentum ließ er die Finger, so gut wie: ja wenn es überhaupt jemand jemals vermocht hat; ja, er nahm nicht einmal die ihm
zuerkannten und üblichen Geldgeschenke an. Und dennoch
stand er keinem seiner Vorgänger an Freigebigkeit nach: Bei
der Einweihung des Amphitheaters und nach der schnellen
Fertigstellung der Thermen unmittelbar daneben veranstaltete er einen sehr prächtigen Gladiatorenkampf in Saus und
Braus; er gab auch ein Seegefecht in der alten Naumachie,
ebenfalls dort kämpften sowohl Gladiatoren als auch fünftausend Tiere aller Art an einem Tag.

Von Natur hingegen war er die Güte in Person. Da seit Tiberius alle Kaiser die von ihren Vorgängern verliehenen Vergünstigungen nur dann noch als gültig betrachteten, wenn sie auch selbst eben diese Vergünstigungen denselben Leuten verliehen hatten, bestätigte er als erster alle Vergünstigungen vergangener Zeiten in einem Edikt und duldete nicht, daß man ihn darum bat. Bei den anderen Bitten der Leute aber hielt er äußerst entschlossen daran fest, keinen ohne eine Spur von Hoffnung fortzuschicken. Ja, als sogar seine nähere Umgebung zu bedenken gab, daß er mehr verspreche, als er gewähren könne, sagte er, aus dem Gespräch mit dem Kaiser dürfe niemand verstimmt weggehen. Als ihm einmal bei Tisch einfiel, daß er während des ganzen Tages noch niemandem einen Wunsch erfüllt habe, tat er jenen denkwürdigen und zu Recht gelobten Ausspruch: »Freunde, ich habe einen Tag verloren«.

Das Volk behandelte er, besonders wenn es geschlossen beisammen war, bei allen sich bietenden Gelegenheiten mit so großer Leutseligkeit, daß er versprach, ein in Aussicht gestelltes Gladiatorenspiel nicht nach seinem Geschmack, sondern nach dem der Zuschauer zu veranstalten; und das machte er ohne Einschränkung. Denn er konnte keinem etwas abschlagen, wenn er darum bat, und von sich aus ermunterte er Leute, das zu fordern, was sie wollten. Aus seiner Vorliebe für die Waffengattung der Thrakischen Gladiatoren machte er keinen Hehl; ja oft neckte er sogar das Volk mit Worten und Gebärden wie einer ihrer Anhänger, wobei er aber seine Würde und ebenso seine Unparteilichkeit wahrte. In seinem Wunsch, die Leute für sich zu gewinnen, ließ er nichts ungenutzt; so gewährte er manchmal dem Volk Zutritt zu seinen Thermen und badete mit ihm zusammen.

Unter seiner Herrschaft ereigneten sich einige schwere Schicksalsschläge, so der Ausbruch des Vesuvs in Kampanien, der Brand Roms, der drei Tage und drei Nächte dauerte, und eine Seuche von bisher ungekanntem Ausmaß. Bei diesen vielen Widrigkeiten von solchem Ausmaß zeigte er nicht nur die bange Sorge eines Kaisers, sondern auch die einzigartige Liebe eines Vaters, einmal wenn er den Menschen in Edikten Mut zusprach, zum anderen wenn er helfend beistand, soweit es ihm möglich war. Um Kampanien wieder aufzubauen, ließ er aus der Zahl der ehemaligen Konsuln einige als Sonderbeamte auslosen. Die Güter derjenigen, die am Vesuv verschüttet worden waren und für die es keine Erben mehr gab, zog er für den Wiederaufbau der hart betroffenen Gemeinden ein. Er rief aus: »Alles, was beim Brand der Stadt zugrunde gegangen ist, waren nur öffentliche Bauten«. Alle Kostbarkeiten aus seinen Villen gab er her für Bauwerke und Tempel und übertrug die Leitung mehrerer Persönlichkeiten aus dem Ritterstand, damit alle Maßnahmen zügiger vonstatten gingen. Um das angeschlagene Befinden zu heilen und die Krankheiten zu lindern, nutzte er jedes Mittel zur Hilfe, was Götter und Menschen zu geben vermögen, indem er nach allen möglichen Opfern und Heilmitteln forschen ließ.

Zu den Übeln der Zeit gesellten sich noch Denunzianten und Angeber auf Grund des freien Spielraumes, den sie in der Vergangenheit gehabt hatten. Auf dem Forum ließ er sie tüchtig mit Ruten und Peitschen verprügeln und sie zuletzt in der Arena des Amphitheaters vorbeiführen; dann ließ er teils ihr Vermögen unter den Hammer kommen und verkaufen, teils ließ er sie auf die rauhesten Inseln fortschaffen. Um auch ein für allemal Leuten, die irgend einmal ähnliches wagen wollten, enge Schranken zu setzen, verbot er unter anderem, daß über dieselbe Sache nach mehreren Gesetzen verhandelt oder über die Rechtsstellung irgendeines Verstorbenen über einen bestimmten Zeitraum hinaus nachgeforscht werde.

Er erklärte öffentlich, er habe deshalb das Amt des Pontifex maximus angenommen, damit er reine Hände behalte.
Er hielt sein Wort. Und er hat seitdem niemand ermorden
lassen, noch war er Mitwisser einer solchen Tat, obwohl er
manchmal Grund genug gehabt hätte, sich zu rächen; er
aber schwor, daß er lieber zugrunde gehen als zugrunde
richten wolle. Zwei Patrizier, die überführt worden waren,
nach der Herrschaft zu trachten, ermahnte er lediglich, davon Abstand zu nehmen, indem er sie belehrte, daß das
Schicksal die Herrschaft vergebe. Sollten sie aber außerdem
noch einen Wunsch haben, so versprach er, daß er den erfüllen werde. So schickte er zum Beispiel eilends zwei Kuriere
zu der weit entfernt lebenden Mutter des einen, die der ver-
ängstigten Frau melden sollten, daß es ihrem Sohn gut gehe.
Die Verschwörer selbst ließ er übrigens nicht nur an einem
Essen im engsten Kreis teilnehmen, sondern er setzte sie am
folgenden Tag beim Kampf der Gladiatoren absichtlich
rechts und links neben sich und gab ihnen sogar die Schwerter und Dolche zur Prüfung, welche ihm die Kämpfer vor-
zeigten. Man sagt, daß auch ihr Horoskop ihm bekannt gewesen sei; dies habe bestätigt, daß beiden Gefahr drohe,
aber in ferner Zukunft und von jemand anderem als von
ihm. So trat es dann auch ein.

Er konnte es nicht über sich bringen, seinen Bruder – der
nicht aufhörte, ihm nach dem Leben zu trachten, ja der nahezu in aller Öffentlichkeit beim Heer Unruhe stiftete, der
an Flucht dachte – zu töten noch ihn aus der Öffentlichkeit
zu entfernen, ja nicht einmal ihn auf einen unbedeutenderen
Ehrenposten zu bannen. Er beharrte sogar darauf, ihn als
Teilhaber und Nachfolger zu präsentieren, wie er das seit
dem Tag der Regierungsübernahme immer getan hat.
Manchmal bat er ihn im geheimen unter tränenreichem Fle-
hen, er möge gegen ihn doch die gleiche Gesinnung an den

Tag legen wie er gegen ihn. Bei all seinen Bemühungen kam ihm der Tod zuvor, ein größeres Unglück für die Menschen als für ihn selbst.

Nachdem die Spiele, gegen deren Ende er vor dem ganzen Volk in Weinkrämpfe ausgebrochen war, zu Ende waren, eilte er weit trauriger auf seinen Besitz im Sabinerland, weil ihm beim Opfern ein Opfertier entwischt war und es bei heiterem Himmel gedonnert hatte. Dann packte ihn gleich im ersten Nachtquartier das Fieber. Als er von dort in einer Sänfte weiterbefördert wurde, soll er die Vorhänge der Sänfte zurückgezogen und zum Himmel geblickt haben, dabei beklagte er bitterlich, daß ihm das Leben genommen werde, ohne daß er sich irgendwie schuldig gemacht habe. Denn es gebe keine Tat, die er bereuen müsse, höchstens eine. Um was für eine Tat es sich dabei handelte, hat er nicht preisgegeben, und keiner wird dies wohl leicht erraten können. Einige vermuten, er habe dabei an das Verhältnis mit der Frau seines Bruders gedacht. Aber Domitia schwor hoch und heilig, sie habe keines mit ihm gehabt. Sie würde es zugegeben haben, wenn da auch nur etwas gewesen wäre, ja sie würde sich dessen gerühmt haben. Mit Schimpf und Schande zu prahlen, damit war sie nämlich gleich bei der Hand.

Er starb am 13. September in demselben Haus wie sein Vater, zwei Jahre, zwei Monate und zwanzig Tage nachdem er dem Vater auf den Thron gefolgt war; er war 42 Jahre alt. Sobald sein Tod bekannt wurde, trauerten alle öffentlich, nicht anders, als das beim Tod eines Hausgenossen geschieht. Die Senatoren eilten zur Kurie, noch bevor man den Senat zusammengerufen hatte. Noch fanden sie die Tore verschlossen, schließlich aber wurden sie geöffnet. Man sagte dem Toten so großen Dank und überhäufte ihn derart mit Ehrungen, wie er es nicht einmal in seinen besten Tagen erlebt hatte.

*Domitian*

# DOMITIAN

Domitian wurde am 24. Oktober geboren; sein Vater war designierter Konsul und wollte das Amt im folgenden Monat antreten. Das Geburtshaus lag in der sechsten Region der Stadt beim Malus Punicus. Später wurde daraus der Tempel der Gens Flavia. Seine Kindheit und frühe Jugend soll er in so entehrender Armut zugebracht haben, daß er kein einziges Gefäß aus Silber in Gebrauch hatte. Es ist hinreichend bekannt, daß der ehemalige Praetor Clodius Pollio, auf den Nero das Gedicht »Luscio« gemacht hatte, einen Brief von seiner Hand aufbewahrte und ihn gelegentlich vorzeigte, in welchem Domitian ihm eine Nacht versprach. Es fehlt auch nicht an Leuten, die versichern, Domitian sei auch von seinem späteren Nachfolger Nerva zur Unzucht verführt worden. Im Krieg gegen Vitellius suchte er in Begleitung von Sabinus, seinem Onkel, und einem Teil der Truppen vor Ort im Iuppitertempel auf dem Kapitol Zuflucht; als aber die feindlichen Truppen eindrangen und der Tempel brannte, hat er heimlich beim Tempelhüter die Nacht zugebracht. Frühmorgens hat er sich dann im Gewand eines Priesters der Isis unter die Opferpriester des schillernden Kultes gemischt und ist mit einem einzigen Begleiter über den Tiber zur Mutter eines Schulfreundes geflüchtet. Dort hat er sich so verborgen, daß ihn die Spürhunde, die seiner Spur gefolgt waren, nicht finden konnten. Erst als man gesiegt hatte, kam er wieder hervor und wurde als Caesar begrüßt. Dann übernahm er die Stadtpraefektur mit konsularischer Gewalt, aber nur formell, denn er übertrug die Rechtsprechung dem Kollegen nächst ihm. Übrigens entfaltete er seine Herrschergewalt so zügellos, daß schon damals zutage trat, wie er sich später aufführen werde. Um nicht alles im einzelnen hier zu erörtern, kurz folgendes: Er faßte die Frauen vieler Männer unzüchtig an; Domitia Longina nahm er ihrem Mann Aelius Lamia weg und machte sie zu seiner Frau. Als er an einem Tag mehr als zwanzig Posten in der Stadt und in den Provinzen vergab, bemerkte Vespasian, er wundere sich nur noch darüber, daß er nicht auch ihm einen Nachfolger sende. Er unternahm auch einen Feldzug nach Gallien und Germanien, der gar nicht nötig war und von dem Freunde seines Vaters abrieten. Das tat er nur, um seinem Bruder an Macht und Würde gleichzukommen.

Deshalb ist er scharf getadelt worden. Damit er mehr sein Alter und seine Stellung bedenke, wohnte er seitdem in einem Haus mit seinem Vater zusammen und folgte in der Sänfte dem Tragesessel seines Vaters und seines Bruders, jedesmal wenn sie unters Volk gingen. Auch als beide zusammen den Triumph über die Juden feierten, schloß er sich auf einem weißen Roß beiden als Begleiter an. Er war sechsmal Konsul, davon aber nur einmal ordentlicher Konsul, das auch nur deshalb, weil sein Bruder von der Bewerbung zurücktrat und ihn so dorthin beförderte. Er heuchelte sogar – das war schon seltsam – Selbstbescheidung und ganz besonders Interesse für die Dichtkunst; in dem Maße, wie dies für ihn vormals ungewöhnlich gewesen war, so sehr hat er später darüber gespöttelt. Er hat seine Werke sogar öffentlich vorgetragen. Als der Partherkönig Vologaeses dringend um Hilfstruppen gegen die Alanen und um einen von den Söhnen Vespasians als Kommandanten bat, hat er sich nichtsdestoweniger voll dafür eingesetzt, daß man bevorzugt ihn sende. Als aber daraus nichts wurde, versuchte er, andere Könige im Osten durch Geschenke und Versprechungen dahin zu bringen, dasselbe zu verlangen.

Als der Vater gestorben war, hat er lange geschwankt, ob er den Soldaten nicht ein Geldgeschenk in doppelter Höhe geben solle. Niemals aber zögerte er, immer wieder zur Sprache zu bringen, laut Testament sei er Mitherrscher, aber das Testament sei gefälscht worden. Und er war seitdem immer darauf aus, seinem Bruder heimlich, aber auch öffentlich Steine in den Weg zu legen. Als Titus schwer erkrankte, befahl er, noch bevor er überhaupt tot war, ihn einfach wie tot liegen zu lassen. Er hielt den Toten keiner Ehre für würdig, außer der Vergöttlichung. Oft würdigte er ihn in zweideutigen Reden und Edikten herab.

In den ersten Jahren seiner Herrschaft pflegte er sich täglich stundenlang vollkommen zurückzuziehen und dann nichts anderes zu tun, als Fliegen zu fangen und sie mit einem angespitzten Stift aufzuspießen. So wurde jemandem auf seine Frage, wer drinnen beim Kaiser sei, von Vibius Crispus ganz passend geantwortet: »Nicht einmal eine Fliege«. Später verlieh er seiner Gattin Domitia, die ihm in seinem zweiten Konsulat einen Sohn geschenkt hatte und im nächsten Jahr ..., den Namen Augusta. Er verließ sie, als sie sich unsterblich in den Schauspieler Paris verliebt hatte. Es dauerte nicht lange, dann holte er sie wieder zurück, weil er die Trennung nicht ertragen konnte; tat aber so, als ob das Volk dies von ihm verlangt habe.

Was aber die Besorgung der Regierungsgeschäfte anbelangt, so zeigte er sich doch eine ganze Weile launenhaft, auch hielten sich bei ihm Fehler und charakterliche Vorzüge so lange die Waage, bis auch die guten Eigenschaften sich in Laster verkehrten: Man kann nur mutmaßen, daß ihn über die naturgegebenen Charakteranlagen hinaus Mangel raffgierig und Furcht grausam machten.

Häufig veranstaltete er großartige und aufwendige Schauspiele nicht nur im Amphitheater, sondern auch im Circus, wo er außer den üblichen Wagenrennen der Zwei- und Viergespanne auch zwei Fuß- und Reitergefechte nebeneinander

abhielt. Und im Amphitheater veranstaltete er auch ein Seegefecht. Ja, es fanden Tierhetzen und Gladiatorenkämpfe
auch nachts bei künstlicher Beleuchtung statt, ferner Kämpfe sowohl zwischen Männern als auch zwischen Frauen.
Außerdem beteiligte er sich immer an den Gladiatorenspielen der Quaestoren, die er wieder zu neuem Leben erweckt
hatte, nachdem sie vor langer Zeit ganz eingestellt worden
waren. Seine Mitwirkung sah so aus, daß er dem Volk die
Möglichkeit gab, je zwei Gladiatorenpaare aus seiner Gladiatorenschule zu verlangen. Diese ließ er dann als letzte
Kämpfer in der Ausrüstung auftreten, die der kaiserlichen
Schule angemessen war. Es verging kein Gladiatorenkampf,
bei dem nicht zu seinen Füßen ein kleiner Junge in einem
scharlachroten Gewand stand, dessen Kopf unnatürlich
klein war. Mit ihm unterhielt er sich die meiste Zeit, hin und
wieder auch in einem ernsthaften Gespräch. Man hat ganz
bestimmt gehört, wie er ihn fragte, ob er wisse, warum es
ihm richtig erschienen sei, bei der letzten Ämterverteilung
Mettius Rufus zum Praefekten von Ägypten zu machen. Er
veranstaltete Seegefechte mit Flotten in ihrem nahezu vollen
Umfang. Dazu ließ er nahe dem Tiber einen See ausheben
und rundherum Tribünen bauen. Diese Darbietungen sah er
sich bis zum Schluß in strömendem Regen an.

Er feierte auch die Säkularspiele, nachdem er eine statistische Übersicht über die Termine der Feiern hatte erstellen
lassen, nicht bis zu dem Jahr zurück, in welchem Claudius
zuletzt die Feiern veranstaltet hatte, sondern bis zu dem
Jahr, in welchem einst Augustus die Säkularspiele ausgerich-
tet hatte. Damals ließ er am Tag der Wettkämpfe im Circus,
damit es leichter war, die hundert Rennen abzuwickeln, jedes Rennen von sieben auf fünf Runden kürzen.

Er rief zu Ehren des Kapitolinischen Iuppiter auch einen
Wettkampf in fünfjährigem Rhythmus ins Leben, der aus

drei Disziplinen bestand, der musischen Disziplin, dem Wagenrennen und den Leibesübungen. Es gab dort beträchtlich mehr Teilnehmer, die einen Siegeskranz erhielten, als heute. Denn man maß sich dort in ungebundener Rede auf griechisch und latein, im Kitharaspiel, wobei es außer denen, die zur Kithara sangen, auch den Zitherspieler gab, der mit seinem Spiel den Chor begleitete, und den, der nur die Zither spielte ohne Gesang; in der Rennbahn liefen aber auch junge Mädchen um die Wette. Er leitete in Sandalen und in der purpurfarbenen Toga, wie sie die Griechen tragen, den Wettkampf; auf dem Haupt trug er den goldenen Siegeskranz mit dem Bild Iuppiters, Iunos und Minervas. Neben ihm saßen der Priester des Iuppiter und das Kollegium der flavischen Priesterschaft im gleichen Aufzug, nur war auf ihrem Kranz auch noch sein Bildnis. Jährlich feierte er auch das Fest der Minerva auf seinem Besitz am Fuße der Albaner Berge. Für diese Veranstaltung hatte er ein Kollegium eingesetzt, aus welchem durch Los die bestimmt wurden, die dafür die Verantwortung haben und tolle Jagden, theatralische Schauspiele und obendrein noch Wettkämpfe zwischen Rednern und auch Dichtern organisieren sollten.

Er gab dreimal an das Volk ein Geschenk von dreihundert Sesterzen pro Person. Während man sich ein herrliches Schauspiel ansah, gab er ein berauschendes Mahl; und zwar ließ er am »Fest der sieben Hügel« an Senat und Ritterschaft Brotkörbchen, an das einfache Volk Körbchen mit Zukost verteilen, dann begann er als erster zu essen. Am nächsten Tag warf er alle möglichen Geschenke unter die Leute. Und weil mehr in die Reihen, wo das einfache Volk saß, gefallen war, versprach er je fünfzig Marken für jedes Segment, wo Angehörige des Ritter- und Senatorenstandes ihre Plätze hatten.

Er baute die meisten und die bedeutendsten Gebäude, die ein Opfer der Feuersbrunst geworden waren, wieder auf.

Unter anderem auch das Kapitol, das zum zweiten Mal gebrannt hatte. Aber alle nannten als Erbauer nur ihn, die alten Stifter blieben unerwähnt. Auf dem Kapitol ließ er zu Ehren Iuppiters des Bewahrers einen neuen Tempel erbauen und auf dem Forum, das heute das Forum des Nerva genannt wird, auch einen Tempel für das Geschlecht der Flavier, ferner ein Stadion, ein Odeum und die Naumachie. Ihr Steinmaterial hat man später für den Wiederaufbau des Circus Maximus verwendet, als dessen beide Seitenmauern völlig niedergebrannt waren.

Feldzüge unternahm er teils unprovoziert, teils weil sie nicht zu umgehen waren. Ohne Anlaß von außen zog er gegen die Chatten, einmal notgedrungen gegen die Sarmaten, weil sie eine Legion mitsamt ihrem Kommandanten niedergemacht hatten. Gegen die Daker unternahm er zwei Feldzüge, weil sie einmal den Konsular Oppius Sabinus und zum zweiten den Praefekten der Praetorianerkohorten Cornelius Fuscus bezwungen hatten, dem er die Leitung des Krieges übertragen hatte. Über die Chatten und Daker feierte er einen zweifachen Triumph, nachdem Kämpfe mit wechselndem Erfolg geschlagen worden waren. Als Dank für den Sieg über die Sarmaten brachte er lediglich dem Iuppiter Capitolinus einen Lorbeerkranz dar.

Dem Bürgerkrieg, den L. Antonius, der Statthalter Obergermaniens, vom Zaune gebrochen hatte, machte er ein Ende, ohne daß er dabei persönlich vor Ort war; dabei hatte er erstaunliches Glück, da genau in der Stunde, wo Sein oder Nichtsein auf dem Spiel stand, plötzlich der Rhein auftaute und die Truppen der Barbarenvölker daran hinderte, zu Antonius überzugehen. Von diesem Sieg erfuhr er durch Vorzeichen, noch bevor Nachrichten eintrafen, da genau an dem Tag, an dem man kämpfte, ein Adler auffiel, der mit seinen Schwingen in Rom seine Statue umfaßte und sehr gro-

ßes Glück verheißende Laute ausstieß. Wenig später, nachdem allgemein bekannt war, daß Antonius ermordet worden sei, kam es sogar so weit, daß eine ganze Reihe Leute fel-
senfest behaupteten, sie hätten sogar gesehen, daß sein
Haupt gebracht worden sei.

Auch gab er vielen Dingen, die allgemein üblich gewesen
waren, eine neue Gestalt: Er machte Schluß mit der öffentlichen Austeilung von Lebensmittelrationen und führte statt
dessen den Brauch wieder ein, regelmäßige, ordentliche
Mahlzeiten abzuhalten. Die vier Gesellschaften, die es seit
eh und je bei den Schauspielen im Circus gab, stockte er um
zwei weitere auf, ihre Kennzeichen waren die goldene bzw.
purpurne Tunika. Schauspielern sperrte er die öffentliche
Bühne, zu Auftritten in Privathäusern aber gab er ihnen die
Erlaubnis. Er verbot, Personen männlichen Geschlechts zu
kastrieren; die Preise für Eunuchen, die bei Sklavenhändlern
noch vorrätig waren, drosselte er. Als man einmal einen gewaltigen Überfluß an Wein, aber Mangel an Getreide hatte,
glaubte er, man habe sich zu wenig um das Ackerland gekümmert, weil das Interesse allzusehr dem Weinanbau gegolten habe. Und so ordnete er an, daß niemand in Italien
neue Weinstöcke pflanzen dürfe und in den Provinzen
Weinpflanzungen vernichtet werden sollten, wobei dort
höchstens die Hälfte weiterbestehen dürfe. Er beharrte aber
nicht darauf, daß die Anordnung auch in die Tat umgesetzt
wurde. Einige von den wichtigen Posten verteilte er zwischen Freigelassenen und römischen Rittern. Er verbot, Legionen in einem Lager zusammenzulegen und mehr als 1000
Sesterzen dort zu hinterlegen, wo die Siegel aufbewahrt
wurden, denn L. Antonius schien, als er in einem Winterlager, in das zwei Legionen gelegt worden waren, einen
Putschversuch gewagt hat, in seiner Dreistigkeit auch noch
durch die Summe der hinterlegten Gelder bestärkt worden

zu sein. Auch erhöhte er den Sold jedes Soldaten um ein Viertel, nämlich um drei Goldstücke.

Recht sprach er in umsichtiger Weise und mit Fleiß; meistens tat er das auch dann auf dem Forum vorne auf dem Tribunal, wenn es nicht üblich war. Parteiische Urteile der Centumviralgerichte erklärte er für nichtig. Wiederholt hat er die Rekuperatoren davor gewarnt, sich zu unbegründeten Erklärungen hinsichtlich der freien Geburt herzugeben. Jedem korrupten Richter und seinem Kollegium erteilte er eine Rüge. Er war es auch, der die Volkstribunen veranlaßte, einen niederträchtigen Aedilen der Erpressung anzuklagen und beim Senat die Einsetzung einer Senatskommission gegen ihn zu beantragen. Er sorgte auch sehr dafür, daß die städtischen Behörden und die Statthalter in den Provinzen zur Ordnung gewiesen wurden, so daß es niemals maßvollere und gerechtere Beamte gegeben hat. Nach seinem Tode sind die meisten von diesen Beamten aller möglichen Verbrechen angeklagt worden – wie wir gesehen haben. Er ergriff auch Maßnahmen, um die Sitten zu verbessern; er setzte der Frechheit, sich im Theater im Zuschauerraum einfach unter die Ritter zu mischen, ein Ende. Verleumderische Schriften, die auch unters Volk gebracht worden waren und in denen Männer und Frauen der ersten Gesellschaft gebrandmarkt wurden, ließ er verbrennen, nicht ohne daß die Verfasser ihren guten Namen verloren. Einen Mann im Range eines Quaestors entfernte er aus dem Senat, weil er nur noch Interesse für die Pantomime und den Tanz zeigte. Frauen, die es mit Sitte und Anstand nicht so genau nahmen, sprach er das Recht ab, eine Sänfte zu gebrauchen und Vermächtnisse und Erbschaften anzunehmen. Einen römischen Ritter ließ er aus der Liste der Richter ganz und gar streichen, weil er eine Frau wieder geheiratet hatte, der er, als er sie fortschickte, vorgeworfen hatte, sie habe ihn betrogen.

Einige Angehörige sowohl des Senatoren- als auch des Ritterstandes verurteilte er nach dem Scantinischen Gesetz. Keuschheitsvergehen der Vestalischen Jungfrauen, welche sogar sein Vater und sein Bruder hatten ungeahndet hingehen lassen, bestrafte er einmal auf diese, einmal auf jene Weise, doch streng; die früheren mit dem Tode, die späteren nach alter Sitte. Denn während er die Schwestern Oculata und die Varronilla über ihre Todesart noch frei entscheiden ließ und ihre Verführer verbannte, befahl er später, daß Cornelia, die Oberpriesterin der Vestalinnen, die man einst freigesprochen, dann aber, nachdem viel Zeit verstrichen war, wieder belangt und überführt hatte, lebendig begraben werde. Die, die sie entehrt hatten, ließ er auf dem Comitium zu Tode peitschen, mit Ausnahme eines Mannes vom Rang eines Praetors, dem er Gnade erwies und den er nur verbannte. Denn er hatte von sich aus ein Geständnis abgelegt, als der Fall noch in der Schwebe war und Untersuchungen und Folter noch kein Licht in die Sache gebracht hatten. Und damit kein Heiligtum der Götter ungestraft entweiht werde, ließ er ein Denkmal, welches sein Freigelassener für seinen Sohn aus Steinen gebaut hatte, die für den Bau des Tempels des Kapitolinischen Iuppiter bestimmt waren, von den Soldaten niederreißen und die verbrannten Überreste, die es enthielt, im Meer versenken.

In den ersten Jahren seiner Laufbahn schreckte er so sehr vor jedem Blutvergießen zurück, daß er fest entschlossen war anzuordnen, daß keine Rinder geopfert werden dürften. Sein Vater war zu dieser Zeit noch nicht in Rom, und ihm war ein Vers des Vergil eingefallen:

»ehe Stiere sich ein verruchtes Geschlecht zu üppigem
Mahle erschlug«.

Er gab kaum jemals als Privatmann oder auch als Kaiser Grund für längerwährenden Verdacht, er sei habgierig oder geizig. Nein im Gegenteil, er gab oft große Beweise nicht nur seiner Uneigennützigkeit, sondern auch seiner Großzügigkeit. Gegenüber allen, die um ihn waren, zeigte er sich freigebig. Vor keiner anderen Handlungsweise warnte er sie mehr und mit größerem Nachdruck als davor, sich in irgendeiner Sache knickerig zu zeigen. Wurden ihm von Leuten, die Kinder hatten, Erbschaften hinterlassen, nahm er sie nicht an. Auch ein Legat aus dem Testament des Rustus Caepio, in welchem jener sicherstellen wollte, daß sein Erbe jedes Jahr, wenn die Senatoren das Senatsgebäude betraten, jedem von ihnen eine bestimmte Summe auszahlte, erklärte er für ungültig. Die Angeklagten, deren Namen nach Ablauf von fünf Jahren immer noch am Aerarium aushingen, sprach er ohne Ausnahme von der Anklage frei; er erlaubte lediglich, daß das Verfahren nur noch in der Frist von einem Jahr wiederaufgenommen werde und nur unter der Bedingung, daß der Kläger, wenn er den Prozeß verliere, verbannt werde. Straferlaß für ihre Tätigkeit in der Vergangenheit gewährte er den Schreibern von Quaestoren, die gewohnheitsmäßig, aber entgegen dem Clodischen Gesetz, im Handelsgeschäft engagiert waren. Die Parzellen Ackerland, die nach der Verteilung der Äcker unter die Veteranen vereinzelt noch übrig waren, überließ er ihren alten Besitzern, da sie sich diese durch Ersitzen erworben hatten. Falsche Anklagen beim Fiskus erstickte er durch harte Strafen für die Angeber. So wird immer wieder sein Ausspruch zitiert: »Ein Kaiser, der die Denunzianten nicht zur Ordnung ruft, gießt nur noch Wasser auf die Mühlen«.

Er blieb aber weder milde noch enthaltsam bis zum Ende. Und doch verfiel er beträchtlich schneller in Grausamkeit als in Habsucht. Einen Schüler des Pantomimen Paris, der noch nicht erwachsen und gerade zu diesem Zeitpunkt schwer erkrankt war, ließ er töten, weil er in der künstlerischen Darbietung und vom Äußeren seinem Lehrer recht ähnlich zu sein schien. Genauso erging es auch Hermogenes von Tarsos wegen gewisser satirischer Anspielungen in seinem Geschichtswerk. Die Kopisten, die das Werk abgeschrieben hatten, ließ er ans Kreuz schlagen. Einen einfachen Mann, der im Circus gesagt hatte, ein Thrakischer Kämpfer sei zwar einem Murmillo gewachsen, nicht aber dem Veranstalter der Spiele, ließ er von seinem Platz holen und in der Arena den Hunden vorwerfen, wobei ein Zettel um seinen Nacken hing: »Ein Anhänger der Thraker, der ohne gebührenden Respekt vor seiner Majestät gesprochen hat«.

Eine ganze Reihe Senatoren, unter ihnen auch einige Konsulare, ließ er ausschalten, unter anderen den Civica Cerealis, gerade als er in Asien Prokonsul war, den Salvidienus Orfitus und Acilius Glabrio im Exil, da sie angeblich auf einen Umsturz aus waren, alle anderen aus ganz unbedeutenden Gründen: Aelius Lamia wegen allerdings verdächtiger, aber abgeschmackter und dazu noch harmloser Witze. Er hatte nämlich, nachdem ihm Domitian die Frau weggenommen hatte, zu jemandem gesagt, der seine Stimme lobte: »Ich lebe enthaltsam«. Und dem Titus hatte er geantwortet, als dieser ihn drängte, wieder zu heiraten: »Willst nicht auch du heiraten?« Salvius Cocceianus ließ er umbringen, weil er den Geburtstag seines Onkels, des Kaisers Otho, gefeiert hatte; Mettius Pompusianus, weil, wie allgemein gesagt wurde, sein Horoskop ihm die Herrschaft über das Reich prophezeite und weil er eine Weltkarte, die auf Pergament gemalt war, und die Reden der Könige und Feldherren aus Titus Livius mit sich herumtrug und seine Sklaven Mago und Hannibal nannte. Sallustius Lucullus, der Legat von

Britannien, mußte sterben, weil er es zugelassen hatte, daß Lanzen von einer neuen Form »Lukullische« genannt wurden. Iunius Rusticus, weil er Lobreden auf Paetus Thrasea und Helvidius Priscus veröffentlicht und sie die untadeligsten Männer genannt hatte. Diesen Prozeß nutzte er als Gelegenheit, alle Philosophen aus Rom und Italien zu verbannen. Er ließ auch den jungen Helvidius töten, da er in einer Posse am Schluß eines ernsten Schauspiels in der Rolle des Paris und der Oinone bezüglich der Scheidung von seiner Frau herumgestichelt habe. Flavius Sabinus, einer seiner beiden Vettern, starb, weil ihn der Herold am Tage der Konsulwahlen irrtümlich dem Volk nicht als designierten Konsuln, sondern als Kaiser bekannt gemacht hatte.

Weit grausamer aber wurde er nach dem Sieg im Bürgerkrieg. Die meisten Anhänger der Gegenpartei folterte er, um auch die Mitwisser im Verborgenen aufzuspüren, in einer neuen Art des Verhörs, er ließ ihnen die Schamteile verbrennen. Einigen ließ er auch die Hände abschlagen. Es ist hinlänglich bekannt, daß er nur zwei der bekannteren Teilnehmer begnadigte, einen Tribunen aus dem Senatorenstand und einen Centurio, die, um ihre Unschuld leichter zu beweisen, den Nachweis erbrachten, daß sie homosexuell seien und deshalb weder beim Feldherrn noch bei den Soldaten irgendeinen Einfluß hätten haben können.

Seine Grausamkeit war aber nicht nur groß, sondern auch hinterlistig und unberechenbar. Am Tag, bevor er einen Kassenbeamten ans Kreuz schlagen ließ, rief er ihn in sein Schlafzimmer und drängte ihn, sich neben ihn aufs Bett zu setzen; er entließ ihn sorglos und aufgeräumt, ja er hielt ihn sogar für würdig, ihm von der Tafel des Kaisers Speisen zu senden. Arrecinus Clemens, seinem Vertrauten und Geheimagenten, dessen Hinrichtung beschlossene Sache war, erwies er dieselbe, ja sogar noch eine größere Gunst, bis er

endlich, als er mit ihm zusammen in einer Sänfte fuhr und
des Anklägers gewahr wurde, sagte: »Willst du, daß wir diesen nichtsnutzigen Sklaven morgen anhören?«

Und um die Geduld der Menschen noch gleichgültiger zu
mißbrauchen, verkündete er niemals ein besonders strenges
Urteil, ohne vorher auf seine Milde zu verweisen. So wies
kein anderes Zeichen mit mehr Sicherheit auf einen unheil-
vollen Ausgang hin als Sanftheit zu Beginn. Einige, die der
Majestätsbeleidigung angeklagt waren, hatte er in die Kurie
führen lassen. Als er gleich vorweg bemerkte, das sei der
Tag, an dem er erproben werde, wieviel er dem Senat wert
sei, hatte er sehr leicht durchgesetzt, daß sie auch zu einer
Strafe nach der alten, gewohnten Art verurteilt wurden.
Dann hat ihm die unbeugsame Härte der Strafe Schrecken
eingejagt, und er schritt ein, um die üble Stimmung zu be-
schwichtigen, und sagte folgendes: »Gestattet mir, Senatoren, angesichts eurer Loyalität mir gegenüber darum zu bitten, daß ihr, ich weiß ja, daß ihr mir diese Bitte nur schwer
gewähren werdet, die Verurteilten ihre Todesart frei wählen
laßt. Erspart euren Augen, Unangenehmes zu sehen, und alle werden erkennen, daß ich an der Sitzung des Senats teilgenommen habe«.

Als Domitian durch den Aufwand für Bauten und Schauspiele und den Sold, den er draufgelegt hatte, pleite war, versuchte er, um die Kosten für das Heer zu senken, die Zahl
der Soldaten zu verringern. Als er aber bemerkte, daß er dadurch Barbareneinfällen ausgesetzt sei und sich trotzdem
nicht aus der Geldklemme befreien könne, war es ihm völlig
gleichgültig, wie er zu Geld kam. In einem fort brachte er
die Besitztümer von Lebenden und Toten an sich, ganz
gleich, wer anklagte und welche Klagen erhoben wurden. Es
reichte schon hin, irgendeine Tat oder ein Wort gegen die
Majestät des Kaisers jemandem vorzuhalten. Es wurden die

Erbschaften wildfremder Personen eingezogen, zumal wenn es einen gab, der sagte, er habe den Verstorbenen vor seinem Tode sagen hören, daß der Kaiser erben solle. Besonders hart wurde die Judensteuer eingetrieben. Zu ihrer Zahlung wurden diejenigen herangezogen, die entweder wie Juden lebten, ohne sich dazu zu bekennen, oder jene, welche die ihrem Volke auferlegten Zahlungen nicht geleistet hatten, da sie ihre Herkunft verheimlichten. Ich erinnere mich, daß ich als ganz junger Mann dabei war, als von einem Prokurator und seinen zahlreich versammelten Ratgebern bei einem 90jährigen nachgeprüft wurde, ob er beschnitten sei.

Von Jugend an war Domitian keineswegs leutselig, er war sogar dreist und maßlos in Wort und Tat. Als Caenis, die Beischläferin seines Vaters, aus Istrien zurückkehrte und sie ihm wie üblich einen Kuß geben wollte, hielt er ihr nur die Hand hin. Als er sich darüber aufregte, daß selbst der Schwiegersohn seines Bruders weiß gekleidete Diener hatte, rief er aus:

»Niemals frommt Vielherrschaft dem Volk«.

Als er aber die erste Stelle im Staat erlangt hatte, hat er sich nicht zurückgehalten, im Senat immer wieder zu behaupten, er habe sowohl seinem Vater als auch seinem Bruder die Herrschaft übertragen, die beiden aber hätten sie ihm zurückgegeben, ferner bekanntzumachen, als er nach der Scheidung seine Frau wieder zurückholte, sie sei auf seinen Göttersitz zurückgerufen. Und er hörte es gern, daß man ihm im Amphitheater am Tag, an dem er eine öffentliche Speisung veranstaltete, zurief: »Unserem Herrn und unserer Herrin, Glück!« Aber als bei einem Wettstreit auf dem Kapitol alle einstimmig baten, den Palfurius Sura, der einst aus dem Senat ausgestoßen worden war, wieder aufzunehmen – er war da-

mals im Wettstreit der Redner mit einem Siegeskranz bekränzt worden –, da fand er es nicht nötig zu antworten, nur
durch den Ruf des Herolds ließ er Schweigen anordnen. Er
zeigte sich von gleicher Arroganz, als er eine Verfügung im
Namen seiner Prokuratoren diktierte; er begann nämlich so:
»Unser Herr und Gott befiehlt, daß folgendes zu geschehen
habe«. Seitdem war es üblich, daß man ihn sogar in Briefen
und im Gespräch so nannte. Auf dem Kapitol durften nur
goldene und silberne Statuen aufgestellt werden. Sie mußten
auch ein bestimmtes Gewicht haben. Er ließ in allen Regio-
nen der Stadt so viele riesige verdeckte Durchgänge und Tri-
umphbögen bauen, daß man auf einem in griechischen Buchstaben geschrieben hat: »Es ist genug«. Siebzehnmal war er
Konsul, so oft wie keiner vor ihm. Die sieben mittleren Konsulate bekleidete er ohne Unterbrechung, alle hat er nur formell ausgeübt und keines länger als bis zum 1. Mai, die meisten nur bis zum 13. Januar. Nach zwei Triumphen nahm er
den Beinamen Germanicus an und benannte die Monate September und Oktober nach seinen Namen in Germanicus und
Domitianus um, weil er in dem einen die Herrschaft übernommen hatte und in dem anderen geboren war.

Dadurch versetzte er alle in Schrecken und war allen verhaßt. Schließlich wurde er durch eine Verschwörung seiner
Freunde und engsten Freigelassenen im Bunde mit seiner
Gattin aus dem Wege geräumt. Schon längst hatte er Todes-
jahr und -tag erahnt, sogar die Stunde und auch die Todesart.
Ihm hatten alles die Chaldäer, als er noch ein ganz junger
Mann war, vorausgesagt. Auch sein Vater hatte ihn einst
beim Essen, als er keine Pilze essen wollte, öffentlich ausge-
lacht, daß ihm sein Los unbekannt sei, da er sich nicht viel
mehr vor Eisen fürchte. Deshalb war er immer ängstlich und
angespannt, sogar der kleinste Verdacht regte ihn ungewöhnlich auf. Als er das Edikt über die Abholzung der

Weinberge zurückzog, soll er dazu nur dadurch veranlaßt worden sein, daß Spottschriften mit folgenden Versen verbreitet worden waren:

> »Faßt du mich auch bei der Wurzel, genug trag ich immer
> noch Früchte,
> Um dir zu spenden den Wein, wirst einst geopfert
> du Bock«.

Dieselbe Furcht ließ ihn eine neue Ehrung ablehnen, die ihm der Senat antrug und die dieser sich ausgedacht hatte, obwohl er auf alle Angebote dieser Art überaus versessen war. Man hatte beschlossen, daß ihm, wenn er Konsul war, römische Ritter, die das Los bestimmt hatte, in der Trabea und mit Speeren, wie sie die Soldaten trugen, zwischen Liktoren und Gehilfen vorangehen sollten.

Als aber die Zeit näher kam, wo er Gefahr argwöhnte, wurde er von Tag zu Tag unruhiger. Er ließ die Wände der Säulenhallen, in denen er immer seine Spaziergänge machte, mit Spiegelstein verkleiden, damit er in den sich darin spiegelnden Bildern rechtzeitig bemerke, was hinter seinem Rücken vor sich gehe. Die meisten Gefangenen verhörte er nur geheim und ganz allein, wobei er ihre Ketten in der Hand hielt. Um seine Dienerschaft davon zu überzeugen, daß man es selbst dann nicht wagen dürfe, seinen Herrn zu töten, wenn auch ein gutes Beispiel vorliege, verurteilte er seinen Sekretär Epaphroditos zum Tode, weil man glaubte, er sei Nero, als ihn alle schmählich im Stich gelassen hatten, behilflich bei dessen Selbstmord gewesen. Schließlich ließ er seinen Vetter Flavius Clemens, dessen Gleichgültigkeit äußerst verächtlich war, nur auf einen winzigen Verdacht hin fast noch während seiner Zeit als Konsul aus dem Weg räumen. Seine damals noch recht jungen Söhne hatte er öffentlich zu seinen Nachfolgern bestimmt. Sie hatten ihre früheren Namen abgelegt, und der eine wurde Vespasian, der andere Domitian genannt. Besonders durch diese Tat hat er sein vorzeitiges Ende nur noch beschleunigt.

In den folgenden acht Monaten sind so viele Einschläge von Blitzen gemeldet worden, daß er ausrief: »Iuppiter soll nur treffen, wen er will«. Der Blitz schlug im Kapitol ein, im Tempel des flavischen Geschlechtes, ebenso in den Palast, sogar in sein eigenes Schlafzimmer. Ja, es wurde sogar die Inschrift vom Sockel der anläßlich seines Triumphes errichteten Statue von einem Sturm losgerissen, und sie fiel auf ein Denkmal, das daneben stand. Der Baum, der, als Vespasian noch Privatmann war, umgestürzt war und sich wieder aufgerichtet hatte, stürzte damals wieder um. Die Fortuna von Praeneste, unter deren Schutz er während seiner gesamten Regierungszeit jedes neue Jahr stellte, hatte ihm regelmäßig ein glückverheißendes Orakel und immer dasselbe verkündet, beim letzten Mal aber verhieß sie ganz und gar nichts Gutes, es war sogar von Blut die Rede.

Er träumte, daß Minerva, die er abergläubisch verehrte, ihr Heiligtum verlasse, und dabei schien sie ihm zu sagen, daß sie ihn nicht mehr beschützen könne, da Iuppiter ihr die Waffen weggenommen habe. Doch nichts hat ihn derart bewegt wie die Antwort und das Schicksal des Astrologen Ascletario. Diesen hatte man denunziert, und er stritt auch nicht ab, daß er das, was er auf Grund seiner wissenschaftlichen Kenntnisse vorhergesehen habe, auch verbreitet hatte. Da wollte Domitian wissen, welcher Tod auf ihn warte. Als er versicherte, er werde bald von Hunden zerfleischt werden, ließ Domitian ihn zwar ohne Aufschub töten, ordnete aber auch an, ihn sehr sorgfältig zu begraben, um so seine Wissenschaft des Schwindels zu überführen. Als man dem Befehl nachkam, erhob sich plötzlich ein Sturm, warf den Scheiterhaufen um, und Hunde zerfleischten den halbver-

brannten Leichnam. Dies wurde ihm beim Essen von dem
Mimen Latinus, der durch die Fügung des Schicksals dort
vorbeigegangen war und alles mit angesehen hatte, neben
anderem Tagesklatsch erzählt.

Als man ihm am Tag, bevor er umkam, eine Art Äpfel anbot, befahl er, diese für den nächsten Tag aufzuheben, und
setzte hinzu: »Falls ich sie dann noch genießen kann«. Dann
drehte er sich zu denen, die ihm sehr nahe standen, um und
sagte, am nächsten Tag werde sich der Mond im Sternbild
des Wassermanns blutrot färben, und es werde etwas getan
werden, worüber die Menschen auf der ganzen Welt sprechen würden. Um Mitternacht schreckte er völlig aus der
Fassung gebracht auf und sprang von seinem Bett hoch. In
der Früh verhörte er dann einen aus Germanien geschickten
Eingeweideschauer, der, als man ihn über den Blitz befragte,
eine Veränderung im Staat voraussagte. Er verurteilte ihn
zum Tode. Als er eine Warze auf der Stirn, die sich entzündet
hatte, zu sehr kratzte, strömte das Blut hervor. Er sagte:
»Hoffentlich passiert weiter nichts!« Hierauf erkundigte er
sich nach der Zeit, man sagte ihm absichtlich, es sei die sechste Stunde statt der fünften, da er vor der fünften Stunde
Angst hatte. Darüber freute er sich, so als ob die Gefahr nun
vorüber wäre, und eilte fort, um den Körper pflegen zu lassen. Sein Kammerdiener Parthenios rief ihn zurück und
meldete, es sei jemand mit einer bedeutenden Nachricht da,
die keinen Aufschub zulasse. Deshalb schickte er alle fort
und zog sich in sein Schlafzimmer zurück. Dort wurde er
ermordet.

Darüber, wie diese hinterlistige Ermordung abgelaufen
ist, wurde ungefähr folgendes bekannt: Die Verschworenen waren noch unschlüssig, wann und wie sie über ihn
herfallen sollten; sollten sie abpassen, wenn er badete oder
wenn er zu Tische war. Da bot Stephanus, der Verwalter

Domitillas, der damals angeklagt war, Gelder veruntreut zu
haben, seinen Rat und seine Hilfe an. Für einige Tage verband er sich mit Wollbinden den linken Arm, so als ob er
verletzt wäre, um einen Verdacht abzuwenden. Zu der bestimmten Stunde steckte er dort einen Dolch hinein. Dann
gab er an, den Beweis für eine Verschwörung zu haben.
Deswegen ließ man ihn vor, und er stieß dem Kaiser, während der das Schriftstück, das er ihm übergeben hatte, las
und wie vom Donner gerührt dasaß, den Dolch in den Un-
terleib. Obwohl er verwundet war, leistete Domitian noch
Widerstand, als der Gefreite Clodianus und Maximus, ein
Freigelassener des Parthenios, Satur, der Oberkammerdie-
ner, und einige aus der Gladiatorenschule auf ihn losgingen
und ihn mit sieben Wunden niedermetzelten. Ein Junge, der
wie üblich seinen Dienst beim Larenschrein im Schlafzimmer versah, war bei der Ermordung dabei, und er erzählte
ferner folgendes: ihm sei von Domitian gleich bei der ersten
Verwundung befohlen worden, einen unter dem Kopfkissen verborgenen Dolch hervorzuholen und die Diener zu
rufen; er habe aber am Kopfende nur den Griff eines Dol-
ches entdeckt, und außerdem habe er alle Türen verschlossen vorgefunden. Domitian habe inzwischen Stephanus gepackt und ihn zu Boden gerissen; lange habe er mit ihm ge-
rungen und versucht, ihm bald die Waffe zu entwinden,
bald die Augen auszukratzen, obwohl seine Finger zer-
schunden waren.

Domitian wurde am 18. September ermordet, im Alter
von 45 Jahren und in seinem fünfzehnten Regierungsjahr.
Sein Leichnam wurde auf einer einfachen Bahre von Lei-
chenträgern hinausgetragen, und seine Amme Phyllis feierte
auf ihrem Landgut, das nahe bei der Stadt an der Latinischen
Straße lag, seine Leichenfeier. Seine Überreste brachte sie
heimlich in den Tempel des flavischen Geschlechts und ver-

mischte sie mit der Asche der Iulia, der Tochter des Titus, die sie auch aufgezogen hatte.

Domitian war schlank. Von den Gesichtszügen her wirkte er bescheiden. Sein Gesicht war gerötet. Er hatte große Augen, aber seine Sehkraft war ziemlich schwach. Sein ganzer Körper war besonders in seiner Jugend schön und sah gut aus, ausgenommen die Füße, deren Zehen zu kurz waren. Später büßte er seine Schönheit ein durch eine Glatze, einen dicken Bauch und zu dünne Beine; doch die waren erst durch eine lange Krankheit sehr dünn geworden. Er wußte genau, daß seine schüchterne Miene ihn beliebt machte, so daß er sich einmal vor dem Senat brüstete: »Bis heute habt ihr doch meine Gesinnung und meinen Gesichtsausdruck gutgeheißen«. Seine Kahlköpfigkeit verdroß ihn so, daß er sich persönlich beleidigt fühlte, wenn man im Scherz oder im Streit einem anderen diesen Mangel vorwarf. Und doch ließ er in der von ihm verfaßten Schrift »Die Haarpflege«, die er einem Freund gewidmet hatte, um sich und ihn zu trösten, einfließen:

>»Siehst du nicht, wie ich selber so schön und groß an Gestalt bin?

und doch erwartet meine Haare dasselbe Schicksal, und ich trage es tapfer, daß mein Haar schon in der Jugend ausgeht. Wisse, daß nichts angenehmer ist und auch nichts schneller vergeht als die Schönheit«. Anstrengung haßte er, ungern ging er in der Stadt zu Fuß. Auf Feldzügen und Märschen saß er recht selten zu Pferd, sondern ließ sich fast immer in der Sänfte tragen. Für Waffen hatte er kein Interesse, ganz besonders aber interessierte er sich für das Bogenschießen. Auf seinem Sommersitz in den Albaner Bergen erlegte er oft Hunderte der verschiedensten Tiere, das haben eine Reihe von Leuten auch gesehen. Er zielte manchmal sogar absichtlich so auf ihren Kopf, daß aus zwei Treffern sozusagen zwei Hörner erwuchsen. Manchmal mußte sich ein Knabe in einiger Entfernung aufstellen und die rechte Hand mit gespreizten Fingern als Zielscheibe hinhalten, und er schoß seine Pfeile so kunstfertig, daß alle durch die Lücken zwischen den Fingern flogen, ohne sie zu verletzen.

Zu Beginn seiner Regierung kümmerte er sich wenig um die freien Künste; doch die durch einen Brand zerstörten Bibliotheken ließ er mit sehr großem Aufwand wiederherrichten; er holte von überallher Exemplare zusammen und schickte Leute nach Alexandria, die Texte kopieren und ausbessern sollten. Dennoch hat er sich nie die Mühe gemacht, sich mit der Geschichte, der Dichtkunst und den unentbehrlichen stilistischen Regeln vertraut zu machen. Außer den privaten Memoiren und den Akten des Kaisers Tiberius las er nichts. Seine Briefe, Reden und Edikte faßten andere ab. Dennoch zeigte er sich im Gespräch nicht unelegant, manchmal machte er sogar einen bemerkenswerten Ausspruch; er sagte einmal: »Ich wollte, ich wäre so schön, wie Maecius zu sein glaubt«. Und über das Haar eines Mannes, das eine ins Weiße übergehende rötliche Tönung hatte, sagte er, es sei wie Schnee, über den man Honigmet gegossen habe. Er pflegte auch zu sagen, daß die Lage der Fürsten sehr erbärmlich sei, da man ihnen eine entdeckte Verschwörung erst dann glaube, wenn sie umgebracht worden seien.

Alle seine Mußestunden füllte er mit dem Würfelspiel aus, auch die an Werktagen und die in den frühen Morgenstunden. Am Vormittag pflegte er zu baden, am Mittagstisch aß er sich so satt, daß er beim Abendessen kaum mehr als einen Matiusapfel und einen bescheidenen Trunk aus einem Krug zu sich nahm. Oft und reichlich speiste er in Gesellschaft, aber solche Gelage waren fast immer schnell zu Ende. Sie dauerten nie länger als Sonnenuntergang, und es wurde danach auch nicht gezecht. Denn bis zur Schlafenszeit ging er nur noch spazieren, und zwar allein und fern von allem.

Domitian war von übermäßiger Wollust; seinen Beischlaf ohne Unterbrechung nannte er, wie wenn es eine Übung sei, »Bettgymnastik«. Man sagte auch, er enthaare seine Liebchen selbst und schwimme mit den gemeinsten Dirnen. Die Tochter seines Bruders war ihm als ganz junges Mädchen zur Ehe angetragen worden, er wies sie aber sehr hartnäckig zurück, da er noch völlig im Banne seiner Domitia stand. Wenig später, als sie einem anderen zur Frau gegeben war, verführte er sie – und damals lebte Titus noch. Als sie dann ohne Vater und Mann dastand, liebte er sie leidenschaftlich und hielt das auch nicht geheim. Er trug auch Schuld an ihrem Tod, denn er hat sie gezwungen, das Kind, das sie von ihm empfangen hatte, abzutreiben.

Die Ermordung Domitians nahm das Volk gleichgültig hin, die Soldaten trugen sehr schwer daran, sie versuchten sofort, ihn den »Göttlichen« zu nennen, und waren sogar bereit, ihn zu rächen, wenn es nicht an Führern gefehlt hätte. Sie haben dies wenig später durchgesetzt, indem sie unnachgiebig die Bestrafung der Mörder verlangten. Die Senatoren hingegen waren so froh, daß sie um die Wette ins Rathaus liefen und nicht an sich halten konnten, den toten Kaiser mit den schmachvollsten und bittersten Beschimpfungen zu verunglimpfen, sie befahlen, auch Leitern hereinzubringen und seine Ehrenschilde und Bildnisse vor aller Augen herunterzureißen und auf den Boden zu schmettern. Zuletzt beschloß der Senat, überall auf Inschriften seinen Namen auszutilgen und jedes Gedenken an ihn auszulöschen.

Wenige Monate bevor er ermordet wurde, hat eine Krähe auf dem Kapitol herumgeschrien: »Es wird alles gutgehen«. Und es fand sich jemand, der dieses Vorzeichen so auslegte:

»Neulich konnte die Krähe, die oben auf dem Tarpeischen
Felsen gesessen hat,
nicht sagen: ›Es geht gut!‹, und so sagte sie: ›Es wird
sein!‹«

Man sagt, daß auch Domitian selbst geträumt habe, es sei
ihm hinten aus dem Nacken ein goldener Buckel gewachsen, und er habe es als Zusicherung genommen, daß nach
ihm der Staat glücklicher und besser dastehen werde. Und
ganz genau so ist es ja kurz danach eingetreten durch die
Selbstbeschränkung und die Milde der Kaiser, die auf ihn
folgten.